第十二卷

主　　编◎卢建平
执行主编◎马剑银

京师法学

BNU Science of Law

中国法制出版社
CHINA LEGAL PUBLISHING HOUSE

《京师法学》编辑团队

（自本卷开始，《京师法律评论》正式改名为《京师法学》，英文名为 BNU Science of Law）

卷首语

人类的发展已经进入加速度的时代，从狩猎时代、农耕时代过渡到工业社会、商业社会至少花了几千年的时光，而从工业社会进入信息社会只有几百年，从信息社会跨入智慧社会仅有短短几十年。如今的一切来得那么快，我们都来不及准备，未来就已经来了！

加速度的发展对于所有的行业或职业而言都是挑战，其中法律人所面临的挑战无疑是最大的！法治就是法律之治，之所以获得比较普遍的青睐在于其能够垂范久远。著名法学家耶林（Rudolph von Jhering，1818—1892）曾经说过："罗马帝国曾三次征服世界，第一次是以武力，第二次是以宗教，第三次是以法律。武力因罗马帝国的灭亡而消亡，宗教随人民思想觉悟提高、科学的发展而减弱了影响，唯有法律征服世界是最为永久的征服。"近代史上赫赫有名的拿破仑一生征战，灭敌无数，但他最后对自己的评价是："我真正的光荣，并非打了四十多次胜仗，滑铁卢一战就让所有战绩一笔勾销。但有一样东西是不会被人忘记的，它将永垂不朽，那就是我的《民法典》。"拿破仑之所以如此自信，《法国民法典》之所以历经二百多年而不衰，就在于其确立了资本主义的三大原则，即主体平等、所有权神圣和契约自由！然而，这一切植根于商业社会或工业文明之上的豪言壮语都受到了以互联网、大数据、云计算、人工智能等为代表的信息革命的强烈冲击，信息革命不仅改变了我们的生活，也在改变着我们的法律，法律的立、改、废已是常态，各国的立法机关从没有像现在那么忙碌，而法律的垂范久远在日新月异的科技面前似乎已经成为遥远的神话……

面对科技如此迅猛的发展，身处如此纷繁复杂的时代，本卷《京师法学》聚焦"科技发展与未来法治"，主题研讨数据与隐私保护、专家系统、网络舆情与政府应对、个人数据跨境流动、数据主权的全球扩张、网络犯罪国际治理等重大问题，反映了《京师法学》的历史使命感和社会责任感，选录的文章也体现了信息时代法治的基本特征，如全球视野、多元互动、法律与科技密切结合等。面对信息革命的强烈冲击，法律是否真的会死亡？技术规制取代法治，我们的生活将变成“无法生活”（live without law）？这种生活究竟是福还是祸？这是我们每个法律人必须认真思考的问题。

本卷的“学科专论”依托北师大法学院的刑事法学科优势，对死刑案件量刑程序改革、九七刑法以来关于单位犯罪的立法进程进行了全方位、有深度的展示。“学术论评”针对正在立法进程之中的民法典分编特别是侵权责任编草案进行了评析，提出了若干重要的修改完善的意见。“域外法音”让读者们不仅听到了综合法学的历史回响，甚至还有从“莎士比亚模拟法庭”传来的关于法律与文学的激烈争论。

本卷中的“随笔散论”是必看的。作者廖诗评具有丰富的国际模拟法庭竞赛的经验，不仅曾是其中的优秀选手，后来也担当起比赛法官、组织者和指导教师等多重角色。他曾多次以“廖导”的身份率领北师大法学院学生代表队参与 Jessup 国际模拟法庭竞赛，取得了骄人的战绩。这篇简短的随笔将“廖导”组队参赛的基本考虑和经验心得和盘托出，无私奉献给各位读者，试图揭示现代法学教育的目标不仅在于学习知识、技能，传递伟大的思想，而更为重要的是如朗·富勒教授（Lan L. Fuller）所说的“传达对法律人所参与的过程的一种理解”。这也许是信息社会的法律学习最应该注重的。

卢建平

2019 年 3 月 25 日

目　录

学术论评

域外法音

青年文苑

随笔散论

主题研讨：科技发展与未来法治

数据隐私与尊严隐私：谷歌西班牙案、被遗忘权与公共领域的构建

罗伯特·C. 波斯特　王　旭 译*

导论

作为大数据和大众传播的交汇之地，互联网已经成为彰显数据隐私和言论自由间强烈的紧张关系的场所。在高度重视个人信息保护的欧盟，此矛盾尤其尖锐。

---

* 本文原载 Robert C. Post，"Data Privacy and Dignitary Privacy：Google Spain，the Right To Be Forgotten，and the Construction of the Public Sphere"，67 *Duke L.J.* 981（2018）. 罗伯特·C. 波斯特，美国耶鲁大学法学院斯特林讲席教授（Sterling Professor of Law）；王旭，北京大学法学院民商法学博士研究生。

对于 Jeremy Buotte，Conor Clark，Nina Cohen，Samir Doshi，Jean-Philippe Foegle，Jesse Hogin，Bryn Lese，Bernat Torok 和 Andrew Udelsman 的研究帮助，我深表感谢。我十分幸运，能够获得 Jack Balkin，Eduardo Bertoni，R. Howard Bloch，Frederik Zuiderveen Borgesius，Pablo Salvador Coderch，Jennifer Daskal，Anuj Desai，David Erdos，Krzysztof Garstka，Dieter Grimm，Amy Kapczynski，Daphne Keller，Leslie Kendrick，Antoni Rubi Puig，Artemi Rallo，Jeffrey Rosen，Timo Ruikka，Reva Siegel，Daniel Solove，Alexander Tsesis，Eugene Volokh 和 Patrick Weil 提出的有用的和富有建设性的意见。我也感谢我的朋友和导师 Paul Schwartz，如果没有他，我将不能写出这篇文章。——原作者注

本文的翻译要感谢丁晓东、张吉豫、马剑银、左亦鲁、张冬乔、管宇钿、邓辉、焦钰杰、尹一晴、肖玉琳等师友的鼓励与帮助。感谢中国人民大学第十一次网络法读书会上诸位师生、嘉宾的讨论发言，使我对本文有了更深刻的理解。感谢丁晓东老师给了我在读书会上报告的机会，使我获得了翻译本文的契机。感谢耶鲁法学院 Robert C. Post 教授的慷慨授权和张泰苏副教授的辛苦审查。感谢耶鲁法学院法学硕士马吉先生通读全文并提出诸多有益的建议。——译者注

数据隐私通常通过确保数据处理的准确、透明和工具理性的公平信息实践来实现。[①]1978年《法国隐私法》第40条[②]确立了“被遗忘权的核心原则”[③]，规定了“每个数据主体都可以……要求数据控制者更正、补充（complete）、更新、锁定或删除与他或她有关的不准确的、不完整的、模糊的、过期的或被非法收集、使用、传播或存储的个人数据”。[④]

1995年，公平信息实践随着《95/46 / EC号指令》[⑤]（以下简称《指令》）的通过在欧盟得到了强化，《指令》“可能是世界上最有影响力的数据隐私文

---

① David H. Flaherty，“Governmental Surveillance and Bureaucratic Accountability：Data Protection Agencies in Western Societies”，11 *Sci. Tech. & Hum. Values* 7，8（1986）.“西德的Hesse州在1970年通过了第一部一般数据保护法，”随后，“瑞典（1973）、美国（1974）、德意志联邦共和国（1977）、加拿大（1977）、法国（1978）和英国（1984）”也通过了立法。同前文，第7—8页。“有影响力的（1981年的）OECD的《隐私保护和个人数据跨境流通的指南》总结了国家适用以下基本原则：有限收集、数据质量、目的特定、有限使用、安全保密、开放、个人参与和责任”。同前文第8页。

② Loi No. 78-17 du 6 janvier 1978 relative à l’informatique，aux fichiers et aux libertés（Law 78-17 of January 6，1978 on Information Technology，Data Files and Civil Liberties），*Journal Officiel de la République Française*（J.O.）（OFFICIAL GAZETTE OF FRANCE），Jan. 7，1978，art. 40.

③ David H. Flaherty，*Protecting Privacy in Surveillance Societies*：*The Federal Republic of Germany*，*Sweden*，*France*，*Canada*，*and The United States* 180（1989）. 1989年，Flaherty将被遗忘权赞誉为“在各国数据保护中的重要性不可限量。”同前书，第210页。他在其“政府个人信息系统中的数据保护原则与实践”表格中列举了“被遗忘权，包括基本的匿名或消除几乎所有的个人信息”。同前书，第380页，tbl.7.

④ Loi No. 78-17 du 6 janvier 1978 relative à l’informatique，aux fichiers et aux libertés（Law 78-17 of January 6，1978 on Information Technology，Data Files and Civil Liberties），*Journal Officiel de la République Française*（J.O.）（*OFFICIAL GAZETTE OF FRANCE*），Jan. 7，1978，art. 40.“计算机，其能力与记忆是如此优于人类，以至于必须被动遗忘（be made to forget）。”*FRENCH NAT’L COMM’N ON INFORMATICS & FREEDOMS*，REPORT 98（1981）.

⑤ *Directive 95/46/EC of the European Parliament and of the Council of 24 October 1995 on the Protection of Individuals with Regard to the Processing of Personal Data and on the Free Movement of such Data*，1995 O.J.（L 281）31（EC），（以下简称 *Directive*）.《指令》是为了实施1981年的《欧洲委员会数据保护公约》（*Council of Europe Data Protection Convention*）而制定的。*Convention for the Protection of Individuals with Regard to Automatic Processing of Personal Data*，Jan. 1，1981，E.T.S.No. 108.

本”①。《指令》要求成员国通过立法规定下述内容以保护“数据主体”隐私：个人数据“（只能）以特定、明确和合法的目的被收集，且不得以不符合前述目的的方式被进一步处理”；数据处理“应与其被收集时的目的相关，且必须是适当、相关且不过当的”；个人数据应确保准确且“保持最新”；个人数据应以“某种形式被保存下来，该保存形式所允许的识别数据主体身份的时间，不得超过为实现数据收集目的所必需的时间。”②对于那些以违规方式被处理的数据，《指令》规定数据主体可以更正、删除数据或阻止数据的使用。③

《指令》公布十年后，欧盟通过批准《欧盟基本权利宪章》④（以下简称《宪章》）第 8 条加强了对数据隐私的承诺，《宪章》已与 2009 年《里斯本条约》⑤一道生效。第 8 条被称为“个人数据保护”条款，规定：

1. 人人享有保护其个人数据的权利。

2. 前述数据必须以特定目的并基于相关个人的同意或其他法定事由而被公平处理。每个人都有权访问其被收集的数据，并有权修改。

3. 对前述规则的遵守应受到一个独立机构的控制。⑥

---

① Stefan Kulk & Frederik Zuiderveen Borgesius，“Privacy，Freedom of Expression，and the Right To Be Forgotten in Europe”，in *CAMBRIDGE HANDBOOK OF CONSUMER PRIVACY*（Jules Polonetsky，Omer Tene & Evan Selinger eds.，forthcoming 2018）（manuscript at 14），https：//papers.ssrn.com/sol3/papers.cfm?abstract-id=2652171（https：//perma.ccT72H-EVG5）.

② *Directive*，art. 6（1）.

③ *Directive*，art. 12（b）.

④ *Charter of Fundamental Rights of the European Union* art. 8，December 7，2000，2000 O.J.（C 364）1，10［以下简称 *Charter*］.

⑤ 参见 *Treaty of Lisbon Amending the Treaty on European Union and the Treaty Establishing European Community*，Dec. 13 2007，2007 O.J.（C 306）1. *The Consolidated Version of the Treaty on the Functioning of the European Union*，2012 O.J.（C 326）47 重申：

1. 人人享有保护其个人数据的权利。

2. 欧洲议会和欧洲委员会应当依照普通立法程序，由欧盟机构、团体（bodies）、办公室、机关（agencies）以及实施了欧盟法律规定范围内活动的成员国在个人数据处理方面制定个人数据保护规则，以及前述数据自由流动的规则。应当由独立的机构来控制前述规则的落实。

同前书，第 55 页。

⑥ *Charter*，art. 8.

第8条规定了公平信息实践的本质，事实上授权独立的信息保护机构来实施公平信息实践。

尽管数据隐私与言论自由间总是存在潜在的矛盾，但在2014年欧盟法院（CJEU）对里程碑式的谷歌西班牙有限责任公司诉西班牙数据保护局（*Google Spain SL v. Agencia Española de Protección de Datos*）案件作出判决前，这种紧张关系很大程度上还处于潜藏状态，在这之后就爆发在公共视野之下。[①] 欧盟法院认为，《指令》与《宪章》第7条[②] 和第8条一样，授权“数据主体”要求搜索引擎运营者“在基于对他的姓名搜索而得到的展示结果中移除”第三方合法发布的且包含与他相关的真实信息的网页链接，“理由是……经过某段时间后，他希望这些信息‘被遗忘’。”[③]

谷歌西班牙案没有聚焦于谷歌搜索引擎（以下简称谷歌）对从其用户处收集到的个人信息的处理。[④] 它反而适用被遗忘权去限制谷歌对公共信息的公开交流。谷歌西班牙案的判决根据第8条和《指令》极大地扩张了公平信息

---

① Case C-131/12，*Google Spain SL v. Agencia Española de Protección de Datos*，2014 E.C.R. 317（以下简称 *Google Spain*）. 之前对数据保护法与新数字媒体之间紧张关系的讨论参见 David Erdos，“Data Protection Confronts Freedom of Expression on the ‘New Media’ Internet：The Stance of European Regulatory Authorities”，40 *EUR. L. REV.* 531（2015）。

② 第7条名为“尊重私人和家庭生活”，它规定：“人人均有权获得对其私人和家庭生活、住居及通信的尊重。” *Charter*，art. 7.

③ *Google Spain*，para. 89；para. 99. 2012年1月，欧洲委员会向欧洲议会提出包含“被遗忘权和擦除权”的公平信息实践的建议，这本质上是以前注2及附属文本中描述的法国被遗忘权为基础的。参见 *Proposal for a Regulation of the European Parliament and of the Council on the Protection of Individuals with Regard to the Processing of Personal Data and on the Free Movement of Such Data*（*General Data Protection Regulation*），art. 17，COM（2012）11 final（Jan. 25，2012）（以下简称 *Proposed GDPR*）。

④ 关于谷歌对其用户数据的收集，参见 Elisabeth A. Jones & Joseph W. Janes，“Anonymity in a World of Digital Books：Google Books，Privacy，and the Freedom To Read”，2 *POL. & INTERNET* 43（2010）以及 Bart van der Sloot & Frederik J. Zuiderveen Borgesius，“Google and Personal Data Protection”，in Aurelio Lopez-Tarruella（ed.），*Google and The Law*：*Empirical Approaches to Legal Aspects of Knowledge-Economy Business Models* 75（2012）。关于《指令》对谷歌收集“用户数据”的适用，参见 Article 29 Data Prot. Working Party，*OPINION 1/2008 ON DATA PROTECTION ISSUES RELATED TO SEARCH ENGINES*（2008），http：//ec.europa.eu/justice/data-protection/article-29/documentation/opinion-recommendation/files/2008/wp148_en.pdf（https：//perma.cc/C23U-B9WB）。

实践的适用范围。2016 年 4 月，这种扩张又在欧盟所公布的《一般数据保护条例》（以下简称 *GDPR*）中得到了重申。[①] *GDPR* 于 2018 年 5 月 25 日成为全体欧盟成员国的法律，[②] 并取代了《指令》及有可能根据谷歌西班牙案而被解释的被遗忘权。[③] *GDPR* 标志着一个直接起源于数据隐私的与众不同的欧盟版本的被遗忘权的胜利，预计这将带来巨大的国际影响。[④] 它尖锐地提出了公

---

① 在 *GDPR* 之前的草案中已经包含了被遗忘权的一个版本。*Proposed GDPR*，art. 17.

② *Regulation*（*EU*）*2016/679 of the European Parliament and of the Council of 27 April 2016 on the Protection of Natural Persons with Regard to the Processing of Personal Data and on the Free Movement of Such Data*, and *Repealing Directive 95/46/EC*（*General Data Protection Regulation*）, 2016 O.J.（L 119）1, 43—45，87（以下简称 *GDPR*）.

③ *GDPR* 第 17 条，名为"擦除权（被遗忘权）"，以明确的姿态认可了谷歌西班牙案的判决。它规定：

1. 当满足如下任一理由时，数据主体有权要求控制者无不当延误地删除与其有关的个人数据，控制者有义务无不当延误地删除该个人数据：

（a）就收集时或以其他方式处理时的目的而言，该个人数据已不再必要；

（b）对于根据第 6 条第 1 款（a）项或第 9 条第 2 款（b）项而进行的个人数据处理，数据主体撤回了同意，并且处理不具备其他法律基础；

（c）数据主体根据第 21 条第 1 款反对处理，且处理并不具备更优先的法律基础（overriding legitimate grounds），或者数据主体根据第 21 条第 2 款反对处理；

（d）该个人数据已经被非法处理；

（e）为了遵守欧盟或控制者所属成员国的法律规定的法律义务，该个人数据必须被删除；

（f）该个人数据的处理涉及第 8 条第 1 款所指称的提供信息社会服务。

2. 如果控制者已经公开了个人数据，并且根据第 1 款有义务删除这些个人数据，那么，控制者在考虑到现有技术和实施成本后，应当采取合理行动（包括技术措施）去通知正在处理个人数据的控制者，通知的内容是数据主体已经要求这些控制者删除这些个人数据的任何链接、备份或复制件。

3. 如果处理的必要性达到以下程度，那么不应当适用第 1 款和第 2 款：

（a）为了行使言论和信息自由的权利；

（b）为了遵守欧盟或控制者所属成员国的法律对处理所规定的法律义务，或者是为了执行出于公共利益而进行的任务，或者是为了行使控制者被授予的公务职权；

（c）根据第 9 条第 2 款（h）项、（i）项以及第 9 条第 3 款，为了公共卫生领域的公共利益的原因；

（d）根据第 89 条第 1 款，为了出于公共利益的存留档案目的、科学或历史研究目的或统计目的，而第 1 款规定的权利可能使得前述目的无法实现或严重妨害其实现；

（e）为了提起、行使或抗辩法律请求。

GDPR，art. 17.

④ 欧洲数据隐私规则的国际影响，参见 *Communication from the Commission to the European Parliament and the Council*：*Exchanging and Protecting Personal Data in a Globalised World*, COM（2017）7 final（Jan. 10，2017）。

平信息实践如何才能与言论自由相协调这个一般理论性问题。[①]

谷歌西班牙案将公平信息实践扩张适用于网络搜索引擎，已经引发了强烈的争议。[②] 自2014年6月，谷歌西班牙案已经促使谷歌处理了至少703910件请求，这些请求要求谷歌从搜索引擎中删除1948737个链接（URL），谷歌也在以姓名为关键词的搜索结果中删除了这些链接中的至少43.2%。[③] 在过去数年中，被遗忘权曾被一名乡村牧师所主张，他曾在村民指控他裸身站在住宅窗边咒骂孩童后辞职；被一名医生所主张，他曾试图在他怀孕情妇的饮料中下药致使儿子流产而被定罪；被一名屠夫所主张，他曾威胁要将与他不和的妻子参与集体性爱行为的录像寄给他富有的岳父母进行敲诈勒索而被定罪。[④] 甚至有人主张被遗忘权来对抗关于被遗忘权

---

① 谷歌西班牙案强烈表明，*GDPR* 会被解释为控制网络搜索引擎的使用。最近的案例参见，C-131/12，*Google Spain SL v. Agencia Española de Protección de Datos*（*May 13*，*2014*），128 *HARV. L. REV.* 735，742（2014）。

② "Steptoe Cyberlaw Podcast- Interview with David Hoffman"，in *STEPTOE CYBERLOG*（Sept. 3，2014），at 00：34：39，http：//www.steptoe.com/staticfiles/SteptoeCyberlawPodcast-032.mp3（https：//perma.cc/U3A9-F99H）（假设了谷歌西班牙案的崩溃，一名评论者称之为"临床上患有精神病"）；Michael Wolff，"Wolff：The Right To Be Forgotten by Google"，*USA TODAY*（May 18，2014，7：00 PM），http：//www.usatoday.com/story/money/columnist/wolff/2014/05/18/a-big-setback-for-google-in-europe9172941，https：//perma.cc/8DJT-XXRJ［"世界的反应是，或者说至少科技方面的精英和有志之士的反应是，这不过是欧洲卢德派（Luddites）和贸易保护主义者的痉挛发作。"］

③ 谷歌过去常常提供详细的报告，报告描述了其为遵守欧盟数据保护法所做出的努力。"Search Removals Under European Privacy Law"，*GOOGLE*，https：//www.google.com/transparencyreport/removals/europeprivacy/?hl=en（https：//perma.cc/D5E7-GEVT）（last updated Sept. 28，2017）.

④ Rhiannon Williams，"Telegraph Stories Affected by EU 'Right To Be Forgotten'"，TELEGRAPH（Sept. 3，2015，9：52 AM），http：//www.telegraph.co.uk/technology/google/11036257/Telegraph-stories-affected-by-EU-right-to-be-forgotten.html（https：//perma.cc/J2NM-RCWN）；James Ball，"EU's Right To Be Forgotten：Guardian Articles Have Been Hidden by Google"，GUARDIAN（July 2，2014），https：//www.theguardian.com/commentisfree/2014/ul/02/eu-right-tobe-forgotten-guardian-google（https：//perma.cc/UQ4N-ZRL5）；Caitlin Dewey，"Pianist Asks The Washington Post To Remove a Concert Review Under the E.U.'s 'Right To Be Forgotten' Ruling"，WASH. POST（Oct. 31，2014），https：//www.washingtonpost.com/news/the-intersect/wp/2014/10/31/pianist-asks-the-washington-post-to-remove-a-concert-review-under-the-e-u-s-right-to-be-forgotten-ruling/（https：//perma.cc！ Z5H3-XUZM）.

的文章。[①]

《审查制度索引》（The Index on Censorship）将谷歌西班牙案贬斥为“就像冲进图书馆强制它把书籍化为纸浆”。[②] 英国上议院的欧盟委员会对谷歌西班牙案的回应是（以加粗字体）“‘被遗忘权’……必须走开。它在原则上是误导性的，在实践中是不可行的”。[③] 维基百科的联合创始人吉米·威尔士，谴责被遗忘权是“极其不道德的”。因为“历史是一项人权（history is a human right）”。[④] 美国法律学者杰弗里·罗森观察称，谷歌西班牙案与 *GDPR* 预示着它们与美国言论自由原则的“巨大冲突”。[⑤]

---

① 谷歌西班牙案判决中的原告主张运用该权利禁止发表对该案观点评论的链接。Miquel Peguera，“No More Right-to-be-Forgotten for Mr. Costeja，Says Spanish Data Protection Authority”，CTR. FOR INTERNET & SOC'Y（Oct. 3，2015，8：24 AM），http：//cyberlaw.stan ford.edufblog2015/10/no-more-right-be-forgotten-mr-costeja-says-spanishdata-protection-authority（https：/perma.cc/M2ZC-VD7J）; Mike Masnick，“Google Disappears Techdirt Article About Right To Be Forgotten Due to Right To Be Forgotten Request”，TECHDIRT（Aug. 25，2015，8：35 AM），https：//www.techdirt.comarticles/20150824/13495432050/google-disappears-techdirt-article-about-right-to-be-forgotten-due-to-right-to-be-forgottenrequest.shtml（https：//perma.cc/4P56-5SDS）（描述了在发布关于谷歌“被请求‘遗忘’文章”的一篇文章之后，在非常短暂的时间内 Techdirt 自己就被通知该篇文章“已经同样被塞入忘怀洞（stuffed down the memory hole）”。译者注：“memory hole”是乔治·奥威尔在《一九八四》中提到的一种文件销毁工具，讽刺篡改历史之人，国内译为“忘怀洞”。

② “Index Blasts EU Court Ruling on ‘Right to be Forgotten’”，INDEX（May 13，2014），https：//www.indexoncensorship.org/2014/05/index-blasts-eu-court-ruling-right-forgotten（https：//perma.cc/Y4EG-YW9W）.

③ EUROPEAN UNION COMM.，2D REPORT，EU DATA PROTECTION LAW：A 'RIGHT TO BE FORGOTTEN'？，2014-15，HL-40，¶62（UK）.

④ Sophie Curtis & Alice Philipson，“Wikipedia Founder：EU's Right To Be Forgotten Is ‘Deeply Immoral’”，TELEGRAPH（Aug. 6，2014，12：07 PM），http：//www.telegraph.co.uk/technology/wikipedia/11015901/EU-ruling-on-link-removal-deeply-immoral-says-Wikipedia-founder.html（https：//perma.cc/7VMU-KAWJ）.

⑤ Jeffrey Rosen，“The Right To Be Forgotten”，*ATLANTIC*（July/Aug. 2012），http：//www.theatlantic.comi/magazine/archive/2012/07/the-right-to-be-forgotten/309044/（https：//perma. cc/RV4F-8WVC）. 法国数据保护机构国家信息与自由委员会（“CNIL”）做出的决定与第一修正案价值的矛盾尤其突出，该决定认为被遗忘权要求谷歌在其提供的每个域名中删除掉全部链接，而不是像本案一样仅仅适用于受欧盟法管辖的域名。比较“Search Removals Under European Privacy Law，Search Removals Under European Privacy Law”，*GOOGLE*，https：//www.google.com/transparencyreport/removals/europeprivacy/?hl=en（https：//perma.cc/D5E7-GEVT）（last updated Sept. 28，2017）.（“我们从所有欧洲谷歌搜索的域名中删除了超链接（google.fr，google.de，google.es，etc.）”，以及**（下转）**

在本文中，笔者不想寻求解决这个史诗级冲突的方法，而是想就被遗忘权对网络搜索引擎的适用提出两点拙见。首先，笔者将证明对谷歌西班牙案的批评意见正确地警示了判决的概念结构，因为欧盟法院误解了谷歌和当代公共领域构建之间的关系。谷歌西班牙案认为谷歌不过是一家纯粹的营利性数据处理公司。对谷歌的这种理解没能认识到网络搜索引擎是如何承载了让如今的民主公众舆论部分形成事实上的交往空间的功能。谷歌应该被视为与印刷媒体有同等法律地位。笔者将通过展示报纸如何在 19 世纪和 20 世纪的美国创设了现代民主公共领域的简史来支持这项论断。

（上接）Samuel Gibbs，“Google To Extend 'Right To Be Forgotten' to All Its Domains Accessed in EU”，*GUARDIAN*（Feb. 11 2016），https：//www.theguardian.comltechnology/2016/feb/11/google-extendright-to-be-forgotten-googlecom（https：//perma.cc/92LQ-3LZQ）（“如果一名德国居民成功地要求谷歌删除了基于其姓名搜索显示的搜索结果，那么在德国访问该搜索引擎时，该链接在谷歌任何版本的网站上都不会被看见，包括 Google.com。谷歌会使用浏览器的 IP 地址来测定其位置。”）*with* Press Release，Commision Nationale de l'Informatique et des Libertés，*CNIL Orders Google To Apply Delisting on All Domain Names of the Search Engine*（June 12，2015），https：//www.cnil.fr/fr/node/15790（https：//perma.cc/F8GR-W3P9）（“虽然公司已经同意了部分请求，但是删除链接仅实施于搜索引擎的欧洲扩展部分（extensions），而非在‘google.com’上或其他非欧洲扩展部分上进行搜索的场合。”）谷歌将法国数据保护机构国家信息与自由委员会（CNIL）的决定上诉到法国最高行政法院（the Conseil d'Etat），Alex Hern，“Google Takes Right To Be Forgotten Battle to France's Highest Court”，*GUARDIAN*（May 19，2016），https：//www.theguardian.com/technology/2016/may/19/google-rightto-be-forgotten-fight-france-highest-court（https：//perma.cc/P6G3-8RS9），这个问题反过来又被抛给了欧盟法院。Alex Hern，“ECJ To Rule on Whether ‘Right To Be Forgotten’ Can Stretch Beyond EU”，*GUARDIAN*（July 20，2017），https：//www.theguardian.com/technology/2017/ju1/20/ecj-ruling-google-right-to-be-forgotten-beyond-eu-france-data-removed（https：//perma.cc/E7DU-E7XC）. 加拿大最高法院最近对谷歌做出了世界范围内的禁令，*Google Inc. v. Equustek Sols. Inc.*，2017 S.C.C. 34（Can.）. 被遗忘权已经扩展到了阿根廷，Edward L. Carter，“Argentina's Right To Be Forgotten”，27 *EMORY INT'L L. REV.* 23（2013）; Robert Krulwich，“Is the ‘Right To Be Forgotten’ The ‘Biggest Threat To Free Speech On the Internet’？”，*NPR*：*KRULWICH WONDERS*（Feb. 24，2012，9：06 AM），http：//www.npr.org/sections/krulwich/2012/02/23/147289169/is-theright-to-be- forgotten-the-biggest-threat-to-free-speech-on-the-internet（https：//perma.cc/3TY6- 3MSW），以及哥伦比亚，“Colombia：Constitutional Court Rules on the ‘Right To Be Forgotten’”，*INT'L ACAD. OF COMP. L.*（July 14，2015），http：//iuscomparatum.info/colombia-constitutionalcourt-rules-on-the-right-to-be-forgotten/（https：//perma.cc/87KL-FAJF）。日本似乎已经抵制了这一趋势。Jon Russell，“Google Wins ‘Right To Be Forgotten’ Battle in Japan”，*TECHCRUNCH*（Feb. 1，2017），https：//techcrunch.com/2017/02/01/google-japan-negative-comments/（https：// perma.cc/3BSZ-PE6E）. 对于被遗忘权在亚洲的潜在影响，参见 Steven C. Bennett，“Is America Ready for the Right To Be Forgotten？”，88 *N.Y. STATE BAR J.* 10，12（2016）。

其次，笔者将论述谷歌西班牙案误解了隐私权应当适用于公共领域的本质。新闻界因涉及公共交流，不应被数据隐私所限制。相反，它应该被《宪章》第 7 条所保护的隐私类型所控制，该条规定“人人有权获得对其私人和家庭生活、住居和通信的尊重。”①《宪章》第 7 条的文本实际上复制了《欧洲保护人权和基本自由公约》(以下简称《欧洲公约》) 第 8 条，② 这表明它的解释方式与欧洲人权法院（ECtHR）解释《欧洲公约》第 8 条的方式相同。③

尽管欧洲人权法院有时解释出《欧洲公约》第 8 条要求公平信息实践，④ 但它更经常地将第 8 条解释为禁止传播“个人能够合理期待非经同意不得公开的个人信息”⑤ 因为这会损害他们的“荣誉”或“精神或道德完整”⑥ 或“影响（prejudice）”他们的“对私人生活受尊重权利的个人享受。”⑦ 它在寻求平衡公

① *Charter*，art. 7.

② 《欧洲公约》第 8 条规定，人人均有权获得对其私人和家庭生活、住居及通信的尊重。*European Convention for the Protection of Human Rights and Fundamental Freedoms*，Nov. 4，1950，213 U.N.T.S. 221，230.

③ 《宪章》第 52（3）条规定“本《宪章》所包含的权利与《欧洲保护人权和基本自由公约》所保护的权利一致，这些权利的含义与范围应当与该公约的规定相一致。”*Charter*，art. 52.

④ 例如，参见 *S. & Marper v. United Kingdom*，2008-V Eur. Ct. H.R. 167，202（该案认为第 8 条要求，在通过政府监视获取的个人数据场合，必须有“清楚的、详细的规则来规定措施的范围和适用以及最低程度的相关保护，尤其是持续期限、储存、使用、第三方获取、数据完整及秘密保存的程序和数据销毁程序，进而为避免滥用和恣意的风险提供保障。”）与《宪章》相反，《欧洲公约》没有规定任何保护数据隐私的特别权利。

⑤ *Axel Springer AG v. Germany*，App. No. 39954/08，para. 83（Eur. Ct. H.R. Feb. 7，2012），http://hudoc.echr.coe.int/eng?i=001-109034（https://perma.cc/64JM-LPNC）.

⑥ *A v. Norway*，App. No. 28070/06，para 63（Eur. Ct. H.R. Apr. 9，2009），https://lovdata.no/staticEMDN/emd-2011-024130.pdf（https://perma.cc/P5LM-497P）.

⑦ *Axel Springer AG v. Germany*，App. No. 39954/08，para. 83（Eur. Ct. H.R. Feb. 7，2012），http://hudoc.echr.coe.int/eng?i=001-109034（https://perma.cc/64JM-LPNC）.

开所导致损害的“严重性”与“对一般利益辩论的……贡献”。①《宪章》第7条保护的是我们或许会称为“尊严隐私”的利益。②

《宪章》第7条创设的尊严隐私权与《宪章》第8条创设的数据隐私权非常不同。如果说后者规定和实施了特有的官僚主义的数据控制（the proper bureaucratic handling of data），前者则是规定和实施了尊重性表达的社会规范。虽然这些不同的权利需要不同形式的法律分析，但“被遗忘权”的同一版本在两个权利中都存在——被遗忘权既可以指删除不再有保留必要的数据的需要，③也可以指对无礼挖掘会损害个人尊严的旧闻的传播管制。④在许多欧洲国家的法律

---

① *Axel Springer AG v. Germany*，App. No. 39954/08，para. 83；89；90（Eur. Ct. H.R. Feb. 7，2012），http：//hudoc.echr.coe.int/eng?i=001-109034（https：//perma.cc/64JM-LPNC）. 这本质上是美国法院可能如何认可一项阻止向公众披露私人事件的权利。例如，《侵权法重述（第二版）》规定：

当某人公开涉及他人私人生活的事件时，如果该被公开的事件属于下列类型，则要承担侵犯隐私的责任：

（a）对一个正常的人来说是十分冒犯的；

（b）不在公众合理关心的范围之内。

RESTATEMENT（*SECOND*）*OF TORTS* § 652D（AM. LAW INST. 1977）.

② Robert Kirk Walker，“Note，The Right To Be Forgotten”，64 *HASTINGS L.J.* 257，270（2012）[“欧洲隐私法律的主要目的是保护个人的尊严和公共形象，而不是防止政府侵扰。这种立场在《欧洲人权公约》中得到了反映……这种灵感源自法国保护公民名誉免受他人（尤其是媒体）干涉损害的传统。由于这种传统，与美国法庭相比，欧洲法庭更不倾向于关注保护言论自由权利免受政府干扰，而是更愿意在有必要保护公民尊严权利时限制言论。”（略去内部引文）]。

③ DAVID H. FLAHERTY，*PROTECTING PRIVACY IN SURVEILLANCE SOCIETIES*：*THE FEDERAL REPUBLIC OF GERMANY*，*SWEDEN*，*FRANCE*，*CANADA*，*AND THE UNITED STATES* 180（1989）；Loi No. 78-17 du 6 janvier 1978 relative à l’informatique，aux fichiers et aux libertés（Law 78-17 of January 6，1978 on Information Technology，Data Files and Civil Liberties），*JOURNAL OFFICIEL DE LA REPUBLIQUE FRANÇAISE*（J.O.）（OFFICIAL GAZETTE OF FRANCE），Jan. 7，1978，art. 40；FRENCH NAT’L COMM’N ON INFORMATICS & FREEDOMS，*REPORT* 98（1981）.

④ 例如，参见 *Briscoe v. Reader's Digest Ass'n*，483 P.2d 34，37（Cal. 1971），*Gates v. Discovery Commc'ns*，*Inc.* 一案中被遗忘权被否决，101 P.3d 552（Cal. 2004）；*Melvin v. Reid*，297 P. 91，93（Cal. App. 1931）；Franz Werro，“The Right To Inform v. The Right To Be Forgotten：A Transatlantic Clash”，in Aurelia Colombi Ciacchi et al.（eds.），*HAFTUNGSRECHT IM DRITFEN MILLENNIUM*：*LIABILITY IN THE THIRD MILLENNIUM* 285，285—286（2009）；Steven C. Bennett，“The ‘Right To Be Forgotten’：Reconciling EU and US Perspectives”，30 *BERKELEY J. INT'L L.* 161，169—172（2012）；Ashley Messenger，“What Would a ‘Right To Be Forgotten’ Mean for Media in the United States ？”，*COMM. LAW.*，June 2012，at 29，29—30，32—33.

中，[①] 后者的被遗忘权版本被称为“le Droit à l’ Oubli,”它设置了“信息公开的时间限制：新闻业……不能继续宣传不再具有公共利益”且“在报道价值有相关性的时期经过后”仍能“残酷地伤害”个人的“事件”。[②] 这是欧洲人权法从《欧

① Alessandro Mantelero，“The EU Proposal for a General Data Protection Regulation and the Roots of the ‘Right To Be Forgotten’ ”，29 *COMPUTER L. & SECURITY REV.* 229，229（2013）.

② Steven M. LoCascio，“Forcing Europe to Wear Rose-Colored Google Glass：The ‘Right To Be Forgotten’ and the Struggle To Manage Compliance Post Google Spain”，54 *COLUM. J. TRANSNAT'L L.* 296，300（2015）. Rolf Weber 教授写道：

在欧洲大陆，被遗忘权可被视为包含在人格权中，包括诸如尊严、荣誉、隐私生活的权利等若干要素。在人格权的语境中使用了多种多样的术语——主要是一个人的完整性不被侵犯并且其隐私空间得以维持和区别的（道德上和法律上的）权利。

Rolf H. Weber，“The Right To Be Forgotten：More Than a Pandora's Box？”，2 *J. INTELL. PROP. INFO. TECH. & ELECTRONIC COM. L.* 120，121（2011），https：//www.jipitec.eu/issues/ipitec-2-2-2011/3084/ipitec%202%20-%20a%20-%2Oweber.pdf（https：//perma.cc/S2HD-DJJR）；Jeffrey Rosen，“The Right To Be Forgotten”，64 *STAN. L. REV. ONLINE* 88（2012），https：//review.law.stanford.edu/wp-content/uploads/sites/3/2012/02/64-SLRO-88.pdf（https：// perma.cc ！ M3BA-4MDU）. 这种形式的被遗忘权与西班牙隐私法律十分相关，西班牙隐私法律明确引用了诸如 *Melvin v. Reid*，297，P. 91（Cal. App. 1931）的案例。Xavier O'Callaghan Munoz，*LIBERTAD DE EXPRESION Y SUS LIMITES：HONOR E IMAGEN* 54—55（1991）；Pablo Salvador Coderch，*QUE ES D1FAMAR？ LIBELO CONTRA LA LEY DEL LIBELO* 97—98（1987）；Patricia Sánchez Abril & Jacqueline D. Lipton，“The Right To Be Forgotten：Who Decides What the World Forgets”，103 *Ky. L. J.* 363，367—368（2014）. 1978 年西班牙宪法第 18 条第 1 款规定“保障名誉、个人和家庭隐私及本人形象的权利，”并且第 18 条第 4 款规定“为保障公民的名誉、个人和家庭的隐私及其权利的充分实施，法律限制数据的处理。”C. E.，B.O.E.art. 18，Mar. 16，2016. 对于法国的案例，参见 Tribunal de Grande Instance（TGI）（ordinary court of original jurisdiction）Paris，Mar. 25，1987，D. Somm，198（“任何与公共事件有关的人，即使该人是犯罪者，也可以要求不允许记忆且反对任何对该事件的提醒的权利。”）；Cour d'Appel de Versailles，14 septembre 1989，*Jamet*，*Tesson et autres c/consorts Girard*：*Gazette du Palais*，1990，n° 1，p. 123［“对于一个曾是犯罪者的人来说，（在犯罪事件和他们重新具有公共色彩）之间这段足够长的时间内，使得这些事件隐私化，降为秘密和遗忘。”］；Cour D'appel de Montpellier，8 avr. 1997［“如果完全不承认被遗忘权（right to oblivion），那么法官就有责任根据案件情况的功能做出决定，当然，他要考虑到报纸向读者提供自由、完整和客观信息的权利，也要考虑到事件的相对严重性和犯罪事件发生后所经过的时间以及曾经的犯罪者为改过迁善做出的努力。一旦他们已经完成了刑罚，他们就可以合法地寻求压制对犯罪事件的记忆。”］。上文每处引述都是由 R. Howard Bloch 教授和 Patrick Weil 教授从法语原文中翻译而来。

洲公约》第 8 条中解读出进而存在于《宪章》第 7 条中的被遗忘权形式。[①]

在本文中，笔者使用“RTBF”来指代《指令》为保护数据隐私而创设的不同的官僚主义的被遗忘权版本，使用“被遗忘权”（right to be forgotten）来指代根植于《宪章》第 7 条与许多国家的侵权法中的保护尊严隐私的传统权利版本。[②] 谷歌西班牙案通过同时援引《宪章》第 7 条和第 8 条来寻求支持其判决。[③] 因此其同时诉诸了 RTBF 与被遗忘权。然而这两项权利却基于对社会生活本质的不同的、对抗性的假设而存在。

RTBF 设想了一个官僚主义的世界，它符合数据因“特定目的”而被收集和使用的工具逻辑。[④] 相反，被遗忘权假设了一个被妥当性规范支配的公共讨论，信息是主体间对话的媒介，该对话不受事前特定目的的限制并能自由追随思想与兴趣的不断展示。RTBF 适用于数据管理；被遗忘权适用于讨论交流。RTBF 的目标是赋予数据主体对其个人数据的“控制”；[⑤] 被遗忘权的目标是保

① Catherine Bratic，“Note，A Comparative Approach to Understanding Developments in Privacy Rights in the European Court of Human Rights”，19 *COLUM. J. EUR. L.* 341，347（2013）.

② 关于这两种形式权利的对比，参见 Meg Leta Jones，*CTRL+Z: THE RIGHT To BE FORGOTTEN* 96（2016）and Aurelia Tamò & Damian George，“Oblivion，Erasure and Forgetting in the Digital Age”，5 *J. INTELL. PROP. INFO. TECH. & ELECTRONIC COM. L.* 71（2014），https://www.jipitec.eu/issues/jipitec-5-2-2014/3997/oblivion%2C%20erasure%20and%20forgetting%20in %20the%20digital%20age.pdf（https://perma.cc/3QPS-AG2X）。

③ *Google Spain*，para. 69.

④ *Charter*，art. 8.（着重号为作者所加）。

⑤ “总体而言，‘隐私即控制（privacy-as-control）’的方法已经在个人信息保护领域显示出来，它要求授予个人对其个人信息可能的最大程度的控制。这反映在被普遍称为公平信息实践的规则中。” Avner Levin & Patricia S6nchez Abril，“Two Notions of Privacy Online”，11 *VAND. J. ENT. & TECH. L.* 1001，1009（2009）；[“被遗忘权代表了‘信息自决’及以控制为基础的隐私定义和将个人信息从公共领域转移向私人领域的努力。”（略去内部引文）（引自 Viktor Mayer-Schönberger，*DELETE: THE VIRTUE OF FORGETTING IN THE DIGITAL AGE* 126，2011]。这也是对数据隐私的普遍理解。在报道谷歌西班牙案判决结果时，《卫报》宣称：“个人有权控制其数据，并有权要求搜索引擎删除搜索结果。” Alan Travis & Charles Arthur，“EU Court Backs ‘Right To Be Forgotten’: Google Must Amend Results on Request”，*GUARDIAN*（May 13，2014），https://www.theguardian.com/technology/2014/may/13/right-to-be-forgotten-eucourt-google-search-results，https://perma.cc/2ENK-WCD31. 在这一点上，“控制”既存个人数据使用的权利可能不同于免于受监视的权利，后者包括阻止公司扩大收集个人数据的权利。Neil M. Richards，“The Dangers of Surveillance”，126 *HARV. L. REV.* 1934，1961（2014）.

护人类尊严。[①] 虽然 RTBF 在聚集大数据以完成明确目的的大型组织的环境中有意义，但其管理逻辑基本与民主公共领域所需的交往行为不兼容。[②] 相反，被遗忘权已经在大多数法律系统中适用于民主公共领域长达一个多世纪了。

毫无疑问，在被遗忘权与言论自由之间存在严重的紧张关系，不同的法律系统用不同的方式去解决这种紧张关系。[③] 笔者并不赞同任何一种单独的对此冲突的解决方式。相反，本文的第二个观点是谷歌西班牙案模糊了 RTBF 的工具理性与被遗忘权的规范逻辑，其论证方式在概念上很混乱，在法律上不可取。谷歌西班牙案最终是一个模糊晦涩的判决，因为欧盟法院是想要保护数据主体控制个人信息的权利还是转而保护人类尊严并不明确。我们不知道判决的目标是数据隐私还是尊严隐私。这种极度的混乱损害了谷歌西班牙案的教义力量与内涵。

在本文的结论部分，笔者主张，谷歌西班牙案应当以完全聚焦于被遗忘权和尊严隐私保护的方式回应它所面对的问题。我试图阐明如果欧盟法院正确理解了它所面对的教义挑战后，谷歌西班牙案判决可能会被如何写就。

一、对谷歌西班牙案的批评分析

（一）数据隐私与日常生活

2010 年，一名西班牙律师马里奥·格斯蒂亚·冈萨雷斯（Mario Costeja González）向西班牙数据保护局（Agencia Española de Protección de Datos，以下简

---

① “或许两个最著名的隐私概念分别是以控制为基础的和保护尊严的（dignitarian）。”Patrick O’Callaghan，“The Chance ‘to Melt into the Shadows of Obscurity’ ——Developing a Right To Be Forgotten in the United States，*in* Ann E. Cudd & Mark C. Navin（eds.），*PRIVACY：CORE CONCEPTS AND CONTEMPORARY ISSUES*，forthcoming 2018（manuscript at 2），https：//papers.ssrn.com/sol3/papers.cfm?abstract-id=300925（https：/perma.cc/WTY6DDUE）.

② 管理与逻辑（managerial and logic）与公共领域之间的紧张关系，一般可见 Robert C. Post，“Between Governance and Management：The History and Theory of the Public Forum”，34 *UCLA L. REV.* 1713（1987）。

③ 一般可见 Robert C. Post，“Hate Speech”，in Ivan Hare & James Weinstein（eds.），*EXTREME SPEECH AND DEMOCRACY* 123（2009）（讨论了不同的法律体系是如何用不同方式解决言论自由和令人憎恶的言论之间的紧张关系的）。

称 AEPD）提起控诉。[1] 十二年前，曾经有一场对格斯蒂亚被扣押的不动产进行的公开拍卖，以偿还其社会保险债务。[2] 劳动和社会事务部命令一家西班牙报纸《先锋报》（*La Vanguardia*）发布拍卖公告，以提供“保证有尽可能多的投标人……的最大化宣传。”[3] 2008 年，《先锋报》对其文件进行数字化时，该公告被上传到网络。[4] 两年后，当在谷歌中输入格斯蒂亚的名字时，该公告显著地出现在搜索结果中。格斯蒂亚投诉称该公告应当被删除，因为它涉及的“扣押程序……已经结束许多年了，对该扣押程序的指向如今是完全不相关的”。[5]

针对格斯蒂亚的投诉，AEPD 认为《先锋报》不应当被要求删除其数字化文件，因为“其对涉案信息的公开在法律上有正当理由”，它是被劳动和社会事务部命令发布的。[6] 不过，AEPD 依据西班牙版本的被遗忘权“derecho al olvido”支持了对谷歌的控诉。[7] AEPD 认为，即使是像《先锋报》这样的基础网站仍然在线，但每当“数据保护的基本权利和人类尊严”陷入风险时，搜索引擎也依然能被要求删除数据或锁定数据的访问路径，这种风险包括哪怕“只是涉案个人不想让第三方知道该数据的愿望”。[8]

谷歌将此决定上诉至西班牙高等法院，即 *Audiencia Nacional*，该法院认为本案的解决应当取决于对《指令》的解释。西班牙高等法院向欧盟法院提交了关于《指令》恰当解释的询问。欧盟法院根据《宪章》第 7 条和第 8 条对《指令》进行了解释，[9] 认为应当要求谷歌从格斯蒂亚姓名的搜索结果中删除《先锋

---

① *Google Spain*，para. 14.

② *Google Spain*，para. 14.

③ *Google Spain*，para. 16.

④ Julia Powles，“The Case That Won't Be Forgotten”，47 *Loy. U. CHi. L.J.* 583，587（2015）.

⑤ *Google Spain*，para. 15.

⑥ *Google Spain*，para. 16.

⑦ *Google Spain*，para. 20.

⑧ *Google Spain*，para. 17. 正如前文所注有关西班牙法律的研究那样，AEPD 的决定自然地将尊严隐私保护与数据隐私保护联系在了一起。*Google Spain*，para. 17. 将这两种截然不同的法律理论相混合的观点最终也显示在了欧盟法院对谷歌西班牙案的判决中。

⑨ 欧盟法院认为《指令》的条款“应当有必要依据基本权利被解释，这些基本权利根据稳定的判例法形成了法院确保遵守的法律一般原则所必需的一部分，如今也被规定在《宪章》中。”*Google Spain*，para. 68；para. 69.

报》关于扣押程序公告的链接，即使《先锋报》的网页仍被允许保持在线。

欧盟法院认为，《先锋报》的网页包括格斯蒂亚的“个人数据”，即《指令》定义为“任何与已识别的或可识别的自然人相关的信息（‘数据主体’），”[①]并且谷歌因将《先锋报》网页添加到谷歌的搜索结果清单中的处理行为而成为前述数据的“控制者”。《指令》将控制者定义为决定“数据处理目的和方式”的实体。[②]作为数据处理者，谷歌必须承担：

> 确保个人数据被“公平合法地”处理的责任，即它们“以特定、明确和合法的目的被收集，且不得以不符合前述目的的方式被进一步处理”，它们“与其被收集和/或进一步处理时的目的相关，且必须是适当、相关且不过当的”，它们“是准确的，并且如有必要应保持最新”，并且，最后，它们“以某种形式被保存下来，该保存形式所允许的识别数据主体身份的时间，不得超过为实现数据收集或被进一步处理目的所必需的时间。”在这个语境中，控制者必须采取每种合理的措施去确保不符合前述条款要求的数据被删除或被更正。[③]

因此，欧盟法院面对的实质问题是谷歌处理《先锋报》网站上的数据行为是否“对搜索引擎运营者实施的处理行为的目的而言，是不适当的、不相

---

① *Google Spain*, para. 4.（引自 *Directive*, art. 2）. *GDPR* 在第 4 条第 1 款中用完全相同的方式定义了个人数据。*GDPR*, art. 4.

② *Google Spain*, para. 4. *GDPR* 用完全相同的文字定义了“控制者”。*GDPR*, art. 4（7）.

③ *Google Spain*, para. 72. 在这个段落中，欧盟法院本质上重述了《指令》第 6 条的内容。参见 *Directive*, art. 6. *GDPR* 在第 5 条中，用这种方式定义了数据控制者的责任：

1. 个人数据应当：

（a）对数据主体而言，被合法、公平和以透明方式处理（“合法性、公平性和透明性”）；

（b）以特定、明确和合法的目的被收集，且不得以不符合前述目的的方式被进一步处理；根据第 89 条第 1 款，为了公共利益档案存留目的、科学或历史研究或统计目的而进行的进一步处理，不应视为不符合初始目的（“目的限制”）；

（c）就处理目的而言，是充分的、相关的且在其必要限度内（“数据最小化”）；

（d）是准确的，并且如有必要应保持最新；考虑到处理目的，应当采取一切合理措施，毫不拖延地删除或更正不准确的个人数据（“准确性”）；**（下转）**

关的或不再相关的或者是过当的。"①不论对这些数据的处理行为是否对格斯蒂亚有害，这个问题都是决定性的。欧盟法院明确认为违反《指令》不要求显示出任何"对数据主体的损害。"②这是因为，无论何时数据控制者以与获取信息时的特定目的不相关或不再相关的方式处理个人信息时，③不论是否存在相关的人格上或物质上的损害，都危害到了数据隐私。数据隐私的关键是保护数据主体对个人信息的控制。

在《先锋报》公告的语境中，这种工具逻辑或许有一定意义。《先锋报》被命令发布扣押程序通知以使竞标者的数量最大化。在格斯蒂亚投诉的多年前，该目的似乎就已经得到实现了。因此，在谷歌西班牙案时，《先锋报》不再有任何理由通过在线发布的方式处理格斯蒂亚的个人数据。因为官方通知倾向于提供明确的此类目的，所以根据他们的目标将该通知的发布期限限缩为一段暂时的期间是可以理解的。④

（上接）（e）以某种形式被保存下来，该保存形式所允许的识别数据主体身份的时间，不得超过为实现数据处理目的所必需的时间；若个人数据仅仅是根据第 89 条第 1 款为了公共利益的档案存留目的、科学或历史研究或统计目的而进行的处理，并且实施了本条例为保护数据主体的权利和自由而规定的适当的技术和组织措施，那么个人数据可以被保存更长时间（"保存限制"）；

（f）以确保个人数据适当安全性的方式被处理，包括采取合适的技术或组织措施以避免未经授权或非法的处理，避免意外丢失、损毁或损害（"完整性和保密性"）。

2. 控制者有责任遵守第 1 款，并有责任证明其遵守了第 1 款（"责任"）。

GDPR，art. 5.

① *Google Spain*，para. 94. 欧洲委员会发布了一份事实表格，概括了谷歌西班牙案判决，它将该案判决解释为"个人有权在特定条件下要求搜索引擎删除与其个人信息有关的链接。当信息对数据处理目的而言是不准确、不充分、不相关或过当时适用……" *Factsheet on the" Right To Be Forgotten" Ruling*（*C-131/12*），EUR. COMMISSION 1-2，http：//ec.europa.eu/justice/data-protection/ files/factsheets/ factsheet data protection-en.pdf（https：//perma.cc/QSK7-57UD）.

② *Google Spain*，para. 96；参见 Floridi *et al.*，*THE ADVISORY COUNCIL TO GOOGLE ON THE RIGHT TO BE FORGOTTEN* 5（2015），http：//docs.dpaq.de/8527-report of the advisory-committee-to-google.on-the-right-to-be-forgotten.pdf（https：//perma.cc/3LFC-5XVQ）["不论涉及的处理是否在某种程度上引发了对数据主体的损害（harm or is prejudicial），反对和要求中止对其数据处理的权利……都是存在的。"]。

③ 例见 Viviane Reding，"The Upcoming Data Protection Reform for the European Union"，1 *INT'L DATA PRIVACY L.* 4（2011）.

④ 然而，很明显，《先锋报》没被要求撤下它的网站相关数据。

问题是这种工具逻辑是如何适用于谷歌的。《先锋报》公告目的是明确的和官方的。但是断定谷歌对《先锋报》网站的链接是“不适当的、不相关的或不再相关的或者对目的是过当的”可能意味着什么呢？这不妨探求一下报纸或图书馆流通信息的“特定目的”。[①] 如果个人数据无法以清晰和明确的目的被处理，数据隐私的逻辑就无法运行。

这种困难是根本性的。《指令》适用于所有“个人数据”的“处理”，个人数据又被定义为与一个可识别个人“相关的”所有信息。[②] 它没有要求“个人数据”被限制为私人信息或被限制为如果公布则会对数据主体有害。[③] 从文义上讲，个人数据似乎甚至包含“诸如含有图书标题的作者姓名这样的无害的已公开信息”。[④]

《指令》用同样宽泛的条款定义了“处理”，即“对个人数据进行的任何操作或者一系列操作，无论该操作是否以自动化方式进行。例如，收集、记录、组织、存储、改编或修改、恢复、查询、使用、通过传播、分发或者其他使个人数据可被他人利用的方式披露、排列或组合、封锁、删除或销毁。”[⑤] 考虑到这些宽广的定义，《指令》表面上适用于多个根据狭窄的工具逻辑未被建立起来的社会领域。

例如，因此项《指令》适用于将个人数据上传到网站上的行为。欧盟法院认为，对个人信息制作在线索引如同“关联了……工作条件和爱好……的电话号码或信息……构成了‘个人数据处理’。”[⑥] 因此，那些将个人数据上传

---

① *Charter*，art. 8（着重号为作者所加）。

② 参见 *Google Spain*，para. 4. 和 *GDPR*，art. 4。

③ *Google Spain*，para. 96；以及 Floridi *et al.*，*THE ADVISORY COUNCIL TO GOOGLE ON THE RIGHT TO BE FORGOTTEN* 5（2015），http：//docs.dpaq.de/8527-report of the advisory-committee-to-google.on-the-right-to-be-forgotten.pdf（https：//perma.cc/3LFC-5XVQ）。

④ David Erdos，“From the Scylla of Restriction to the Charybdis of License？ Exploring the Scope of the ‘Special Purposes’ Freedom of Expression Shield in European Data Protection”，52 *CAP. MKT. L. REV.* 119，122（2015）.

⑤ *Directive*，art. 2（b）. *GDPR* 事实上用同样方式定义了“处理”。参见 *GDPR*，art. 4（2）。

⑥ Case C-101/01，Criminal Proceedings Against Bodil Lindqvist，2003 E.C.R. 1-12992，1-13008 para. 27. 因为 *GDPR* 用和《指令》同样的方式定义了“处理”。*GDPR*，art. 4（2），所以可以假设这项结论也能适用于 *GDPR*。

到网站上的人们也几乎能被确定为与谷歌同样意义的“控制者”。

可以合理推知，大部分个人网站的建立不是像谷歌西班牙案中争论的《先锋报》公告那样是为了实现明确的目的。例如，如果你发布了一条博客，记录描述了你最好朋友的生日派对，你就是在处理个人信息。[①] 可能很重要的问题是，你对这些数据的使用是不是与你写博客时的“目的”“不相关或者不再相关或者过当”？

这个问题看起来明显问错了，因为你可能创作博客时就没有任何单独的明确的目的。你反而可能是参与了德国哲学家尤尔根·哈贝马斯所说的交往行为。[②] 你希望以协调和维持社会共识的方式促进与你的朋友和读者之间的对话。有人或许会问，对你朋友生日派对的个人数据处理变得与此目的“不相关”或“过当”，是否体现了他们不理解日常的社会实践。你博客中的个人数据与你写作博客的意图之间不是以“手段”与“目的”的方式相联系的。在这个语境中，《指令》对个人数据处理的合法性评估设定了无法理解的标准。

这是很重要的一点。想想《宪章》第 8 条。它规定个人数据必须被“以特定目的并基于相关个人的同意或其他法定事由而被公平处理”；“每个人都有权访问其被收集的数据，并有权修改”；“对前述规则的遵守应受到一个独立机构的控制。”[③] 你能想象在个人博客上发布个人数据时要如何遵守这些官僚主义的规则吗？

对于政府或商业组织对大型数据聚集的积累和使用，第 8 条的概念结构是有意义的。对这些政府机构（bureaucracies）来说，数据仅仅是詹姆斯·儒

① 此外，如果你的描述显示出你朋友的种族特征或者她感冒了，你就已经对《指令》和 *GDPR* 均规定的个人数据的特殊类别（special categories of personal data）进行了泄露，这种泄露是被坚决禁止的，只有某些被狭窄定义的例外。参见 *Directive*，art. 8；*GDPR*，art. 9；也见 *Lindqvist*，2003 E.C.R. 1-12992，1-3014 to 1-3015，para. 51（“提到了某人脚部受伤或者请了半天病假的事实，就构成了《指令》第 8 条第 1 款规定的关于健康的个人数据。”）。

② 一般可见 Jürgen Habermas，*KNOWLEDGE AND HUMAN INTERESTS*（Jeremy J. Shapiro trans.，Heinemann Educ. Books 1972）（1968）；Jürgen Habermas，*TOWARD A RATIONAL SOCIETY：STUDENT PROTEST，SCIENCE AND POLITICS* 81-122（Jeremy J. Shapiro trans.，Beacon Press 1971）（1968）。

③ *Charter*，art. 8（着重号为作者所加）。

勒曾恰当地描述为“大众监视（mass surveillance）”的一种手段。[①] 组织为了特定目的而搜集数据。它们参与大众监视以测定商誉或最小化健康成本。在这种语境下确保个人数据的处理被限定在适当目的内，并确保对数据主体的正当关注负责，第 8 条的结构似乎是个很好的设计。[②]

但是第 8 条智识的结构并不符合许多日常的人类实践，即使这种实践可能涉及《指令》和 GDPR 定义的个人数据处理行为。例如，《指令》和 GDPR 规定某人仅通过保有并非“纯粹地”用于个人或家庭活动的“文件系统”[③]。例如，同时包含私人朋友与商业熟人的住址名册，也构成个人数据的“处理”。[④] 如果你保有了这样的地址名册，你在其中列举的人有权询问你处理了与其相关的何种信息；更正你地址名册中的信息；质疑该信息是否与你处理时的目的相关或过当；享有一个独立机构执行的这些权利。笔者认为这几乎是不可想象的。它精确地创造了第 8 条应当避免的“老大哥”（Big Brother）。

要对 *GDPR* 和《指令》想要规制的大型官僚组织进行管理，一个强有力政府的存在或许是必要的。但是这种正式的义务看上去显然与普通人的日常生活方式不相称。通过将信息与其所嵌入的社会实践相分离来假设信息的实在性，这是错误的。如果信息是在强调工具理性的官僚机构中使用，如同在

---

① 参见 James B. Rule，*PRIVATE LIVES AND PUBLIC SURVEILLANCE：SOCIAL CONTROL IN THE COMPUTER AGE* 300—358（1974）。

② “对大范围的组织而言，无论这些组织是公共的还是私人的，正式的信息系统都是有必要的，并且这些组织会特别容易受到信息规制政策实施的影响……” George J. Stigler，“An Introduction to Privacy in Economics and Politics”，9 *J. LEGAL STUD.* 623，632（1980）.

③ 《指令》将“文件系统”定义为“根据特定标准可访问的任何结构化的个人数据集”。*Directive*，art. 2（c）. GDPR 使用了同样的定义。*GDPR*，art. 4（6）.《指令》规定其适用于“完全或部分以自动化方式对个人数据进行的处理，但对于已经构成或即将构成文件系统一部分的个人数据进行自动化方式处理的除外。”*Directive*，art. 3（1）. *GDPR* 规定了同样的适用范围。*GDPR*，art. 2（1）.

④ 《指令》第 3 条第 2 款规定其“不适用于自然人在纯粹私人或家庭活动过程中对个人数据的处理……” *Directive*，art. 3（2）. *GDPR* 保持了同样的限制。*GDPR*，art. 2（c）；以及《指令》以下条款叙述：“本条例不适用于自然人在纯粹私人或家庭活动（无涉职业或商业活动）过程中对个人数据的处理。私人或家庭活动包括通信以及持有地址、社会网络和在此类活动环境中从事的在线活动。”（着重号为作者所加）；*Directive*，以下条款（“保护原则应当适用于任何受共同体法律管辖的个人数据处理活动；但自然人在纯粹的私人或家庭活动中实施的数据处理除外，如通信和持有地址记录。”）。

许多大型机构中发生的那样，信息的部署能够被工具理性规则合理地限制。但是如果信息反而是融入了构成日常生活的日常社会实践，那么，通过强加一项强求一致的管理性限制来扼杀这些实践就是个错误的判断。为什么我们会希望用工具理性的“铁笼”囚禁日常社会交往呢？[①]然而*GDPR*和《指令》都如此抽象和广泛地定义了“个人数据”和数据“处理”，以至于当它们适用于生活各方面时，没有人会将其视为管理。

（二）数据隐私、尊严隐私与公共领域

*GDPR*和《指令》都通过规定其管制不适用于“自然人在纯粹的个人或家庭活动期间”的数据处理，以努力阻止这种可能性。[②]但是，这个世界并非被简单划分为“纯粹个人或家庭的”非工具领域和包括其他一切的工具领域。相反，并且与我们的目标最为相关的是，存在一个包含着我们可能称为阅读公共性（the reading public）的文本性公共领域（a public sphere of textuality）。[③]欧盟法院认为使得数据可在网上“被不特定数量的人访问”不能豁免适用《指令》的要求，因为这不是为了“个人的”或“家庭的”目的而使用。[④]

---

① Max Weber，*THE PROTESTANT ETHIC AND THE SPIRIT OF CAPITALISM*，181（Talcott Parsons trans.，Unwin 1965）（1930）；参见 Giovanna Borradori，*PHILOSOPHY IN A TIME OF TERROR*：*DIALOGUES WITH JüRGEN HABERMAS AND JACQUES DERRIDA* 71（2003）。

② GDPR，art. 2（2）（c）；Directive，3（2）的相关条款叙述（着重号为作者所加）。

③ 想想《第29条数据保护工作组5/2009号意见》（*Opinion 5/2009 of the Article 29 Data Protection Working Party*），它规定将社交网站social networking sites（SNSs）使用者“视为促进商业、政治或慈善目标的平台”，据此承担《指令》下“数据控制者的全部责任”。Article 29 Data Prot. Working Party，*OPINION 5/2009*：*ON ONLINE SOCIAL NETWORKING* 6（2009），http：//ec.europa.eu/justice/data-protection/article-29/documentation/opinion-recommendation/files/2009/wp163_en.pdf（https：//perma.cc/824V-PV2P）. 那些“与大量第三方取得接触，其中包含他可能实际并不认识的若干人”的社交网站使用者，应当意识到“家庭豁免并不适用，因而使用者会被认定系数据控制者。”换言之，家庭豁免止步于阅读公共性的边界（threshold）。

④ Case C-101/01，Criminal Proceedings Against Bodil Lindqvist，2003 E.C.R. 1-12992，1-13013 to 1-13014，paras. 46—47；以及 Article 29 Data Prot. Working Party，*OPINION 5/2009*：*ON ONLINE SOCIAL NETWORKING* 6（2009），http：//ec.europa.eu/justice/data-protection/article-29/documentation/opinion-recommendation/files/2009/wp163_en.pdf（https：//perma.cc/824V-PV2P）.

公共领域的特征是交往行为，而非工具理性。谷歌已经成为公共领域的必要资源。想想笔者是如何撰写这篇被认为是对公共领域的贡献的文章的。笔者使用了谷歌去访问和学习全世界的文本。其中部分文本不包含个人数据，如 *GDPR* 和《指令》。但是许多是包含个人数据的；它们提供了谷歌西班牙案和《指令》如何影响实然的人的行为的信息。

第 8 条的分析框架与笔者使用这些数据参与公共讨论是不兼容的。公平信息实践的关键是赋予普通人“控制”其个人数据的权利。① *GDPR* 肯定了“自然人有权控制其个人数据”，明确了这一点。② 如果问题是大众监视结构产生的个人信息是否应当被官僚机构或生活受到前述机构影响的自然人控制，授

① 参见 Org. for Econ. Co-Operation & Dev.，*THE OECD PRIVACY FRAMEWORK* 41（2013）；Joel R. Reidenberg，“Resolving Conflicting International Data Privacy Rules in Cyberspace”，52 *STAN. L. REV.* 1315，1325—1326（2000）。Orla Lynskey 观察到谷歌西班牙案“含蓄地承认了‘个人对个人数据的控制’是数据保护权利的一个基本方面，不论这些个人数据是否是‘私人的’。数据保护专家长期建议，这种控制（有时被用更强的术语称为‘信息自决’）是数据保护的重要方面。”Orla Lynskey，“Control over Personal Data in a Digital Age：Google Spain v AEPD and Mario Costeja Gonzalez”，78 *MOD. L. REV.* 522，529（2015）.

② 见 *GDPR* 相关条款的叙述。同时期的分析对 *GDPR* 的目标进行了综合：

GDPR 的另一个目标是使个人对其个人数据有更强的控制，以便重建消费者对数字经济的信任。最终，新的立法框架升级了一些《95/46/EC 指令》中规定的基本原则——被称为“保持健全（remain sound）”（第 9 段）——并设计了一些新原则，以进一步支持数据主体在其个人数据方面的地位。

个人访问和控制其个人数据的权利得到了加强，尤其是通过引入“被遗忘权”（第 17 条）和可携带权（第 20 条，旨在便利个人数据在服务商之间的传输）。数据主体还获得了在任何个人数据发生可能引起“对其权利和自由高度风险”的泄露（breach）时“无不当延迟地”被通知的权利（第 33 条）。

Pietro Franzina，“The EU General Data Protection Regulation：A Look at the Provisions That Deal Specifically with Cross-Border Situations”，*ConflictofLaws.NET*（May 10，2016），http：// conflictoflaws.net/2016/the-eu-general-data-protection-regulation-a-look-at-the-provisions-that-dealspecifically-with-cross-border-situations/（https：//perma.cc/MAJ3-AFL3）（原文有变动）；也参见 Edward J. Eberle，“Human Dignity，Privacy，and Personality in German and American Constitutional Law”，1997 *UTAH L. REV.* 963，1001—1002（“最终，这个控制个人数据的概念，源于有影响力的德国联邦宪法法院‘人口普查法案（*Census Act Case*）’，它创设了‘一项一般的个人信息自决权’以保护‘个人对其个人数据何时及在何种限度内披露的基本权利’。”）

权自然人“控制”是有意义的，只有少数清晰可辨的例外。[①] 但是如果我们想象一个并非由人们与大型的、不可渗透的官僚组织做斗争组成的，而是由参与持续对话（如笔者希望通过本文促进的辩论）的个人组成的社交世界，“控制”显然是适用上一个错误的隐喻。[②] 从“控制”的隐喻中几乎可以推出个人信息某种程度上归特定个人“所有”。[③]

想想公众对希拉里·克林顿的邮件或对唐纳德·特朗普与俄罗斯的联系的关注。尽管对这些事件的讨论会包含大量个人数据，但去询问是谁“控制”这些数据是没有意义的。在公众合法关注的事件中，我们希望促进一个不间断的公共对话，这种对话包含基于共享事实进行共同的意义探求。如果个人数据被当作处于某个人或另一个人的“控制”之下，事实上会使这种探求停止。[④] 这对于理解数据隐私与维持民主所必需的言论自由的关系是很重要的一点。

我们可以粗略地将民主定义为“公众舆论的统治（government by public

① 我认为 Daniel Solove 的核心论点主要是隐喻了隐私侵犯不应当成为“老大哥”，而不是“弗兰兹·卡夫卡在《审判》中描述的官僚主义——一个官僚漠不关心、犯下恣意之错和人性沦丧的更加欠考虑的程序，一个令人们感到无能为力和易受伤害的世界，人们无法以任何有意义的方式介入对他们个人信息的收集和使用”。Daniel J. Solove，“Privacy and Power：Computer Databases and Metaphors for Information Privacy”, 53 *STAN. L. REV.* 1393，1398（2001）(略去内部引文）(转引自 Franz Kafka, *THE TRIAL*（Willa Muir & Edwin Muir trans.，1937）). Solove 恰如其分地注意到：数据库的问题……包括权力，以及我们与公立或私立官僚机构之间关系的影响——我们无法有效参与我们个人信息的收集与使用。因此，我们必须关注现代社会的权力结构以及如何控制前述与官僚机构的关系。同前引第 1461 页，以及第 1436 页，或见 Paul M. Schwartz，“Privacy and Democracy in Cyberspace”，52 *VAND. L. REV.* 1609，1612，1641（1999）(描述了互联网如何“创造出一个隐私空间不足的权力结构”)。然而事实上，与“控制”的抽象原则相比，法律通过“信息信托人（information fiduciaries)”的规范性概念可能会更有效地解决大数据积聚引发的某些问题。例如，参见 Jack Balkin，“Information Fiduciaries and the First Amendment”, 49 *U.C. DAVIS L. REV.* 1183（2016）。

② 参见 Paul M. Schwartz，“Beyond Lessig’s *Code* for Internet Privacy：Cyberspace Filters，Privacy Control，and Fair Information Practices”，*Wis. L. REV.* 743，760—761（2000）。

③ Bert-Jaap Koops，“Forgetting Footprints，Shunning Shadows. A Critical Analysis of the ‘Right To Be Forgotten’ in Big DataPractice”，8 *SCRIPTED* 229，246—247（2011）.

④ 参见 Rolf H. Weber，“The Right To Be Forgotten：More Than a Pandora’s Box？”，2 *J. INTELL. PROP. INFO. TECH. & ELECTRONIC COM. L.* 120，125（2011），https：//www.jipitec.eu/issues/ipitec-2-2-2011/3084/ipitec%202% 20-%20a%20-%2Oweber.pdf（https：//perma.cc/S2HD-DJJR）。

opinion）”。[①] 正是出于这个原因，民主会需要必要的言论自由来形成公众舆论。[②] 我使用“公共商谈（public discourse）”的术语指称本质上被认为是形成民主的公众舆论所必要的一系列交流。[③] 民主的先决条件是公共商谈中的对话是主体间的而非工具性的。[④] 这种对话所必需的共享事实，与授权个人取消个人数据流通（无论其是否认为这是可取的）的法律命令，二者是不协调的。

《宪章》第 8 条是如此完全地由管理理性的模型写就，以至于抹去了所有其他交往的规范结构。它没有把公共商谈视为人类交互的一个可选择的领域。因此，从文义上看，第 8 条的概念结构会消除民主合法化的可能性。《指令》和 *GDPR* 都认识到了这个困难。为了以符合《宪章》第 11 条“言论自由”承诺的方式实施第 8 条，[⑤] 他们勉强地将某些公共商谈从他们的管理要求中排除。

《指令》规定对“仅为新闻、艺术或文学目的而实施的个人数据处理……免除或减轻责任”，但这些例外或许仅适用于“对协调隐私权与言论自由规则有必要”的情形。[⑥]GDPR 更慷慨地指令成员国“协调个人数据保护的权利……与信

---

① Carl Schmitt，*CONSTITUTIONAL THEORY* 275（Jeffrey Seitzer ed.，trans.，Duke Univ. Press 2008）（1928）.

② 参见 Robert C. Post，*DEMOCRACY，EXPERTISE，AND ACADEMIC FREEDOM：A FIRST AMENDMENT JURISPRUDENCE FOR THE MODERN STATE* 13—21（2012）.

③ Robert C. Post，*DEMOCRACY，EXPERTISE，AND ACADEMIC FREEDOM：A FIRST AMENDMENT JURISPRUDENCE FOR THE MODERN STATE* 15（2012）. 在本文中，我没有使用“公开披露”的术语去指代那些在美国宪法中可能为个体的人（individual human beings）创造民主合法性价值的言论行为。对比 Robert C. Post，*CITIZENS DIVIDED：CAMPAIGN FINANCE REFORM AND THE CONSTITUTION* 71—74（2014）。

④ 参见 Frank Michelman，“*Law's Republic*”，97 *YALE L.J.* 1493，1526—1527（1988）。

⑤ 《基本权利宪章》第 11 条规定：

1. 人人享有言论自由权利。这项权利包括不受公权力干涉且无疆界地持有观点、接收并传递信息和思想。

2. 媒体的多元性和自由应当被尊重。

参见 *Charter*，art. 11。

⑥ *Directive*，art. 9. 关于一项彻底的和令人不安的对欧盟成员国国内法如何寻求（或未寻求）协调《指令》与新闻媒体自由的研究，一般参见 David Erdos，“European Union Data Protection Law and Media Expression：Fundamentally Off Balance”，65 *INT'L COMP. L.Q.* 139（2016）; David Erdos，“Statutory Regulation of Professional Journalism Under European Data Protection：Down but Not Out？”，8 *J. MEDIA L.* 229（2016）；以及 David Erdos，“European Regulatory Interpretation of the Interface between Data Protection and Journalistic Freedom：An Incomplete and Imperfect Balancing Act”（*Cambridge Legal Stud. Res. Paper Series*，*Paper No. 61/2015*，2015）。

息和言论自由权利，包括以新闻目的和学术、艺术或文学表达目的的处理。”①

那么，重要的理论问题是可能如何协调“信息和言论自由”②与第 8 条创设的数据隐私。《指令》和 *GDPR* 都没有提供太多暗示。③如果进一步探究，可以通过实现“（数据）隐私与言论自由之间的平衡”的隐喻来解释协调。④但很难理解，当数据隐私与言论自由意味着互相排斥的社会领域时，如何实现这种平衡。如果必须根据数据隐私的管理性逻辑处理个人数据，⑤公共商谈

---

① *GDPR*，art. 85（1）.

② 在欧洲的环境下，公民有权“接收和传递信息”。参见 *Charter*，art. 11（着重号为作者所加）。

③ 这特别令人困扰，因为 *GDPR* 不厌其烦地强调，举证责任明确地由根据 *RTBF* 保护个人数据的一方承担。第 17 条规定，控制者“有义务毫不迟延地删除个人数据”，除非“对于实施言论和信息自由权利……或为了公共利益的档案存留目的、科学或历史研究或统计目的而言，处理是必要的……”参见 GDPR. art.17（着重号为作者所加）。

④ *WORKING PARTY ON THE PROT. OF INDIVIDUALS WITH REGARD TO THE PROCESSING OF PERS. DATA*，*RECOMMENDATION 1/97*：*DATA PROTECTION LAW AND THE MEDIA* 5（1997），http：//ec.europa.eu/justice/policies/privacy/docs/wpdocs/1997/wpl-en.pdf（https：//perma.cc/AHN8-AMCX）； 参见 *Directive*，recital 37；David Hoffman，et al.，“The Right to Obscurity：How We Can Implement the *Google Spain* Decision”，17 *N.C. J.L. & TECH.* 437，457—459（2016）。

⑤ 参见 Robert C. Post，“Between Governance and Management：The History and Theory of the Public Forum”，34 *UCLA L. REV.* 1713，1788—1790（1987）。在意大利，国家数据隐私法律不包括新闻活动例外，如果数字报纸文章已经发布了“一段时间，而这段时间超过了”写作时“目的的必要限度”，而它们还没有被撤下线，则会被测评为造成损害。Athalie Matthews，“How Italian Courts Used the Right To Be Forgotten To Put an Expiry Date on News”，*GUARDIAN*（Sept. 20，2016），https：//www.theguardian.com/media/2016/sep/20/how-italian-courts-used-the-right-to-beforgotten-to-put-an-expiry-date-on-news ？CMP=share_btn_tw（https：//perma.cc/R9QM-V873）（略去内部引文）. 这项公开披露政策的暗示的确很可怕：

意大利最高法院最近支持了一项判决，即在两年后，在线新闻档案中的一篇文章就过期了，“犹如牛奶、酸奶或一品脱冰淇淋。”……至少在意大利，“被遗忘权”如今有了新含义：在两年后从新闻业中删除饱受困扰档案的权利。这当然是不正确的。倘若如此，人人都可能要求被从新闻网站中删除，在线新闻业会被重创。意大利法典规定“数据必须以某种形式被保存下来，该保存形式所允许的识别数据主体身份的时间，不得超过为实现数据收集目的所必需的时间”。然而……新闻业不构成这项“时间限制”的例外……

这使得意大利的编辑很容易遭受关于他们的作品“已经公开了太长时间”所以必须撤下的主张。事实上，最高法院恰好遵循如下判决逻辑：“在文章首次公开时和要求删除时之间的这段时间内，就所涉及的公众知情权而言，公共利益已经得到了满足，因此，至少从收到正式通知之日起，该数据不应再被披露。”发表两年的文章就被标记为“过时”的规则是否会被适用于其他地区仍然有待观察。（对原文有三处修改）。

的可能性就会被消除，但如果公共商谈从该逻辑中被豁免并被允许跟随思想和兴趣的自由发挥，公平信息实践就会消失。如何在公共商谈中保护数据隐私是不清楚的，因为数据隐私存在于一个官僚领域中，而这个官僚领域与组成公共领域的交往行为并不兼容。①

在这方面，《指令》和 *GDPR* 所确定的 RTBF 刚好与被遗忘权相反。美国②和许多欧洲国家的法律③以及《欧洲公约》④长期使用被遗忘权去协调尊严隐私与公共商谈。本质上被遗忘权是在问特定言论是否已经构成了因为具备了"社会习俗"所定义的如此程度的冒犯性以至于无法满足公众的"合法利

① 正如 Jack Hirshleifer 曾经显著观察到的，我们的隐私概念，意味着"一种特定的社会结构及其支撑的社会伦理。" Jack Hirshleifer，"Privacy：Its Origin，Function，and Future"，9 *J. LEGAL STUD.* 649，649（1980）.

② 参见 *Axel Springer AG v. Germany*，App. No. 39954/08，para. 83，89，90（Eur. Ct. H.R. Feb. 7，2012），http：//hudoc.echr.coe.int/eng?i=001-109034（https：//perma.cc/64JM-LPNC）；*Briscoe v. Reader's Digest Ass'n*，483 P.2d 34，37（Cal. 1971），*Gates v. Discovery Commc'ns*，Inc. 一案中被否决，101 P.3d 552（Cal. 2004）；*Melvin v. Reid*，297 P. 91，93（Cal. App. 1931）；以及 *Virgil v. Time*，*Inc.*，527 F.2d 1122，1131（9th Cir. 1975），*cert. denied*，425 U.S. 998（1976）；*Haynes v. Alfred A. Knopf*，*Inc.*，8 F.3d 1222，1232（7th Cir. 1993）；*Pavesich v. New England Life Ins. Co.*，50 S.E. 68，80（Ga. 1905）；*Schuyler v. Curtis*，42 N.E. 22，26（N.Y. 1895）. 也参见 Robert C. Post，"The Social Foundations of Privacy：Community and Self in the Common Law Tort"，77 *CALIF. L. REV.* 957（1989）。

③ 如参见 Jeanne M. Hauch，"Protecting Private Facts in France：The Warren & Brandeis Tort Is Alive and Well and Flourishing in Paris"，68 *TUL. L. REV.* 1219（1994）；Alessandro Mantelero，"The EU Proposal for a General Data Protection Regulation and the Roots of the 'Right To Be Forgotten' "，29 *COMPUTER L. & SECURITY REV.* 229，229 no.1（2013）；Basil Markesinis *et al.*，"Concerns and Ideas About the Developing English Law of Privacy（and How Knowledge of Foreign Law Might Be of Help）"，52 *AM. J.COMP. L.* 133（2004）；Franz Werro，"The Right To Inform v. The Right To Be Forgotten：A Transatlantic Clash，in Aurelia Colombi Ciacchi *et al.*（eds.），*HAFTUNGSRECHT IM DRITFEN MILLENNIUM*：*LIABILITY IN THE THIRD MILLENNIUM* 285，285—286（2009）；James O. Whitman，"The Two Western Cultures of Privacy：Dignity Versus Liberty"，113 *YALE. L.J.* 1151（2004）。

④ 如参见 *S. & Marper v. United Kingdom*，2008-V Eur. Ct. H.R. 167，202；*Axel Springer AG v. Germany*，App. No. 39954/08，paras. 83，89，90（Eur. Ct. H.R. Feb. 7，2012），http：//hudoc.echr.coe.int/eng?i=001-109034（https：//perma.cc/64JM-LPNC）；*A v. Norway*，App. No. 28070/06，para 63（Eur. Ct. H.R. Apr. 9，2009），https：//lovdata.no/staticEMDN/emd-2011-024130.pdf［https：//perma.cc/P5LM-497P］；*Coudere & Hachette Filipacchi Associés v. France*，Case No. 40454/07，paras. 86—87，93（Eur. Ct. H.R.，Nov. 10，2015），http：//hudoc.echr.coe.int/eng?i=001-158861（https：//perma.cc/U7GAEXXT）。

益或好奇”[①]。[②]严重违反隐私规范的言论被认为引发了像“侮辱和羞辱”这样的损害。[③]这种方法没有聚焦于个人数据本身，而是寻求确定特定言论是否符合我在别处所称的“文明规则”——对个人和社会身份做出相互定义的行为规范标准。[④]它询问的是言论是否是恰当的，即意味着符合“定义和维系必要活动和关键关系和利益的……社会规范或规则的精细标准化系统。”[⑤]足够不道德的言论会被认为是损害了人类的人格。

被遗忘权则是用与 RTBF 不同的方式处理公共商谈的关系。RTBF 与公共商谈不兼容，既是因为人们没有以预先确定的和“特定的目的”[⑥]去参与公共讨论，也是因为公共商谈主体间的领域无法与个人数据主体“控制”与其“相关的”个人信息相协调。[⑦]相反，尽管被遗忘权可能限制公共讨论中可能的言

① *Virgil v. Time*，*Inc.*，527 F.2d 1122，1131（9th Cir. 1975），*cert. denied*，425 U.S. 998（1976）.

② *Haynes v. Alfred A. Knopf*，*Inc.*，8 F.3d 1222，1232（7th Cir. 1993）. 当 1939 年《侵权法重述（第一版）》承认了侵犯隐私的侵权类型时，它明确注意到隐私保护必须“与时间和地点的风俗习惯、原告的习惯和职业有关。” *RESTATEMENT*（*FIRST*）*OF TORTS* § 867 cmt. c（*AM. LAW. INST.* 1939）.

③ *Pavesich v. New England Life Ins. Co.*，50 S.E. 68，80（Ga. 1905）. 同样地，法院承认了：

对于这项心理痛苦和伤害的存在，必须有……一些真实合理的理由。它不得是仅仅幻想或纯粹想象的产物，也不得是过于敏感和精神组织疾病的结果，（译者注：它们都）过分强调了隐私权的独享和神圣品性……对法律权利的违反，本质上应当……可能被一个理性人所理解，并可能对任何一个具备普通感情和智力之人造成心理痛苦和伤害。

Schuyler v. Curtis，42 N.E. 22，26（N.Y. 1895）. 对于社会风俗和人格损害之间的社会学关联的讨论，参见 Robert C. Post，“The Social Foundations of Privacy：Community and Self in the Common Law Tort”，77 *CALIF. L. REV.* 957（1989）。

④ Robert C. Post，“The Social Foundations of Privacy：Community and Self in the Common Law Tort”，77 *CALIF. L. REV.* 957，962—963，978—987（1989）.

⑤ Helen Nissenbaum，*PRIVACY IN CONTEXT*：*TECHNOLOGY*，*POLICY*，*AND THE INTEGRITY OF SOCIAL LIFE* 2—3（2010）.

⑥ *Charter*，art. 8.

⑦ 参见 Paul M. Schwartz，“Beyond Lessig's *Code* for Internet Privacy：Cyberspace Filters，Privacy Control，and Fair Information Practices”，*Wis. L. REV.* 743，760—761（2000）；Bert-Jaap Koops，“Forgetting Footprints，Shunning Shadows. A Critical Analysis of the ‘Right To Be Forgotten’ in Big DataPractice”，8 *SCRIPTED* 229，246—247（2011）；Rolf H. Weber，“The Right To Be Forgotten：More Than a Pandora's Box?”，2 *J. INTELL. PROP. INFO. TECH. & ELECTRONIC COM. L.* 120，125（2011），https：//www.jipitec.eu/issues/ipitec-2-2-2011/3084/ipitec%202% 20-%20a%20-%2Oweber.pdf（https：//perma.cc/S2HD-DJJR）以及一些相关文献。

论，故而与言论自由存在紧张关系，但它并不必然与公共商谈的民主功能不相兼容。

言论自由使得人们有权参与公众舆论的形成并因此体验他们可能接受的状态（state）。[①] 正因如此，言论自由被普遍认为是民主的要素。[②] 公共商谈通过让人们影响到公众舆论的构建来发挥出媒介作用，但如果公共商谈变得足够被滥用和不友好，人们就不太可能体验到它这种媒介作用。在这种环境下，公共商谈不再具有民主合法化的目的，因此言论自由的民主正当性理由将以此为限缩减。

这创造了我在别处所称的“公共商谈悖论（the paradox of public discourse）”——只有公共商谈具备某些文明性时才能维系民主合法化，但这种文明性的强制会限制言论自由。[③] 不同的法律体系用不同的方式解决公共商谈悖论。然而，正是这种悖论的存在说明了被遗忘权能够与公共商谈的民主功能相容，而 RTBF 不能做到这一点。

在几乎所有被遗忘权的表现形式中，它通过大体上平衡对人格的损害以及对公共商谈的损害来寻求调和尊严隐私与公共商谈。这与《指令》的做法相反，该《指令》只问数据处理是否“与搜索引擎运营商进行的处理目的相关性不充分、不相关或不再相关或者过当。”[④] 谷歌西班牙案不厌其烦地强调对 RTBF 的违反可以独立于任何“对数据主体的损害”，此时采用的就是《指

---

① Robert C. Post, *CITIZENS DIVIDED: CAMPAIGN FINANCE REFORM AND THE CONSTITUTION* 39—42（2014）.

② 当然，作为一项宪法权利，言论自由在某种意义上与民主并不一致，因为它会用于使其他的民主和多数主义立法无效。某些言论自由的理论试图通过强调在民主制中向选民传达信息的重要性，以解决这一悖论。一般可见 Alexander Meiklejohn，*POLITICAL FREEDOM: THE CONSTITUTIONAL POWERS OF THE PEOPLE*（1965）。这些理论强调听众接受信息的权利。相反，强调发言者自我表达权利的理论通常依赖于言论与民主政府潜在的回应能力之间的关系。参见 Robert C. Post，“Participatory Democracy and Free Speech”，97 *VA. L. REV.* 477，484—485（2011）。

③ Robert C. Post，“The Constitutional Concept of Public Discourse: Outrageous Opinion，Democratic Deliberation，and Hustler Magazine v. Falwell”，103 *HARV. L. REV.* 601，640—644，680—684（1990）.

④ *Google Spain*，para. 94.

令》的方式。[①] 然而，由于没有损害的概念，欧盟法院实际上剥夺了自己协调RTBF与民主合法化所必需的公共商谈的最基本的概念资源。

（三）谷歌西班牙案观点中的歧义

欧盟法院因此陷入了智力上无法忍受的境地。它通过超越《指令》的文义范围构建一个分析框架来解决这个问题。为了解释为何《指令》可能要求删除谷歌的列表而不必删除《先锋报》的原始网页，毕竟后者也含有真实的可识别个人数据，欧盟法院断言：

> 事实上，由于基于对某人姓名搜索而显示的结果列表包含有网页和网页中与该人有关的信息，这使得任何互联网用户都可以通过搜索该人而明显轻松地访问该信息，也可能在该信息的传播方面发挥决定性作用，这可能更构成对数据主体基本隐私权的严重干扰，而不只是在网页上公布。[②]

这种推理的前提是，某些侵犯隐私的行为比其他行为“更重要”。但是，《指令》中无法找到这个前提，它避免了任何这样的损害概念，而是寻求强化数据主体的“控制”其个人数据的抽象权利。在欧盟法院意见的后文，它明确提到“数据主体的私人生活对《先锋报》公告中包含的信息的敏感性”。[③] 但是，某些个人数据比其他个人数据更敏感的观点并不是《指令》中包含的概念。[④]

那么，欧盟法院是根据什么渊源得出“基本隐私权”能够以很“严重”或不那么“严重”的方式被侵犯呢？以笔者尽力的理解，欧盟法院似乎是在

---

① *Google Spain*, para. 96.

② *Google Spain*, para. 87.

③ *Google Spain*, para. 98.

④ 《指令》和 *GDPR* 都标明了某种“个人数据的特定种类”，它们适用特别严格的规则。*Directive*, art. 8; *GDPR*, art. 9. 这些种类可能是被认为标明了如果滥用将引起特定损害的个人数据。谷歌西班牙案涉及的数据不包含在这些“个人数据的特定种类”中。

援引《宪章》第 7 条所载的尊严隐私。[①] 与仅在官僚化组织的社会空间内才有意义的第 8 条形成鲜明对比的是，第 7 条援引了定义了被遗忘权的语境化的文明规则。[②] 因为《宪章》第 7 条包含了欧洲人权法院对《欧洲公约》第 8 条的解释，被遗忘权可能包含在《宪章》中。欧洲人权法院解释了被遗忘权，以保护尊严免受违反文明规则所可能引发的或多或少的损害。[③] 这样的文明规则也可以证明这样的结论是合理的，即披露关于敏感和令人尴尬的破产信息比披露其他形式的个人数据更“有害”。[④]

难点在于第 7 条的框架与《指令》的概念结构是无关的，后者体现了第 8 条确立的公平信息实践。第 7 条规定的尊严隐私旨在保护人的人格免受因违反基本尊重规范的言论所造成的损害。因为这些规范是负载价值的和语境化的，第7条保护的尊严隐私也是如此，它将人的人格想象为本质上是社会化的。相比之下，第 8 条保护的数据隐私创设了公平信息实践，而公平信息实践创

① 欧盟法院明确提到了第 7 条创设的基本权利是格斯蒂亚请求的一个基础。参见 *Google Spain*，para. 99。

② 关于隐私权和独立的数据保护权之间差别的讨论，一般参见 Orla Lynskey，“Deconstructing Data Protection：The ‘Added Value’ of a Right to Data Protection in the EU Legal Order”，63 *INT'L & COMP. L.Q.* 569（2014）。Lynskey 断定欧盟法院一贯都合并“数据保护权和隐私权。”见前文，第 574—575 页，她注意到“与‘干涉隐私’不同，‘个人数据’的概念不依赖环境。”（第 583 页）。比较 Julia Ballaschk，“In the Unseen Realm：Transnational Intelligence Sharing in the European Union-Challenges to Fundamental Rights and Democratic Legitimacy”，51 *STAN. J. INT'L L.* 19，22—24（2015）（解释了隐私权是一个宽泛的概念，可以包含数据保护权——本质上，是决定其何种信息可以被他人知晓的权利）。

③ 欧洲人权法院将《公约》第 8 条规定的尊严隐私权利解释为是依赖环境的，授权法院类型化那些引发“或强或弱的被侵扰感”的对隐私的交往性侵犯。*Coudere & Hachette Filipacchi Associs v. France*，Case No. 40454/07，paras. 86—87，93（Eur. Ct. H.R.，Nov. 10，2015），http：//hudoc.echr.coe.int/eng?i=001-158861（https：//perma.cc/U7GAEXXT）. 欧洲人权法院对《公约》第 8 条的解释直接适用于《宪章》第 7 条的含义。参见 *Charter*，art. 52。

④ 如参见 *Brents v. Morgan*，299 S.W. 967，971（Ky. 1927）（认为原告因被告公开其债务信息而提起的侵犯隐私请求是可诉的）；Robert C. Post，“The Social Foundations of Privacy：Community and Self in the Common Law Tort”，77 *CALIF. L. REV.* 957，979—981（1989）。《指令》没有将谷歌西班牙案涉及的那种财务数据归类为个人数据的特殊种类，这是极好的。参见 *Directive*，art. 8；*GDPR*，art. 9。

建了官僚化规则来构建被认为是不合群的（asocial）和自治的人的决策。[①]

欧盟法院从未承认过这种紧张关系。它似乎完全基于工具性的前提决定支持格斯蒂亚的主张，即谷歌链接“与搜索引擎运营者实施的争议处理行为的目的的相关性是不适当的、不相关的或不再相关的或者是过当的。”[②] 结果是不伦不类的；欧盟法院声称运用了《指令》的逻辑，但实际上是偷偷运用了对第 7 条来说很恰当的损害的规范性考虑。

因为欧盟法院混乱地决定了如何使《指令》的官僚逻辑与现代国家民主合法性所必需的公众舆论形成的开放过程相一致，所以造成了混淆的加剧。[③] 为了协调这种困难，欧盟法院被迫采用了与《指令》的概念结构相背离的另一条路径。它解释说，如果发现数据主体对个人数据的控制是“出于特殊原因，如数据主体在公共生活中发挥的作用，那么，因为结果列表包含了公众享有的突出利益，公众获取这些争议中的信息也有着突出利益，从而干涉他的基本权利就是正当的，”进而就可以推翻该数据主体对个人数据的控制。[④]

《指令》的概念结构中没有任何内容表明某些数据主体对个人数据的控制权应低于其他数据主体。[⑤] 欧盟法院显然引入了这种区别，因为它认为有必要

---

① 有人将数据隐私权描述为一种用于减少权力和信息不对称的事前工具，因为它增强了个人相对于数据控制者和处理者的掌控力。在这点上，因为这些权力和信息不对称是数据保护立法者寻求改正的市场失灵，所以数据保护权利的监管起点变得明显。参见 Orla Lynskey，“Deconstructing Data Protection：The‘Added Value’of a Right to Data Protection in the EU Legal Order”，63 *INT'L & COMP. L.Q.* 569，592（2014）。

② *Google Spain*，para. 94； 参 见 Eloise Gratton & Jules Polonetsky，“Droit à l'oubli：Canadian Perspective on the Global‘Right To Be Forgotten’Debate，15 *COL. TECH. L.J.* 337，367—368（2017）；Hillary C. Webb，“Note，‘People Don’t Forget’：The Necessity of Legislative Guidance in Implementing a U.S. Right To Be Forgotten”，85 *GEO. WASH. L. REV.* 1304，1325（2017）。

③ 参 见 Robert C. Post，*DEMOCRACY*，*EXPERTISE*，*AND ACADEMIC FREEDOM*：*A FIRST AMENDMENT JURISPRUDENCE FOR THE MODERN STATE* 17—18（2012）。

④ *Google Spain*，para. 97.

⑤ 正如前欧洲数据保护监督官（European Data Protection Supervisor）Peter Hustinx 所注意到的，与“隐私权”相比，“数据保护权”更不易受到数据主体的公众人物地位影响。“在个人数据处理上，数据保护法律的适用并不取决于对其隐私的授权”。参见 Peter Hustinx，“Informationsfreiheit und Datenschutz in der Europäischen Union”，*in* Jan-Hinrik Schmidt & Thilo Weichert（eds.），*DATENSCHUTZ*：*GRUNDLAGEN*，*ENTWICKLUNGEN UND KONTROVERSEN* 322，322—330（2012）。

保护言论自由。[①] 但是，这种区别要求欧盟法院去解释公众如何在数据主体的个人信息中享有“突出利益”。[②]

---

① 《指令》规定：“只有在有必要协调隐私权与言论自由规则时，对于仅为新闻目的或文学艺术表达目的而进行的个人数据处理，成员国应当规定《指令》条款的例外或豁免。” *Directive*, art. 9.《宪章》第 11 条规定的言论自由指的是接受信息的权利，参见 *Charter*, art. 11，也可能指的是欧盟法院在进行下列陈述时所指称的权利：

因为根据涉诉信息，将这些链接从结果列表中删除，会影响到互联网用户可能想要访问该信息的合法利益，所以面对诸如主要程序中的争议时，应当寻求公平的平衡（*fair balance*），特别是要寻求该利益与《宪章》第 7 条和第 8 条规定的数据主体的基本权利之间的平衡。尽管原则上，由这些条款保护的数据主体的权利优先于互联网用户的利益，但在特定情形下，这种平衡可能取决于所涉信息的性质、其对数据主体私人生活的敏感程度以及公众对获取该信息的利益，这种利益可能是不同的，特别是要取决于数据主体在公共生活中发挥的作用。

Google Spain, para. 81（着重号为作者所加）; 参见 Article 29 Data Prot. Working Party, *GUIDELINES ON THE IMPLEMENTATION OF THE COURT OF JUSTICE OF THE EUROPEAN UNION JUDGMENT ON " GOOGLE SPAIN AND INC. V. AGENCIA ESPANOLA DE PROTECCION DE DATOS AND MARIO COSTEJA GONZALEZ"* C-131/12, para. 8（2014）, http: //www.dataprotection.ro/servlet/ViewDocument?id=1080（https: //perma.cc/GH56-R74K）（ “搜索引擎在个人数据处理中的利益是经济性的。但互联网用户也有使用搜索引擎来获取信息的利益。在这个意义上，言论自由基本权利会被理解为《欧洲基本权利宪章》第 11 条所规定的‘接受和传递信息和思想’，在评定数据主体请求时就必须要予以考虑。”); Joris van Hoboken, “Search Engine Law and Freedom of Expression. A European Perspective”, *FUTURE NON STOP*（2009）, http: //futurenonstop.org/c/ a2ece341ce5fbcOOf9fc58151da8f981（https: //perma.cc/9XJD-6LNQ）。

② 美国法院有时会判决，寻求“在公共生活中”发挥作用的人们放弃了他们的隐私权。“一个人——因其成就、名望或生活方式，或因其作为、事迹或个性而在行业或职业中给予公众合法利益——被称为公众人物（public personage），因而放弃了一部分隐私权。”*Cohen v. Marx*, 211 P.2d 320, 321（Cal. Dist. Ct. App. 1949）; 参见 *Kapellas v. Kofman*, 459 P.2d 912, 923（Cal. 1969）（en banc）。这样的人不能“按其意愿或随心所欲地像蜗牛一样缩进壳里，并让他人因评价其在自愿曝光于公共视野之下时所发生的行为而负担责任。因为对前述行为而言，他已经放弃了隐私权，而且也不能在之后撤回这种放弃。” *Cohen v. Marx*, 211 P.2d at 321.

这种推理聚焦于社会规范定义尊严隐私价值的本质；它详细说明了这些规范和诸如弃权、风险假设这样的概念之间的关系。在欧洲语境下，这种推理可能会被吸收到第 7 条规定的隐私的规范解释中。但这种推理没有告诉我们如何评估接收信息的“公共利益”。正如 Kenneth Karst 曾清晰指出的，这种推理几乎肯定是不足以解释为何公众人物限缩其隐私权的。Karst 写道，这种看法“一定是错误的”，即认为：

基于同意理论能得出公众人物不会因侵犯隐私权而受有损害的结论。如果市长或年轻演员对公开明确保留同意，结果也不会改变……理由不是他们同意公开，而是不管他们同意与否，公开都具有公共利益上的正当性。

Kenneth L. Karst, “ ‘The Files’: Legal Controls over the Accuracy and Accessibility of Stored Personal Data”, 31 *L. & CONTEMP. PROBS.* 342, 345（1966）.

任何这种解释最终都必须依赖于对民主要求的交往过程的解释。《指令》对这个问题没有提供任何帮助。[①] 它仅仅提到了“言论自由”。[②] 在这部分，欧盟法院没有阐明“公众享有的突出利益”意味着什么。它仅在其意见的高潮段主张：

根据《宪章》第7条和第8条规定的基本权利，数据主体可能要求将被列入这一结果列表的有关信息不再提供给公众，作为一项规则，这些权利通常不仅优先于搜索引擎运营商的经济利益，还优先于广大公众通过搜索数据主体姓名而获取该信息的利益。但是，如果出于某些特殊原因有理由干涉数据主体的基本权利，如他在公共生活中发挥的作用，因为公众对获取包含在结果列表中的涉诉信息享有突出利益，这时情况就不再如此。[③]

在这个关键的段落中，欧盟法院引用不一致的法律渊源去创设一个被删减的、但或多或少明确的平衡审查。[④] 一方面，谷歌的链接对隐私造成了损害。这些损害的定义方式与第7条的文明规范相一致，据此欧盟法院可以将它们定性为特别“严重”。[⑤] 另一方面，并无“特殊理由”能够证明获取信息的正当性，即获取“根据数据主体姓名搜索”产生的信息有着特别的公共利益。欧盟法院谨慎地补充说，谷歌本身对于维持涉诉链接除经济利益外没有其他利益。因此，“平衡”的结果是必须删除谷歌的链接。[⑥]

---

① *GDPR* 也没有。

② *Directive*, art. 9.

③ *Google Spain*, para. 99.

④ 参见 *Directive*, art. 9; *Charter*, art. 11; *Google Spain*, para. 81; 等等。

⑤ *Google Spain*, para. 87.

⑥ 法院简要地表达了这种平衡，它解释道：

根据（干涉数据主体隐私权利）的潜在的严重性……很显然，仅仅为了这样的搜索引擎操作者在处理方面的经济利益是不具有正当性的。然而，因为根据涉诉信息，将这些链接从结果列表中删除，会影响到互联网用户可能想要访问该信息的合法利益，所以面对诸如主要程序中争议时，应当寻求公平的平衡，特别是要寻求该利益与《宪章》第7条和第8条规定的数据主体的基本权利之间平衡。尽管原则上，由这些条款保护的数据主体的权利优先于互联网用户的利益，但在特定情形下，这种平衡可能取决于所涉信息的性质、其对数据主体私人生活的敏感程度以及公众对获取该信息的利益，这种利益可能是不同的，特别是要取决于数据主体在公共生活中发挥的作用。

Google Spain, para. 81.

这一段的方法论完全超出了《指令》的法律范围，这是欧盟法院试图将《指令》应用到与其不相匹配的社会生活领域的肯定标志。由于当将 RTBF 适用于搜索引擎链接时，*GDPR* 将不可避免地同样会出现不相匹配，因此值得仔细思考欧盟法院在谷歌西班牙案中实施的这种平衡。为了目前的目的，笔者接受欧盟法院赋予格斯蒂亚特定信息的隐私价值。但笔者质疑欧盟法院对谷歌链接“公共利益”属性的认定。

欧盟法院认为公共利益不足以限制《指令》的适用，因为格斯蒂亚并未谋求在公共生活中发挥作用。这显然是对信息传播中的公共利益的不完整解释。① 对于那些因为恶意原因（如犯罪行为）而设法避免公开张扬的人来说，公众对于获取其个人数据有着强烈的利益。② 这表明公众的利益并非局限在已经在公共生活中发挥重要作用的人的个人数据。在民主国家，公共利益必须扩展到任何可能或将成为部分公共行为议程的信息。③ 这是一个远比欧盟法院承认的更广泛的利益。事实上，它是如此广泛以至于很难被限定。

更微妙也更重要的是，公众对维持使公共商谈可能发生的交流结构的完整性也享有基本的利益。无论该结构中交流的特定内容是什么，这种利益都会存在。这也是为何《指令》与 *GDPR* 都规定了在保护言论自由范围内必要的新闻目的是绝对例外，无论任何特定报纸文章的内容是什么。④

政府对新闻的监管引发了对欧洲和美国言论自由的担忧，因为每个人都明白，新闻是自治所必需的公共商谈的结构性先决条件。新闻对于“传播和获取有关其共同利益的信息而联合的组织化的社会成员”的能力来说是不可

---

① 谷歌西班牙案对言论自由概念的限缩，参见 Jens van den Brink，“Missed Opportunity：Dutch Supreme Court Copy-Pastes Google Spain Judgment”，*INFORRM'S BLOG*（May 6，2017），https：//inforrm.wordpress.com/2017/05/06/missed-opportunitydutch-supreme-court-copy-pastes-google-spain-judgment-jens-van-de-brink/（https：//perma.cc/G9VR-HUPW）。

② 比较 *Von Hannover v. Germany*（no. 2），2012-I Eur. Ct. H.R. 351，将报纸的“重要地位”概念化为“公众的监督者（public watchdog）”。

③ Orla Lynskey 观察到，在谷歌西班牙案中，欧盟法院“似乎假定了当隐私权和数据保护权受到威胁时，言论自由权仅延伸到‘公共利益’信息——而不是公众可能感兴趣的信息。”Orla Lynskey，“Control over Personal Data in a Digital Age：Google Spain v AEPD and Mario Costeja Gonzalez”，78 *MOD. L. REV.* 522，531（2015）.

④ *GDPR*，art. 85；*Directive*，art. 9.

或缺的。[1] 欧盟法院未能区分新闻中某篇特定文章的公共利益以及新闻界本身的公共利益，后者是一个交流的结构，创造了可以形成公众舆论的公共领域。

因此，谷歌西班牙案提出的最重要的问题是，谷歌是否像现代报纸一样成为维持公共领域所必需的交流基础设施的重要组成部分。如果是的话，欧盟法院对谷歌的“经济利益”的提及是有误导性和不必要的。人们普遍承认，“报纸是私人企业，其目的是为其经营者赚钱”。[2] 但是媒体的公共利益并不因其营利性而减少。[3] 欧盟法院已经认识到，《指令》对新闻目的数据处理的豁免并不取决于新闻运营者是否是商业企业。[4] 如果谷歌被正确地认为相当于报纸，那么它的“经济利益”应该是无关紧要的。

但谷歌西班牙案认为，因为互联网搜索引擎不是新闻企业，它们不能豁免于《指令》的公平信息实践。它指出——虽然“出版者在发布与个人有关的信息组成的网页中所进行的处理，在某些情况下，可能是‘仅为新闻目的’而实施并因此基于《指令》第 9 条而豁免于《指令》所规定的要求”——但这种豁免“似乎并不适用于搜索引擎运营商实施的处理”。[5]

为了评估这一观点，我们必须探索当代互联网搜索引擎提供的链接与传统报纸提供的新闻之间的关系。在本文的下一部分，笔者将考察当代美国报纸的兴起，以阐明为什么美国法律会将新闻视为维持公共商谈所必不可少的事物。笔者希望这能让我们更清楚地确定，谷歌是否应该被授予与我们向新

---

① *Grosjean v. Am. Press Co.*, 297 U.S. 233，243（1936）.

② Charles Dudley Warner，“The American Newspaper”，14 *J. SOC. SCI.* 52，52（1881）.

③ “书籍、报纸和杂志发行和销售的营利目的，并不能阻碍其成为第一修正案所保障的自由的表达形式。” *Joseph Burstyn*，*Inc. v. Wilson*，343 U.S. 495，501—502（1952）.

④ In Case C-73/07，*Tietosuojavaltuutettu v. Satakunnan Markkinapörssi Oy & Satamedia Oy*，2008 ECR 1-09831，欧盟法院认为《指令》第 9 条豁免了对报纸公开的管制，也豁免了以 CD-ROM 光盘形式对名人公开可得的税务信息进行的商业销售（当国家法院认为此类通信服务于新闻目的时）。它推断道：

> 乍看之下，在公共领域中以营利目的进行的数据公开不妨碍该种公开被认作一种“仅为新闻目的”而进行的活动……每个企业都会寻求从活动中获利。商业成功的程度甚至可能对专业的新闻活动来说是必要的……用来传递被处理数据的媒介，无论其性质上传统如纸张、无线电波，抑或电子化如互联网，这种性质都不会决定某种活动是否是“仅为新闻目的”而进行的。

Joseph Burstyn，*Inc. v. Wilson*，343 U.S. 495，501—502（1952），at paras. 59—60.

⑤ *Google Spain*，para. 85.

闻授予的同种类型的公共利益。

我继续讨论的一个论点是结构性的论点：新闻通过维持公共商谈来服务于公共利益，因为它传播新闻，也就是说，因为它发表了既能回应也能引发普遍公众利益的文本。谷歌的公共利益应该按照相同的标准进行评估。

二、“新闻化世界”的兴起①

在谷歌西班牙案中，欧盟法院认为谷歌不过是一家追求利润最大化的商业机构。尽管欧盟法院认识到接受信息的公共利益可能要高于《指令》所保护的隐私权，它却没能推理出这种利益是什么。在这一部分，笔者回顾了当代美国报业的兴起，以阐明归功于报业的现代民主的公共利益的本质。正如欧盟法院似乎已经想到的那样，这种利益不仅在于接受特定类型的信息，也在于保持为了“公共性”而东拉西扯讨论的前提条件。

如果民主是“公众舆论组织化的统治”，②民主必须要以存在一个能够形成“舆论”的“公共性”为前提。③“公共性”是社会组织的特定类型，是通过让陌生人共同接触同样的文本而出现的“公共领域”。④公共性不是“由空间和时间界定的”。⑤它的定义取决于“其成员能够接触到这种因书面文字而成为可能的公共性的事实”。⑥公共性出现于“陌生人们通过自我传播言论而组

---

① Henry James，*THE NOTEBOOKS OF HENRY JAMES* 84—85（Nov. 17，1887）（F. O. Matthiessen & Kenneth B. Murdock eds.，Phoenix ed. 1981）（1947）.

② Charles Horton Cooley，*SOCIAL ORGANIZATION：A STUDY OF THE LARGER MIND* 118（1909）（着重号为作者所加）.

③ 参见 Michael Schudson，“Why Conversation Is Not the Soul of Democracy”，14 *CRITICAL STUD. MASS COMM.* 297，304—305（1997）。

④ 参见 Jürgen Habermas，*THE STRUCTURAL TRANSFORMATION OF THE PUBLIC SPHERE：AN INOUIRY INTO A CATEGORY OF BOURGEOIS SOCIETY* 181（Thomas Burger trans.，The MIT Press 1989）（1962）；Charles Taylor，*PHILOSOPHICAL ARGUMENTS* 257—287（1995）。

⑤ John B. Thompson，*THE MEDIA AND MODERNITY：A SOCIAL THEORY OFTHE MEDIA* 126（1995）.

⑥ John B. Thompson，*THE MEDIA AND MODERNITY：A SOCIAL THEORY OFTHE MEDIA* 126—127（1995）.

成一个社会实体中的文本环境”。[1]

文学批评家迈克尔·华纳观察到：

> 在现代公共领域中，公众最显著的特点之一是，他们在某些情境下会被代理……据说他们在起义，在发言，在拒绝错误允诺，在要求回应，在改变君主制，在支持军队，在做出变革的授权，在满意，在审查公共产品，在树立榜样，在嘲笑赝品。[2]

在谷歌西班牙案中，当欧盟法院说“突出的公共利益是有权……接触”特定种类的信息时，自己就精确成了这种象征。[3] 国家民众是通过被他们定义为“公众”而行使民主特权的。因此，社会学家迈克尔·舒德森说“公众(public)”是“一部唤醒自治的小说(fiction)”。[4] 某种程度上正如哈贝马斯假设的，公众不需要特别理性。[5] 但它在人民的想象中必须存在。

法国先锋社会学家加布里埃尔·塔尔德，是最早将公众本质理论化的人之一，他观察到构成公众的人们并非在公共街道或者公共广场相遇，而是“分散在巨大的疆域内，坐在他们自己家里浏览同样的报纸。”[6] 尽管“公众可能在16世纪印刷术发明时的第一次巨大发展后就出现了……但公众的真正出现”

---

① Michael Warner，*PUBLICS AND COUNTERPUBLICS* 11—12（2002）.

② Michael Warner，*PUBLICS AND COUNTERPUBLICS* 122—123（2002）.

③ *Google Spain*，para. 99.

④ Michael Schudson，*THE POWER OF NEWS* 32（1995）. 此处译文选用了刘艺娉的译法，参见［美］迈克尔·舒德森：《新闻的力量》，刘艺娉译，华夏出版社2011年版，第31页。——译者注

⑤ 参见 Jürgen Habermas，*THE STRUCTURAL TRANSFORMATION OF THE PUBLIC SPHERE：AN INOUIRY INTO A CATEGORY OF BOURGEOIS SOCIETY* 181（Thomas Burger trans.，The MIT Press 1989）（1962）；Antoine Lilti，*THE INVENTION OF CELEBRITY：1750—1850*，9（Lynn Jeffress trans.，Polity Press 2017）（2015）（“公众是阅读同样书籍，在18世纪则是越来越多地阅读同样报纸的匿名读者的整个群体。公众不是被理性观点所定义的，而是被拥有同样好奇心所定义的……”）。

⑥ Garriel Tarde，*ON COMMUNICATION AND SOCIAL INFLUENCE* 278（Terry N. Clark ed.，1969）.

是伴随着18世纪新闻业的出现而发生的。[①] 在过去的几个世纪中，报纸一直都是“公共领域的杰出机制”。[②] 这是为何托马斯·杰斐逊会在1787年观察到：

民众的舆论是构成我们政府的基础，最首要的目标是保持这种权利；如果让我来决定是不要报纸而要政府，或者是不要政府而要报纸，我毫不犹豫地会选择后者。[③]

新闻提供了持续的、最新的、引起广泛兴趣的信息与观点的潮流，进而塑造了不断扩张的共享文本的领域。阿历克西·德·托克维尔写到，只有一份报纸“能够成功地在同一时刻将同一种想法放进一千个大脑中。”[④]“新闻会

---

① Garriel Tarde，*ON COMMUNICATION AND SOCIAL INFLUENCE* 279—280（Terry N. Clark ed.，1969）. 报纸兴起的故事在 Andrew Pettegree，*THE INVENTION OF NEWS: How THE WORLD CAME TO KNOW ABOUT ITSELF*（2014）中被表述得很好。

② Jürgen Habermas，*THE STRUCTURAL TRANSFORMATION OF THE PUBLIC SPHERE: AN INOUIRY INTO A CATEGORY OF BOURGEOIS SOCIETY* 181（Thomas Burger trans.，The MIT Press 1989）（1962）.

③ “Thomas Jefferson to Edward Carrington”，January 16，1787，in Julian P. Boyd（ed.），*11 THE PAPERS OF THOMAS JEFFERSON* 48，49（1955）. James Madison 恰好得出了相同结论。他观察到“公众舆论为每个政府都设置了边界，在每个自由政体中都是真正的统治者”。James Madison，“Public Opinion”，*NAT'L GAZETIE*，Dec. 19，1791，at 59. 他又观察到报纸的流通对公众舆论的形成至关重要：

国家越大，确定真正的舆论就越不容易；一旦其被确定或假定，在个人眼中它就更值得尊重——这对政府权力是有利的。出于同样的原因，国家越辽阔，个人的所见所感就越不重要——这对自由是不利的。

无论是什么使意见的普遍交流更加便利，如良好交通、国内贸易、自由媒体，特别是面向全体公民发行的报纸，以及在每部分公民中穿梭往来的代理人，都同样地缩减了领土限制，并有利于自由，虽然这些可能过于广泛。

领袖们理解了 Madison 分析的含义，颁布了1792年《邮政法》来支持报纸的邮寄费率。参见 RichardR. John，*SPREADING THE NEWS: THE AMERICAN POSTAL SYSTEM FROM FRANKLIN TO MORSE* 28—42（1995）；该书第56页还提到“1792年《邮政法》中……公共领域开始脱离实体，也即它变得等同于这样一个过程，这个过程不仅存在于一个特定地点，还存在于上百万名民众的想象中，这些民众中的大部分都未曾谋面”。

④ Alexis de Tocqueville，*DEMOCRACY IN AMERICA* 906（Eduardo Nolla ed.，James T.Schleifer trans.，2012）（1840）.

创造一个巨大的、抽象的、有独立主权的群体，它将决定舆论。”[①]社会心理学家查尔斯·库利在1909年很好地描述了这种情形：

> 当可能形成公众舆论的政治讨论被组织起来时，就是民主。其整体发展……直接依赖于电报、报纸和快件，因为如果人们不能及时知道问题并能够对其交换观点的话，在广泛的地域内就不会就此问题形成主流意见。[②]

两个世纪前，大多数美国报纸都是“政党的喉舌”。[③]“政党报纸……成了我们所说的‘观点刊物’”，[④]编辑和社论版面是其最突出的特色。但到了19世纪30年代，“一种新的城市报纸，即所谓的‘一分钱报纸’认识到可以在报纸上印刷国家政治新闻和地区新闻，通过沿街叫卖……并把一份复制品的价格从六美分降到一美分或二美分来赚钱”。[⑤]为了获取读者和广告主，激烈的竞争就此展开。这“标志着美国报业的革命”，“导致了‘新闻’胜过社论，‘事实’胜过观点，这是民主扩大和市场所塑造的变化。”[⑥]

一分钱报纸增加了报纸的发行量。这是通过发明“现代‘新闻’概念”实现的：

> 美国报纸第一次把印刷既包括国外的也包括国内的、既包括国家的也包括地方的政治新闻作为常规实践；第一次从警署、法院、街道和私人家庭那里发表新闻报道。有人或许会说，这是报纸第一次除了反映商业或政治之外，还反映了社会生活。更准确地说，从19世纪30年代开始，报纸不仅反映了

---

① Gabriel Tarde，*ON COMMUNICATION AND SOCIAL INFLUENCE* 318（Terry N. Clark ed., 1969）.

② Charles Horton Cooley，*SOCIAL ORGANIZATION：A STUDY OF THE LARGER MIND* 85（1909）.

③ Michael Schudson，*WHY DEMOCRACIES NEED AN UNLOVABLE PRESS* 43（2008）.

④ Robert E. Park，“The Natural History of the Newspaper”，in Robert E. Park *et al.*，*THE CITY* 80，88（Midway reprint 1984）（1925）.

⑤ Michael Schudson，*WHY DEMOCRACIES NEED AN UNLOVABLE PRESS* 43（2008）.

⑥ Michael Schudson，*DISCOVERING THE NEWS：A SOCIAL HISTORY OF AMERICAN NEWSPAPERS* 14（1978）.

小型贸易社会中的精英事务，还反映了拥有贸易、运输业和制造业的日益多元化、城市化和中产化的社会活动。①

报纸雇用了散布在城市环境中的记者，极力主张“对世界上一切事情的民主态度：任何事情，无论多么显然无关紧要，都可能适合在报纸上报道”。②在托克维尔所描述的热闹的平等主义的美国民主制度下，等级制与顺从早期结构的崩溃③在新闻概念的扩展中找到了恰当的表达方式，这扩展到包括无论是否可能涉及新解放的中产阶级争夺的利益。

报纸开始在“商品”方面竞争，也就是“新闻，即关于公众感兴趣或能引起公众兴趣的当下事件的信息”。④一分钱报纸把记者们委派到“警署、法院、商业区、教堂、上流社会和体育场。一分钱报纸使‘人们感兴趣的新闻’不仅成为日报的重要部分，也成为其最典型的特征”。⑤报纸的力量开始从编辑和社论页面转向“新闻和记者”。⑥

---

① Michael Schudson, *DISCOVERING THE NEWS: A SOCIAL HISTORY OF AMERICAN NEWSPAPERS* 22—23 (1978).

② Michael Schudson, *DISCOVERING THE NEWS: A SOCIAL HISTORY OF AMERICAN NEWSPAPERS* 28 (1978).

③ Robert H. Wiebe, *SELF-RULE: A CULTURAL HISTORY OF AMERICAN DEMOCRACY* 17—18, 38—39 (1995).

④ James Parton, “The New York Herald”, 102 *N. AM. REV.* 373, 418 (1866).

⑤ Michael Schudson, *DISCOVERING THE NEWS: A SOCIAL HISTORY OF AMERICAN NEWSPAPERS* 27 (1978). George Herbert Mead 观察到“一个聪明的报纸管理者……永远不会离新闻形式太远”，这也是读者们“需求”的“梦想”。George H. Mead, “The Nature of the Aesthetic Experience”, 36 *INT'L J. ETHICS* 382, 390 (1926). Mead 观察到在“某些有限领域中，如股票市场……新闻的真实价值是绝对的。在这些领域之外，距离这些领域越远，新闻的享乐性和消费性价值在市场中就越重要。一般来说记者被派出去是为了获得一个故事，而不是事实”，同前文。

⑥ Robert E. Park, The Natural History of the Newspaper, in Robert E. Park *et al.*, *THE CITY* 80, 283 (Midway reprint 1984) (1925). 正如传记作家 James Parton 所述：报纸这个词汇精确和完整地描述了真正的记者想要生产的东西。新闻是他的工作；社论是他的消遣。新闻是竞争的要点；是 19 世纪的人们购买报纸的目标；是构成日报权力和价值之物；也是每个自由国家中每份报纸排名的决定标准。James Parton, “The New York Herald”, 102 *N. AM. REV.* 373, 376 (1866).

一分钱报纸对新闻的贡献被谴责为哗众取宠。① 曝光城市生活中犯罪这个薄弱地带或是上流社会的舞会和聚会，被认为是不得体、不恰当的。从根本上讲，这些谴责是“阶级矛盾的掩饰”。② 老牌精英对为了满足暴发户平民的好奇心而设计的交往媒介感到愤怒。随着 19 世纪国内外移民涌入美国城市，这种矛盾加剧了。这些新居民认为城市生活的壮观、语言和复杂模式很神秘。

为了提升发行量并进而提升广告收入，报纸的回应是创作出照片和插图、更大更粗的标题、缩写的新闻报道、③ 日益宽泛的多元性话题、四格漫画、构成周末报纸的作品集锦，等等。④ 在这个过程中他们创造了大量读者。⑤ 在人行道上，你会看见“一群工人涌进市里，他们中许多人边走边读，大多数人都带着报纸等着晚餐时看，这种理所当然的感觉不亚于带着个锡水壶”；在街上，“马车车夫在售货摊边排着长队，几乎每个司机都在车厢里读报纸”。⑥

从民主的视角来看，报纸商业成功的影响都是正面的。它把民众带进了公共阅读中，并产生了一种怎么强调都不为过的归属感。“是报纸，把每个人连接到人类的共同生活，使其成为整体中的一部分；因此我们几乎可以说，那些既没读过报纸，也没跟读过报纸的人交谈过的人，不是人类家庭的一部

---

① 用 Michael Schudson 的话说：用一分钱报纸对待新闻的方式（没有耸人听闻的照片，当然也没有卡通画或绘画，没有巨大的标题）来证明前述指控，证明力度要完全小于用一分钱报纸印刷“新闻”（正如我们所理解的那样）的事实来证明。在报道一起凶杀案审判时，获取审判中的证人证词副本并将其在首页大部分或全部版面展示，这对一分钱报纸来说很普遍。这种六美分报纸被谴责为不道德的原因是，凶杀案审判应当被完整地报道。Michael Schudson，*DISCOVERING THE NEWS*：*A SOCIAL HISTORY OF AMERICAN NEWSPAPERS* 23（1978）.

② Michael Schudson，*DISCOVERING THE NEWS*：*A SOCIAL HISTORY OF AMERICAN NEWSPAPERS* 118—119（1978）.

③ 报纸意味着“匆匆地阅读……报纸不是像图书那样在隐秘安静的小房间里阅读。它在火车站被拿起来，在火车车厢中被浏览完毕，一旦读完就被轻率地扔掉”。T. P. O'Connor，“The New Journalism”，in 1 *THE NEW REVIEW*，423，434（Archibald Grove ed.，1889）.

④ 对于彼时报纸内容的研究，参见 Delos F. Wilcox，“The American Newspaper：A Study in Social Psychology”，16 *ANNALS AM. ACAD. POL. SOC. SCI.* 56（1900）。

⑤ Samantha Barbas，“Saving Privacy from History”，61 *DEPAUL L. REV.* 973，980（2012）.

⑥ James Parton，“The New York Herald”，102 *N. AM. REV.* 373，377（1866）.

分……"[①]这是对新闻"和更多新闻"的"渴望"。[②]在纽约没有报纸的日子里（7月6日和1月2日）：

> 一层阴影开始笼罩在世界上……我们与同胞们分离了，被阻断了，走散了，变得孤独了；对邪恶的模糊担忧爬进我们的大脑。在某种程度上，我们感受到自己就像远离妻儿的丈夫一样，颤抖着对自己说："有什么事儿可能已经发生了，但我却不知道！"什么也不能完全驱散这种忧郁，除了晚报——被热切地攥住——以让我们确知刚才没发生什么特别的事儿。[③]

阅读报纸使得公众进入能产生公众舆论的讨论圈子[④]进而在更广泛、更民主的基础上形成公众舆论。反过来，通过重塑新闻商品以迎合民众兴趣，报纸也扩大了发行量。报纸商对他们的扩张进行了合理化，声称他们提供了"公众想要的东西——这见证了他们增长的销量。"[⑤] 19世纪末，报纸将新闻定义为"任何发生的事情，任何……足够重要的、能够吸引公众或任何

---

① James Parton, "The New York Herald", 102 *N. AM. REV.* 373, 377 (1866).

② Richard Watson Gilder, "The Newspaper, the Magazine, and the Public: As Interviewed by Clifton Johnson", *OUTLOOK*, Feb. 4, 1899, at 317, 320.

③ James Parton, "The New York Herald", 102 *N. AM. REV.* 373, 377 (1866). 当纽约派送员在1945年7月罢工两周时，对纽约居民感受的研究显示，在没有报纸时，类似"完全丧失感受"的担忧出现了。参见 Bernard Berelson, "What 'Missing the Newspaper' Means", in Paul F. Lazarsfeld & Frank N. Stanton (eds.), *COMMUNICATIONS RESEARCH 1948—1949*, 111—129 (1949)。

④ Charles Dudley Warner, "The American Newspaper", 14 *J. SOC. SCI.* 52, 56—57 (1881) ("没有什么其他事物像报纸这样引起了公众关注，或者拥有如此持久和普遍的影响力。正是这个巨大的机遇给人们一种印象：报纸是公共的而非私人企业。").

⑤ "Opinion-Moulding", *NATION*, Aug. 12, 1869, in 9 *THE NATION* 121, 127 (1872). 新闻自由委员会（the Commission on Freedom of the Press）对行业及其发展进行了类似描述：

> 与公共事务有关的信息和讨论，正如大众交流这辆公交车的司机一样……必须是有目标的，以便通过吸引最多的读者来维持生存……因此"新闻"这个词变得意味着与重要的新信息有所不同。当记者说某个事件是新闻时，他并非在说该事件本身重要。通常是挺重要的，但有时也并非如此。记者所说的新闻意思是过去几个小时内发生的能够吸引用户兴趣的事情。兴趣的标准是崭新性或首发性、邻近性、争议性、人情性和新奇性……为了吸引最多的读者，报纸更强调例外性而非代表性，更强调轰动性而非重要性。

The Commission on Freedom of the Press, *A FREE AND RESPONSIBLE PRESS* 54—55 (1947).

足够多的人注意力的事情。”[①] 据说成功的编辑有着识别“最可能引发公众兴趣的……第二天早上全世界会谈论的发生在前一天或深夜里的事”的“第六感”。[②] 新闻变得“像查尔斯·A. 达纳描述的那样，‘是让人们谈论的东西。’”[③] 用社会理论学者乔治·赫伯特·米德的话说，新闻促进了这些社会团结的形式，是因为它使读者可以将“自己的经历”理解成“他自认所属群体的共同经历。”[④]

“以小的、独立的、能够被轻松快速理解的交流形式”包装起来，新闻开始发挥：

> 对公众来说，与知觉之于个体同样的功能；也就是说，它并不需要向公众中所有人逐个通知发生了什么事。至今为止，记者不需要解释他所报道的事件，只需要让它们容易理解和富有趣味，就可以达成上述效果。[⑤]

---

① Charles A. Dana，*THE ART OF NEWSPAPER MAKING* 12（1895）. Dana 继续道：

> 在某些地区有很大的倾向，认为报纸应该限制他们发布的新闻数量；不应该发布某些类型的新闻。我不知道那是怎么回事。我不打算支持任何这种抽象主张；但我一直觉得，不管神圣的上帝允许发生什么事情，我都不会太过骄傲以至于不做报道。

同前文。这可以与现实主义文学家 W. D. Howells 的同时代信条相对比，他宣布：“他发现生命中没有什么是无意义的；一切都是为了命运和性格而讲述的；上帝所造之物没有可被轻视的。他不能看着人类生活，又宣布某个事物是不值得被注意的……” W. D. Howells，*CRITICISM AND FICTION AND OTHER ESSAYS* 15（Clara Marburg Kirk & Rudolf Kirk eds.，1959）.

② Charles Dudley Warner，“The American Newspaper”，14 *J. SOC. SCI.* 52，56（1881）.

③ Robert E. Park，“News as a Form of Knowledge：A Chapter in the Sociology of Knowledge”，45 *AM. J. Soc.* 669，678—679（1940）.

④ George H. Mead，“The Nature of the Aesthetic Experience”，36 *INT'L J. ETHICS* 382，390（1926）.

⑤ Robert E. Park，“News as a Form of Knowledge：A Chapter in the Sociology of Knowledge”，45 *AM. J. Soc.* 669，677（1940）. Park 继续谈道：

> 正如每个报人都知道的那样，一条新闻被阅读的程度与其长度成反比。普通读者在阅读一篇专栏文章前，会阅读这个专栏和描写家乡人和事的那两三行的一半，无论标题是怎样公开的，除非他发现这篇文章不只是新闻，而是一个故事。例如，在技术上被称为“人情味（human interest）”的东西。

同前文。

由于“公众舆论依赖于对当下事件即新闻的解读”，[①] 可以说“新闻在……政治社会中传播的程度，决定了社会成员可能……在政治行为中参与的程度”。[②] 到1920年，沃尔特·李普曼能有把握地写到，“如果缺少可靠的、相关的新闻的稳定供给……公众舆论就是被封锁了的”而“民主就是失效的”。[③] 远离新闻的人们无法充分参与形成“作为民主国家里治理的最终资源的公众舆论”。[④]

然而，许多美国精英却发表了大量斥责报纸丢人又粗俗的意见。高贵的哈佛校长查尔斯·艾略特·诺顿嘲笑流行的报纸“很大程度上是在向这样一群读者发表演说：他们看报纸不仅是为了找当天的新闻，还是为了满足邪恶的强烈感官刺激品位；他们享受着诽谤与丑闻的粗俗刺激，却对任何正当的智识养分毫无兴趣”。[⑤]《天主教世界》的编辑贡代·本诺斯特·帕伦在退出新闻专栏时说：“五味杂陈，充满了贬低斗志的污物和臭名昭著的气味，旨在满足民

---

① Robert E. Park, “News as a Form of Knowledge: A Chapter in the Sociology of Knowledge”, 45 *AM. J. Soc.* 669, 677 (1940). 社会学家 Carroll Clark 描述了公众舆论的形成，他写道：

这些被公众注意力极大聚焦的有人情味和耸人听闻的材料，精确地展现出“非常事件”，这些“非常事件”调动了社会舆论进程并为形成道德裁断提供了数据。然后，大众间的交流讨论，很大程度上参与构建了一个更广泛的共同理解的基础，将不同的经历汇入易于理解的整体中——简言之，它建立了一个更广泛的共识和一个道德秩序。

Carroll D. Clark, “The Concept of the Public”, 13 *Sw. Soc. Sci. Q.* 311, 319 (1933).

② Robert E. Park, “News as a Form of Knowledge: A Chapter in the Sociology of Knowledge”, 45 *AM. J. Soc.* 669, 677 (1940). 新闻是“使得政治行动，而非其他形式的集体行为，成为可能的事物。”同前文第678页。因此“对于生活的战争来说，不看报纸的人是衣不蔽体的，没有完全装备好的。”W. T. Stead, “The Future of Journalism”, 50 *CONTEMP. REV.* 663, 663 (1886).

③ Walter Lippmann, *LIBERTY AND THE NEWS* 13—14 (Transaction Publishers 1995) (1920). 他继续道：

镇压一种特定观点可能是糟糕的，但真正致命的是镇压新闻……当言论自由表现为错误、幻想与误解的自由时，事实上它不可能激发起太多兴趣。它是所有抽象概念中最薄弱的，也是过度精炼的纯粹理智主义。但当好奇心被阻碍时，人民或曰广泛的人民群众（wide circles of people）就会出现。求知的欲望……真的是很强大的动机，正是这种动机才能够最好地参与自由的事业。

同前文，第58—59页。

④ *Masses Publ'g Co. v. Patten*, 244 F. 535, 540 (S.D.N.Y.), *rev'd*, 246 F. 24 (2d Cir. 1917).

⑤ Charles Eliot Norton, “The Intellectual Life of America”, 6 *NEW PRINCETON REV.* 312, 318 (1888).

众病态的想象力”，并提供“对谋杀、强奸、绞刑、吸毒、纵火、自杀、离婚、偷窃、夜盗、乱伦、淫欲和所有其他可憎之人犯下的可憎行为的记录”。[①]牧师乔治·T. 莱德谴责《周日》报纸是“公然地、令人讨厌地世俗化”，“在与神职人员的竞争中，直接和故意地想要吸引大众的眼球和耳朵”。[②]

没有人比亨利·詹姆斯更出色地表达了对报纸的震惊和恐惧，他对妇女在早餐时读报感到震惊，她们戴上了“报纸面具，及其巨兽般的畸形容貌、张开的血盆大口，就像疯人院中的病人一样喋喋不休，打开了粗鄙之语的防洪闸门，它比地球上任何其他事物都把闸门拉得更远”。[③]“这一切无耻的粗野、喧闹、无知和无礼会带来什么自然后果？”詹姆斯问到，“就像火车汽笛一样，新闻标题的永久可见会延续到什么程度？”[④]

我们可能会驳斥这样仅是流离失所的精英们的抱怨，正如詹姆斯火车汽笛的比喻正确表明的那样，要是没有新闻胜利所引起的美国社会和政治生活的深刻变化，我们就不会与现代性的到来产生联系。新闻业和新闻成为“现

---

① Condé Benoist Pallen，“Newspaperism”，38 *LIPPINCOTT'S MONTHLY MAGAZINE* 470，473（1886）（着重号为原文所加）. Pallen 担心读者们会变得适应犯罪与道德邪恶：

> 邪恶的图片不会变得道德；不断向公众的思想反映恶习，会使得他们对犯罪和邪恶是如此习惯与熟悉，以至于他们会把最初自然升腾起的恐惧与厌恶降格为忍耐，之后是遗憾，最终经由麻木不仁而进入在想象中毫不犹豫拥抱怪兽的病态状态。我们听闻了如此多的凶杀、强奸、乱伦、夜盗以及人类暴行的所有类别，以至于我们开始将它们视为理所当然之事。

同前文，第 474 页。

② George T. Rider，“The Pretensions of Journalism”，135 *N. AM. REV.* 471，479（1882）. 根据 Rider 的说法，周日报纸在早餐前爬进房间，在晨间服务前编织好了奴役与魅惑之网……剧院和酒吧，以及大部分交易与工业场所在周日都关闭了。只有报业还在抵制基督教徒一致同意的结论，贪婪于获利而亵渎礼拜日。同前文，第 480 页。

关于报纸和权威传统形式之间的深层次紧张关系，参见 V. S. Yarros，“The Press and Public Opinion”，5 *AM. J. SOC.* 372，375（1899）。正如 Yarros 所述：

> 权威是报纸完全陌生之物。编辑的“我们”是最重要的。编辑很乐意获得权威的支持，但他发现公认权威反对其立场时也不会感到气馁或困扰。对于学者和专家的成熟观点，他以轻率与蔑视待之，他只要有丝毫责任感就不会发生这种轻视。但编辑是不负责任的。明智和有能力的少数人可能会嘲笑他的无知与放肆，但对智慧之辉与智识坚守抱有误解的多数人的廉价喝彩给予了他充分的补偿。

同前文。

③ Henry James，“The Manners of American Women”，*HARPER'S BAZAR* 453，465（1907）.

④ Henry James，“The Manners of American Women”，*HARPER'S BAZAR* 453，465（1907）.

代性意义建构的实践……传统社会闻所未闻的……现代生活的产品和发起者。”[①] 新闻业通过四种方式促进了我们觉得理所当然的、特别的现代公共领域的产生，在谷歌西班牙案的语境中对此加以强调是很重要的。

第一，从观点刊物到新闻报纸的转变暗中削弱了文化精英的影响力，他们之前通过对社论版面的控制施加了重要的文化影响。由于美国报纸社论的声望“被削弱了”[②]——远比欧洲报纸更为明显[③]——很明显“社论既不制造也不毁灭日报，它们不会过多影响公众意识，也不会改变许多选票，而报纸的力量和成功完全和绝对取决于其获取新闻和展示新闻技巧的成功”。[④]

报纸在“塑造社会的和政治的世界”中扮演了重要角色，[⑤] 这种从社论到新闻的权力转变暗中削弱了精英对当下事件解释的控制权。社会学家罗伯

---

① John Hartley，*POPULAR REALITY：JOURNALISM，MODERNITY，POPULAR CULTURE* 33（1996）.

② “新闻收集功能变成了最重要的功能，美国报纸首次使这个功能具有了突出地位，报纸的评论功能相对被削弱了。” E. L. Godkin，“Newspapers Here and Abroad”，150 *N. AM. REV.* 197，197—198（1890）；参见 Richard Watson Gilder，“The Newspaper，the Magazine，and the Public：As Interviewed by Clifton Johnson”，*OUTLOOK*，Feb. 4，1899，at 318（“对读者来说，报纸上发表的对政治运动的社论观点不像以往那么重要了。如今新闻业最强大的力量在于传播事实而非支持政策……”）.

③ E. L. Godkin，“Newspapers Here and Abroad”，150 *N. AM. REV.* 197，198（1890）. 在评论美国报纸和欧洲报纸的差别时，Godkin 指出：

> 普遍来说，美国出版商致力于新闻，而欧洲出版商致力于批评或评论。前者发现了一个想要看新闻的更广泛的公众，相对不太关心批评或文学形式；后者为迎合更狭窄的公众而提供报道，在品位方面更加严格。

同前文第 198 页；他也补充说：

> 巴黎报人在咖啡馆里互相讲述的故事不是作为记者的高超技术，而是他们通过某种社论或批评而制造出的轰动或发行量的提升；而美国人的热情与荣耀在于“打败”——意味着在获取新闻方面优于竞争对手——巴黎报人对此无法理解，或完全轻视。

同前文，第 198、200 页；参见 Charles A. Dana，*THE ART OF NEWSPAPER MAKING* 11（1895）。

④ James Parton，“The New York Herald”，102 *N. AM. REV.* 373，376（1866）.“社论页面曾经是表达公众舆论的论坛，在这里民众的声音被巧妙地结合成强有力的短语，如今已经变得没什么人阅读，成了普通报纸中无用的部分。” John Henderson Garnsey，“The Demand for Sensational Journals”，*18 ARENA* 681，682（1897）.

⑤ E. L. Godkin，“Newspapers Here and Abroad”，150 *N. AM. REV.* 197，202（1890）. Godkin 的观点走得太远了，他说报纸“正在发挥着的，以及在近半个世纪以来对大众思想和民众道德发挥的影响力，要比神职人员或图书出版社在五百年间所发挥的影响力要大得多”。同前文。

特·E. 帕克于 1941 年写到，社论是“给知识分子看的”，而“新闻是给普罗大众看的”。

以新闻为基础的公众舆论代表了每个人根据自己的个人利益、偏见和偏好对事件做出的解释，这种解释也受到与他讨论此事因素的其他人的解释的限制……

新闻对公众舆论的影响正与社论相反，后者试图聚焦于政治行为的原则或程序。作为一种事实，新闻倾向于瓦解早期经验所必然形成的政治原则、理论和教条……如果发生巨大而迅速的变化，编辑计划和政治政策难以跟上事件发展的步伐。在这样的时期，形成公众舆论的是大量读者最终同意对事件做出的解释。①

这种转变本质上是民主的，因为它允许公众舆论从当日新闻的无数读者做出的无数对话中，自下而上地受到影响。伟大的《纽约时报》编辑查尔斯·梅尔兹于 1928 年观察到：“现代报纸的有效机制使得六千万人同时阅读到任何重要事件的同样令人吃惊的细节成为可能。”② 自然推论是“如果把整个国家急于发现真相的注意力聚焦在一个主题上，并给它一套单一的事实来检验它的道德价值，那么是否存在其他事物能像谋杀案一样使国家真正团结起来是令人怀疑的。”③

通过以不连贯和不完善的方式介绍新闻，报纸有效地“训练他们的读者

---

① Robert E. Park，“News and the Power of the Press”, 47 *AM. J. Soc.* 1，10—11（1941）. 当然，报纸很快就学会了通过操纵对新闻的表达来寻求影响公众舆论的艺术：

与通过观点和呼吁的方法相比，编辑更期待对公众舆论的塑造能通过他所呈现的新闻、他表达新闻的方式来实现；通过重复某种思想直到其为公众所熟知；通过经筛选的阅读内容，以及将观点引述为新闻，并且它在表面上没有影响读者。这种影响都是更有说服力的，因为它是间接的，而且不会被读者所察觉。

Charles Dudley Warner，“The American Newspaper”，14 *J. SOC. SCI.* 52，66（1881）；参见“Opinion-Moulding”, *NATION*，Aug. 12，1869，in 9 *THE NATION* 121，126（1872）（“事实上，虽然他们不做任何评论，但他们能够通过报道当天事件的方式来完全地铸造公众舆论。”）.

② Charles Merz，*THE GREAT AMERICAN BAND WAGON* 71（1928）.

③ Charles Merz，*THE GREAT AMERICAN BAND WAGON* 71（1928）.

理解分离、独立、具体化、去语境化的”使“显然不可分割的日常经验碎片”成为正常化的“文章”。[①] 这种碎片体现了传统文化叙事和不稳定的老牌精英的瓦解。他们将新闻业视为“无政府状态之母、对自由制度和社会秩序具有破坏性”，因为它催生了“质疑和抵制”因“优越的性格、智慧和教育”而取得领导权的人们“行使权力的愿望”。[②] 从习惯于控制社会标准和原则的人的角度来看，报纸错过了“真正重要的事件”，而是关注被设计为“消遣、娱乐和刺激”广大读者的“轰动事件、犯罪、丑闻或八卦”，从而引导公众“不仅进入了不连贯思考的领域，也进入了绝对错误思考的领域。”[③]

第二，新闻的胜利创造了一个有着巨大而不可抗拒的社会意义和吸引力的公共领域。从新闻的传播中被切断，就是被抛出时事之外；这是从共同情感和态度的形成以及共同经验的共同解释中被驱逐出去。因此，惊人地出现了对新闻的“过度饥渴”，[④] 这其实是对报纸文本的渴望。事实上，公共文本的吸引力开始与体现生活的普通动力相抗衡。例如，查尔斯·库利评论说：“这是多么奇怪的实践……你想想，一个男人应该坐在他的早餐桌旁，不是与他的妻子和孩子们交谈，而是在面前举着那种刻着全世界八卦的屏幕！”[⑤]

随着对公共领域的关注的增长，提供生动、间接经验的公开文本的需求也增长了。通过可视化陈述的壮观发展，公共领域的吸引力也提升了。到 19 世纪末，对插图和照片的需求是巨大而永不知足的，这些插图和照片被认为可以更容易和快速地掌握新闻所描述的事件和人物。例如，人们相信“政府机关候选人的相貌是公众审查的重要目标，因为它预示了性格……”[⑥] 新的和

---

① Richard Terdiman，*DISCOURSE/COUNTER-DISCOURSE*：*THE THEORY AND PRACTICE OF SYMBOLIC RESISTANCE IN NINETEENTH-CENTURY FRANCE* 122，125（1985）.

② Charles Eliot Norton，“Some Aspects of Civilization in America”，20 *FORUM* 641，647，650（1896）.

③ Jno. Gilmer Speed，“Do Newspapers Now Give the News？”，15 *FORUM* 705，709—11（1893）.

④ George T. Rider，“The Pretensions of Journalism”，135 *N. AM. REV.* 471，478（1882）.

⑤ Charles Horton Cooley，*SOCIAL ORGANIZATION*：*A STUDY OF THE LARGER MIND* 83（1909）.

⑥ Wilbur Larremore，“The Law of Privacy”，12 *COLUM. L. REV.* 694，701（1912）.

扩张的可视化形式的压力，很大程度上改变了现存的沉默寡言的规范。[①] 在世纪初，未经授权的肖像使用会被谴责为"侵犯隐私权"。[②] 但是到了 19 世纪末，公众人物未经授权的可视化表述变得可以接受。[③]

当纽约立法机构采纳一项将"'未经事前书面同意'在任何报纸、期刊、小册子或书籍上印刷或出版'任何居住在本州的人的肖像或声称的肖像'"规定为犯罪的法案时，赞成隐私的《纽约时报》赞扬了这种禁止"侵犯私人权利的暴行，这在发布与公众无关的人的肖像中变得如此普遍，以至于使得他们成为公共出版物中的适当代表人物"的意图。[④] 但《时代》却批评了这部法案，

① 对此主题的杰出研究，一般可见 Rochelle Gurstein，*THE REPEAL OF RETICENCE*：*A HISTORY OF AMERICA'S CULTURAL AND LEGAL STRUGGLES* OVER *FREE SPEECH*，*OBSCENITY*，*SEXUAL LIBERATION*，*AND MODERN ART*（1996）."当代文化和技术中的视觉图像的优势，使得即刻获取和四处传播图片或声音成为可能，这允许和引导我们期待看到和听到那些曾祖父母辈只能通过文字描述知道的事物。" *Shulman v. Grp. W Prods.*，*Inc.*，955 P.2d 469，473—474（Cal. 1998）.

② John Gilmer Speed，"The Right of Privacy"，163 *N. AM. REV.* 64，73（1896）. 甚至现在"肖像（image），人的一个构成元素，根据'人的精神利益'在法国法隐私权保护中取得了特权地位……对于任何肖像公开，法国法都规定了明确同意授权规则：对不知情时被拍摄的照片进行公开，被认为是侵犯了'基于肖像的权利'，无论该人是在公共场所抑或私人场所，也无论该人是否为公共人物。" Ioanna Tourkochoriti，"Speech，Privacy and Dignity in France and in the U.S.A.：A Comparative Analysis"，38 *LOY. L.A. INT'L & COMP. L. REV.* 217，244（2016）. 关于"名人可视文化"带来的改变，参 见 Antoine Lilti，*THE INVENTION OF CELEBRITY*：*1750—1850*，261—266（Lynn Jeffress trans.，Polity Press 2017）（2015）。

③ 根据 W. Archibald McClean 的观点：

然而，在公共人物与私人之间存在区别。私人应当被保护以免受任何肖像公开，但如果他成了公共人物，情况就不同了。可以说，寻求并渴望公众承认的政治家、作家、艺术家或发明家，可能要对公众放弃其权利。任何人获取了这类人的图片或照片时，只要不违反合同或有违获取方式中的信任，他就有权利复制它，不论是在报纸、杂志还是图书上。倘若禁止公众得知伟大公众人物的外表，这项权利的保护就走得太远了。可以说，这类人物自愿献身于公众，献身于任何公平描绘其肖像的权利。

W. Archibald McClean，"The Right of Privacy"，15 *GREEN BAG* 494，495（1903）. 在英国，"维多利亚女王开创了领袖图片在被统治者中广泛传播的时代，这要归功于无数种类的媒体。因此，化身权力的图像都变得更平庸，因为它是廉价消费的对象，而且更强大、更能够深刻地影响忠诚或抛弃的动人感觉。" Antoine Lilti，*THE INVENTION OF CELEBRITY*：*1750—1850*，249（Lynn Jeffress trans.，Polity Press 2017）（2015）.

④ "The Protection of Privacy"，*N.Y. TIMES*（Mar. 14，1897），http：//query.nytimes.com/mem/archive-free/pdf?res=9F04E4D61F31E132A25757C1A9659C94669ED7CF（https：//perma.cc/88TP-9U76）.

部分原因是它没有惩罚印刷品对私人的描述。[①]“语言对隐私的侵犯可能和肖像一样具有冒犯性，”《时代》称，“描述私人关系中的容貌、特征、风度、着装和行为……未经同意且违反他人意愿去公开这些细节，就像印刷他们的肖像或声称的肖像一样具有冒犯性，或许比这更具冒犯性，因为钢笔比铅笔更具有具象化的能力”。[②]

这个异议很好地说明了图像和语言表达形式的持久性。[③]二者都是在公共领域中流通的文本。《时代》在对法案的讨论中承认，印刷公众人物的肖像是正当的，因为这种图像回应了读者的期待，读者期待正确界定的公共领域能

---

① 《时代》也批评了纽约提案的法令，因为他没有区分私人与真实公众人物，后者的地位使他们成为肖像的合适客体（portraiture）。参见“The Protection of Privacy”，*N.Y. TIMES*（Mar. 14，1897），http：//query.nytimes.com/mem/archive-free/pdf?res=9F04E4D61F31E132A25757C1A9659C94669ED7CF（https：//perma.cc/88TP-9U76）。关于《时代》坚称私人有权免受图画形式记述的例子，参见“The Right to Privacy”，*N.Y. TIMES*，June 23，1891，p. 4；“The Right to Privacy”，*N.Y. TIMES*，Nov. 28，1895，p. 4；“The Right to Privacy”，*N.Y. TIMES*，Apr. 12，1903，p. 6（它赞成社会名流 Reggie Vanderbilt 对“黄色绅士”的批评，“他设想，‘黄色绅士’带着照相机，站在 REGGIE 先生与他年轻的未婚妻正要穿越的那条马路边上”，但它也对比了 Vanderbilt 与“美国总统”，后者“因职权而成为能被拍摄的公众人物，公众对他享有权利”。）。

② “The Protection of Privacy”，*N.Y. TIMES*（Mar. 14，1897），http：//query.nytimes.com/mem/archive-free/pdf?res=9F04E4D61F31E132A25757C1A9659C94669ED7CF（https：//perma.cc/88TP-9U76）；参见 W. Archibald McClean：“The Right of Privacy”，15 *GREEN BAG* 494，497（1903）（“难道一幅钢笔画没有在生动地描绘主体肖像，在侵犯其隐私吗？难道一幅钢笔肖像画不比任何其他的肖像摹本更剧烈地冒犯感情、困扰着主体吗？既然如此，为何不应当将其管制为侵犯隐私权呢？”）；Samuel D. Warren & Louis D. Brandeis，“The Right to Privacy”，4 *HARV. L. REV.* 193，213—214（1890）[“保持私人身份的人，有权利免受肖像公开，这代表了（隐私权）最简单的情况；保护个人免受钢笔画像的权利、保护其私人事务免受报纸讨论的权利，则是更重要和深远的权利。”]。有某些理由相信，对于保护言论自由与保护礼仪的相对重要性，Brandeis 后来改变了立场。例如参见 Neil Richards，*INTELLECTUAL PRIVACY：RETHINKING CIVIL LIBERTIES IN THE DIGITAL AGE* 30—33（2015）。

③ 但参见“Portraiture and Privacy”，*N.Y. TIMES*（June 3，1897），http：//query.nytimes.com/gst/abstractt.html?res=9406E4DB1E39E433A25750COA9609C94669ED7CF&legacy=true（https：//perma.cc/TC4N-KAPH）（“诚然，对私人容貌衣着的细节刻画的无礼程度，可能与未经授权就公开号称是该人的肖像。但二者产生的效果不同。”）。

够重现与日常面对面、非文本生活相关的直接性和亲密性。[①] 在我们的时代，这种期待已经发展成为众多的"真实"电视节目，其中公共领域以公开流通的视听文本的形式奇怪地反映了我们自己生活中的日常事件。

第三，规模不断扩张的巨大公共领域产生了这样的经验：它比与日常生活中的日常交往活动更具影响力、更重要、更真实，[②] 日常交往活动是在更小范围内进行的。[③] 作为结果，这引发了詹姆斯所称的"宣传狂热成了我们时代最突出的标志之一"。[④] 令同时代的人印象深刻的是"印刷八卦的广泛传播"是如何"将对任何形式的恶名的热情培养到如此程度，以至于许多人不是讨厌它，反而放任自己的私人生活被新闻界探索"。[⑤] 他们发现很显著的是，"大多数人渴望摆脱匿名的泥沼。拥有任何公众关注都总比没有好，无论这让他们

---

① 参见"The Protection of Privacy", *N.Y. TIMES*（Mar. 14，1897），http：//query.nytimes.com/mem/archive-free/pdf?res=9F04E4D61F31E132A25757C1A9659C94669ED7CF［https：//perma.cc/88TP-9U76］；也见 *Gill v. Hearst Publ'g Co.*，253 P.2d 441，444—445（Cal. 1953）；H.L. Smith，"The News Camera on Trial"，98 *FORUM & CENTURY* 267（1937）。

② 正如霍华德·比尔（Howard Beale）这样的角色（Peter Finch 扮演）在电影《电视台风云》（*NETWORK*）（Metro-Goldwyn-Mayer 1976）中斥责其电视观众："你们开始认为电视是真实的，而你们的生活是虚假的。"

③ Michael Schudson，*THE POWER OF NEWS* 19—20（1995）.

④ Henry James，*THE NOTEBOOKS OF HENRY JAMES* 82（Nov. 17，1887）. 一般也参见 Richard Salmon，*HENRY JAMES AND THE CULTURE OF PUBLICITY*（1997），文中探讨了 Henry James 作品中有关公开性（publicity）的概念。

⑤ E. L. Godkin，"The Rights of the Citizen. IV.——To His Own Reputation"，8 *SCRIBNER'S MAGAZINE* 58，66（1890）. Charles Dudley Warner 评论道："这个时代，特别是在美国，对在社会生活和政治生活中声名狼藉的狂热：

> 几乎每个人都在谈论报纸通过公开人身攻击、社会小道传闻而对私人生活礼仪和尊严造成的侵害。不过，如果报纸不去详细报道他们的婚礼、他们的舞会和聚会、出席的名人、女士们的装束、娱乐的奢华，如果报纸没有赞颂他们的教堂服务和节日、他们的社交聚会、他们的新居、名人驾临某个温泉浴场，那么这些制定种种约束的人们通常会将报纸视为没有事业心且无聊的行业。"

Charles Dudley Warner，"The American Newspaper"，14 *J. SOC. SCI.* 52，61—62（1881）.

看起来多么愚蠢”。[1] 新闻的胜利不仅使人们渴望阅读新闻，也使人们渴望通过成为新闻而进入媒体的文本化世界。[2]

随着新闻变成“共同经验公共建构的主要力量”，它也成为“什么是真实和重要的主流意见”的裁决者。[3] 因此“有人认为，除非公开报道，否则一件事情的乐趣就不会被完全地享受”。[4] 对这些人来说，“记者掌握了他们天堂的钥匙，”他们也会自愿提供给记者对他们私人趣事的详尽描述——“A 太太穿了长后摆的裙子，而 B 太太穿了蓬帕杜式的短腰衣服，C 小姐穿了撑裙，D 小姐穿了三角形披肩。”[5]“被公开姓名的人感到震惊……他们称……他们受够了报道他们的窥探的、粗俗的报纸；但他们想看报纸，并且集中阅读专栏，检

---

① Mitchell Dawson，“Law and the Right of Privacy”，67 *AM. MERCURY* 397，404（1948）.“只要曾经在新闻标题上出现过，不管是什么角色，也不管多么耻辱，普通的报纸读者内心都会想要炫耀……多数人……热切地跳进每家报纸和电影镜头面前，通过已经播报了无数人的无线电呈上他们的大名。通过这种方法，或者通过跳舞马拉松或坐旗杆等更费劲的方法，每个平庸的自我至少会在短暂的迷醉时光中脱离籍籍无名。”Mitchell Dawson，“Paul Pry and Privacy”，150 *ATLANTIC MONTHLY* 385，387（1932）；参见 Meyer Berger，“Surrender of Privacy”，*SCRIBNER'S MAG.*，Apr. 1939，at 16。

② “部分无名之士追求恶名的热情”是“当今最强大的社会力量之一”。“The Right to Privacy”，*51 NATION* 496，497（1890）.

③ Michael Schudson，*WHY DEMOCRACIES NEED AN UNLOVABLE PRESS* 13（2008）. Schudson 描述了新闻报道对于确认公众关注的作用：

新闻报道是公告的特别形式。它不像是广告那样，可以被假定具有自益目的。它也不像公共关系事件，表面上就很可疑。这是一个由新闻专业人员组成的、人们熟悉的商业机构或国家机构做出的宣告，因此是值得注意的事件。它向读者宣布，一个话题值得公众关注。

Michael Schudson，*WHY DEMOCRACIES NEED AN UNLOVABLE PRESS* 31（2008）；参见 Richard Grant White，“The Pest of the Period：A Chapter of the Morals and Manners of Journalism”，9 *THE GALAXY：AN ILLUSTRATED MAGAZINE OF ENTERTAINING READING* 102，107（1870）（“在报纸任何位置单纯提及一个与公共事务有关的人，都给了他某种重要性，或者至少给了他不想要的恶名”）.

④ Richard Grant White，“The Pest of the Period：A Chapter of the Morals and Manners of Journalism”，9 *THE GALAXY：AN ILLUSTRATED MAGAZINE OF ENTERTAINING READING* 102，106（1870）.

⑤ Richard Grant White，“The Pest of the Period：A Chapter of the Morals and Manners of Journalism”，9 *THE GALAXY：AN ILLUSTRATED MAGAZINE OF ENTERTAINING READING* 102，106（1870）

索他们朋友的名字。”[①] 以这种方式，新闻的胜利不仅暗中削弱了传统精英的规矩，也让公众关注到那些只有记者才注意到的“不重要的人”并赋予他们意义，进而打破了传统的价值标准。[②]

第四，新闻的胜利不仅产生了通过成为报纸关注目标而被看见的急切需要，[③] 也创造了对看见和沐浴到可能引起公众好奇的“宣传的圣光（the white light of publicity）”的不可阻挡的热望。[④] 詹姆斯正确地表述了这种情况，他观察到“如果有人描绘某人的时代时，没有涉及下列事项就是不完美的：新闻和采访者的入侵、放肆与无耻，吞噬生活的宣传，公共与私人间所有意义的消失。这是对‘狎能生慢’的注解、礼仪沉沦的最好表达，在许多方面，民主化世界与它伴随而至。”[⑤]

报纸是无耻的，因为它拒绝被精英社会定义了的“礼仪”所约束。[⑥] 报纸

---

① Charles Dudley Warner，“Newspapers and the Public”，9 *FORUM* 198，204（1890）. 正是由于这个原因，很难“说服新闻发布者，说他们所发布的人真的不喜欢他们。”“The Right to Privacy”，*N.Y. TIMES*（Mar. 15，1889），http：//query.nytimes.com/mem/archive-free/pdf?res=9B05E3DA163BE033A25756C1A9659C94689FD7CF（https：//perma.cc/55MK-HDQY）. 这是非常正确的，因为：

> 经验让他们得出相反结论——即主体享受并骄傲于对他们及其亲属的详细描述，只要这种描述是赞赏性的而非嘲讽性的。到目前为止下述观察是正确的，即对大部分参加报纸会报道的社交‘集会（functions）’的女人来说，如果邻居的衣着被报道了而她们的衣着被忽略了，她们更多会感到受到轻慢而非尊敬。

同前文。

② Richard Grant White，“The Pest of the Period：A Chapter of the Morals and Manners of Journalism”，9 *THE GALAXY：AN ILLUSTRATED MAGAZINE OF ENTERTAINING READING* 102，106（1870）.

③ 关于对已经支配公共领域的“为能看见而斗争（struggles for visibility）”的结局的讨论，参见 John B. Thompson，*THE MEDIA AND MODERNITY：A SOCIAL THEORY OFTHE MEDIA* 245—247（1995）。

④ W. Archibald McClean，“The Right of Privacy”，15 *GREEN BAG* 494，494（1903）.

⑤ Henry James，*THE NOTEBOOKS OF HENRY JAMES* 82（Nov. 17，1887）.

⑥ 关于这些礼仪，参见 Charles Eliot Norton，“Some Aspects of Civilization in America”，20 *FORUM* 641，645（1896），谴责“最近在纽约的马展上，富裕的人们在对待马尔伯勒（Marlborough）年轻的公爵和公爵夫人的行为方面展现出粗野之气——女人和男人们拥挤喧嚷着以获得一个能看见这对新婚夫妇的位置，他们争先恐后，对自尊需求和礼貌尊重（不只是传统的，也是当下的礼仪）表现出不顾羞耻”。

被控诉为“在每一点上都逾越了规矩与体面的明显界限”。[①] 这种逾越是因为它释放了“从大城市流出的新闻业污物的洪水”，[②] 这洪水流过了国家界限，搅浑了早餐桌旁的气氛，因为它的言论是男士应当无法“面对面告诉他的妻儿的。我们当下的‘日报’几乎不适合未经删减就在家里阅读”。[③] 这种逾越是因为它刺探了私人生活的细节。“新闻业掀起房顶，推倒墙和遮蔽物，放纵地产出所有可怜人类本质的污秽与强烈欲望。”[④] 这种逾越是因为使用“饥渴的眼神”去侵犯“家庭生活和婚姻的圣洁”并“窥视私人住宅，了解宴会、舞会、茶会——阅读伟大的筹办人所提供的诱人菜单，通过打击花商、记下香槟酒的品牌、审视经费总支出来批评‘装饰’……”[⑤]

詹姆斯对此判断正确，报纸的逾越侵蚀了习俗的边界。报纸逾越地“满足”

---

① Samuel D. Warren & Louis D. Brandeis, “The Right to Privacy”, 4 *HARV. L. REV.* 193, 196 (1890)；参见 Richard Grant White, “The Pest of the Period: A Chapter of the Morals and Manners of Journalism”, 9 *THE GALAXY: AN ILLUSTRATED MAGAZINE OF ENTERTAINING READING* 102, 105 (1870)（“这种新闻业的运作超越了最普通的礼仪边界。”）White 继续说到：

对人们来说，新闻业的礼仪规则很清晰也很容易被遵守。那就是完全尊重私人生活的边界。一个人的公开课、演讲、书籍、照片、法律诉讼、对公共和平的破坏、与政府间的合同，无论什么，简言之，都使得他与公众产生了关系，成为记者评论的正当主题。但他的个人事务、他与家庭、朋友、熟人、顾客和消费者的关系，则除他之外无人有权予以公开；并且对他而言，这是对良好体验的破坏，因而编辑不应准许，除非以付费广告的方式进行。那些跨越私人生活边界的记者，无论其内容是褒是贬，在法律上都应当构成诽谤。

同前文，第 111—112 页。

② John Henderson Garnsey, “The Demand for Sensational Journals”, 18 *ARENA* 681, 682 (1897).

③ George T. Rider, “The Pretensions of Journalism”, 135 *N. AM. REV.* 471, 476 (1882); Jno. Gilmer Speed, “Do Newspapers Now Give the News?”, 15 *FORUM* 705, 708—709 (1893).

④ George T. Rider, “The Pretensions of Journalism”, 135 *N. AM. REV.* 471, 477 (1882).“私人生活不可侵犯地为他所有，无论他是大地上最高大的还是最矮小的人，也无论他是最负盛名的官员还是最平凡无名的市民。法律保护他的这道门槛，任何闯入之徒都不得置足其上。”Condé Benoist Pallen, “Newspaperism”, 38 *LIPPINCOTT'S MONTHLY MAGAZINE* 470, 476 (1886).

⑤ George T. Rider, “The Pretensions of Journalism”, 135 *N. AM. REV.* 471, 479 (1882).

大量民众的“好奇心”，[①] 并因而提升销量和利润。[②] 因此，一方面，商业市场侵蚀了基本的生活习俗，这种习俗被小说家威廉·迪安·豪威尔斯称为编织成“如同我们所见的社会”的“虚伪的薄纱，从我们用于掩饰赤裸的衣服开始算起”。[③] 但另一方面，报纸回应了大量民众想要了解周围世界的希望。各种陌生人和难民、“涉世不深的移民、进入了更自由的生活的妇女，刚从乡下搬来的人，”[④] 所有不熟悉社会习俗微妙之处的人们对城市生活的每个方面都感到好奇。他们想要搞清楚富人阶层，也对他们的自身经历感到好奇。

从这个角度来看，詹姆斯也精确地将隐私的减少与“世界的民主化”联系起来。隐私被报纸吞噬了，正如有争议的《宪章》第 7 条中的隐私一样，仅在根据风俗习惯定义和建构时才存在。风俗习惯总是与特定的团体或阶层相联系。正如《民族周刊》(The Nation) 所观察到的，“对不同阶层或类别的人而言，隐私具有不同含义；例如，对总是住在自己房子里的人来说是一回事儿，对总是住在公寓里的人来说又是另一回事儿。”[⑤] 鉴于“美国社会的极端民

---

① Richard Grant White，“The Pest of the Period：A Chapter of the Morals and Manners of Journalism”，9 *THE GALAXY：AN ILLUSTRATED MAGAZINE OF ENTERTAINING READING* 102，102（1870）. White 继续说到：

依照他的观点，记者生活的首要目标是激发和满足读者的好奇心，不论什么代价。因此，如果他听说一个飞行报告中有一对男人和女人的名字，其中一方足够有名或有钱，能够被几百人所谈论，那他就会宣布他们订婚了，他通常会这样向世界宣布，而这对他们私人朋友圈之外的人来说没有任何影响，没有什么比这种做法更错误的了，他的做法使其成为无礼的罪人，应当为此受到惩罚。

同前文，第 102—103 页。

② 美国评论家和小说家 Charles Dudley Warner 问到，“最耸人听闻、最粗俗、表现最混乱的报纸”是怎样“恰好拥有最大发行量的？” Charles Dudley Warner，“Newspapers and the Public”，9 *FORUM* 198，200（1890）；参见 “The Right to Privacy”，51 *NATION* 496，497（1890）（记录了“对丑闻和闲言碎语最大的商业需求”，观察到，与能够“满足前述需求”的“丰富性”成比例，以这些内容为特色的报纸产生了“我们今天最大最快的商业成功”）。

③ W. D. Howells，*CRITICISM AND FICTION AND OTHER ESSAYS* 280（Clara Marburg Kirk & Rudolf Kirk eds.，1959）.

④ Helen MacGill Hughes，“Human Interest Stories and Democracy”，1 *PUB. OPINION Q.* 73，82（1937）.

⑤ “The Right to Privacy”，51 *NATION* 496，497（1890）.

主条件，”[①]那些住在公寓里的人并不想让住在公馆里的人的顾虑毁掉他们理解其城市环境的努力。[②]对精英来说，他们将报纸对公众好奇的回应视为“为公众下贱的品位与气质拉皮条，”[③]“迎合未受教育的、粗俗的大众的品味和判断标准，去压制有更好见识的、受过更好教育的少数人”。[④]

从这个观点来看，报纸对消费者需求的回应最终是一个政治问题。报纸回应的公众范围越广，它们创设的公共领域就带有越强的民主性。[⑤]这就是为什么我们最有思想的媒体分析师迈克尔·舒德森认为，“一个致力于民主的媒体系统”应当渴望“提供人们所希望的新闻数量和质量；也就是说，市场应当是新闻产出的标准。（换言之，新闻媒体应当依照这种标准：许多批评者坚持驱使媒体朝着耸人听闻的、淫乱的和琐碎的方向发展。）”[⑥]舒德森的意见表达了这样的原则，即在民主制下必须是公众利益为政府行为设置议程，而不是相反。如果国家出于“品味”和“判断”的原因遏制向公众传播有趣的新闻，

---

① E. L. Godkin，“The Rights of the Citizen. IV.——To His Own Reputation”，8 *SCRIBNER'S MAGAZINE* 58，67（1890）.

② “在当今所有的民主社会中，公众的倾向要么是对保护隐私（精神或身体隐私）的努力感到愤怒，要么是对受到嘲弄而感到愤怒。如今在民主社会中，没什么比看起来像是所谓的‘排他性’更被人讨厌了，所有对隐私的尊重或预防都可能会被认为是排他性的迹象。”“The Right to Privacy”，51 *NATION* 496，496—497（1890）.

③ Charles Eliot Norton，“Some Aspects of Civilization in America”，20 *FORUM* 641，647（1896）.

④ Charles Eliot Norton，“The Intellectual Life of America”，6 *NEW PRINCETON REV.* 312，321（1888）. 在解释新闻的吸引力时，George Herbert Mead 强调了“人类幻想的早期现象，亦即报纸和电影在我们面前投射出的东西”：

> 我们倾向于认为，每个人思想、目的与意象的天马行空是纯粹的私人事务，可詹姆斯·乔伊斯的《尤利西斯》比其他文学作品对此表现得更为可怖。事实上它被隐私所传染，遭受了瓦解。但它成了常识话语和协作努力的普遍意义……它是人类内心生活的那部分，由于社会组织的不完整，它无法被赋予寓意（implicated meaning）。当日报和电影剥夺了隐私时，我们谴责其庸俗。然而，与我们的问题共存胜过忽视他们。

George H. Mead，“The Nature of the Aesthetic Experience”，36 *INT'L J. ETHICS* 382，393（1926）.

⑤ 值得注意的是，那时美国公共图书馆开始将其使命感从为了公众教育而提供最好的图书，转移到满足公众想阅读的图书的需求。Arthur E. Bostwick，*THE AMERICAN PUBLIC LIBRARY* 1—4（1929）; Wayne Bivens-Tatum，*LIBRARIES AND THE ENLIGHTENMENT* 133—134（2012）. 这种转变在功能上是争议很大的。

⑥ Charles Horton Cooley，*SOCIAL ORGANIZATION*：*A STUDY OF THE LARGER MIND* 28—29（1909）.

政府实际上在自己制定议程。

20世纪初，这种紧张关系表现更加明显。那时，美国人沉迷于“人格”；他们对“人性感兴趣，对他人命运十分关心”，而这毫无疑问“取决于社会变动不居的本质、社会沉浮的可能性，这使得每个人都可能进入特写镜头。”① 在政治领域，“选民对选举的真正兴趣通常也在于人格……基于这个对人的精明判断，民主制的拥护者主要基于他的信任，即长期来看人民会是正确的。”②

然而，为了提供关于人格的信息，会直接挑战“受教育的人们传统的矜持。”③ 不过记者坦率地为他们报道私人生活细节的行为进行辩护：

在过去，当对任何人的个人容貌、爱好、衣着、家庭和社交生活有任何暗指时，就会被认为是无礼的甚至几乎是下流的行为……不过……我认为对公众人物个人细节的渴望是健康的、理性的，也是应当被允许的。政治家不是没有外形、血液或热情的密码。他们的意见和行为不是纯粹的智力上的分泌物。如果你想了解政治家在历史上的危急时刻如何展现了软弱和愚蠢的行为，以及了解这种行为的可理解性，你必须在他演讲的逐字报告和他公众文件的枯燥语言之外，对这名政治家了解更多。在每个演讲和法令的背后，都有一个人——虚弱或强壮、高大或矮小、为目标而慷慨或为阴谋而卑劣。如果你想精确地描述事件，你就无法摆脱这个背景。④

对“个人细节”的追寻是非常重要的，因为人们越来越相信，公共行为和职业掩饰了真实性格，只有在脱离“不自然的、矫情的自我陈述”的公共

① Charles Dudley Warner, “Newspapers and the Public”, 9 *FORUM* 198, 203 (1890). “新社会自然会比古老稳定的社会对其发展细节更感兴趣，后者的命运是固定的，变化是稀少的”。同前文，第203—204页。

② Charles Horton Cooley, *SOCIAL ORGANIZATION: A STUDY OF THE LARGER MIND* 143 (1909).

③ “In Defence of Privacy”, 130 *SATURDAY REV.* 155, 155 (Aug. 21, 1920).

④ T. P. O’Connor, “The New Journalism”, I *THE NEW REVIEW* 423, 423, 428—429 (Archibald Grove ed., 1889).

领域后的私人场合中才会显示出来。[①] 因此，公众的好奇心更加集中于以前被视为私人的领域。记者开发了暴露这些领域的技术。一个很好的例子是新闻界的“采访”，它最初被谴责为一种无礼的侵扰，[②] 但它也被辩护为“公众可以去了解某些事情的唯一手段，公众对这些事情明显具有知情权，涉及人们刻意隐瞒的利益。”[③] 摄影新闻业的快速发展是另一种帮助公众获取可见真实信息的技术，若非如此公众就看不到。[④]

20 世纪中叶，很明显，作为这种发展的结果，除了在极端恶劣地侵犯隐私的情形中，“一个人的生活属于民众（Demos）。民众想知道他长什么样、怎样生活、如何去爱，以及其他记者和摄影师关注去采集的细节”。[⑤]

三、谷歌和公共领域

面向大众消费新闻的创造抹去了曾经区隔私人与公众生活的边界。这是通过报纸这一媒介实现的，报纸的功能是作为新兴的大众参与公共领域所引发的增长的公众好奇心的代理人。随着公共领域的文本化世界变得越来越真实和重要，它的需求也逐渐变为要控制原先的风俗习惯，在美国，这些风俗习惯也开始淡出隐居精英们苍白暗淡、缺乏活力的世界。这些变化是自发生成的。

---

① Charles L. Ponce de Leon，*HUMAN-INTEREST JOURNALISM AND THE EMERGENCE OF CELEBRITY IN AMERICA 1890—1940*，29（2002）. Leon 继续谈道：

> 到 19 世纪中叶，美国、英格兰和西欧许多地区的市民都得出结论：在公共场合人人都会使用人前形象，对认知真实自我而言，所有在公共领域的自我陈述某种程度上都是虚假的和不可信的。当遇见公共领域的某人时，可以很可靠地假设她在表演，我们参与了无尽的信任游戏，这种游戏已经塑造了城市中的社会和经济关系，最终将成为现代生活的突出特点。为了瞥见一个人的真实自我，有必要在私下场合见见她，那时她会抛下人前形象，避免她在公共领域所采用的不自然的、矫情的自我陈述。

同前文，第 29 页。

② O.B. Frothingham，“The Interviewer”，*FORUM*，Apr. 1886，at 183. “The Abolition of Privacy”，*N.Y. TIMES*（Aug. 4，1874），http：//query.nytimes.com/mem/archive-free/pdf?res=990DEED9143BEF34BC4C53DFBE66838F669FDE（https：//perma.cc/CB8Q-VPR7）.

③ *The Interview*，NEW PRINCETON REV.，Jan. 1887，at 127.

④ John Gilmer Speed，“The Right of Privacy”，163 *N. AM. REV.* 64，73（1896）.

⑤ Mitchell Dawson，“Law and the Right of Privacy”，67 *AM. MERCURY* 397，397（1948）.

我最喜欢的诺尔曼·林肯·罗克韦尔的一张画作，它描绘了一个八九岁的小女孩穿着单调的白色睡袍，渴望地看向阁楼中的全身镜。[①] 她脚边放着梳子、刷子和打开的口红；她膝盖上是一本杂志里迷人的电影明星的黑白照片。这个女孩认同一个她只在媒体上见过的名人；她正在努力将自己塑造成一个只有在公共领域流传的文本中才会出现的形象。她正在学着想象自己成为公众人物的一员。哪怕是没有颜色的名人照片，已经向她展示了一种重要性和真实性，这使得她看上去无聊的日常生活变得黯然失色。她的实际生活处在被巨大的、诱人的媒体文本化力量展示的风险之中。

正如报纸满足了普通人的好奇心，普通人也开始认同报纸在公共领域流通的文本。[②] 这种满足和认同的循环创造了彼此互相依赖的有力结构，除非相当大的社会权力介入，这种结构无法被打破。但正如隐私规范与公众领域需求的不相协调看上去越来越精英主义和自私自利，前述权力的来源也越来越不明显。[③] 因此，作为社会学事物，并远离任何宪法限制，美国法院开始对侵犯隐私侵权行为的定义和适用变得十分谨慎。

特别有趣的是纽约法律的发展。1902 年，纽约州上诉法院拒绝创设一项侵犯隐私侵权行为的普通法。[④] 这项决定引发了巨大的争议，[⑤] 纽约立法机构的回应是《纽约民事权利法》第 50 条："如未获得事前书面同意，禁止以广告目的或商业目的使用个人姓名、图片或肖像。" [⑥] 然而，在解释这项法律时，纽约法院谨慎地认为，这项法令不适用于在报纸上"与时事新闻报道或紧急公众利益有关的"照片的公开。[⑦] 纽约法院拒绝将报纸报道新闻的行为定性为"以

---

① 这幅画是 1954 年 3 月 6 日《周六晚邮报》(*Saturday Evening Post*) 的封面。

② John B. Thompson，*THE MEDIA AND MODERNITY*：*A SOCIAL THEORY OFTHE MEDIA* 211 (1995).

③ 有人可能会推断说隐私规范在欧洲保持的程度更高，因为欧洲精英的威望比在美国被限缩得更少。这种威望使得贵族有力量对抗大众的好奇心需求。

④ *Roberson v. Rochester Folding Box Co.*，64 N.E. 442，443 (1902).

⑤ Louis Nizer，"The Right of Privacy：A Half Century's Developments"，39 *MICH. L. REV.* 526，532—533，538 (1941).

⑥ *Lahiri v. Daily Mirror*，*Inc.*，295 N.Y.S. 382，384 (N.Y. Sup. Ct. 1937).

⑦ *Lahiri v. Daily Mirror*，*Inc.*，295 N.Y.S. 382，384 (N.Y. Sup. Ct. 1937).

商业目的”公开。①

纽约法院注意到了报纸是以兜售新闻而追求利润的商事企业。但是他们认为，如果不损害对“基本民主机制”来说必要的“出版自由”，法令条款的字面含义就无法适用于报纸兜售新闻。②对法令的这种解释引人注目的一点是，它明确认识到商业报纸对于形成公共领域并进而形成公众舆论是不可或缺的。它理解，报纸作为一种机制，是为了公共利益而维持公共商谈的媒介。维持公共商谈的公共利益并不依赖于任何特定文章的内容，而是依赖于报纸作为新闻传播媒介的结构性。③

这种方法与谷歌西班牙案截然相反，后者认为谷歌作为一家商业公司，只能主张自身的商业利益以及对《指令》的限缩适用中的任何公共利益，这种公共利益被限定为包含特定种类信息的网站（例如，包含了在公众生活中扮演突出角色的数据主体的个人信息）。谷歌西班牙案的推理遗漏了我们从报纸的历史中学到的经验：维持有活力的报纸是带有很强公众利益的，无论报纸是否为商业目的运营，无论报纸是否载有特定事项的明确内容。这种利益的存在是因为报纸通过吸引公众好奇心的广泛样本，维持了“公共性”的相当可能性，如果没有这种“公共性”，公众舆论就不会出现。

《指令》似乎承认了这些观点，因为它授权在“有必要协调隐私权与言论自由规则”的范围内，豁免“仅为新闻目的而实施个人数据处理”。④ *GDPR* 也做出类似规定：“成员国应当以法律形式调和个人数据保护权利……与言论自由、信息自由，包括为新闻目的的处理。”⑤当然，《宪章》第11条也规定：“媒体的多元性和自由应当被尊重。”⑥

---

① *Lahiri v. Daily Mirror，Inc.*，295 N.Y.S. 382，387—389（N.Y. Sup. Ct. 1937）；也参见 *Kline v. Robert M. McBride & Co.*，11 N.Y.S.2d 674，679（N.Y. Sup. Ct. 1939）.

② *Lahiri v. Daily Mirror，Inc.*，295 N.Y.S. 382，388（N.Y. Sup. Ct. 1937）.

③ 就美国宪法而言，报纸构成了“交流思想的媒介”。参见 Robert C. Post，“Recuperating First Amendment Doctrine，47 *STAN.L. REV.* 1249，1250—1260（1995）［转引自 *Joseph Burstyn，Inc. v. Wilson*，343 U.S. 495，501（1952）］。

④ *Directive*，art. 9.

⑤ *GDPR*，art. 85.

⑥ *Charter*，art. 11.

这些条款指向了一个非常重要的问题：我们是否应当认为谷歌具备新闻目的？重要的是，欧盟法院否认了谷歌这样的搜索引擎能够具备新闻目的；它认为谷歌只能主张私人商业公司的经济利益。但是，现代美国报纸的兴起已经足以告诉我们这项法律界定方法应当适用于谷歌。

19 世纪的美国读者认为报纸给了“他这个世界的每日历史（以及他用于对话的大部分想法）。”[①] 报纸搜寻世界，以向读者提供巨大的信息集合，这比任何读者个人能为自己搜集的信息要多很多。报纸以有吸引力的方式将这些文本提供给读者——通过标题、插图、有趣的故事或是简短有力的散文。报纸也通过揭发丑闻的调查、采访等创造了自己的新闻。他们打破了民众认同的平衡，将其从日常生活的具体的、面对面的关系转移到公共领域的以文本化为媒介的联系。他们允许读者将自己视为公众的一部分并进而参与到公众舆论的形成中。报纸通过社论和其他方法寻求塑造当天话题的公众舆论。

乍看之下，谷歌可能一点都不像报纸。它是一个“基于用户搜索请求而用于定位网站的索引工具”。[②] 它运用自动化网络爬虫来定位网站，而不是记者。它使用算法而不是编辑去安排这些网站的展示和优先级。它不去揭发丑闻、调查或创作有趣的故事。它不发表社论以影响公众舆论的内容。如果说报纸很容易满足对发言者或作者的刻画，谷歌却不是这样。我们给予参与公众舆论的发言者以言论自由，虽然我们很容易将这种言论自由的保护归因于报纸，但用这种方式定性谷歌所需要进行的工作很困难。[③]

然而，我们对美国报纸的简史表明，除了自己成为发言人之外，报纸还

---

① Charles Dudley Warner，“Newspapers and the Public”，9 *FORUM* 198，206（1890）.

② *Search King*, *Inc. v. Google Tech.*, *Inc.*, No. CIV-02-1457-M，2003 WL 21464568，at *1 n.1（W.D. Ok. May 27，2003）.

③ 但是这并没有阻止一些人推进这种类比。试参见 Eugene Volokh & Donald M. Falk，“Google：First Amendment Protection for Search Engine Search Results”，8 *J.L. ECON. & POL'Y* 883，884—885（2012）与 Tim Wu，“Machine Speech”，161 *U. PA. L. REV.* 1495，1528（2013），以及 Heather M. Whitney & Robert Mark Simpson，“Search Engines and Free Speech Coverage”，Susan J. Brison & Kath Gelber（eds.），*FREE SPEECH IN THE DIGITAL AGE*（即将出版，手稿第 11—17 页）（本书 2019 年已经由牛津大学出版社出版。——译者注）。在不同时间和不同环境中，谷歌有时试图将自己定性为发言者，有时不是。Jeffrey Abramson，“Searching for Reputation：Reconciling Free Speech and the ‘Right To Be Forgotten’”，17 *N.C. J.L. & TECH.* 1，34—40（2015）.

承载了一个重要的公共利益。通过使吸引大量读者的文本持续流通，报纸创造了一个公共领域，在这个公共领域里，读者可以将自己想象成既是通过文本看世界的人，也是作为文本被世界看到的人。事实上，报纸创造了读者将自己视为公众的条件，并因此进入对民主至关重要的公众舆论的形成中。

谷歌也承载了这个重要的公共利益。互联网是一个大量信息集合体，在这里，在线文本就如同有体形式一样流通。“鉴于可访问性和储存、交流大量信息的能力，总体上，互联网在加强公众对新闻的获取和便利信息传播这方面起了重要作用。”① 但是，互联网是不透明的，除非读者们拥有定位能够回应其好奇心的文本的工具。谷歌提供了这种工具，并进而带给我们“世界的每日历史。”“我们运用搜索引擎去学习和理解世界，去回答我们的问题，去帮助我们思考。”② 在这个意义上，“谷歌和类似的搜索引擎正在……不断地成为我们的世界之窗。”③

在 19 世纪末，报纸将新闻定义为引发公共兴趣的事物。新闻引发并维持了大众对公众舆论形成的参与。从这个视角来看，谷歌是一扇杰出的足以使数百万名读者接收新闻的大门。读者使用谷歌去搜索他们感兴趣的文本。通

① 相关案例参见 *Magyar Tartalomszolgáltatók Egyesülete & Index.hu Zrt v. Hungary*，App. No. 22947/13，para. 56（Eur. Ct. H.R. Feb. 5，2016），http：//hudoc.echr.coe.int/eng?i=001-160314［https：//perma.cc/MK8F-B4LM］；也参见 *Fredrik Neij & Peter Sunde Kolmisoppi v. Sweden*，App. No.40397/12，at 9（Eur. Ct. H.R. Feb. 19，2013），http：//hudoc.echr.coe.int/eng?i=001-117513（https：//perma.cc/E8CG-JF78）. 正如美国最高法院最近所确认的：

第一修正案的一项基本原则是所有人都能接触到这样一个场所，这个场所可供发言和倾听，之后在得到反馈后还能再次发言和倾听。法院寻求保护在空间环境中的发言权。基本规则是，如街道和公园是实施第一修正案权利的典型讨论场所。甚至在现代，这些场所也仍然是公众聚集以颂扬某些观点、抗议他人或仅仅是学习和打听的重要场所。

虽然过去识别这些用于交换观点的最重要场所（在空间意义上）可能有困难，但今天答案是清晰的。它一般是网络（赛博）空间——“巨大的互联网民主论坛”，尤其是社交媒体。

Packingham v. North Carolina，137 S.Ct. 1730，1735（2017）（略去引用）.

② Neil Richards，*INTELLECTUAL PRIVACY：RETHINKING CIVIL LIBERTIES IN THE DIGITAL AGE* 122（2015）. Richards 明智地使用了这个前提去抗辩谷歌收集的用户数据的隐私。

③ Sylvia de Mars & Patrick O'Callaghan，“Privacy and Search Engines：Forgetting or Contextualizing”，43 *J.L. & Soc.* 257，267（2016）.“试想……如果图书馆告诉你可能会在它巨大的、无条理的堆积物中找到某则信息，但它不能提供索引帮你搜索信息”。Anupam Chander & Uyen P. Le，“Free Speech”，100 *IOWA L. REV.* 501，542（2015）.

过使用谷歌，读者们能够互相联系并使自己成为能被他人看到的文本。因此谷歌是现代虚拟公共领域的重要基础设施。虚拟公共领域变得更加民主，因为大量观众能够更容易地参与到它的构建中，并且他们能够根据自己的兴趣获取信息。①但这个社会结构也暗示着，虚拟公共领域比之前要更有效地“吞噬了”区分公共与私人生活方面的传统边界。②

谷歌和报纸之间一个重要的区别是，后者必须通过像有趣的故事、标题和照片这样的策略去吸引读者购买新闻。与此相反，谷歌不需要乞求读者去寻找新闻。反而是读者告诉谷歌自己的兴趣在哪。比任何报纸做得更好的是，谷歌允许读者通过搜索感兴趣的新闻来追随自己的好奇心。③像报纸一样，谷歌扰乱了精英叙事和权威。在现代互联网的反法律主义的世界中，读者们会感受到被剥夺了授权，因为国家阻止他们访问他们很好奇的文本，除非这些文本是由专业记者或学者事先审查、研究、参考和编写的。④

不论读者是从报纸还是谷歌上获取的新闻，他们都参与了文本的流通，并因而被吸引去参与到公共领域的形成中。谷歌在这方面的吸引力和报纸一样有力。⑤在虚拟公共领域的环境中，“死亡就是不能联网（jacked-in）或者

---

① 正如欧洲人权法院观察到的，“互联网如今已经成为个人践行言论和信息自由权利的主要方法之一，它为参与有关政治问题和普遍利益问题的活动和讨论提供了必要工具”，相关案例参见 *Ahmet Yildirim v. Turkey*，App. No. 3111/10，para. 54（Eur. Ct. H.R. Dec. 18，2012）。

② 相关案例参见 *Editorial Board of Pravoye Delo & Shtekel v. Ukraine*，2011-11 Eur. Ct. H.R. 383，401 [“互联网上的内容和交流，对人权和自由的行使和享受（尤其是尊重私人生活的权利）所造成的危害风险，肯定比新报纸更高”]。

③ 当然，谷歌用以确定搜索结果的算法确实会以特定的方式聚合并向读者展示他们的兴趣，但这最多算是每家报纸总是不得不使用的“编辑判断”的模糊效仿。对于谷歌的自动完成功能也能同样这么说，德国法院已经发现，它可以通过建议不真实的联想来侵犯一个人的人格权。Daniel J. Solove & Paul M. Schwartz，*INFORMATION PRIVACY LAW* 1156—1157（5th edn. 2015）.

④ 这可能是将《指令》和 *GDPR* 解释为仅由专业记者所控制的“新闻目的”才有权因该目的而豁免所导致的结果。

⑤ 关于对互联网公共领域的强大吸引力的有益讨论，参见 Adrian Mackenzie，“The Mortality of the Virtual：Real-time，Archive and Dead-time in Information Networks”，*CONVERGENCE*，June 1997，at 59。

不能即时地获取档案信息”[①]正如纽约人在没有日报时感到怅然若失，现代人如果连接不上网络的话也会如此。如果我不使用谷歌寻找我感兴趣的网络文本的话，我这一天会过得很艰难。

我通过谷歌定位到的新闻，就像我在报纸上阅读到的新闻一样，使我面向了公共问题。它使得我认为自己参与了公众舆论的形成并因而参与了民主。人们可以通过想象如果前总统弗朗索瓦·奥朗德（François Hollande）禁止谷歌链接到有关前法国总统候选人玛丽娜·勒庞（Marine Le Pen）的网站，之后会发生什么，来测试这种结论的稳健性（robustness，也译作“鲁棒性”）。[②]没有人会怀疑，最高命令的公共利益已经处于危险之中。这种与纸媒的类比是直接的，也是令人信服的。欧洲人权法院已经强调“互联网档案在保存新闻和信息并使之可得方面做出的重要贡献。这种档案构成了教育和历史研究的重要资源，特别是它们向公众开放访问的便捷性和总体上的免费性。”[③]法院甚至强调了这个贡献与“报纸在民主制中的功能”的联系，这个功能包括“维持公共档案和使其开放访问，这些公共档案包括之前已经报道过的新闻。维持互联网档案是这个角色的重要方面”。[④]

通过建立维持虚拟公共领域的基础设施，谷歌提供了与传统报纸一样重要的民主利益。谷歌的营利目的，并不影响它提供这种重要的民主利益，就像这不会影响《宪章》第 11 条所明确保护的“媒体”一样。每个民主国家都扩张了对媒体的宪法性保护，“与其说是对报纸利益的保护，不如说是对我们所有人利益的保护。一个对媒体自由的宽广定义能够保证维持我们的政治系统和一个开放的社会。”[⑤]谷歌作为搜索引擎不寻常的市场支配地位可能事实上会引起合法的关注，但这些关注最终会与反垄断法相关，而不会有损搜索引

① Adrian Mackenzie, “The Mortality of the Virtual: Real-time, Archive and Dead-time in Information Networks”, *CONVERGENCE*, June 1997, at 66.

② 对于这个假设，我很感激 Dan Solove。

③ 相关案例参见 *Wqgrzynowski & Smolczewski v. Poland*, App. No. 33846/07, para. 59（Eur. Ct. H.R. July 16, 2013）, http://hudoc.echr.coe.int/eng?i=001-122365（https://perma.cc/GQ2J-8K8Z）.

④ *Wqgrzynowski & Smolczewski v. Poland*, App. No. 33846/07, para. 59（Eur. Ct. H.R. July 16, 2013）, http://hudoc.echr.coe.int/eng?i=001-122365（https://perma.cc/GQ2J-8K8Z）.

⑤ *Time, Inc. v. Hill*, 385 U.S. 374, 389（1967）.

擎总体上提供了报纸那样的公共利益的结论。正如反垄断标准会与适当的保护措施一道，适用于传统媒体渠道，因此它们也应适用于谷歌。①

谷歌西班牙案没能认识到谷歌提供的公共利益。此案对民主发挥作用所必需的交流结构并不感到好奇。它没有提出谷歌可能某种程度上共享《指令》明确豁免的"新闻目的"。这可能是因为欧洲人总是首先聚焦于日报杂志的观点，因此他们甚至无法想象不伴随着作者声音的"新闻目的"的实践。②这或许也是因为欧盟法院没有认识到谷歌这种独立专业判断的行为，这种行为在过去是由收集、编写和发表新闻的记者做出的。③

然而，本文第二部分叙述的报纸的历史表明，民主需要有活力的报纸以创造公共领域中交流的基础设施。媒体传播了吸引陌生人共同关注的信息，并因此建立了一种公共性。毫无疑问，谷歌在互联网时代提供了这个目的，即使谷歌没有像传统新闻业那样自己去发言。谷歌是以 19 世纪和 20 世纪的报纸那样的方式帮助创造了"公共性"。正因如此，它含有与传统报纸相同的言论自由的民主价值。

四、谷歌、RTBF 与被遗忘权

即使认为谷歌包含了我刚刚概括的那种公共利益，也不应当认为谷歌所引发的隐私损害不需要救济。应当认为，根植于《宪章》第 8 条并在 *GDPR* 中实施的 RTBF，不应适用于谷歌。相反，根植于《宪章》第 7 条并为许多国

---

① Robert McChesney & John Nichols，*THE DEATH AND LIFE OF AMERICAN JOURNALISM*：*THE MEDIA REVOLUTION THAT WILL BEGIN THE WORLD AGAIN* 61—64（2010）.

② David Erdos，"From the Scylla of Restriction to the Charybdis of License？ Exploring the Scope of the 'Special Purposes' Freedom of Expression Shield in European Data Protection"，*52 CAP. MKT. L. REV.* 119，132—138（2015）.

③ Alessandro Mantelero，"The EU Proposal for a General Data Protection Regulation and the Roots of the 'Right To Be Forgotten' "，29 *COMPUTER L. & SECURITY REV.* 229，235（2013）；参见 Michael Schudson，*THE POWER OF NEWS* 9—14（1995）（讨论了现代新闻业的职业行为）。但也见 James Grimmelmann，"Speech Engines"，98 *MINN. L. REV.* 868，874—875（2014），认为谷歌承担了（或应当承担）"可信的顾问"功能。在欧盟，对新闻业的不同定义，一般可见 Daniel C. Hallin & Paolo Mancini，*COMPARING MEDIA SYSTEMS*：*THREE MODELS OF MEDIA AND POLITICS*（2004）。

家法律系统所应用的被遗忘权，是为了适用于公共领域中的媒体而特别设计的。虽然数据隐私与公共领域是不兼容的，但尊严隐私已经对新闻出版进行了一个多世纪的规制了。

（一）谷歌与 RTBF

GDPR 将 RTBF 定义为如果个人数据“与其被收集或进一步处理时的目的相关性不再必要”，就应被“无不当迟延地”删除的权利。[①] 这对于出于管理性原因而收集和处理数据的大型组织来说，是一个可以理解的要求。但对于公共领域中大量个人数据的交流来说，这不是一个可以理解的要求。例如，我们可能会问，当博客主在网上发表一个包含个人数据的对当代事件的叙述时，她有什么目的呢？如果这个目的指导了公众的想法，那么何时她对那些数据的处理不再“必要”呢？

甚至，谷歌独立地提供了何种特定目的也是不明确的。我们现在没有聚焦于谷歌从其用户处收集的数据所引发的“大量在线抓取日常生活”，[②] 也即哈佛商学院肖沙娜·朱伯夫教授所说的“监视性资本主义（surveillance capitalism）”。[③] 事实上，这种数据应当被《指令》的工具逻辑所规制，因为几乎可以确定，它是出于功利主义目的而被抓取和处理的。我们说的却是谷歌以链接的形式向公共领域传达的信息，人们可以通过这些链接访问全世界范围内的网络。这些谷歌链接在什么时候与其被创造时的目的是“不适当、不相关或过当的”[④] 呢？

---

① *GDPR*，art. 17; *Google Spain*，para. 94（“信息显示出……与搜索引擎运营商进行的处理目的相关性不充分、不相关或不再相关、或者过分相关，该信息……必须被删除。”）.

② Ionna D. Constantiou & Jannis Kallinnikos，“New Games，New Rules：Big Data and the Changing Context of Strategy”，30 *J. INFO. TECH.* 44，55（2015）.

③ Shoshana Zuboff，“Big Other：Surveillance Capitalism and the Prospects of an Information Civilization”，30 *J. INFO. TECH.* 75，75（2015）.

④ *Google Spain*，para. 94.

我总是听到互联网“永不遗忘”的说法。[①] 如果说报纸是“便宜的、平凡的、能被扔掉的”物品，[②] 毕竟很大程度上报纸的写作是为了看完就扔的，而设计出谷歌则是为了创造出能够获取互联网公共领域中传播的文本的可用途径。[③] 网络的数字世界是“无法原谅的（unforgiving）”和综合性的。[④] 实际上，谷歌创造了与互联网自身相对应的动态档案文件。[⑤] 这样一份档案文件的目的在某些方面相当于图书馆档案的目的，后者致力于“向公众”提供“获取信息、知识、教育、审美经验和娱乐的途径。”[⑥]

像谷歌一样，图书馆“组织”了可获取的文本——“事实的、想象的、科学的和人文的”——通过允许“从无数方向……进行访问”的“有效网络”。[⑦] 图书馆寻求提供充分的信息以满足“警惕、敏感和爱冒险的人类典型的好奇

---

① Nick Miller，“The Internet Never Forgets”，*SIDNEY MORNING HERALD*（Mar. 23，2013），http：//www.smh.com.au/technology/the-internet-never-forgets-20130322-2gle7.html（https：//perma.cc/F6YA-EMUF）; Jeffrey Rosen，“The Web Means the End of Forgetting”，*N.Y. TIMES MAGAZINE*（July 21，2010），http：//www.nytimes.com/2010/ 07/25/magazine/25privacy-t2.html? pagewanted=all（https：//perma.cc/5N6Y-PPED）; David Siesage，“The Internet Never Forgets，So Be Careful What You Put on It”，INDEPENDENT（Aug.28，2013），http：//www.independent.co.uk/student/istudents/the-internet-never-forgets-so-be-carefu-what-you-put-n-it-878776.html（https：//perma.cc/4QSR-HX9K）.

② Michael Schudson，*THE POWER OF NEWS* 33（1995）.

③ 参见 Emily B. Laidlaw，“Private Power，Public Interest：An Examination of Search Engine Accountability”，17 *INT'L J.L. & INFO. TECH.* 113，116（2009）（“搜索引擎是帮助用户在其他网站上找到信息的网站”）。

④ Viktor Mayer-Schönberger，*DELETE：THE VIRTUE OF FORGETTING IN THE DIGITAL AGE* 126（2011）（提及数字记忆“容易使用且有综合性”，其“链接对我们的过去过于严格和不原谅”）.

⑤ 在 *Times Newspapers Ltd.*（*Nos. 1 and 2*）*v. The United Kingdom*（2009-1 Eur. Ct. H.R. 377）一案中，欧洲人权法院承认，互联网档案的重要贡献是保存和制造可得的新闻和信息。这种档案对教育和历史研究构成了重要资源，特别是它们容易为公众所获得并且通常免费。法院因此认为，报纸之于民主的首要功能是扮演“公众的看门人”，但它还有很有价值的第二个功能，即保存包含了之前被报道过的新闻的公共档案并使之可得。见该案判决书第 392—393 页，第 45 段。

⑥ Redmond Kathleen Molz & Phyllis Dain，*CIVIC SPACE/CYBERSPACE：THE AMERICAN PUBLIC LIBRARY IN THE INFORMATION AGE* 2（1999）；参见 Tom Glynn，*READING PUBLICS：NEW YORK CITY'S PUBLIC LIBRARIES，1754—1911*，3（2015）；W. J. Murison，*THE PUBLIC LIBRARY：ITS ORIGINS，PURPOSE，AND SIGNIFICANCE* 77（3d edn. 1988）.

⑦ ALA's Pub. Library Ass'n Goals，Guidelines & Standards Comm.，“A Mission Statement for Public Libraries：Guidelines for Public Library Service：Part1”，8 *AM. LIBR.* 615，619（1977）.

心、欲望和鉴赏需要”。[①] 图书馆努力“向所有人提供接触到他们想要的信息的途径。”[②] 随着图书馆的数字化[③] 并以公开访问为目标，物理性收集的优先级降低了，图书馆变得越来越像谷歌——致力于组织和呈现在线文本的机构。[④]

所有人都会同意，图书馆档案维持了“民主”文化，[⑤] 这是通过“夺回和

---

① Lowell A. Martin, “The Public Library: Middle-age Crisis or Old Age”, 108 *LIBR. J.* 17, 22 (1983).

② Alex Byrne, “Freedom of Access to Information and Freedom of Expression in a Pluralist World”, 25 *INT'L FED'N LIBR. ASS'N J.* 223, 225 (1999); 参见 Redmond Kathleen Molz & Phyllis Dain, *CIVIC SPACE/CYBERSPACE: THE AMERICAN PUBLIC LIBRARY IN THE INFORMATION AGE* 43 (1999); Stephen A. Roberts, “World Librarianship and the New Europe: An Exploratory Essay”, 4 *INT'L J.INFO. & LIBR. RES.* 19, 23 (1992)。

③ Leonardo Candela, et al., “History, Evolution and Impact of Digital Libraries”, in Ioannis Iglezakis, et al. (eds.), *E-PUBLISHING AND DIGITAL LIBRARIES: LEGAL AND ORGANIZATIONAL ISSUES* 1, 1 (2011).

④ 如参见 William Y. Arms, *DIGITAL LIBRARIES*, at ix (2000); William Y. Arms, “The Web as an Open Access Digital Library” (Oct. 21. 2000), www.cs.cornell.edu/wya/papers/Kyoto-2000.doc (https://perma.cc/VVM4-VFSR)。“公共图书馆不仅仅提供互联网和其他电子资源，它们自身就正在加入互联网中。” Redmond Kathleen Molz & Phyllis Dain, *CIVIC SPACE/CYBERSPACE: THE AMERICAN PUBLIC LIBRARY IN THE INFORMATION AGE* 187 (1999); 参见 Paul Gilster, *DIGITAL LITERACY* 155—228 (1997). 当然，这些发展需要放进数字化收集文本和新闻的在线事物的环境中，如 ProQuest Historical Newspapers database。参见 Paul M. Schwartz, “From Victorian Secrets to Cyberspace Shaming”, 76 *U. CHI. L. REV.* 1407, 1414—1418 (2009)。

⑤ 1979年图书馆和信息服务白宫会议确认“公立图书馆是民主生活的教育机构。” *RESOLUTIONS OF THE WHITE HOUSE CONFERENCE ON LIBRARY AND INFORMATION SERVICES 1979*, at 46 (1980); 参见 Alfred Hessel, *A HISTORY OF LIBRARIES* 99—107 (Reuben Peiss trans., 1955); Arthur W. Hafner & Jennifer Sterling-Folker, “Democratic Ideals and the American Public Library”, in Arthur W. Hafner (ed.), *DEMOCRACY AND THE PUBLIC LIBRARY: ESSAYS ON FUNDAMENTAL ISSUES* 9, 19 (1993); Frederick Stielow, “Reconsidering Arsenals of a Democratic Culture”, in Nancy Kranich (ed.), *LIBRARIES & DEMOCRACY: THE CORNERSTONES OF LIBERTY* 3, 4—5 (2001); Grace O. Kelley, “The Democratic Function of Public Libraries”, 4 *LIB. Q.* 1, 1 (1934). 白宫会议决定，因为“自由社会中的信息是任何人的基本权利，对于所有人……所有经济和社会阶层来说都至关重要，”所以“所有人都应当拥有免费接触到公共信息和公立图书馆的途径，而这不向个人收费。” *RESOLUTIONS OF THE WHITE HOUSE CONFERENCE ON LIBRARY AND INFORMATION SERVICES 1979*, at 46 (1980).

扩展民主进程和可能性”并将人们连接到“公共领域”来进行的。[①] 法国历史学家阿莱特·法尔热写到，“档案的诱惑力”是对“描绘他人文字的漫游”的预期，以便我们可能“进入一个不断的关于人类”和“关于我们周遭的辩论”的对话。”[②] 以这种目的创造档案所需要的数据处理，什么时候才是不再必要的呢？[③]

这个问题没有答案，但没有疑问的是，*GDPR* 之所以明确规定 RTBF 不应当适用于“以公共领域的存档目的、科学或历史研究目的”，是因为 RTBF“可能使完成处理目的不再可能或严重损害处理目的的完成。”[④] 引人注目的是，*GDPR* 并未将图书馆档案规定为“言论和信息自由权，包括为新闻目的和学术、艺术或文学创作目的处理”的豁免。[⑤] 这可能是因为它将图书馆定义为包含了为公众提供接触途径的数据，而不是积极向公众传达数据的机构。

我的直觉是，欧盟法院不会从 GDPR 中解释得出谷歌是一个“公共利益”或为“历史研究目的”而聚集的档案。谷歌的普及、商业化及其对用户个人数据的强烈需求，[⑥] 这些因素联合起来使得谷歌看上去远远不具备图书馆档案的被动性（demure passivity）。如果图书馆被定义为使公众能够接触到数据，谷歌就更容易被想象为是在故意将公共信息传达给公众。尽管互联网快速削弱了这个区别，但它仍然是 GDPR 区分表达目的豁免与公共利益档案豁免的基础。

---

① John E. Buschman, *DISMANTLING THE PUBLIC SPHERE*: *SITUATING AND SUSTAINING LIBRARIANSHIP IN THE AGE OF THE NEW PUBLIC PHILOSOPHY* 37，46—48，175（2003）；也参见 James H. Billington，“The Modern Library and Global Democracy”，in Alice Crawford（ed.），*THE MEANING OF THE LIBRARY*: *A CULTURAL HISTORY* 254，254（2015）（“图书馆……在缔造和维持参与的、负责任的民主社会中扮演了关键角色”）。

② Arlette Farge，*THE ALLURE OF THE ARCHIVES* 123—124（Thomas Scott-Railton trans.，2013）.

③ 如果不能很好地解决这个问题，引人入胜的论述参见 Ivan Szekely，“The Right To Be Forgotten and the New Archival Paradigm”，in Alessia Ghezzi，et al.（eds.），*THE ETHICS OF MEMORY IN A DIGITAL AGE*: *INTERROGATING THE RIGHT TO BE FORGOTTEN* 28，28—49（2014）. 参见前文提到有关意大利最高法院的实践。

④ *GDPR*，art. 17（3）.

⑤ *GDPR*，art. 85（1）.

⑥ James Grimmelmann，“Speech Engines”，98 *MINN. L. REV.* 868，941—943（2014）.

GDPR豁免历史档案是因为人们对一般信息的深度社交需要。正如GDPR最热情的支持者之一所评论的那样，数据隐私：

> 当然不是一种绝对的权利。在数据库中保存数据具有合理合法正当的利益，存在这样的案例。报纸的档案是很好的例子。很显然，被遗忘权不能意味着总体擦除历史的权利。①

历史是公众的共同财产。除非拆散历史自身的组织，否则没有人能被说成“控制”②历史的个人数据。我不能禁止你对历史事件的叙述，哪怕它们包含有“关于”③我的信息。你也不能禁止我对历史事件的叙述，哪怕它们包含有“关于”你的信息。历史是在这些观点的相互作用中被构建起来的，同时也包括了这些观点中的个人数据。④一如往昔，历史要求个人数据成为公共财产，而不是被特定的数据主体所“控制”。⑤

---

① 参见 Viviane Reding，“The EU Data Protection Reform 2012：Making Europe the Standard Setter for Modern Data Protection Rules in the Digital Age，Address at the Innovation Conference Digital，Life，Design”（Jan. 22，2012）（略去着重号）。

② *GDPR*，recital 7.

③ *GDPR*，art. 4（1）.

④ 与谷歌西班牙案相比，欧盟法院对共享信息的流通需求十分敏感，这些信息保存了股份制和有限责任公司行为的“历史记忆”，也是1968年3月9日《第一委员会68/151/EEC指令》（*First Council Directive 68/151/EEC*）中的要求，它强调了协调前述公司“为保护第三方利益之目的”义务的“关于公开的国家规定”的需求。Case C-398/15，*Camera di Commercio*，*Industria*，*Artigianato e Agricoltura di Leece v. Manni*，para. 4（Mar. 9，2017），http：//curia.europa.eu/juris/document/document.jsf; jsessionid=9ea7d0f130d5da8068b3690a4e3f94169d692c409ec6.e34KaxiLc3eQc40LaxqMbN4PaNiSeO?text=&docid=188750&pagelndex=0&doclang=en&mode=lst&dir=&occ=first&part=1&cid=1193773 [https：//perma.cc/QRF8-ZW9L]; *Directive 68/151/EEC of the First Council of the European Communities of 9 March 1968*，1968 O.J.（L65）8. 虽然《68/151指令》要求的公开与《95/46指令》要求的个人数据保护不太一致，但欧盟法院认为公开的正当性在于保护市场效率和可靠性利益中的减少信息成本的重要性。

⑤ 没有疑问的是法院为何会认为“通过命令将所有”过去的公开“的痕迹从公共领域中删除，进而参与重写历史不是司法权的作用”。相关案例如 *Wqgrzynowski & Smolczewski v. Poland*，App. No. 33846/07，para. 65（Eur. Ct. H.R. July 16，2013），http：//hudoc.echr.coe.intleng?i=001-122365（https：//perma.cc/A7CN- 52L7）。

公共领域中的民主讨论要求这种共有信息（common information）的一致结构。公共领域是主体间交往行为的领域；如果因为个人拥有“控制”个人数据的权利，个人就能从传播空间中随意收回与其“相关的”信息，它将会崩溃。① 民主制中的公共领域也提供了自治的政治目的。那些控制个人数据在公共领域中传播的人，也控制了公众舆论的产生。因为个人数据变得与公众舆论相关，正如它们变为对公众好奇心的回应，并且因为公众好奇心是一个变动不居、不可预测的现象，所以不可能事先“详细说明”何种个人数据会与公众舆论的形成变得相关。

因此，在新闻和公平信息实践之间存在着基本的紧张关系，新闻面向公众、回应公众好奇，而公平信息实践要求处理个人数据的先决条件是事前具有清晰、明确和特定的目的。这也是为何《指令》和 *GDPR* 都承认新闻活动豁免的原因，因为有必要容纳言论自由，而不用详细说明构成这种活动的内容。②

---

① 如参见 *Dresbach v. Doubleday & Co.*，518 F. Supp. 1285，1289-91（D.D.C. 1981）；*Bonome v. Kaysen*，No. 032767，2004 WL 119731，at *3，*4（Mass. Mar. 3，2004）；*Anonsen v. Donahue*，857 S.W.2d 700，705—706（Tex. App. 1993）。

② 公平信息实践和新闻间深刻的紧张关系，在第 29 条数据保护工作组（以下简称“工作组”）发表的谷歌西班牙案的《实施准则》（*Guidelines on the Implementation of Google Spain*）中得到了很多展示。Article 29 Data Prot. Working Party，*GUIDELINES ON THE IMPLEMENTATION OF THE COURT OF JUSTICE OF THE EUROPEAN UNION JUDGMENT ON" GOOGLE SPAIN AND INC. V. AGENCIA ESPANOLA DE PROTECCION DE DATOS AND MARIO COSTEJA GONZALEZ" C-131/12*，paras. 4，7（2014），http：//www.dataprotection.ro/servlet/ViewDocument?id=1080（https：//perma.cc/GH56-R74K）工作组是根据《指令》第 29 条设立的，该条要求设立一个由每个成员国代表组成的顾问工作组，以就《指令》的实施来向欧盟委员会提出建议。*Directive 95/46/EC of the European Parliament and of the Council of 24 October 1995 on the Protection of Individuals with Regard to the Processing of Personal Data and on the Free Movement of Such Data*，1995 O.J.（L 281）31（EC），art. 29. 该《准则》将区分对待谷歌链接和《先锋报》原始网站的原因正当化为：

当搜索引擎以个人姓名为基础作为搜索方法时，搜索引擎运营商实施的处理可能会严重影响基本的隐私权和个人数据保护，因为这种处理使得任何互联网用户都会通过结果列表获取一个结构化的概述，这个概述包括了与该人相关的能在互联网上找到的信息——这些信息是与其私生活许许多多方面相关的，如果没有搜索引擎就不会被关联在一起或者进行关联很困难——因而对其建立起或多或少的细节化画像。此外，由于互联网和搜索引擎在现代社会中扮演的重要角色使得上述结果列表中的信息无处不在，干涉这些数据主体权利的影响提升了。**（下转）**

至少潜意识上，欧盟法院理解了谷歌西班牙案的这个问题，因为它最终使用了《指令》逻辑之外的教义方法。最终，欧盟法院平衡了谷歌链接侵犯隐私的严重性与公开链接的公共利益。这是被遗忘权的结构，正如它被包括

（上接）Article 29 Data Prot. Working Party，*GUIDELINES ON THE IMPLEMENTATION OF THE COURT OF JUSTICE OF THE EUROPEAN UNION JUDGMENT ON "GOOGLE SPAIN AND INC. V. AGENCIA ESPANOLA DE PROTECCION DE DATOS AND MARIO COSTEJA GONZALEZ" C-131/12*, para. 4，（2014），http：//www.dataprotection.ro/servlet/ViewDocument?id=1080（https：//perma.cc/GH56-R74K）；该文第 7 段还提到［“原始发表者和搜索引擎各自的法律基础是不同的……即使原始发表者（持续的）发表是合法的，作为搜索引擎客体的信息以及与同一个人相关的其他数据的普遍扩散和易接近性也可能是非法的……”］

工作组正确地观察到，根据数据主体姓名用网络搜索引擎在网上梳理信息，会立刻产生大量完全不同的个人数据，它们以单一方便的形式聚集、被免费散播遍及公共领域。因此，从想要控制其个人数据的数据主体的角度观之，搜索引擎结果构成了对控制的大量减少。

但是工作组的推理与谷歌西班牙案的最终理由形成了鲜明对比。谷歌西班牙案处理的删除只涉及一个链接，这意味着它能隐含地纳入第 7 条的规范，来决定传播格斯蒂亚扣押程序的信息是否比披露该信息所保护的公共利益更“有害”。谷歌西班牙案最终授权决定者来衡量个人对特定信息的隐私利益与该信息中的公共利益。但因为工作组认为法律危害来自数据聚集，而不是任何特定数据指向的内容，因此它没有类似地求诸内容特定的第 7 条规范。因此，工作组的逻辑不可避免地指向了这个结论，即所有基于数据主体姓名的搜索都推定为非法，除非根据《宪章》第 11 条规定，对于接收信息存有某些更高的特别公共利益。这种获取信息的公共利益不依附于特定的信息，而是必须被抽象地和一般地决定。这个结论不仅会从公共领域撤回大量信息，还会使此类信息的流动从属于法院或数据保护机构决定的特别公共利益。这恰恰与新闻逻辑相反，新闻的逻辑是引发和回应民众的真实好奇，并以这种方式表现出自治的逻辑。

工作组的前提是聚集其他公共数据构成了对公平信息实践的严重违反，这与美国最高法院在 *United States v. Reporters Committee for Freedom of the Press*，489 U.S. 749（1989）一案中采用的前提相似。在该案中，法院认为相关隐私权应当阻止《信息自由法案》强迫公开“罪犯档案（rap sheets）”。见该判决书第 752 页。尽管罪犯档案仅收集公开信息，包括一个人的“逮捕、指控、定罪和监禁历史”，但法院仍认为，“在个人隐私方面，一份罪犯档案少量信息的分散公开，与将罪犯档案作为整体公开有所不同……显然，需要经过对法院文件、郡县档案和地方警署进行勤奋搜索才找得到的公开记录，与在一个信息交换场所中进行计算机化的汇总有很大区别”。参见该判决书第 752、764 页。然而，该案并没有提及对已经在公共领域中流通的信息的压制，反而推理出将数据释放到公共领域的标准。

美国在内的许多国家的法院所适用的那样。[①] 这个结构没有转向授权个人“维持”对其个人数据的“信息控制”，[②] 而是寻求识别交流如何引发损害，并识别交流如何对公共商谈做出贡献。

一旦进入这些问题的领域，欧盟法院或许就已经在认为新闻目的豁免暗指了《指令》不适用于谷歌。[③] 在这个条件下，任何可能对格斯蒂亚可访问性

---

① Axel Springer AG v. Germany，App. No. 39954/08，para. 83（Eur. Ct. H.R. Feb. 7，2012），http：//hudoc.echr.coe.int/eng?i=001-109034（https：//perma.cc/64JM-LPNC）；A v. Norway，App. No. 28070/06，para 63（Eur. Ct. H.R. Apr. 9，2009），https：//lovdata.no/staticEMDN/emd-2011-024130.pdf（https：//perma.cc/P5LM-497P）；Robert Kirk Walker，Note，*The Right To Be Forgotten*，64 HASTINGS L.J. 257，270（2012）；*DAVID H. FLAHERTY，PROTECTING PRIVACY IN SURVEILLANCE SOCIETIES：THE FEDERAL REPUBLIC OF GERMANY，SWEDEN，FRANCE，CANADA，AND THE UNITED STATES 180*（*1989*）；*Loi No. 78-17 du 6 janvier 1978 relative à l'informatique，aux fichiers et aux libertés*（*Law 78-17 of January 6，1978 on Information Technology，Data Files and Civil Liberties*），*JOURNAL OFFICIEL DE LA REPUBLIQUE FRANÇAISE*（*J.O.*）（*OFFICIAL GAZETTE OF FRANCE*），Jan. 7，1978，art. 40；FRENCH NAT'L COMM'N ON INFORMATICS & FREEDOMS，*REPORT* 98（1981）；如 *Briscoe v. Reader's Digest Ass'n*，483 P.2d 34，37（Cal. 1971），被 *Gates v. Discovery Commc'ns，Inc.* 否决，101 P.3d 552（Cal. 2004）；*Melvin v. Reid*，297 P. 91，93（Cal. App. 1931）；Franz Werro，“The Right To Inform v. The Right To Be Forgotten：A Transatlantic Clash”，in Aurelia Colombi Ciacchi et al.（eds.），*HAFTUNGSRECHT IM DRITFEN MILLENNIUM：LIABILITY IN THE THIRD MILLENNIUM* 285，285—286（2009）；Steven C. Bennett，“The ‘Right To Be Forgotten’：Reconciling EU and US Perspectives”，30 *BERKELEY J. INT'L L.* 161，169—172（2012）；Ashley Messenger，“What Would a ‘Right To Be Forgotten’ Mean for Media in the United States ？”，*COMM. LAW*，June 2012，at 29，29—30，32—33；Alessandro Mantelero，“The EU Proposal for a General Data Protection Regulation and the Roots of the ‘Right To Be Forgotten’”，29 *COMPUTER L. & SECURITY REV.* 229，229（2013）；Steven M. Lo Cascio，“Forcing Europe to Wear Rose-Colored Google Glass：The ‘Right To Be Forgotten’ and the Struggle To Manage Compliance Post *Google Spain*”，54 *COLUM. J. TRANSNAT'L L.* 296，300（2015）。

② Viktor Mayer-Schönberger，*DELETE：THE VIRTUE OF FORGETTING IN THE DIGITAL AGE* 135（2011）.

③ 至今，《指令》要求的许多公平信息实践事实上都不适用于谷歌。参见 Emmanouil Bougiakiotis，“The Enforcement of the Google Spain Ruling”，24 *INT'L J. L. & INFO. TECH.* 311，316—317（2016）；David Erdos，“From the Scylla of Restriction to the Charybdis of License ？ Exploring the Scope of the ‘Special Purposes’ Freedom of Expression Shield in European Data Protection”，*52 CAP. MKT. L. REV.* 119（2015）. at 12—14（原文如此，疑此注有误。——译者注）。对于《指令》和 GDPR 所命名的“数据的特殊种类”而言，这尤为正确，参见 *Directive*，art. 8；*GDPR*，art. 9，除了某些明确的例外，未经同意不得处理。这些数据包括关于种族或种族血统、政治观点、宗教信仰、性和健康的信息。无论何时搜索引擎产生了**（下转）**

的救济都不得不以《宪章》第7条规定的隐私关注为基础。① 遵循这个逻辑，要求欧盟法院采用一个已经充分发展的被遗忘权版本，这有必要引用欧洲人权法院详细说明的法理。

但欧盟法院决定采用一个不同的路径。它断定，虽然《指令》的工具逻辑仍能够莫名其妙地适用于谷歌，但通过在《指令》狭窄的官僚主义焦点上叠加一个简短和初级的被遗忘权版本，公共领域的完整性依然能得到保护。这导致了一种渊源和原则都模棱两可的观点。谷歌西班牙案的问题是不适当的个人信息处理，还是对可能有害的信息的不恰当交流，这是不清晰的。谷歌西班牙案试图保护的是数据隐私还是尊严隐私，这也是不清晰的。

（二）谷歌西班牙与被遗忘权

问题是，RTBF与被遗忘权无法以这种方式连贯地相结合，因为他们是依据根本上相背离的两种逻辑而建构的。在最基本的层面上，RTBF适用于与被遗忘权不同的分析单元。RTBF聚焦于数据；被遗忘权聚焦于离散的交往行为。从被遗忘权的视角来看，对个人的损害并不来自抽象考虑的个人数据处理，而是来自违反普遍社会风俗习惯的交流行为。同样的信息能以被完美接受的方式表达，也能以令人震惊和有害的方式表达。② 把私人的CT扫描结果

（上接）处理敏感数据的结果，正如他们通常做的那样，他们的操作都被推定为不合法的。Stefan Kulk & Frederik Zuiderveen Borgesius，"Privacy，Freedom of Expression，and the Right To Be Forgotten in Europe"，in Jules Polonetsky，et al.（eds.），*CAMBRIDGE HANDBOOK OF CONSUMER PRIVACY*（forthcoming 2018）（manuscript at 27），https：//papers.ssrn.com/sol3/papers.cfm?abstract-id=2652171（https：//perma.ccT72H-EVG5）"在谷歌西班牙案判决之后，谷歌、数据保护机构和法院已经解决了敏感数据的问题，那就是忽略它。"参见前文，手稿第27—28页。然而，就在不久之前，法国国务委员会（French Conseil d'Etat）已经向欧盟法院提交了一系列谷歌链接显示敏感数据的合法性的基本问题。参 见 DLA Piper，"France's Highest Administrative Court Requests a Preliminary Ruling from the CJEU on the Right To Be Forgotten"，*LEXOLOGY*（Mar. 13，2017），http：//www.lexology.com/library/detail.aspx?g=612b3b77-9e65-42c9-aOlb-eO4Od323afee（https：//perma.cc/6RV5-PSEH）。

① 对于这可能是如何被操作的例子，参见 Sylvia de Mars & Patrick O'Callaghan，"Privacy and Search Engines：Forgetting or Contextualizing"，43 *J.L. & Soc.* 257，270—276（2016）.

② Helen Nissenbaum，*PRIVACY IN CONTEXT：TECHNOLOGY，POLICY，AND THE INTEGRITY OF SOCIAL LIFE* 103—128（2010）；Robert C. Post，"The Social Foundations of Privacy：Community and Self in the Common Law Tort"，77 *CALIF. L. REV.* 957，978—987（1989）.

向公众披露可能是羞辱性的，但是为了诊断而将其提供给医生就不会招致反对。[①] 在被遗忘权的语境中，重要的不是信息的内容，而是特定交往行为的内容和意义。[②]

RTBF 和被遗忘权相应地由不同元素组成。离散的交往行为，对被遗忘权来说是重要的，但与 RTBF 无关。个人数据的处理，对 RTBF 来说是重要的，但对被遗忘权来说并不是决定性的。RTBF 的范围是被确保个人数据的精确性和与收集时特定目的的相关性的管理性需求所定义的。被遗忘权的范围是被离散交往行为情境化的妥当性所定义的。RTBF 遵循的是手段和目的的工具逻辑，而被遗忘权遵循的是社会规范的解释逻辑。对人格的损害与 RTBF 的适用不相关，但对被遗忘权来说是重要的。

RTBF 和被遗忘权是从人类社会性的不同角度发展出来的。前者对社会意义漠不关心，后者转向对社会意义的解释。前者例示了对控制的抽象需求，后者寻求维持厚重的社会惯例和风俗。前者将人类想象成自治的数据操纵者，后者将人类看作社会性建构的并依赖尊重他人的民事规范惯例。前者忽视了公众的合法利益，后者寻求识别和保护这些利益。通过试图把这些视角叠加起来，欧盟法院创设了一个难以理解和辨认的观点。[③]

---

① 参见 *Vassiliades v. Garfinckel's*，*Brooks Bros.*，492 A.2d 580，589—590（D.C. 1985）。

② 这就是为何被遗忘权假定向公众传达信息可能在 T1 时代被接受，但可能在接下来的 T2 时代就是有问题的。尽管所传达的信息内容可能没有改变，但在时间尺度上传达该信息的正当性可能改变了。在 1939 年对《侵权法重述（第一版）》（*AM. LAW. INST.* 1939）的评论中，时间的重要性变得明晰了，它认为，在 T1 时代的人们被认为是"合法公共利益的客体"，因为"出版商有特权不得不满足公众对其领袖、英雄、恶棍和受害人的好奇心"，也许，当"他们已经恢复到庞大社会所带来的合法的、不令人兴奋的生活中"时，就不再会成为合法公共利益的客体。参见前书，§ 867 cmt. c. 正如一个法院所说："对公共利益事件的公众监视的宽度，有时效性和相关性的边界。"*Toffoloni v. LFP Publ'g Grp.*，534 F.3d 1201，1210（11th Cir. 2009）.

③ 参见 EUROPEAN UNION COMM.，*2D REPORT*，*EU DATA PROTECTION LAW*：*A" RIGHT TO BE FORGOTTEN"*？2014—2015，HL-40，¶ 62（UK），at 21（其中提到：谷歌西班牙案创设的被遗忘权"像它误导性的名字一样难以捉摸"）。

虽然欧盟法院依据《指令》的长篇大论似乎已经误导了许多评释人，①不过我们可以假设谷歌西班牙案最终有转向某种形式的被遗忘权的倾向。最后欧盟法院断定，谷歌链接所引发的隐私损害必须与维持链接的公共利益相平衡。在这个假设中，最引人注目的是，欧盟法院对这个平衡问题初步的描述，与可能在欧洲人权法院判例中找到的对此平衡问题相对精细的阐释之间惊人的对比。②后者应当被恰当地适用于谷歌西班牙案中，因为《宪章》第 7 条直接援引了《公约》第 8 条。因此，在最小限度内，我们可以推断出，欧盟法院没有完全意识到第 7 条与其推理的相关性。③

我们必须承认，欧盟法院以自己的方式既认识到了特定交流引发的隐私损害，也认识到了允许该交流所包含的公共利益，这是构成欧洲人权法院通向被遗忘权途径的两个重要因素。这两个因素也是美国法院遵循的法理核心。因此，有影响力的《侵权法重述（第二版）》（以下简称《重述》）规定：

---

① 参见 Jeffrey Abramson，“Searching for Reputation：Reconciling Free Speech and the ‘Right To Be Forgotten’ ”，17 *N.C. J.L. & TECH.* 1，46 n.249（2015）; Sylvia de Mars & Patrick O'Callaghan，“Privacy and Search Engines：Forgetting or Contextualizing”，43 *J.L. & Soc.* 257，260（2016）; “Internet Law-Protection of Personal Data- Court of Justice of the European Union Creates Presumption That Google Must Remove Links to Personal Data Upon Request”，128 *HARV. L. REV.* 735，739（2014）（“该判决是对《指令》文本的合理翻译，十分支持其中显示的隐私价值。”）; 参见 *Google Spain*，para. 124 以及相关文献。

② 例如，参见以下案例 *Fürst-Pfeifer v. Austria*，App. Nos. 33677/10，52340/10（Eur. Ct. H.R. May 17，2016），http：//hudoc.echr.coe.int/eng?i=001-162864（https：//perma.cc/MCM6-VU36）; *Satakunnan Markkinapdrssi Oy & Satamedia Oy v. Finland*，App. No. 931/13（Eur. Ct. H.R. July 21，2015），http：//hudoc.echr.coe.int/eng?i=001-156272（https：//perma.cc/P9JC-ZPE9）; *Axel Springer AG v. Germany*，App. No. 39954/08（Eur. Ct. H.R. Feb. 7，2012），http：// hudoc.echr.coe.int/eng?i=001-109034（https：//perma.cc/7F37-MUYA）; Eleni Frantziou，“Further Developments in the Right To Be Forgotten：The European Court of Justice's Judgment in Case C- 131/12，*Google Spain*，*SL*，*Google Inc. v. Agencia Espanola de Proteccion de Datos*”，14 *HUM. RTS. L. REV.* 761，772—775（2014）; Stefan Kulk & Frederik Zuiderveen Borgesius，“Freedom of Expression and 'Right To Be Forgotten' Cases in the Netherlands After Google Spain”，1 *EUR. DATA PROT. L. REV.* 113，123（2015）。

③ Stefan Kulk & Frederik Zuiderveen Borgesius，“Privacy，Freedom of Expression，and the Right To Be Forgotten in Europe”，in Jules Polonetsky，et al.（eds.），*CAMBRIDGE HANDBOOK OF CONSUMER PRIVACY*（forthcoming 2018）（manuscript at 21），https：//papers.ssrn.com/sol3/papers.cfm?abstract-id=2652171（https：//perma.ccT72H-EVG5）[“（谷歌西班牙案）主要援引了《数据保护指令》，对欧洲人权法院平衡隐私与言论自由的大量判例法没有关注”].

当某人公开涉及他人私人生活的事件时，如果该被公开的事件属于下列类型，则要承担侵犯隐私的责任：

（a）对一个合理的人是十分冒犯的，并且

（b）不在公众合理关心的范围之内。①

根据《重述》，所有美国法院在权衡（wrestling with）被遗忘权时，会同时评估交流的冒犯性与对公共商谈的贡献。

当交流具有冒犯性并威胁到隐私时，良好社会化的人们拥有或多或少的直觉，因为他们已经使评价此事的社会规范内在化了。②但法院应当如何决定交流是否“在公众合理关心的范围内”，这在方法论上是令人困惑的。美国法院已经通过考察相关交流的“新闻价值”方面来解释“在公众合理关心范围内”的标准，来寻求改变这个谜题。③

“新闻价值”标准援引了本文第二部分所讨论的历史。美国新闻的故事是：大众成功地获取了追随其好奇心的自由，而不是维持在精英指导的监护之下。它也援引了新闻在维护民主公共领域方面的重要性，不是因为任何特定文章的内容，而是因为这样的新闻激发和维持了共同文本中的广泛大众利益。④这些共鸣使“新闻价值”的标准是如此广泛和模糊，以至于它常常仅意味着回答什么是被那些发表冒犯性言论的媒体所决定的公众纯粹的

---

① *RESTATEMENT*（*SECOND*）*OF TORTS* § 652D（*AM. LAW INST.* 1965）.

② Robert C. Post，“The Social Foundations of Privacy：Community and Self in the Common Law Tort”，77 *CALIF. L. REV.* 957，962—964（1989）.

③ *Judge v. Saltz Plastic Surgery*，*P.C.*，367 P.3d 1006，1012—1013（Utah 2016）；*Shulman v. Grp. W Prods.*，*Inc.*，955 P.2d 469，478—479（Cal. 1998）；*Crump v. Beckley Newspapers*，*Inc.*，320 S.E.2d 70，83（W. Va. 1983）.

④ 美国法上“正当的公众关注（legitimate public concern）”这一概念长期是模糊的，有时是指公众作为见多识广的民主市民应当知道的，有时指的是公众事实上想要知道的，有时指的又是构成了公众的广泛流传的信息。Robert C. Post，“The Constitutional Concept of Public Discourse：Outrageous Opinion，Democratic Deliberation，and Hustler Magazine v. Falwell”，103 *HARV. L. REV.* 601，667—678（1990）.

好奇心。[①] 美国法院在定义新闻价值时，通常“相当尊重记者和编辑”。[②]

从这个视角来看，“新闻价值”标准开始接近这样一个明确的判断，即不论报纸是否在公众合理关心范围内发表并因此免责。[③] 但美国法院从未完全放

---

① “法院已经承认公众好奇是一个神秘事物，常常对最不值得关注之事投以最大的关注。” Louis Nizer，“The Right of Privacy：A Half Century's Developments”，39 *MICH. L. REV.* 526，540（1941）. 美国法院在作出涉及公共领域内交流的真实价值的判决时很谨慎，认为“对于保护（言论自由）的基本权利来说，知会（informing）和消遣（entertaining）之间的界限太模糊了”。每个人都很熟悉通过虚构之事做宣传的事例。甲之消遣，乙之教训。*Winters v. New York*，333 U.S. 507，510（1948）. 法院拒绝认定何种交流承载了公共利益，宣称：

在我们的政府系统下，有着最广泛的多元化品位和思想。什么是好的文学作品，什么有教育价值，什么提炼了公共信息，什么是好的艺术，每代人的答案都不同，每个人的回答也都不同……文学或艺术要符合某种由我们体系之外的官方品位或意识形态规定的规范的要求……以供给竞争数量之大，公众自会挑选。对某个人来说拙劣的作品，对其他人来说可能具有短暂的甚至是长久的价值。

Hannegan v. Esquire，Inc.，327 U.S. 146，157—58（1946）. 对于通过撰写新闻来唤起人们的兴趣并吸引读者“遐想”的伟大美国传统，参见 Michael Schudson，*DISCOVERING THE NEWS：A SOCIAL HISTORY OF AMERICAN NEWSPAPERS* 27（1978）; George H. Mead，“The Nature of the Aesthetic Experience”，36 *INT'L J. ETHICS* 382，390（1926）。在新闻价值的法律标准方面，第三巡回法庭的 Hastie 法官得出了至今最严密和雄辩的结论：

为了当下的目的，需要将新闻定义为包括不超过最近的事件，如在公共经验中可能承载公共利益的。对于新闻的言辞和图片上的发表，显然信息与消遣并非互斥的类别。今天，出现在报纸和新闻杂志上的大部分事物都并非因为其所携带信息的重要性或价值而被发表或阅读。有些读者被令人震惊的新闻所吸引。有些读者对新闻中的性感兴趣。还有些读者会享受具有不和谐或讽刺性内容的新闻。许多新闻都在以不同形式使人发笑，因而对许多人来说特别感兴趣。如果不以某种消遣价值为基础发布大量新闻，很少有报纸或新闻杂志能够长期存活。这可能是对我们文明的令人困扰的评论，但这也是法院塑造新法律概念时必须考虑的社会现实图景。简言之，一旦某事件中的人物被确定为新闻，那么法院区分新闻是为了消息还是为了消遣进而确定享有特权的那种发表的程度，这种方法既不可行也不可取（略去内部引文）。

Jenkins v. Dell Pub. Co.，251 F.2d 447，451（3d Cir. 1958）. 相比于谷歌西班牙案及工作组的准则中自上而下确定公共利益的模糊性，它不能更清晰了。

② *Shulman v. Grp. W Prods.，Inc.*，955 P.2d at 485；参见 Diane Zimmerman，“Requiem for a Heavyweight：A Farewell to Warren and Brandeis's Privacy Tort”，68 *CORNELL L. REV.* 291，350—362（1983）。

③ 参见 Jr. Harry Kalven，“Privacy in Tort Law- Were Warren and Brandeis Wrong？”，31 *L. & CONTEMP. PROBS.* 326，336（1966），有人认为，当报纸不能对公众应该知道什么进行专业判断时，判决是毫无根据的，关于这个精心论证的观点一般可参见 Ein C. Carroll，“Making News：Balancing Newsworthiness and Privacy in the Age of Algorithms”，*GEO. L.J.*（forthcoming）. 但也可以参见 Robert C. Post，“The Constitutional Concept of Public Discourse：Outrageous Opinion，Democratic Deliberation，and Hustler Magazine v. Falwell”，103 *HARV. L. REV.* 667—678（1990）。

弃“品鉴”和“判断”大量公众好奇心的权力：

> “‘新闻价值’术语是一个意指有广泛公共兴趣的事实的描述性表达吗？还是一个意指公开是值得称赞的贡献、公众的兴趣是值得赞扬的价值性表达呢？”走向任何一个极端都会带来糟糕的后果。如果“新闻价值”完全是描述性的——如果所有卖报纸或促进收听率的报道范围都被认为是有新闻价值的——它看上去就会吞噬公开隐私事实的侵权，因为“很难想象发行商会有报道几乎没有利益的事件的习惯。”而另一个极端，如果新闻价值被看作纯粹的规范性概念，法院将变成一个无法被接受的新闻编辑和公众品位的自封的守门人……
>
> 对新闻价值的分析涉及法院某种程度上要进行公开的“社会价值”的规范性考量。①

因为美国法庭缺少评判公众应当对什么信息感兴趣的权力，他们转而通过混合新闻价值标准和冒犯性标准来掩饰对“公开的‘社会价值’”的评判。②用《侵权法重述（第二版）》的话来说：

> 在决定什么是合理公众利益时，必须要考虑到社会风俗和惯例；最后要分析它成为社会习俗的正当性。其界限是：公开不再是输出公众有权利获取

---

① *Shulman v. Grp. W Prods.*, *Inc.*, 955 P.2d at 481，483—84（citation omitted）. 因为第一修正案的关系，*Shulman* 一案之后修改为“至少在发表者从司法程序的公开官方记录（例如，未经密封）中获取的信息方面”，参见 *Gates v. Discovery Commc'ns*，101 P.3d 552，554—555（Cal. 2004）. 对于新闻价值判断潜在的规范性假设，参见 Daniel J. Solove，“The Virtues of Knowing Less：Justifying Privacy Protections Against Disclosure”，53 *DUKE L.J.* 967，1025（2003）。

② 冒犯性和新闻价值性，这两项标准是相关联的。个人，更恰当地说可能是社会，披露没有社会利益的亲密私人事件是最受冒犯的，这超过了穿越围绕陌生人的隐私之墙所得的窥私之兴奋，参见 *Haynes v. Alfred A. Knopf*，*Inc.*，8 F.3d 1222，1232（7th Cir. 1993）。相比之下，第 29 条数据保护工作组的推理抛弃了损害的所有规范概念，寻求仅依靠数据主体对个人数据广泛地失去“控制”以及对合法公共利益的官方测定。参见 Article 29 Data Prot. Working Party，*GUIDELINES ON THE IMPLEMENTATION OF THE COURT OF JUSTICE OF THE EUROPEAN UNION JUDGMENT ON“ GOOGLE SPAIN AND INC. V. AGENCIA ESPANOLA DE PROTECCION DE DATOS AND MARIO COSTEJA GONZALEZ” C-131/12*，paras. 4，7（2014），http：//www.dataprotection.ro/servlet/ViewDocument?id=1080（https：//perma.cc/GH56-R74K）。

的信息，而是成为纯粹为了自己的理由而对私人生活病态和耸人听闻的刺探，而公众中通情达理的成员以正派的标准视之，会说他对此并不关心。换言之，这些限制是普遍的礼仪，要适当地考虑到言论自由以及合理的余地来决定告诉公众什么，但也要适当地考虑到个人的感受以及披露会对他造成的损害。①

美国的被遗忘权和其他法律体系中的被遗忘权的区别在于，美国法院在支持允许公开方面采用一种非常强的推定。美国的独特之处在于它是一个异质的、分裂的国家，② 与它的政府永久不和。③ 它的法律极端保护公共商谈，是希望不受限制的公共讨论能使得脆弱的国家在一个精英力量弱小的多元化社

---

① *RESTATEMENT（SECOND）OF TORTS* § 652D cmt. h（AM. LAW INST. 1977）. 典型的司法构想是：

在决定一项特别事件是否“有新闻价值”进而决定其真实公开是否受到特权免责保护时，法院考虑许多因素，包括公开事实的社会价值、文章侵扰明显私人事务的深度以及当事人对获取公共恶名的自愿程度。

Kapellas v. Kofman，540 P.2d 912，922（Cal. 1969）.

② 在像美国这样多元化的国家，“什么是公开即冒犯的‘隐私’可能在不同社区间、代际间、种族、宗教和其他社会团体间以及个人间都不尽相同。同样地，一名读者或浏览者眼中的‘新闻’是其他人眼中的单调或琐事。” *Anderson v. Fisher Broad. Cos.*，712 P.2d 803，809（Or. 1986）.

③ 在美国异质性的含义之一是：我们的公共领域是对应当界定隐私的恰当规范的不断竞争的场所。住在公馆和公寓中的人对这个问题有不同的回答，参见 Richard Grant White，“The Pest of the Period：A Chapter of the Morals and Manners of Journalism”，9 *THE GALAXY：AN ILLUSTRATED MAGAZINE OF ENTERTAINING READING*（1870）；Charles Dudley Warner，“Newspapers and the Public”，9 *FORUM* 198（1890）；W.D. Howells，*CRITICISM AND FICTION AND OTHER ESSAYS*（Clara Marburg Kirk & Rudolf Kirk eds.，1959）；Helen MacGill Hughes，“Human Interest Stories and Democracy”，1 *PUB. OPINION Q.* 73（1937）；E. L. Godkin，“The Rights of the Citizen. IV.——To His Own Reputation”，8 *SCRIBNER'S MAGAZINE* 58（1890）等相关文献，因此美国法院已经倾向于将我们的第一修正案解释为在这个“社会市场”中要求中立。Robert C. Post，“The Constitutional Concept of Public Discourse：Outrageous Opinion，Democratic Deliberation，and Hustler Magazine v. Falwell”，103 *HARV. L. REV.* 601，632（1990）. 有时，欧洲的法院在支持言论自由时，也会采用这种多元论习语。如参见 *Kaperzyfiski v. Poland*，App. No. 43206/07（Eur. Ct. H.R. Apr. 3，2012），http：//hudoc.echr.coe.int/eng?i=001-110171（https：//perma.cc/M3CW-77AF）。但是大部分欧洲的法院在让公共领域服从于他们认为权威有效的社会规范时，面临的困难更少。如参见以下案例，*Aleksey Ovchinnikov v. Russia*，App. No. 24061/04，para. 50（Eur. Ct. H.R.Dec. 16，2010），http：//hudoc.echr.coe.int/eng?i=001-102322（https：//perma.cc/8WMX-4R5V）；*Von Hannover v. Germany*，2004-VI Eur. Ct. H.R. paras. 41，70；*A&B v. Ediciones El Pais SL*，*S.T.S.*，Oct. 15，2015（R.J.，No. 545，6）（Spain）。

会中合法化。[①]

因为美国法院缺少稳健的权力来决定什么构成了对公共商谈的“合理”贡献、什么构成了对大众施加精英价值，所以他们典型地将“真相的自由传播和新闻的不受阻碍获取中的公共利益”视为“定义是如此的宽泛、困难，限定是如此的危险”以致他们“不愿将确实准确的公开披露……判决为侵权，除非该披露很明显缺乏任何值得赞同的公共利益，并且它对普通人感情的侵犯也同样明显。”[②]在美国，被遗忘权足以成为一项很大程度上被缩减的侵权，[③]只有在被测定为公开极其具备冒犯性的“极端案例”[④]中才会表现出来。[⑤]甚至

① Robert C. Post, *The Social Foundations of Privacy: Community and Self in the Common Law Tort*, 77 CALIF. L. REV. 957, 989—990 (1989).

② *Jenkins v. Dell Pub. Co.*, 251 F.2d 447, 450 (3d Cir. 1958).

③ Samantha Barbas, “The Death of the Public Disclosure Tort: A HistoricalPerspective”, 22 *YALE J.L. & HUM.* 171, 172—173 (2010); Linda N. Woito & Patrick McNulty, “The Privacy Disclosure Tort and the First Amendment: Should the Community Decide Newsworthiness”, 64 *IOWA L. REV.* 185, 186 (1979). 美国报纸“可能比世界上任何地方都要更自由地侵入个人隐私”。Samantha Barbas, “The Sidis Case and the Origins of Modern Privacy Law”, 36 *COLUM. J.L. & ARTS* 21, 22 (2012); Neil Richards, “The Limits of Tort Privacy”, *9 J. TELECOMM. & HIGH TECH. L.* 357, 378—379, 382 (2011). 但也见 Amy Gajda, “Judging Journalism: The Turn Towards Privacy and Judicial Regulation of the Press”, 97 *CALIF. L. REV.* 1039, 1041—1042 (2009)(意在寻找让记者负责的现代趋势)。

④ *Shulman v. Grp. W. Prods., Inc.*, 955 P.2d 469, 485 (Cal. 1998); 参见 Steven C. Bennett, “The ‘Right To Be Forgotten’: Reconciling EU and US Perspectives”, 30 *BERKELEY J. INT’L L.* 161, 171 (2012)。

⑤ 因此，如在最近的和广为人知的案例 *Bollea v. Gawker*, 913 F. Supp. 2d 1325 (M.D. Fla.2012) 中，职业摔跤手 Hulk Hogan 起诉隐私侵权，因为 Gawker 播放了他与朋友之妻的性爱录像，参见该案中的起诉书 (No. 12012447-CI-011)，一个主要的被告证人被迫承认该事件的要素不具有新闻价值。参见 Letitia Stein, “Gawker Editor Admits Limit to News Value at Hulk Hogan Sex-Tape Trial”, *REUTERS* (Mar. 14, 2016), http: //www.reuters.com/article/us-people-hulkhogan-idUSKCNOWG1A5 (https: // perma.cc/C47A-J5E2)。约 1.4 亿美元的最终判决让 Gawker 陷入破产。参见 Paul Farhi, “Gawker Files for Chapter 11 Bankruptcy Protection”, *WASH. POST* (June 10, 2016), https: //www.washingtonpost.com/lifestyle/style/gawker-files-for-chapter-11-bankruptcy-protection/201606/10/45ef7420-2f2e- 11e69b37-42985f6a265c-story.htm (https: /perma.ccfHML7-JC25); Nick Madigan, “Jury Tacks on $25 Million to Gawker's Bill in Hulk Hogan Case”, *N.Y. TIMES* (Mar. 21, 2016), http: //www.nytimes.com/2016/03/22/business/media/hulk-hogan-damages-25-million-gawker-case.html?_r=0 (https: //perma.cc/X3ZH-9E97); Peter Sterne, “Jury Awards Hulk Hogan $115 Million as Gawker Looks To Appeal”, *POLITICO* (Mar. 18, 2016), http: //www.politico.com/media/story/2016/03/jury-awards-hulk-hogan-115-million-as-gawker-looks-to-appeal-004433 (https: //perma.cc/7WGQ-QLDC)。

这种侵权类型都不可能在现行宪法第一修正案的教条下幸存。①

其他法律体系对隐私和公共商谈自由之间的平衡进行了不同构建。他们对公众的好奇心更不尊重，②但对隐私的价值更为同情。③现在我的关注点不是对这个平衡问题决定一个单一的、正确的解决方式。我反而是在努力探索如果欧盟法院已经承诺对格斯蒂亚的隐私利益和公共商谈的价值进行平衡，被遗忘权所假设的规范逻辑应当如何适用于谷歌西班牙案。我很感兴趣的是，如果没有被 RTBF 和被遗忘权之间模棱两可的联系所绊倒的话，谷歌西班牙案要如何解释被遗忘权？

与 RTBF 不同，被遗忘权严格地适用于交往行为，而谷歌西班牙案争议

① 参见 *Gates v. Discovery Comm'ns*，101 P.3d 552，554—555（Cal. 2004）。但也可见 *Wolfe v. Schaefer*，619 F.3d 782，785—786（7th Cir. 2010）；Amy Gajda，"The Present of Newsworthiness"，50 *N.E. L. REV.* 145（2016）（147，163）（写到让记者负责的现代法理学趋势）；Amy Gajda，"Privacy, Press, and a Right To Be Forgotten in the United States"（May 29，2017）（未发表的手稿，存档于 *Duke Law Journal*）。我应该记录下，美国最高法院对于将第一修正案的限制施加于隐私保护出人意料地谨慎，只有当它出现在"分散的事实环境中"时才会或多或少地解决每个案件。*Florida Star v. B.J.F.*，491 U.S. 524，530（1989）；参见 *Bartnicki v. Vopper*，532 U.S. 514，524—533（2001）；*Smith v. Daily Mail Pub. Co.*，443 U.S. 97，104—105（1979）（认为报纸无须对披露青少年被告的身份负责任，只要该身份已经被"合法取得……除非有必要促进比现在更重要的利益"）；*Cox Broad. Corp. v. Cohn*，420 U.S. 469，491（1975）（"与其解决更广泛的问题，即真实公开是否可能根据第一和第十四修正案成立民事或刑事责任……更恰当的做法是关注这个案件呈现的报纸与隐私间的更狭窄的区域"）。

② 如参见以下案例 *Aleksey Ovchinnikov v. Russia*，App. No. 24061/04，para. 50（Eur. Ct. H.R.Dec. 16，2010），http：//hudoc.echr.coe.int/eng?i=001-102322（https：//perma.cc/8WMX-4R5V）（"法院在这方面重申，如果公开涉及个人隐私生活的细节，且唯一目的是满足特定读者的好奇心，则在这些案件中，个人有效保护其隐私生活的权利优先于记者的言论自由。因此，法院必须确定申请人撰写的文章是否对社会一般利益的讨论做出了贡献。"）；*Von Hannover v. Germany*，2004-VI Eur. Ct. H.R. paras. 41，70（"法院认为，涉诉照片和文章的公开，唯一的目的是满足特定读者对申请人隐私生活的好奇心，尽管申请人已经为公众所知，但不能被认作对社会一般利益的讨论做出了任何贡献"）；*A&B v. Ediciones El País SL*，*S.T.S.*，Oct. 15，2015（R.J.，No. 545，6）（Spain）（区分了被公共利益正当化的好奇与被流言蜚语、邪恶发言所引起的好奇）。

③ 参见 *Biriuk v. Lithuania*，App No. 23373/03，para. 38（Eur. Ct. H.R. Nov. 25，2008），http：//hudoc.echr.coe.int/eng?i=001-89827（https：//perma.cc/G7LL-3735）；*Tammer v. Estonia*，2001-I Eur. Ct. H.R. paras. 263，280—281。欧洲法院对在言论自由和尊严、隐私之间进行平衡的信心，参见 Jr. Ronald J. Krotoszynski，"Reconciling Privacy and Speech in the Era of Big Data：A Comparative Analysis"，56 *WM. & MARY L. REV.* 1279，1314—1326（2015）。

的交往行为是《先锋报》网站的链接。因此，在最简单的层次上，欧盟法院首先应当问的是谷歌链接的公开是不是有害的和冒犯性的。如果对这个问题的回答是肯定的，那么接下来要问的是，谷歌链接是不是在公众合理关心的范围内。这是一个对被遗忘权所涉问题十分直截了当的构想，但是足以说明第一个问题是难以被理解的。谷歌追求的是使所有网站都能被每个读者访问。因此任何特定链接都脱离了叙述属性，即人文意义，这使得它既不具有冒犯性或非冒犯性。① 说谷歌链接冒犯了谁，就好像是在说，真空吸尘器因扫出丢失的耳环而激怒了什么人。

第二个问题看上去同样愚蠢。新闻价值是被"社会风俗和惯例"所决定的，而谷歌链接在这方面似乎是空白的。② 与一张指向病态和耸人听闻的小说的图书馆索引卡片相比，谷歌链接"病态和耸人听闻"的程度并非不如或更甚。如果谷歌链接在公众合理关心的范围内，那是因为谷歌搜索引擎的系统性特征，正如媒体或报纸将新闻带给同时代的读者。

相比之下，适用于《先锋报》网站就没有这样的难题，因为其所包含的文章的妥当性和新闻价值能够以传统方式被评估。对于网站持续公开已被披露的十多年前格斯蒂亚的扣押程序公告的行为，询问网站是否侵犯了妥当性是可以理解的。询问《先锋报》涉及的内容是否如今仍有新闻价值或者在公众合理关心范围内，也是可以理解的。我们也许对这些问题的答案不同，但至少我们对这些问题意味着什么有某些共识。

社会规范逻辑因而指向了根据《先锋报》网站的妥当性来评估谷歌链接的合法性。③ 法定尊严损害的主要来源是《先锋报》网站，因此法律应当主要

---

① 在响应谷歌搜索的链接的顺序方面，可能存在一个例外。顺序可能带有叙述性意义，因为出现在搜索结果顶部附近的项目可能会被视为更重要。如果谷歌散播的是图片而非文本，那么我在文本中推进的逻辑可能也不适用。图片可能比链接具有更深刻的叙述意义。

② 同样，这种推理不适用于谷歌散播图片的例子，它不同于只有链接的情况。

③ *Google Spain*，paras. 82—83；参见 Juliane Kokott & Christoph Sobotta，The Distinction Between Privacy and Data Protection in the Jurisprudence of the ECJ and the EctHR"，in Hielke Hijmans & Herke Kraneborg（eds.），*DATA PROTECTION ANNO 2014：HOW TO RESTORE TRUST?：CONTRIBUTIONS IN HONOUR OF PETER HUSTINX* 90，93（2014）（"任何对隐私权的潜在侵害都不源于谷歌的服务，而是源于报纸对信息的公开"）。

聚焦于该网站。[①]如果发现网站违反了被遗忘权，救济措施可能包括匿名化。[②]这看上去是比利时最高法院（Belgium Court of Cassation）处理的方法，它在2016年4月判决RTBF要求被数字化和在线化的《晚报》档案中的文章应当匿名化。[③]救济措施还可能包括强制使用机器人排除标准，以阻止搜索引擎索引到某网站。因此，西班牙最高法院要求西班牙的国家级报纸使用这种标准，来阻止在线搜索引擎索引到一篇讨论两个人在20世纪80年代参与毒品犯罪的文章，实施了谷歌西班牙案所确立的RTBF。[④]

如果发现《先锋报》网站没有违反被遗忘权，我们应当问的是，谷歌对该网站的链接是否仍然可能独立地侵犯了被遗忘权。谷歌西班牙案看上去采

---

① 因此，作为谷歌西班牙案的结果，欧洲数据保护机构"与欧洲理事会一样建议将该来源作为实践中有用的第一步进行处理"。Aleksandra Kuczerawy & Jef Ausloos，"From Notice-and-Takedown to Notice-and-Delist：Implementing *Google Spain*"，14 *COL. TECH. L.J.* 219，237（2016）；Meg Leta Jones，*CTRL+Z：THE RIGHT To BE FORGOTTEN* 96（2016）and Aurelia Tamò & Damian George，"Oblivion，Erasure and Forgetting in the Digital Age"，5 *J. INTELL. PROP. INFO. TECH. & ELECTRONIC COM. L.* 151—152（2014），https：//www.jipitec.eu/issues/jipitec-5-2-2014/3997/oblivion%2C%20erasure%20and%20forgetting%20in %20the%20digital%20age.pdf（https：//perma.cc/3QPS-AG2X）.

② 如参见 *Briscoe v. Reader's Digest Ass/n*，483 P.2d 34，41（Cal. 1971）。

③ Hugh Tomlinson，"Case Law，Belgium：*Olivier G v Le Soir.* 'Right To Be Forgotten' Requires Anonymisation of Online Newspaper Archive"，*INFORRM'S BLOG*，https：//inforrm.wordpress.com/2016/07/19/case-law-begium-olivier-g-v-1e-soir-right-to-be-forgotten-requiresanonymisation-of-online-newspaper-archive-hugh-tomlinson-qc（https：//perma.cc/ MH9AVQAW）. 我使用RTBF这个词而不是"被遗忘权"，因为该案是根据《宪章》第8条决定的。这具有非常令人困扰的影响。虽然《指令》和GDPR都包含新闻目的的例外情况，但第8条不包含这种豁免。这清楚地说明了被遗忘权与RTBF之间的差别。因为RTBF适用于数据处理，因此它同样包含报纸文件系统和报纸数字出版物。但是因为社会规范逻辑适用于交流而不是信息，被遗忘权只适用于报纸交流。第8条公平信息实践可能适用于报纸文件系统，这种可能性真是很可怕的。

④ *A&B v. Ediciones El País SL*，*S.T.S.*，Oct. 15，2015（R.J.，No. 545）（Spain）；参见 Phaedra II，*THE SPANISH SUPREME COURT REQUIRES THE SCOPE OF THE "RIGHT TO OBLIVION" AGAINST THE MEDIA*（2015），http：//www.phaedra-project.eulwp-content/uploads/PHAEDRA-IISP AEPDRight-to-be-forgotten UJI November2015.pdf［https：//perma.cc/W7SQ-5VQ3］；Hugh Tomlinson，"Case Law，Spain：*A and B v Ediciones El Pafs*，Newspaper Archive To Be Hidden from Internet Searches but No 'Re-Writing of History' "，*INFORRM'S BLOG*，https：//inforrm.wordpress.com/ 2015/11/19/case-law-spain-a-and-b-v-ediciones-el-paisnewspaper-archive-to-be-hidden-from-internet-searches-but-no-re-writing-f-histry-hughtomlinson-qc（https：//perma.cc/6U4K-Y2BU）.《国家报》（*EL PAíS*）不需要从自己的内部存档中删除文章，也不需要从他们自己网站的内部搜索引擎中取消索引。

用了这一观点。它这样做是因为谷歌链接使得“任何网络用户在搜索他们感兴趣的人时”访问基础网站“更容易,”并且它因此“可能在信息传播中发挥决定性作用”并“发挥着比公开网页更重要的侵犯数据主体基本隐私权利的作用。”①

欧盟法院认为，本质上，因为谷歌链接更广泛地传播了《先锋报》网站，所以格斯蒂亚受到了更严重的损害。但只有当我们假设《先锋报》网站自身施加了法律上可辨认的尊严损害，这种逻辑才行得通，而这种假设与我们的初始假设相背离。毫无疑问如果《先锋报》网站施加了法律上可辨认的损害，我们减少谷歌造成的传播就是正当的，虽然完全和完整的救济方式应当适用于网站自身。但如果我们假设网站没有独立施加法律上可辨认的损害，要求谷歌从列表中移除它进而减少其传播就没有正当理由。②

此外，在社会规范逻辑下，发现谷歌独立于《先锋报》网站而侵犯被遗忘权是十分不可能的。谷歌链接和《先锋报》网站包含了同样的信息。每一方都将信息提供给了构成网络环境中公众的“不特定数量的人”。③公众对二者的关心程度都是恰好相同的。谷歌链接的空白意味着它总是会假设网站的

---

① *Google Spain*，*supra* note 12，para. 87.

② 也许有人说谷歌链接使得《先锋报》网站符合了《侵权法重述（第二版）》的“公开”条件。*RESTATEMENT*（*SECOND*）*OF TORTS* § 652D cmt. h（*AM. LAW INST.* 1977）. 与更古老的诽谤诋毁侵权（torts of libel and slander）不同，为了回应大众媒体的侵扰，侵犯隐私权的侵权（至少在美国）得到了发展。因此，只有当某人隐私事实进行“公开”时，才会产生侵权责任。如果隐私信息只被传达给少数人，则不承担任何责任。对公开要求的最佳解释是，法律旨在公共领域中强化文明，而不损害私人领域的自发和情感交流特征。参见 Robert C. Post，“The Social Foundations of Privacy：Community and Self in the Common Law Tort”，77 *CALIF. L. REV.* 957，987—995（1989）（讨论了公开要求和适用它的案例）。有人可能认为，尽管谷歌链接“公开”了一个网站，但《先锋报》网站本身不能“公开”关于格斯蒂亚的个人数据。从这个观点来看，谷歌可能被要求删除《先锋报》的网站链接，但《先锋报》网站不需要从互联网上被删除。然而，这个论点的困难在于，毫无疑问，在当前对侵权的理解之下，《先锋报》网站已经对格斯蒂亚的个人数据进行了“公开”。它是向公共领域发布的，就像谷歌在向公共领域一样发布。此外，使用“公开要求”来区分谷歌和《先锋报》网站并没有达到要求的基本规范目的。我们无法期待，将《先锋报》与侵权责任的范围进行隔离后，还能保留自发和情感交流的领域。

③ Case C-101/01，Criminal Proceedings Against Bodil Lindqvist，2003 E.C.R. 1-12971 to I- 13014，para. 47（2003）.

规范性色彩就是它所表明的那样。如果将谷歌链接与一个不恰当的言论相关联，要想使这种观点哪怕行得通一点，都必须对《先锋报》网站一并同样看待。

社会规范的逻辑因而表明，谷歌西班牙案被误导了，它寻求拆分谷歌链接与《先锋报》网站。如果后者违反了被遗忘权，最简洁适当的救济方法就是解决网站本身。[①] 但如果《先锋报》网站没有违反被遗忘权，谷歌链接就不应当有责任，它是否扩大了《先锋报》网站的传播也并不重要。如果认为谷歌链接具有新闻价值且不具有冒犯性，那么其广泛传播是不相关的，应当像认为《先锋报》网站具有新闻价值且不具有冒犯性时一样。

欧盟法院分离谷歌链接和《先锋报》网站的努力引发了重要和招致麻烦的后果。作为谷歌西班牙案的结果，公众成员仍然可以了解格斯蒂亚发生了什么，但他们必须支付更为昂贵的代价去了解。尽管公众成员不再搜索格斯蒂亚的姓名，但如果他们搜索公众记录，或创造性地设计了不必适用姓名的谷歌搜索的新形式，或检视《先锋报》档案已出版的副本，就仍然可以了解他的扣押程序。[②] 所有的这些都花费了额外的时间和金钱。

因而，谷歌西班牙案创设的结构将信息的分配倾斜向了有能力花费资源获取信息的人。[③] 毫无疑问，这对倡导开放和平等获取信息的社会来说，是一个奇怪的后果。[④] 法律体系决定某种信息不应当被公开获取是一回事儿，故意创造一个

---

① 当然，对原始网站进行匿名化也许比单纯删除它具有更强烈的信息影响，但这只会使得删除决定的风险更加表面化，因为“如果从搜索结果中隐藏或删除特定搜索结果，最多与删除原始内容具有同样效果。”“Letter from Gerald Leitner，Secretary-General of International Federation of Library Associations and Institutions，on Application of Right To Be Forgotten Rulings：The Library Viewpoint”（Oct. 24，2016），http：//www.ifla.org/files/assets/faife/statements/161024_ifla_on _rtbf_case_in_france.pdf（https：//perma.cc/AY2A-UQHA）.

② David Hoffman，et al.，“The Right to Obscurity：How We Can Implement the *Google Spain* Decision”，17 *N.C. J.L. & TECH.* 437，458（2016）.（“这个结果……与其说是关于被遗忘权的，更不如说是关于模糊化的。判决的效果是从仅基于姓名的搜索中对信息进行模糊处理……”）。

③ Pablo Salvador Coderch，“Entre Recordar y Olvidar”（In Between Remembering and Forgetting），*EL PAíS*（June 1，2011），http：//elpais.com/diario/2011/06/01/opinion/1306879205_850215.html（https：//perma.cc/36ZF-M3NB）.

④ 参见 *RESOLUTIONS OF THE WHITE HOUSE CONFERENCE ON LIBRARY AND INFORMATION SERVICES* 1979（1980）等文献。

体系使得同样的信息只能被足够富有的人获取是另外一回事儿。[①] 谷歌西班牙案没有将个人数据从公共领域中撤出，而是向想要获取公众领域中数据的人征税。

通过区分谷歌链接和《先锋报》网站的地位，欧盟法院也创造了制度设计上额外的和严重的难题。我往最好的方向理解，欧盟法院认为，它可以通过赋予数据主体要求作为数据控制者的谷歌“更改、删除或锁定违反《指令》条款而处理的数据”的权利，来便宜地实施 RTBF。[②] 欧盟法院显然认为，像谷歌这样庞大而富有的公司，能够负担这样的成本，来创设为解决数十万可预见的 RTBF 请求而必要的程序。[③]

欧盟法院正确地预见了在谷歌面前出现的大多数 RTBF 请求目前都悬而未决。但人们也普遍注意到，实施结构有很大的缺陷，因为它将对言论自由的重要决定权留给了一家不负责任的私人公司去执掌，而私人公司有很强的经济动机在审查时犯错误。[④] 然而，如果谷歌链接的法律地位与它们所指向的

---

① 我想起了阿伯丁的 John Imray 对在英国设立公共图书馆服务的反对意见，理由是它会“通过向下层阶级提供信息而过分地提升其地位，最好让他们不要拥有信息”。W.J. Murison，*THE PUBLIC LIBRARY：ITS ORIGINS，PURPOSE，AND SIGNIFICANCE* 16（3d edn. 1988）.

② *Google Spain*，para. 94. 也参见 Factsheet on the ‘Right To Be Forgotten’ Ruling（C-131/12）(Case C-131/12，*Google Spain SL v. Agencia Española de Protección de Datos*，para. 94）。

③ 谷歌西班牙案创立的系统的结构，在某种程度上类似于《电子商务指令》创造的通知—删除条款。*Council Directive 2000/31EC*，*2000 O.J.*（*L 178*），http：//eur-lex.europa.eu（LexUriServ/LexUriServ.do?uri=CELEX：32000L0031：en：HTML（https：//perma.cc/4NF3-QBJF）；参见 Stefan Kulk & Frederik Zuiderveen Borgesius，“*Google Spain v. Gon7Alez*：Did the Court ForgetAbout Freedom of Expression？”，5 *EUR. J. RISK REG.* 389，492（2014）。

④ Emmanouil Bougiakiotis，“The Enforcement of the Google Spain Ruling”，24 INT'L J. L. & INFO. TECH. 311，322—324（2016）; Steven M. LoCascio，“Forcing Europe to Wear Rose-Colored Google Glass：The ‘Right To Be Forgotten’ and the Struggle To Manage Compliance Post Google Spain”，54 *COLUM. J. TRANSNAT'L L.* 296（2015）; Daphne Keller，“The Final Draft of Europe's ‘Right To Be Forgotten’ Law”，*CTR. FOR INTERNET & SOC'Y*（Dec. 17，2015），http：//cyberlaw.stanford.edulblog/2015/12/final-draft-europes-right-be-forgotten-law（https：//perma.cc/4TVL-EF83）[“不尊重 RTBF 请求的中间人会冒着巨额罚款的风险。无效的 RTBF 请求所针对的‘超过移除的（over-removing）’内容没有法律后果”] 评论员注意到：

法院在该案中的指导太含糊了，以致对何种删除请求应当认可，对何种不应当认可，留下了太多的解释空间。这对公司施加了很重的责任，受判决影响的公司要在一个人的隐私权和其他人接收和传递信息的权利之间进行谨慎而困难的平衡。公司面临着成本最小化和收益最大化的压力，有强劲动力去适应那么多请求、删除那么多链接，而不是承担昂贵且有风险的法律诉讼和法律挑战。（**下转**）

网站相关联，恰当的救济方法应当被理解为主要用于解决这些网站，以这种方式将 RTBF 的实施私有化是没有正当性的。这是因为只有一个公共法律系统才能拥有关闭或调整原始网站的必要权利。①

毫无疑问，谷歌西班牙案成功地塑造了为了控制网络信息传播的有力和有效的工具。通过将搜索引擎的目标设置为这种传播的途径，欧盟法院创造了一种便宜而广泛的方法来抑制个人数据的流动。但尚不明确的是，欧盟法院以这种方式来控制数据流动究竟实现了什么。它产生了一种救济方法，广泛到既不在《指令》的工具逻辑之内，因为这种逻辑不会包含损害或公共利益的概念，也不在被遗忘权的规范逻辑之内，因为这种逻辑不会将谷歌与其基础网站区别开来。不确定的是，欧盟法院通过这种胡乱拼凑在一起的陌生的 RTBF 是想要完成什么。

此外，通过经由谷歌来私有化 RTBF 的实施，欧盟法院实际上已经使得价值论上的歧义仍在继续。我们知道谷歌已经设置了一个著名的顾问委员会来为执行谷歌西班牙案的要求提供指导方针，我们也知道这个委员会已经提

（上接）Jens-Henrik Jeppesen & Emma Llansó，“EU's ‘Right To Be Forgotten’ Policy Sets Bad Precedent for Free Expression Worldwide”，*CDT*（Feb. I1，2016），https：//cdt.org/blog/eus-right-to-be-forgot ten-policy-sets-bad-precedent-for-free-expression-worldwide/（https：//perma.cc/NS9K-5ZQT）. 关于 *GDPR* 对不合规施加的大量经济处罚，参见 *GDPR*，arts. 53，83。

① 谷歌西班牙案的法律总顾问提及了这个特别的考虑，说道：

我也反对法院做出这样的决定，即将评判留给网络搜索引擎服务提供者，则可以在具体分析的基础上在个案中令人满意地平衡这些矛盾的利益。这样的“通知—删除程序”，如果是法院要求的，就可能会导致对任何内容被反对的链接的自动撤回，或是最流行、最重要的网络搜索引擎服务提供商要处理数量多到难以管理的请求。在这个语境中，有必要唤回电子商务《2000/31 指令》关于非法内容的“通知—删除程序”，但本案的语境中，我们面对的是请求抑制正当合法的信息进入公共领域中。

特别是，网络搜索引擎服务提供者不应当负担这样的义务。这将需要阻碍网页发布者的言论自由，网页发布者在这种情况下不会享受到充分的法律保护，任何未受控制的“通知—删除程序”都会成为在数据主体和搜索引擎服务提供者之间的私事。它等于由私人主体来谴责他发布的内容。这完全不同于国家有积极义务在发布者（在互联网的语境下，则关乎网页的发布者）侵犯隐私生活权利时提供有效救济。

参见谷歌西班牙案法律总顾问的观点，Jääskinen，*Google Spain SL v. Agencia Española de Protecciónde Datos*，2013 E.C.R. 424，paras. 133，134；Meg Leta Jones，*CTRL+Z：THE RIGHT To BE FORGOTTEN* 96（2016）以及 Aurelia Tamò & Damian George，“Oblivion，Erasure and Forgetting in the Digital Age”，5 *J. INTELL. PROP. INFO. TECH. & ELECTRONIC COM. L.* 179（2014），https：//www.jipitec.eu/issues/jipitec-5-2-2014/3997/oblivion%2C%20erasure%20and%20forgetting%20in %20the%20digital%20age.pdf（https：//perma.cc/3QPS-AG2X）。

出了一个详尽说明的“平衡测试，来决定‘由于被包含在结果列表中，公众对获取争议中的信息的突出利益’是否比数据主体的数据保护权利更重要”。[①]我们知道谷歌西班牙案已经鼓励了大量以 RTBF 为基础要求谷歌移除链接的请求。[②]但因为谷歌的有权处理仍处于闭锁的大门之后，因为我们无法确定谷歌实际上在何种情形下会以何种方式适用何种测试，[③]谷歌西班牙案所创设的 RTBF 之下的真实价值仍然是模糊的。[④]

---

① Luciano Floridi et al., *ADVISORY COUNCIL TO GOOGLE ON THE RIGHT TO BE FORGOTTEN* 5—6（Feb. 6，2015），https：//static.googleusercontent.com/media/archive.google.com/en//advisorycouncil/advisement/advisory-report.pdf（https：//perma.cc/UT7Q-Y64V）.

② 参见“Search Removals Under European Privacy Law”，*GOOGLE*，https：//www.google.com/transparencyreport/removals/europeprivacy/?hl=en（https：//perma.cc/D5E7-GEVT）（last updated Sept. 28，2017）。

③ Aleksandra Kuczerawy & Jef Ausloos，“From Notice-and-Takedown to Notice-and-Delist：Implementing *Google Spain*”，14 COL. TECH. L.J. 219，244—246（2016）.

④ 说来奇怪，欧洲数据机构似乎有意确保谷歌在根据《指令》的删除请求而删除网站的网页时，不必常规性地通知网站主人。工作组说：

欧盟数据保护法中没有条款强制搜索引擎向原始网站主人传达与其内容相关的搜索结果被删除了。在许多案件中，这样的传达是个人数据处理的一道程序，并且，正因如此，为了说明其合法性，就需要一个正当的法律基础。对于常规性地向最初控制者传达删除决定，《95/46/EC 指令》第 7 条中找不到法律基础。

另外，在对任何删除请求做出决定之前，搜索引擎联系原始发布者可能是合法的，特别是在需要对案例情况进行更全面的理解的疑难案例中。在那些案例中，搜索引擎应当采取所有必要措施以恰当地捍卫数据主体受到影响的权利。

Article 29 Data Prot. Working Party，*GUIDELINES ON THE IMPLEMENTATION OF THE COURT OF JUSTICE OF THE EUROPEAN UNION JUDGMENT ON ‘GOOGLE SPAIN AND INC. V. AGENCIA ESPANOLA DE PROTECCION DE DATOS AND MARIO COSTEJA GONZALEZ’ C-131/12*，para. 23（2014），http：//www.dataprotection.ro/servlet/ViewDocument?id=1080（https：//perma.cc/GH56-R74K）。谷歌甚至因为通知了网站主人删除之事而被处罚了。参见 Agencia Española de Protección de Datos，“Resolución：R/02232/2016”，http：//www.agpd.es/portalwebAGPD/resoluciones/procedimientos-sancionadores/ps-2016/common/pdfsPS-00149-2016-Resolucion-de-fecha-14-09-2016_Art-ii-culo-10-16-LOPD.pdf（https：//perma.cc/ZJ78-R866）. 如果被删除的网站无法知道谷歌删除它们的决定，因而无法对该决定进行申诉，那么谷歌对被遗忘权政策的适用必然会倾向于支持删除。该政策的参考因素将保持公开的不具争议性，因而是不透明的。有人对《指令》和 *GDPR* 下的 RTBF 请求的合适的程序性框架进行了卓越的讨论，其中将谷歌的地位作为中间人，参见 Daphne Keller，“The Right Tools：Europe’s Intermediary Liability Laws and the 2016 General Data Protection Regulation”，31 *BERKELEY TECH. L.J.*（forthcoming 2018）（manuscript at 37—57），https：//papers.ssrn.com/sol3/papers.cfm?abstractid=2914684（https：//perma.cc/32WN-MRQP）.

80位评估谷歌实施RTBF的互联网学者的结论是："除了轶事，我们很难知道什么种类和数量的信息正在被从搜索结果中移除，什么资源正在多大范围内被移除，以及什么请求在多大程度上会失败。"① 专家也担心公众不知道"谷歌的指导方针正在个人隐私和言论自由利益间寻求平衡。"②

谷歌西班牙案因而缝合出了一个科学怪人（Frankenstein）——一个干涉公共领域的盲目的产物，它以莫名其妙的手段达成莫名其妙的目的。这可能会损害个人数据的传播，但它是否提供了可抗辩的公共目的是一个开放的问题。

五、结论

据说，Facebook创始人马克·扎克伯格在2010年宣称"隐私不再是一种'社会规范'"时，引发了一场风暴。③ 他实际上说得很合理："对于不仅要分享更多的信息和不同种类的信息，还要更加开放地分享、与更多人分享这件事，人们确实感到舒适。这种社会规范不过是随着时间推移发展而来的。"④ 引

① Jef Ausloos et al.，"Open Letter to Google from 80 Internet Scholars：Release RTBF Compliance Data"，*MEDIUM*（May 13，2015），https：//medium.com/@ellgood/open-letter-to-googlefrom-80-internet-scholars-release-rtbf-compliance-data-cbfc6d59flbd#.2x79b0bs6（https：//perma.cc/T2L9-HXT5）.

② Jef Ausloos et al.，"Open Letter to Google from 80 Internet Scholars：Release RTBF Compliance Data"，*MEDIUM*（May 13，2015），https：//medium.com/@ellgood/open-letter-to-googlefrom-80-internet-scholars-release-rtbf-compliance-data-cbfc6d59flbd#.2x79b0bs6（https：//perma.cc/T2L9-HXT5）.

③ Bobbie Johnson，"Privacy No Longer a Social Norm，Says Facebook Founder"，*GUARDIAN*（Jan. 10，2010），https：//www.theguardian.com/technology/2010/jan/11/facebookprivacy（https：//perma.cc/NMN3-SVYJ）；如参见 Marshall Kirkpatrick，"Facebook's Zuckerburg Says the Age of Privacy is Over"，*READWRITE*（Jan. 9，2010），http：//readwrite.com/2010/01/09/facebooks zuckerberg-says-the-age-of-privacy-is-ov（https：//perma.cc/B3K6-KR5U）。Facebook和扎克伯格最终被迫草草撤回该言论。参见 Will Oremus，"Facebook's Privacy Pivot"，*SLATE*（July 25，2014），http：//www.slate.com/articles/technology/future tense/2014/07/facebook-s-privacy.pivotmark zuckerbergsplan to win back trust.html（https：//perma.cc/T53R-Q6FT）.

④ Ann Cavoukian，"Privacy Is Still a Social Norm"，*GLOBE & MAIL*（Aug. 23，2012），http：//www.theglobeandmail.conm opinion/privacy-is-still-a-social-norm/articlel209523/（https：//perma.cc/3REL-K7DF）.

起愤怒和不信任的是，Facebook 是一家能够影响隐私规范方向性改变的巨大机构，而这些方向似乎更符合 Facebook 自身的经济利益。[①]

在快速发展的数字世界中，隐私规范实际上是不稳定和不确定的。[②] 对于像 Facebook 这样有影响力的主体如何寻求塑造这些规范的发展，存在值得怀疑的余地。但这种怀疑不应该让我们忽视一个虚拟公共领域的出现，这个虚拟公共领域具有巨大的当代意义，并且由像谷歌这样的搜索引擎作为基础架构去维持。谷歌是一家营利性公司，但在维持公共领域方面的作用不会差于 19 世纪的营利性报纸。

欧盟法院在西班牙谷歌案中含蓄地承认了这一点。它似乎明白，和公共商谈一样，谷歌通过互联网向公众传播的信息不能完全由工具逻辑来支配。因此，欧盟法院对谷歌的链接进行平衡测试，这项测试不会也不应该适用于谷歌对从其客户处收集的个人数据的处理。[③]

然而，在应用这种平衡测试时，欧盟法院必须将互联网定性为具有真实人类意义的领域。它必须确定哪些链接具有冒犯性，哪些链接有助于公众利益。谷歌西班牙案中的欧盟法院对这一角色感到不安。它涉及的互联网讨论的含义是暂时的和不确定的。这很不幸：如果一个法律体系关心公众舆论的自由形成，那么削减公共话语以实现社会商品，如公共安全或公共秩序，就需要密切的司法监督。

当国家试图压制公共话语以实现我们与隐私相关的价值观时，情况同样如此。一个国家可能会认为应该禁止披露过去犯罪记录的公共讨论，以实现

---

① Marshall Kirkpatrick，“Facebook’s Zuckerburg Says the Age of Privacy is Over”，*READWRITE*（Jan. 9，2010），http：//readwrite.com/2010/01/09/facebooks zuckerberg-says-the-age-of-privacy-is-ov（https：//perma.cc/B3K6-KR5U）.（“扎克伯格说 Facebook 现在只是在反映社会经历的变化，我对此不买账。我认为 Facebook 本身就是社会变化的主要推动者，扎克伯格却傲慢自大地装作是相反的样子”）。

② Paul M. Schwartz，“From Victorian Secrets to Cyberspace Shaming”，76 *U. CHI. L. REV.* 1407，1442—1443（2009）.

③ *Google Spain*，para. 81.

改过自新的社会目标。[①] 对改过自新需求与言论自由的平衡需要稳定的司法手段。对于应该如何解决这种平衡问题，不同的法律体系可能会得出不同的结论，但不应该存在争议的是，如果没有清楚地了解法律法规力图实现的目标，就不可能进行严肃的司法审查。

在最基本的层面上，谷歌西班牙案所缺失的是对隐私价值的坚定认识，即欧盟法院希望通过拼凑出 RTBF 而实现是何种隐私价值。谷歌西班牙案一直在遵循的，既不是官僚理性的逻辑，也不是社会规范的逻辑。因此，谷歌西班牙案想要完整创造出的救济措施是不确定的。这种模糊性，很可能会传递给更综合和更详细的 *GDPR*，*GDPR* 将在不久的将来被实施。

毫无疑问，从案件表面挖掘价值观问题是有争议的，也是困难的，但负责任的公法构建不能逃避这一责任。在像谷歌西班牙案这样的决策背景下，我们必须决定要保护数据隐私还是尊严隐私。我们必须根据我们所选择的目标来创建合适的教义结构。

① 如参见 Charles Arthur，"Wikipedia Sued by German Killers in Privacy Claim"，*GUARDIAN*（Nov. 13，2009），https：//www.theguardian.com/technology/2009/nov/13/wikipediasued-privacy-claim（https：//perma.cc/7HKE-XXCF）；Jennifer Granick，"Convicted Murder to Wikipedia：Shhh ！"，*ELEC. FRONTEIR FOUND.*（Nov. 10，2009），https：//www.eff.org/deeplinks/2009/11/murderer-wikipedia-shhh（https：//perma.cc/BRE7-U5DB）；David Kravetz，"Convicted Murder Sues Wikipedia，Demands Removal of His Name"，*WIRED*（Nov. 11，2009），https：//www.wired.com/2009/11/wikipedia-murder（https：//perma.cc/6RU7-QQK5）。

下一代法律专家系统：长夜已过，拂晓未至

C. 斯蒂文斯　V. 巴罗　J. 卡特　杨安卓　徐　晨 译*

导论

世人常言：法律专家系统已经消亡。可是事实果真如此吗，还是人们的失望情绪被夸大了？自 20 世纪 90 年代以来，评论家们注意到，人们对法律专家系统的兴趣已经减弱，转而青睐于将信息技术应用于法律实践的其他应用领域，这些应用不那么具有挑战性，而且能够提供更直接的回报（如自动文档汇编）。[①] 然而，基于案例推理的应用以及黑板体系结构和面向客户的体系结构，为新一代更好更复杂的法律专家系统的开发提供了良好的前景。本文将探讨下一代系统是否能够克服解决法律问题所带来的独特挑战。如果能够成功地开发这些技术，就可以期待人们重新燃起对发展法律专家系统的兴趣。任何对人工智能或法律实践感兴趣的人都需要考虑这些问题并加入关于人工智能与法律的研讨之中。

将专家系统技术应用于法律实践的动机是不言而喻的。可能带来的好处包

* C. 斯蒂文斯，英国德蒙福特大学法学院副教授，德蒙福特大学雷赛斯特法律实践研究所研究人员；V. 巴罗，英国拉夫堡大学沃尔夫森研究所助理研究员；J. 卡特，英国德蒙福特大学计算智能研究中心研究人员，副教授；杨安卓，本名杨昂，华中科技大学法学院教师，工学学士，法学博士；徐晨，华中科技大学法学院硕士研究生。本文发表于国际智能系统研发大会第 27 届年会（RDIS，XXVII，2011），感谢作者授权中译与刊发。

① R. Susskind，*The End of Lawyers? Rethinking the Nature of Legal Services*，OUP，2008.

括[①]：更快地提供法律咨询；降低费用并赢得时间，使律师无须在劳动密集型和重复性指示工作上开销过巨；进行法律研究并提供专家意见；提高生产率；减少对临时性的人类专业知识的依赖；尽可能节省员工开支；扩大将任务委托给低收入者的范围；提高法律服务提供者的盈利能力；降低客户为法律服务所支付的费用。

相反，对提供定制法律服务的传统模式的颠覆，以及账面时间成本要素的减少将被许多法律服务提供商视为潜在的抑制法律人工智能发展的因素。然而，有人认为，以时间成本作为计费基础的模式，其可行性在未来可能会受到压力，因为在法律服务市场的竞争压力越来越大[②]。据认为，这一市场压力将使平衡转向有利于节约效率[③]。有些评论人士认为，法学与人工智能学科这两门学科在根本上是不兼容的[④]。虽然已经有了一些在法律领域的成功应用[⑤]，但是这些应用局限于相对狭小的范围和被选定的法律领域。也有人观察到，与其他专业领域和行业相比，英国法律行业的商业剥削程度令人失望[⑥]。

本文对这些问题进行了分析，并将其置于实践环境中。这种行文方法将涉及由作者设计和开发的基于法律知识的系统的特定原型应用引起的问题。该原型被命名为“司法咨询专家系统”项目，简称 JAES[⑦]。分析将遵循以下结构：本文第一节将简要总结司法咨询专家系统项目。第二节以对司法咨询专家

---

① J. Jenkins, “What Can Information Technology Do for Law?”, *Harvard Journal of Law & Technology* Vol. 21, No 2, 2008.

② R. Susskind, *The End of Lawyers? Rethinking the Nature of Legal Services*, OUP, 2008.

③ L. W. Bibel, “AI and the Conquest of Complexity in Law”, *Artificial Intelligence and Law*, Vol. 12, 2004, p.167.

④ P. Leith, “Fundamental Errors in Legal Logic Programming”, *The Computer Journal*, vol. 29, 1986, pp.545—552.

⑤ A. Oskamp & M. Lauritsen, “AI in Law and Practice? So Far, Not Much”, *Artificial Intelligence and Law*, Vol.10, 2002, pp. 227—236.

⑥ L. W. Bibel, “AI and the Conquest of Complexity in law”, *Artificial Intelligence and Law*, Vol. 12, 2004, p.167; A. Oskamp & M. Lauritsen, “AI in Law and Practice? So Far, Not Much”, *Artificial Intelligence and Law*, Vol.10, 2002, pp. 227—236; A. Oskamp et al., “AI and Law: What about the Future?”, *Artificial Intelligence and Law*, Vol. 3, No 3, 1995, pp. 209—215.

⑦ V. Barot & J. Carter, “Design and Development of a Judicial Advisory Expert System (JAES) to Resolve Legal SGA Ownership Dispute Cases”, The 2008 UK Workshop on Computational Intelligence, UKCI, 2008.

系统项目的分析为例子，分析由其引起的特殊挑战。第三节将研究基于案例的推理机的开发，黑板系统的开发，以及面向客户的体系结构的开发。然后，它将探索混合集成这些体系结构和方法的可能性。最后一节将评估下一代专家法律系统能够在多大程度上应对这些挑战。

一、司法咨询专家系统项目

司法咨询专家系统项目的核心目的，是在原型专家系统中体现《货物销售法》（SGA）第16至20节中所包含的关于财产和风险转移的规则。买卖双方就哪一方承担货物意外损坏风险的争议是不可避免的。保险公司在理赔时需要明确风险承担方。传统上，在这种情况下，《货物销售法》（SGA）第16至20节由律师适用，他们向当事人或各自的保险公司提供建议。传统的方法既费时又费钱。司法咨询专家系统项目是由作者开发以便加速这一过程，特别是在低价值和日常纠纷中使其更具有成本效益。推理引擎将知识库中包含的逻辑应用于用户输入的信息，并输出关于卖方或买方是否承担某一特定合同货物损失或损坏风险的建议。SGA中第16到20节规则是有意选择作为知识库的主题，我们认为，这是法律专家系统中一极具吸引力的领域。原因如下：SGA第16到20节的逻辑基础相对清晰；它是一个具有实际商业重要性的法律领域；这一法律领域一直很稳定，法律修正案相对较少。系统采用模块化设计方法。由于所需规则的数量，系统的性能需要在以后的版本中使用Q-learning算法来提高。巴罗描述了一种带有Q-learaing算法实现的模块化设计①。系统的关键输出是在知识库中使用SGA第16至20节，以告知用户是卖方还是买方有责任承担货物损失。

二、来自法律领域的特殊挑战

（一）复杂性

JAES项目选择了一个相对离散、狭窄和特定的法律领域——即包含在

① V. Barot，& J. Carter，“Implementation of the Q-Learning Algorithm for Optimising a Judicial Advisory Expert System（JAES）”，The 2008 UK Workshop on Computational Intelligence，UKCI，2008.

《货物销售法》第16至20条和适用的判例法判例中的规则。然而，法律问题的现实是它们很少局限于离散和狭隘的法律领域。在实践中，它们通常提出多个相互关联的法律问题，因此不能孤立[①]。

（二）不确定性

基于规则的专家系统依赖于明确的事实前提来推理引擎中的规则。然而，实践中的法律推理本质上是对抗性的。

任何司法管辖区的法律都不是一成不变的。因此，考虑到立法、法定文书、判例或欧洲联盟法律所产生的变化，法律专家系统必须灵活并不断更新。对判例法体系的判例的系统，可采用基于案例的推理的方法来更新[②]。基于案例的推理系统使用的是类比推理。本质上，它从特定的案例中派生出原则，并将其应用到后续的案例中。然而，在法律应用中，将判例确立的重要原则（律师称之为比率决定）与不影响判例的无关因素区分开来将是一项难度较大的挑战。在基于法律知识的系统中，案例推理与规则推理的结合是解决这一问题的一种方法[③]。

（三）财务约束

即使在一个狭小的法律领域，开发一个基于知识的系统所需要的时间也相当可观。首先，导出领域知识并以知识工程师可以理解的方式来构造领域知识是一项繁重的任务。一旦导出知识和专业知识，就必须翻译成计算机代码。测试、改进和更新系统也需要考虑到所需的时间。由于法律的复杂性和开放性，法律专家系统比其他领域需要更多的时间。从法律从业人员的角度

---

① G. N. Yannopoulos，"Modelling the Legal Decision Process for Information Technology Applications in Law"，PhD Thesis，Queen Mary University of London，1996.（该博士论文于1998年由Kluwer Law International同题出版。——译者注）

② A. Wyner，"An Ontology in Owl for Legal Case-Based Reasoning"，Artificial Intelligence & Law，Vol.16，2008，pp. 361—387.

③ G. Vossos，et al.，"An Example of Integrating Legal Case Based Reasoning with Object-Oriented Rule-Based Systems：IKBALS II"，Proceedings of the 3rd International Conference on Artificial Intelligence and Law，1991。

来看，用财务术语来说就是时间代表了损失的费用收入时间[①]。

从最终用户的角度来看，投资购买专家系统用来解决可能只是偶尔出现的特定法律问题不太可能具有成本效率，仅按访问和使用基础付费的网络服务应用程序反而更具经济价值。

三、下一代法律专家系统的替代方案

在本节中提出了一个适当的替代或补充规则的系统，基于案例的推理（CBR）。此外，黑板结构和面向客户的体系结构被认为与下一代法律专家系统的整体结构有特殊关联。在介绍这两种体系结构之前，我们先介绍一下它们在法律专家系统范例中的混合结构。

（一）案例推理

大多数智能系统的设计通常灵感来自以某种方式模仿人类能力的愿望。这方面的一个例子是人类在试图解决问题时能够回忆起以前类似经历的方式[②]。CBR是智能系统开发的一种方法，其目的是模仿这种能力。CBR系统存储问题在需要解决新问题时检索最接近的匹配，并采用前一种方法精确地适应新问题，最后存储新案例。存储的知识被称为案例库，并且存储这些知识的方式是将具有联系的类似实例作为目标，从而能够进行有效的检索。这样的方法可能更适合于法律领域。首先，一个重要的原因是知识库在建立后，是随着时间的演进而逐步填充和完善其内容的，这使其可以在某种程度上克服“知识获取的‘瓶颈’”[③]；其次，它可以与法律以大致相同的方式演进，因此内容不必是人为且静态的。

① B. G. Buchanan & E. A. Feigenbaum，“Forward”，in R. Davis，& D. B. Lenat（eds.），*Knowledge-Based Systems in Artificial Intelligence*，McGraw-Hill，1982.

② A. Hopgood，*Intelligent Systems for Engineers and Scientists*，CRC Press，2001.

③ B. G. Buchanan & E. A. Feigenbaum，“Forward”，in R. Davis，& D. B. Lenat（eds.），*Knowledge-Based Systems in Artificial Intelligence*，McGraw-Hill，1982.

李思兰德、艾希礼和 B. 布拉丁[①]认为，案例推理的历史发展和法律确定了若干系统，这些系统在法律的不同领域实现了不同程度的成功，并使用了不同的推理机制。一个著名的案例是在法律领域的六阶段过程中应用案例推理的 HYPO 系统[②]。使用案例推理的 HYPO 在输出替代性论据而不是明确答案的法律领域具有相当大的优势。这提供了一个更现实的结果，这更反映了法律问题解决的开放性质。HYPO 的系统用在最近熟知的 CATO[③]更新系统中，用于教法律专业的学生如何用推理技术来处理有关商业秘密和机密商业信息法律中的判例法先例。李思兰德与艾希礼[④]描述了作为 HYPO 开发的其他系统。

ASHD I[⑤]是在离婚法领域发展起来的一种混合法律体系。它由规则库和案例库组成。开发这种混合方法的原因是要利用这两种方法，因为法律的性质意味着可能需要使用先例（容易由案例推理表示）和其他法律来源，如法规、规则（更容易以基于规则的格式表示）。该系统表明，在创建混合系统方面是成功的，但即使这样也不能完全捕捉到法律从业者的行为，他们得出的结论是该系统作为对经验较少的从业者来说更有用。法律为案例推理的新方法提供了极好的试验场，从本质上讲，CBR 非常适合于某些领域法律决策

---

① E. Rissland, et al., "Case Based Reasoning & Law", *The Knowledge Engineering Review*, Vol. 20: 3, 2005, pp. 293—298.

② E. Rissland, et al., "Explaining and Arguing with Examples-Proceedings of Fourth National on Artificial Intelligence", AAAI Press, 1984, pp. 288—294.

③ V. Aleven, "Teaching Case-Based Argumentation through a Model and Examples", PhD Thesis, University of Pittsburgh, 1997; V. Aleven, "Using Background Knowledge in Case-Based Legal Reasoning: A Computational Model and an Intelligent learning Environment, *Artificial Intelligence*, Vol. 150, Issues 1—2, 2003, pp. 183—237; V. Aleven & K. D. Ashley, "Teaching Case-Based Argumentation Through a Model and Examples: Empirical Evaluation of an Intelligent Learning Environment", in B. du Boulay & R. Mizoguchi (eds.), *Artificial Intelligence in Education*, Proceedings of AI-ED 97 World Conference, IOS Press, 1997, pp. 87—94; K. Pal & J. Campbell, "An Application of Rule-Based and Case-Based Reasoning within a Single Legal Knowledge-Based System, *The Data Base for Advances in Information Systems*, Vol. 28, 1997, p.4.

④ E. Rissland, et al., "Case Based Reasoning & Law", *The Knowledge Engineering Review*, Vol. 20: 3, 2005, pp. 293—298.

⑤ K. Pal & J. Campbell, "An Application of Rule-Based and Case-Based Reasoning within a Single Legal Knowledge-Based System, *The Data Base for Advances in Information Systems*, Vol. 28, 1997, p.4.

的自动化。

本文提出用 CBR 开发黑板体系结构所需的一个或多个知识源，其他知识源是以规则为基础的。然后，对于系统需要处理的每个问题，将应用最合适的机制。黑板结构在下一节中解释。

（二）黑板体系结构

这是一个独立于任务的架构设计，它模拟了一个异构团队成员通过俗称为“黑板”的通信媒介解决特定问题的自然过程。黑板体系结构是非正式的，因为它可以应用于各种问题，并且每个问题都涉及对体系结构本身的一点重新解释①。它被视为开放纹理、复杂或非确定性问题的理想架构②。因此，黑板结构或许是更适合于解决复杂法律问题的技术。这个架构的概念如图 1 所示，它基于会议室的隐喻，在会议室中，许多不同的专家围绕着一个讨论板，合作利用他们的专业知识来对张贴在讨论板上的特定复杂问题进行头脑风暴。讨论板等同于这个体系结构的“黑板”组件。“知识来源”组成部分等同于每个专家在解决问题时提供他们的专门知识。为了控制解决问题过程的流程，并将每个知识来源的贡献安排到讨论板上，需要黑板架构中的“控制器”组件，这相当于人类比喻中的一把椅子。

知识来源共享一个公共的全球动态数据库（即黑板）。对这个共享资源的访问由控制结构（即控制器）管理。知识来源可以是内部的也可以是外部的（即远程的）。黑板可以以单个公共可访问的区域来实现，也可以细分为区域或面板。控制器可以作为一个单独的实体（集中的），也可以部分地在黑板中实现，部分在知识库（分布式）中实现。知识资源之间的交流只能通过黑板进行。

---

① I. D. Craig，“Blackboard Systems”，*Artificial Intelligence Review*，Vol. 2（2），1988，pp.103—118.

② I. Sommerville，*Software Engineering*，8th edn.，Addison- Wesley Publishing Company，2006.

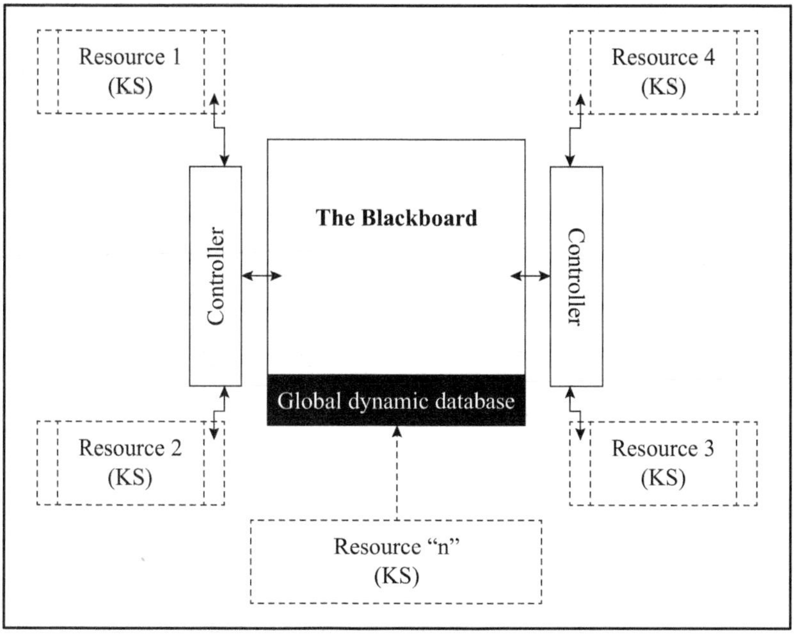

图 1　黑板系统架构

当初始问题通过知识源发布到黑板上时，解决问题的场景就产生了。知识源可以与系统功能一样小，也可以与一个完整的专家系统一样大。所发布的问题可以通过专用存储区域（即黑板）进行全局访问，其控制器负责触发专家知识来源，为已发布问题提供解决方案。一旦问题被所有的知识源协同解决，下一个问题就可以为连续的应用程序生成。这种方法符合人类在分布式团队中解决问题的方式。这种体系结构是构建问题解决系统①的高度模块化方式。模块化的组件允许它们之间的交互被正规化②。此外，它还允许定义清晰而严格的接口，通过这些接口可以访问组件。此方法的每个组件都提供模块化，以及其他重要的系统级优势，包括整体系统的性能、可重用性、安全性、可维护性和可靠性。

（三）服务导向结构

这个体系结构提供了一个模型来开发远程组装和分发服务的系统。面向

---

① I. Sommerville, *Software Engineering*, 8th edn., Addison- Wesley Publishing Company, 2006.

② E. Cerami & S. S. Laurent, *Web Services Essentials*, O'Reilly & Associates, Inc., 2002,

客户体系结构（SOA）的关键优势在于，它使第三方提供的服务能够直接被其他系统访问，而无论它们的机制（如操作系统或应用软件）或地理位置如何。术语“服务导向”强调了这样一个事实，即这一体系结构的主要优先事项集中于它所提供的服务。在其他体系结构中，限制服务可访问性的约束和障碍是从属于服务的，并且不妨碍对服务的访问。因此，那些希望他们的服务可以访问并进入更广泛市场的企业会发现这种体系结构具有商业上的吸引力。因此，服务导向结构在许多服务部门（如金融服务和旅游服务，包括假日预订）中得到了广泛的应用。服务导向结构通过使用网络服务（WS）表示来实现这种可访问性。图 2 说明了网络服务的基本体系结构表示，其中包含了其功能所需的操作、实体和组件。这些分别是“服务提供者”“服务注册机构”和“服务请求者”①。

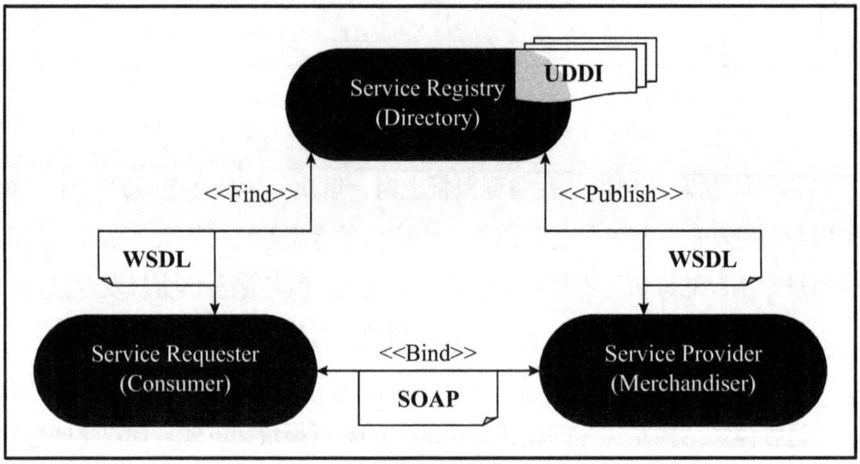

图 2　网络服务表示模式

“服务提供者”通过明确定义其接口并实现其服务功能的方式来设计特定的服务。提供者使用 WSDL 描述并发布其详细信息到“服务注册机构”中。WSDL 提供了可交换消息的 XML 描述以及成功交互的联系点。XML 消息是人机可读的，这有助于调试过程并保持一致性。“服务注册中心”是一个通常

① D. D. Corkill,“Collaborating Software: Blackboard and Multi-Agent Systems & the Future”, Proceedings of the International Lisp Conference，2003.

可访问的注册中心（目录），它使用一个名为 UDDI 的发布标准。UDDI 提供目录服务，其中保存了有关特定网络服务的所有信息，如服务提供者、服务类型、服务描述的位置和其他与业务相关的信息。UDDI 包含由各种提供者提供的网络服务列表，并且可以由“服务请求者”搜索。注册表可以是公共的、私有的或受限的，这使得人们能够跟踪当前可用的网络服务[①]。

“服务请求者”是网络服务的顾客，它通过从 UDDI 注册中心查询特定的网络服务来定位。一旦发现网络服务的描述和规范，请求者就将其应用程序绑定到所需的特定服务，并使用 SOAP[②] 协议与之通信。SOAP 是一种基于 XML 的通信协议，它提供了使用 HTTP（超文本传输协议）发送网络服务消息的信使。请求者和提供者和提供程序可以在本地或远程应用程序中实现。为了确保其他系统的兼容性和可访问性，网络服务接口需要由提供者定义并由注册中心发布。这个接口具有访问任何基础数据或执行特定任务的必要定义和方法[③]。

笔者预言：在法律专家系统中使用面向客户的体系结构，将获得比传统方法更多的优势。下面将对此进行论述。

由于网络服务交互是基于 XML、HTTP、WSDL、UDDI 和 SOAP 等现有标准上构建的，因此它可以解决基于网络的专家系统相关的某些限制。第一，使用 XML 可以解决消息传输的标准化问题。第二，可以通过 HTTP 解决各种系统在因特网上通信协议间的兼容性问题。此外，可以使用现有的 HTTP 业务基础设施等绕过现有的安全基础设施，如防火墙。

依赖于使用早期技术（称为遗留机制）的系统的企业不需要放弃这些系统提供的功能。网络服务可以很容易地安装在遗留系统中，因此只需对现有机制进行很少或根本不进行改变。通过将知识插入网络服务框架中，这提供了使用现有机制向更广泛的远程受众传播知识的优势。

网络服务实现了定义和指定接口的软件组件的松耦合。这将使得知识库

① S. Potts & M. Kopack, *Sams Teach Yourself Web Services in 24 Hours*, SAMS, 2003.

② E. Newcomer, *Understanding Web Services: XML, WSDL, SOAP, and UDDI*, Addison-Wesley Professional, 2002.

③ F. P. Coyle, *XML, Web Services, and the Data Revolution*, Addison-Wesley, 2002.

能够在一端进行修改，而不会影响到另一端提供服务的功能。由于专家系统在运行时调用网络服务，任何对作为网络服务公开的基础知识的升级都不会妨碍系统的执行，只要接口准确地反映了其描述。

网络服务范例中提供的模块化框架有助于更新现有的法律专家系统，以反映法律的变化。因此有机会减少手工更新现有法律知识和专家系统中的新知识所花费的时间和费用。

基于网络服务的实现为提供必要的知识作为服务的合法企业提供了创收收入。终端用户可以根据所要求的法律咨询服务类型收取费用。这比传统方法更具成本效益，传统方法使用用户购买和安装系统的许可证组件，而这些组件他们可能永远不会使用或只是偶尔访问。这也为任何规模的法律咨询公司和咨询公司提供了调用基于网络服务的法律知识的机会。系统的商品化得到了网络服务标准的增强和支持。增加的机会可能使下一代法律专家系统在商业上对律师的发展和用户访问更有吸引力。

虽然传统的专家系统局限于其狭窄的领域，但是基于网络服务的系统提供了远程访问外部系统以处理其他专家领域业务的潜力。

（四）混合集成

格鲁夫[①]和段[②]已经用现有的基于网络的专家系统（如接口复杂性、有限的基础设施、通信负载、推理复杂性等）确定了局限性。作者预计下一代法律专家系统将支持日常的法律咨询业务需求，使用系统和可扩展的框架进行应用程序到应用程序的交互。这种应用程序到应用程序的交互，为将大量数据从一个全局点传输到另一个全局点和执行特定任务提供了有效机制，并且能够自动执行特定任务，而无须通过网络浏览器处理数据[③]。全球化需要一种

---

① R. F. Grove，“Design and Development of Knowledge-Based Systems on the Web”，Proceedings of ISCA 2000：Ninth International Conference on Intelligence Systems：Artificial Intelligence Applications for the New Millennium，International Society of Computer Applications（ISCA），2000，pp.147—150.

② Y. Duan，et al.，“Web-Based Expert Systems：Benefits and Challenges. *Information & Management*，42（6），2005，pp.799—811.

③ E. Newcomer，*Understanding Web Services*：*XML*，*WSDL*，*SOAP*，*and UDDI*，Addison-Wesley Professional，2002.

解决方案，它能够为有效决策提供涉及不同专业领域的详细法律专业知识。复杂性、资源分配（时间和金钱）以及现有的技术使得专家系统无法在独立的法律专家系统实现中处理大量的知识。此外，当法律被修改或废除时，法律专家系统需要不断的修改。这些关键问题的解决方案是将黑板体系结构与基于网络服务的 SOA 提供的灵活框架混合集成。

这种混合架构设计如图 3 所示。公共数据结构（即黑板）存储初始数据、任何中间决策和最终解决方案。为了最小化处理知识库的复杂性，并提高整个系统的性能，黑板被分为两个不同的区域，称为面板 1 和面板 2。面板 1 处理与专家系统的所有本地法律领域知识相关的内部任务；面板 2 处理所有与网络服务调用相关的外部任务。面板 1 和面板 2 之间的任何信息传输都是通过被称为反过程的专用知识源（KS）进行的。控制器分为推理机制和专家管理器两个逻辑部分。推理机制实现了专家系统的推理技术，而专家管理器在运行时控制和管理每个知识来源的所有访问和贡献。

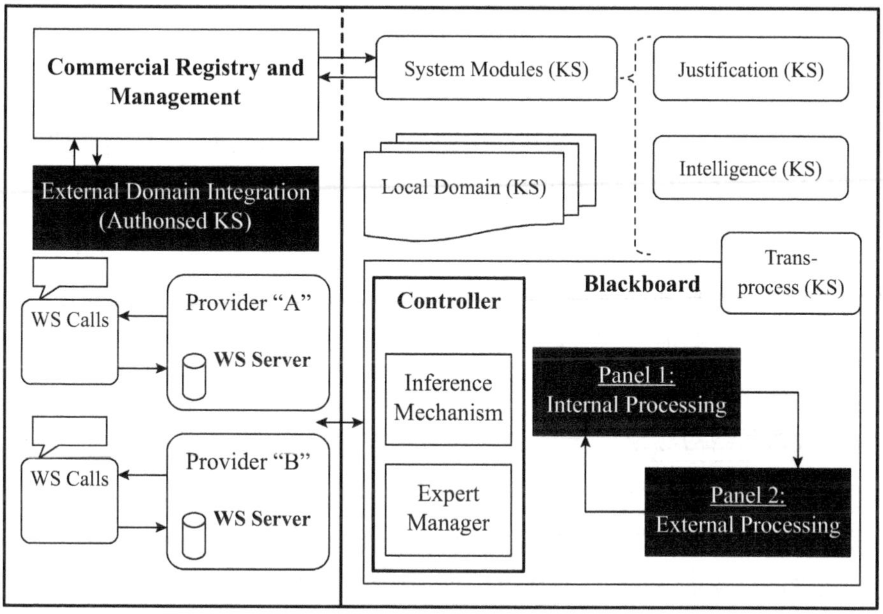

图 3 混合结构设计

知识来源可以是领域特定的，也可以是系统特定的。领域特定的知识来源进一步分为专家系统中已有的本地法律领域知识，以及通过网络服务调用动态获取的来源于外部授权法律领域的知识源。系统特定的知识源有助于系统的整体可操作性，并提供附加服务的，如证明，在线 / 离线支持和帮助，系统智能等。结构强调商业注册中心的重要性和管理立法系统连接的内部专家系统的知识处理机制与基于 SOA 的法律知识基础，是为了支持必要的网络服务注册、授权、验证和定价控制程序。作者提倡如图 3 所示的混合结构设计风格，以实现法律专家系统所需的复杂性和灵活性。

四、下一代法律专家系统可能面临的挑战

包括基于规则和基于案例的多个专家系统，其协作的方式与传统方法完全依赖单一系统，它往往局限于一个高度选择性的离散的法律领域，如果要在一个系统中处理适用范围不同的传统的推理技术，黑板体系结构相比而言，是一个更好的方法。它试图使用人工智能处理多方面相互关联开放性结构法律问题的本质。黑板体系结构还通过其固有的模块化和不依赖于一个系统而产生的灵活性为法律更新提供了更好的解决方案。

面向客户的体系结构本身为下一代系统提供了完全不受限制的网络潜力，既可以访问外部知识和专门知识的来源，又可以将专门知识提供给全球市场。面向客户体系结构的先进技术克服了兼容性的技术障碍，为新一代法律专家系统性能成指数级地发展开辟了新的维度。在全球化的经济中，寻求跨司法管辖区的法律专业知识将是一种需求导向。更新基于网络的系统要比传统方法简单得多。没有时间或资源更新系统的法律服务提供者可以选择将此功能外包给外部专家资源。

黑板体系结构与 SOA 的混合集成结合了这两种设计的优点，显著改进了下一代法律专家系统的功能。使用黑板体系结构的内部多专家系统也可以在需要时访问在软件使用的基础上付费的无限的外部资源。通过远程方式向不受技术障碍限制的无限用户提供数字法律专家咨询的前景，使专家系统开发的整个过程更具有经济吸引力，并且财务限制因素也只有较小的阻碍。只有当需要专业知识的时候，才能提高支付专业知识的成本效益，这将导致下一代专家系统对更便宜、更快捷的商品化解决方案的需求大大增加。在竞争激烈和具有挑战性的法律市场中，这种客户驱动的需求可能是不可抗拒的。

结论

为了解决标题中隐含提出的问题，网络技术的进步以及黑板体系结构和SOA的混合应用程序很可能导致下一代增强法律专家系统的开发和增长新时代的黎明。下一代将通过使用本文分析的技术看到当前系统的显著改进。竞争性的市场压力和技术进步，使得这些技术在某些法律实践领域的应用潜力将被挖掘出来。然而，新一代的法律专家系统将无法克服法律领域的挑战性、开放性和动态性所带来的所有问题。特别是事实的不确定性问题和法律对特定问题的不确定性适用不能完全消除。下一代法律专家系统的适当角色将是补充和扩充传统法律咨询。虽然用数字机器完全取代律师可能是许多人所期望的目标，但法律领域的独特挑战将阻碍这种愿望的实际实现，甚至在下一代法律专家系统中也是如此。

论现代性场域中的网络舆情及政府应对策略

董静姝 *

引言

当世界历史进入现代阶段，人类的精神和物质生活都经历了深刻的变革。“上帝死亡”作为一个震撼性的精神事件，标志着人类从此僭越神明的立法地位而实现自我统治；工业主义和资本主义的狂飙突进与科学技术的日新月异，使得“人化环境”的范围急剧扩张。这一切都对传统的经济、政治、文化、社会乃至人们的日常交往进行了重新定义或洗牌。而现代性，作为一种迥然有别于前现代的精神气质和文化性格，以及承载着这些气质和性格的社会生活和制度实践模式，也就成为一个激发人文社会科学家持续并全面深入思考的命题。

互联网作为现代科技发展的一个典型硕果，反映着现代性的多重特质。而与之相关的网络舆情，则是现代性战场上引人瞩目的存在。网络舆情——尤其是关乎公共事件、政府自身形象维系和建设、民族精神牢固和升华的网络舆情——的应对则是现代国家治理面临的一个严峻考验和挑战。本文正是旨在讨论现代性场域中的网络舆情及政府应对策略，为相关方面的国家治理提供理论依据和建议。

在此涉及三个概念：互联网、网络舆情、国家治理。有必要首先对其作一个略述，以便正文论证的展开。互联网（Internet）是网络与网络之间依照通

---

* 董静姝，法学博士，中国政法大学法学院讲师。

用协议而交互串联起来的庞大网络，是输入、输出、传播、共享信息和资源的虚拟平台。这就意味着互联网的元逻辑或曰技术哲学恰恰在于交往、表达和对话，[①]由此自然引出网络舆情的概念。[②]网络舆情作为舆情（舆情即舆论情况的简称，是公众对共同关心的事表达出来的观点和态度）——的一种形态，尽管不能简单地和民意画等号，但对社会管理、经济文化发展、政府监督和政治决策等具有相当的促进和参考价值。而舆情的生成和发酵、升温和冷却、定点和迁移，通过互联网获得较之前现代更为高效和便利的实现。也正是因为如此，对网络舆情的控制和引导成为现代国家治理的焦点之一，如果能够积极、正确而有效地控制和引导网络舆情，则国家治理事半功倍；反之，线上事件的火焰可能蔓延到线下，利用网络进行的文化侵略或文化殖民、敌对意识形态的渗透也将侵蚀文化生态的多元性和削损一国政府的权威，这对于国家的治理来说可谓灾难性的后果。

当代中国同样面临着互联网的普及化[③]带来的一系列问题。[④]而这都关乎国家治理——并且，不同于依仗暴力的“硬性”国家治理，这些问题的解决需要国家培育和提升其“软治理”能力。网络舆情作为这些问题中的一个，备受关注。2008年，人民网设立网络舆情研究机构，即人民网舆情监测室；2014年，我国组建中央网络安全和信息化领导小组；国家领导人也在多种场合公开强调网络舆情工作对治国治党的重要性。[⑤]

---

① “网络本身就是一种联系的机制，离开了相互链接，网络就不复存在。这正好与人的交往本性一拍即合。”参见徐世甫、张成岗：《现代性视野中的虚拟交往》，载《清华大学学报》（哲学社会科学版），2006年第6期，第137—138页。

② 当然，互联网上的对话不只包括网络舆情，通过微信、QQ、电子邮件等进行的私人交往也是对话。

③ 据中国互联网络信息中心统计，截至2017年12月，我国网民规模达7.72亿人，普及率达到55.8%，超过全球平均水平（51.7%）4.1个百分点，超过亚洲平均水平（46.7%）9.1个百分点；手机网民规模达7.53亿人，网民中使用手机上网人群的占比由2016年的95.1%提升至97.5%；与此同时，使用电视上网的网民比例也提高3.2个百分点，达28.2%。从基础应用、教育信息、金融商务到娱乐游戏，人们的生活越来越互联网化。

④ 这些问题包括：黑客入侵，隐私泄露，金融诈骗，政治安全受到威胁，网络舆情负面膨胀和流动，等等。

⑤ 参见习近平总书记2013年8月19日的讲话、2016年4月19日的讲话，等等。

当实践已经走在路上，相关的理论研究也不能落后。不过，尽管已有不少学者对网络舆情问题进行研究，但鲜少有从现代性这一哲学高度做出理解和把握的相关论著。而本文认为，站在现代性的视野中观瞻，问题将被看得更为清明透彻，也就更好对症下药。因此，从该思路出发，[①] 本文篇章结构如下，首先论述现代性场域中的互联网世界，随后转入对网络舆情特质的分析，并据此对政府的网络舆情应对策略做出思考，以期为国家“软治理”能力的锤炼和现代性潜能的释放创造更大的空间。

一、现代性场域中的互联网世界

当历史的力量由于某种新的突破而进入人类总体意识范围，时间和空间的概念也被改造。当现代性的帷幕拉开，以互联网为代表的科技革命重塑了人类的时空观。详言之：

就时间概念的变革而言，互联网的即时对话实现了时间的高度压缩。试想，在前现代，发声者和听声者假如不是面对面地同时在场，那么从输出信息到接收信息，其间必然发生依托于实体性中介的信息传递过程，从而在交往回应上具有（不同程度的）滞后性。然而，互联网的存在使得发声者和听声者之间的信息传递时间被压缩为“无时间的时间”。就空间概念的变革而言，互联网鲜明地体现了被吉登斯（Anthony Giddens）精炼地称为“脱域”（disembeding）的特征。脱域即社会关系摆脱现实的地域性束缚，跨越广阔的现实空间距离而被重新组织和塑造。在前现代，空间和“地点”被视作同义语词，意味着社会活动的物质环境在地理上的分布，人与人之间发生对话的空间维度受“在场”（presence）支配。然而，当现代性降临，现实“缺席”（absence）的人却能够通过互联网（如网络电视电话）而“在场”，从而无视任何给定的面对面互动情势——屏幕对屏幕（screen-to-screen）取代了面对面（face-to-face）——空间和地点就此发生了分离。或者说，互联网的存在使得现实空间被“抛入”虚拟空间进行打散重组，原本处于A地点的甲和原本处于B地点的乙——A与B之间相距遥远，所以在现实空间意义上，甲和乙不

① 也正是由于本文所论主旨较为宏观，故而对细节性的技术问题将不做讨论。

可能同时在场——因为互联网，却可以在虚拟空间相逢，就好像A地点和B地点彼此镶嵌或黏合了，而这种镶嵌或黏合在现实空间中是不可能的。简言之，正是因为有了互联网，无论一个人身处何方，他都可以一直“在这里”。可见，互联网的存在“虚化”了时间和空间，或者说，它以前现代无法想象的方式和规模扩展了时空范围，从而大幅提升了信息收发效率、降低了交往成本。

与此相关，在现代世界，尽管政治主权边界依然清晰，经济文化边界却日益模糊。就经济而言，资本发展初期一般会和国家结盟，但资本固有的侵略性终究会突破民族国家的疆域，而在今天，我们也确实看到民族国家难以再限定资本的扩张欲望；就文化而言，不同社群、不同国家之间交往的渐趋频繁也导致了不同文化的相互碰撞。以上是所谓经济文化的全球化现象。而互联网恰恰是强大的推动力之一，它打破了现实的地域性樊篱，使得经济来往与文化交流能够无视现实空间的阻隔而发生。比如，从前的交易是以面对面的形式（起码也要通过实体性中介）完成的，而现在，地球此端的甲方，和地球彼端的乙方，根本无须照面，仅仅通过互联网，就可以足不出户地完成一笔交易；又如，以前了解异域文化的可靠途径是在现实生活中与“外乡人”打交道或者居住在异域亲身体验，而现在，通过浏览网页、与“外乡人”网上聊天，就能够领会到文化之间的异同。

在时空概念的重新定义之外，如引言所述，主体意识之崛起是现代性在精神层面的鲜明标识。人类不再匍匐于一个绝对、至上的神明脚下，也很难再被桎梏于威权的牢笼，因而不再被动地接收价值和事实，而是反客为主地创造、输出价值和事实，在自我塑造的同时也试图感染他人。不同的声音交织在一起，陷入“诸神之争”的境地。话语权不再像曾经那样被代表神明的宗教团体、政府或特定群体垄断，而是被各种社会主体分散享有和行使，呈现出去中心化的趋势。而互联网的技术属性使得每个人都可以同时扮演多重角色：既可以是被动的信息接收者，也可以是主动的信息制造者、信息传播者。这些在前现代基本上泾渭分明的角色，在现代世界却可以神奇地集合在同一个人身上。此外，在前现代，人与人的交往具有天然的不平等性和封闭性——不同身份层级的人很难发生直接交往——而在现代，尽管现实交往仍然不能彻底否定这一局限性，但网络交往却能够对此予以突破（上文所述对时空的虚化，同样反映出互联网对人所受到的必然性制约的超越）。由此，权威与非权威、官方与非官方、精英与大众的边界在互联网上打破得相当彻底。可以说，互联网标志和引领着多元主体对话时代的来临，如果能够使这种对话自由、充分、文明而有序地展开，那么，公共领域的理性交往和政治民主将迎来光明，“忠实的自我”与“有意义的他者”将实现共生和互动；反之，则陷入一片毫无意义的嘈杂。①

此外，在现代性观念内部，有一种与传统大相径庭的存在。尽管人类的历史具有连续性，但断裂也同样是真实的，那就是反思性的凸显②——传统不再被认为是其存在就意味着合理，而被认为是“只有用并非以传统证实的知识来说明的时候，才能够被证明是合理的”。③大致而言，反思性可以被区分为两种，自反性和一般反思性。自反性即现代性走向了自己的反面，制造了自己的仇敌。比如，大规模的生产催生了物质丰裕而精神匮乏、意义缺失的消费社会，乃至文化都是由供给品构成，而不再由规范构成；科技突飞猛进，却绑架了人类的自由，使人类沦为科技产品的奴隶；人类冲破神学的桎梏，却在没有终极价值的世俗流沙之上茫然失措；等等。一般反思性则是知识的反思性，它不再像前现代那样仅限于重新注解和阐释传统，而恰恰是对包括传统在内的一切思想和实践都进行批判性考问，并且是反复无止息的批判性考问。这种不断的批判性考问就导致曾经所谓的必然性知识可能只不过是一种误解，所有知识信息都需要被阶段性地自我修订甚至自我破坏。“关于社会生活的系统性知识的生产，本身成为社会系统之再生产的内在组成部分，从而使社会生活从传统的恒定性束缚中游离出来……对知识

① 这种负面表现，即“无序无效、虚假虚耗的沟通充斥着互联网；非理性、无规则、不以达成共识为目标的所谓公共讨论和社会交往屡见不鲜，它们加剧了社会疏离、分裂和对抗。”参见胡百精、李由君：《互联网与对话伦理》，载《当代传播》2015 年第 5 期，第 6 页。

② 当我们谈论“大数据时代的来临”——通过互联网统计和分析大数据在今天已经是很平常的一件事——应当认识到，“收集和汇总官方数据本身就是一种反思性活动”。参见［英］安东尼·吉登斯：《现代性的后果》，田禾译，译林出版社 2011 年版，第 37 页。

③ 参见［英］安东尼·吉登斯：《现代性的后果》，田禾译，黄平校，译林出版社 2011 年版，第 33 页。类似的表述还有“如果不是‘以前如此’正好与（人们根据新获知识发现的）‘本当如此’在原则上相吻合，则日常生活的周而复始与过去就不会有什么内在的联系。”出处同前。

的反思性运用，本身既充满了活力，又必然变幻不定，它深入了连接时间—空间的巨大跨距之中。”①“在这样的世界上，学习注定是无休止地去追求永远捉摸不透的事物，而且让这种困境更加恶化的是，这些事物在它们被‘抓住’的那一刻就开始融解了。”②永不停歇的反思性使得人们一方面较之前现代对变化的适应性更强；另一方面却容易陷入疲倦，难以长久地对某件事维持兴奋：因为神经受到持续的、并且有时可能是强烈的刺激，以至于它耗尽了最后保留的一点力量。“这个世界中的一切，差不多一切，都是变动不居的：包括我们追随的时尚与我们关注的对象，我们的焦点总在不断转移，今天或许就从昨日着迷的事物或事件中抽身离开，同样，我们今天上心的事或物，明天可能就不再理会了。”③正是因为如此，鲍曼（Zygmunt Bauman）将现代世界非常形象而凝练地概括为“液态世界”，因为它像流体一样无法凝滞，总是奔涌不息。而在互联网上，信息的不断更新与推翻更是呈现出爆炸状态，人们今天被告知确信凿凿的事情，明天早晨就被推翻；人们今天倾注高昂兴致的热门话题，明天早晨就被新的热门话题挤出榜单；人们今天才接受的昂贵事物，明天早晨就被贬值了。于是“信息快餐”大行其道，追求浅表潮流性成为理所当然，而这却又使得真正持续、严肃而深刻的反思变成一种负担。当我们说到“网上冲浪”（Surfing on the internet）时——发明该词的人真是对承载着现代性特质的互联网具有惊人的洞察力——这个词就再形象不过地显示出了互联网上那种流动不居的液态性和零散纷乱的信息碎片化。④

---

① ［英］安东尼·吉登斯：《现代性的后果》，田禾译，黄平校，译林出版社2011年版，第47页。

② ［英］齐格蒙·鲍曼：《来自液态现代世界的44封信》，鲍磊译，杨渝东校，漓江出版社2013年版，第115页。

③ ［英］齐格蒙·鲍曼：《来自液态现代世界的44封信》，鲍磊译，杨渝东校，漓江出版社2013年版，第1页。

④ 在上述讨论中，我们或许还能看到后现代性的身影：反权威，去中心化，碎片化，等等。不过，后现代性并不能替代或吞噬现代性，毋宁说，“现代性仍然处在持续的发展和完善之中，后现代性正是现代性在新的历史阶段的一个面向、一种状态、一类特征，或者说今日的现代性同时容纳了理性、进步、秩序等传统意义上的现代精神和作为其反面的后现代性。”胡百精：《互联网与重建现代性》，载《现代传播》2014年第2期，第40—41页。而这就意味着应当进一步释放现代性的潜能，在与后现代性的对冲与互生中重建现代性。

综上，时空概念的革新与边界的模糊，主体意识的解放和多元化，反思性和“液态性”，这些现代性的特质都在蜂巢般的互联网上获得集中呈现，使得“线上世界”不只是现实交往的摹本，更是对现实交往的“扩大再生产”。那么，由此出发，对网络舆情的思考也就了然在目了。

二、网络舆情：即时在场的众生喧哗

互联网不仅是私人之间相互交流和沟通的场所（如通过电子邮件、微信、QQ 等进行通信），同时也是一个公共空间，人们在这个空间里关注、参与、评论和对谈共同感兴趣的事件，形成热度不同的舆情，并影响该事件、甚至可能影响相关政治决策和社会改革的走向。上一章将互联网置入现代性语境中作了一番审视。那么，本章将承此作出进一步展开，以与上一章的分析点对应的方式，探讨网络舆情的特质。

首先，与时空概念的重塑相关，我们看到，像“新闻”这个语词，从时间上说，曾经指“新近发生的事情”，现在却悄然转变为“正在发生的事情”，即其时态从过去完成时演进为现在进行时；从空间上说，曾经指“某地（通常与播报新闻的方位或场所存在一定地理距离）发生的事情”，现在却悄然转变为“这里发生的事情”。比如，2015 年的“8.12”塘沽爆炸事件，网民第一时间在微博上传反映爆炸的文字、图片和视频，使得在地理意义上“缺席”的人——他们可能在塘沽之外的地球任何一个角落——能够从微博的实时文字、图片或视频中获得在场感（尤其视频这种似乎身临其境的直观动态呈现，较之任何文字和图片都更能迅速刺激大众的神经），从而野火燎原般形成全国围观、甚至全世界围观的态势。[①] 可见，互联网对传统时空屏障的打破，使得网络舆情的扩散在时间上急剧收缩，在空间上则可以将此一地点与彼一地点“链接”起来，乃至将地方性因素与全球性因素扣合起来，从而，不同于前现代舆情扩散受时空限制而表现出的滞后性（甚至根本就是被阻断了），现代网络

① 而从传统媒体的反应时间看，即使是反应最快的央视也是在 2016 年 8 月 12 日深夜的新闻直播间进行记者连线报道，至于电视直播则是次日凌晨 1 点 11 分才放出，距首次爆炸时间 96 分钟，这都远远超过微博的“反射弧长度”。

舆情的扩散就像一个威力巨大的炸弹，一经点燃火线就能够瞬间爆破难以想象的面积。

其次，与主体意识的复苏与多元化相关，我们看到，如前所述，谁都可能成为舆情的制造和传播者，对某一事件的揭示和解读不再是官方的特权；相应地，查寻和接收相关信息的渠道也愈加多样化（这不只是由于信息输出主体多元，也是由于上述时空限制的突破使得收发信息的地域性障碍被跨越了）——只要你想知道，对象信息似乎就不会是秘密。现在如火如荼的“三微一端”（“三微”即微信，微博，微视频；“一端”即新闻客户端，如人民日报、参考消息、凤凰新闻等）就是网民们生产和贩售信息的重要平台，各种信息在此聚集交织，进而可能汇成舆情的洪流。[①] 不过，在现代世界，当绝对价值的殿堂坍塌之后，当“唯一可靠”的事实来源变得令人怀疑之后，再加上网络交往的复杂性——我们不知道屏幕那一端是什么样的人，是官员还是平民、是专家还是外行、是旧相识还是陌生人、是恶棍还是圣徒——网络上雪片般纷乱的事实和价值将使得我们茫然失措和摇摆不定。于是，完全可能出现这种情况：由于个人的主客观条件与环境不同，对某一事件的揭示可能是有选择性的（如 2014 年 4 月，闾丘露薇转文批评内地女童在香港当街小便，却丝毫不提港人强行拍摄女童私处等事实），对某一事件的定义或解读也可能是有偏向性的（就定义偏向性而言，如 2016 年 5 月的雷洋案件，媒体爆料标题中“人大硕士毕业生”而非“公务员”的标签化，一开始就为雷洋赚足了同情分；就解读偏向性而言，如医患冲突中究竟主要过错在哪一方，医生和病患可能做出完全相反的评价）；甚至，某个所谓已经发生的事件触发了舆情，而这个触发源其实是或多或少被虚构的（如 2016 年春节在微博和微信朋友圈引起热议的“上海姑娘到男友老家江西农村过年，吃完第一顿饭就分手”的新闻，后被证实是杜撰的）；或者在舆情的扩散中，所谓“跟踪追击”的信息其实也是或多或少被虚构的（如在 2015 年“8.12”塘沽爆炸事件中，所谓“涉事负责人系天津某官员之子”的信息，后被官方辟谣）。而且，上述对事实的“重构”并非仅仅见于信息输出方，信息输入方同样可

① 在此，我们也看到，“无数的个体思维聚在一起，形成了不可逆转的社会性。”[美]凯文·凯利：《失控》，张行舟、陈新武等译，电子工业出版社 2016 年版，第 40 页。

能戴着有色眼镜自顾自强化特定观点，即所谓“真相就是我们愿意相信的版本”。于是，“在意见和建议冲突的众生喧哗中，我们似乎缺少一架脱粒机，能够帮助我们把真理的种子和有用的种子从谎言、幻想、垃圾和废物之中分离出来”。[①]

此外，与反思性和流变性相关，针对某一事件的网络信息的繁殖与新陈代谢以令人眼花缭乱的速度进行着。而这种反思性又被嵌入上述较之前现代更为急剧延伸的时空中，于是，触发和引导舆情的信息源以及相关观点较之前现代也呈现出数量上的爆炸，并且其一直在被无数的“后一个”所替代。“日常报纸中新闻标题的主要任务是把上一周的标题从记忆中给抹去……以便为下一周的新闻标题开拓空间”[②]——现代世界的传统媒体尚且如此，互联网上的信息涌现与更迭就更是以愈加小的时间单位（甚至可能是“毫秒”）来计算了。而在这种永无止息的刺激中，网民往往会在某事件刚刚发生时群情激奋，但只是维持三分钟热度，注意力便很快迁移到下一个话题。[③] 比如，2016 年 4 月初的和颐酒店女子遇袭事件，受害女子发出长微博并链接相关视频后，一夜之间，所有网民的微博和微信朋友圈都被刷爆了，[④] 有谴责和颐酒店的，有质疑受害女子的，还有上升到社会治安、女性歧视等问题的，总之誓要追究到底；但没过几天，网民对此事的关注度就冷却了。故而，网络舆情呈现出一种碎片化和波浪化的景观：充斥诸多信息碎片的互联网使得网民容易产生神经疲劳，而一波接一波的舆情被网民消费过后，更是很难再留下什么痕迹。

最后，就当代中国网民生态的特殊性而言，相当数量的人并非出于严肃

---

① ［英］齐格蒙·鲍曼：《来自液态现代世界的 44 封信》，鲍磊译，杨渝东校，漓江出版社 2013 年版，第 2—3 页。

② ［英］齐格蒙·鲍曼：《来自液态现代世界的 44 封信》，鲍磊译，杨渝东校，漓江出版社 2013 年版，第 96 页。

③ 另外，媒体层面和国家层面的反应也需要被纳入思考：媒体追逐短暂的新闻红利，舆情发生之初，媒体跟进很快，但一旦出现新的事件，媒体也就随即转移焦点；官方在某些舆情发生之初，反应滞后，导致舆情沸腾，而开始进行信息管控后，舆情就被压制进而淡出了。

④ 仅就新浪微博来说，在 2016 年 4 月 5 日受害女子发出长微博并链接相关视频后，一天之内，“和颐酒店女生遇袭”话题的阅读量就高达近 12 亿。

的目的运用互联网，公民意识薄弱，对政治参与缺乏真正的热情与关注——这在相当程度上也是由于政治传统的影响——而高速推进的现代生活节奏（尤其我国还处在社会转型期）又使得他们倍感压力而积聚负面情绪，于是在浏览到某一事件时，情绪宣泄的比例或许高于（甚至是远远高于）理性澄清和分析事实的比例。而互联网环境的虚拟性和隐匿性又使得人们在“发声”时不必像线下交往那样谨小慎微，因此可能导致言论肆意。于是，出现事实供给不足、专业分析萎缩、毫无价值的意见和评论过剩的情况，也就不足为奇了。并且，由于现阶段社会阶层的分化，部分网民心态失衡，对特定群体的偏见逐渐定型化，线下的强势群体在线上往往沦为弱势群体（反之亦然）。比如，公务员、警察、城管、医生、专家作为“网络黑五类”，一旦深陷舆情的汪洋，很容易就是以反派姿态出镜，遭到来自各方的口诛笔伐。还有一个值得被重视的地方：当代中国由于政治制度和发展阶段等原因，在国际社会中发挥越来越重要作用的同时，也招致某些国家的猜忌和排挤，这些国家通过互联网进行文化殖民和敌对意识形态渗透——尽管它们通常披着“普世主义”“人道主义”之类温情脉脉的面纱，也无法掩盖其背后的自我中心、对“异端”的非文明化甚至非人化以及资本扩张的野心——及其所导致的不利于国家治理的舆论。而由于互联网对广袤时空的覆盖能力远远大于前现代，文化殖民和敌对意识形态的渗透也愈加容易，触发相关舆情的条件也愈加便利。

综上，如果说在前现代，舆情（尤其是自下而上）的酝酿与蔓延并不是一件容易的事情，那么在现代，任何一个人（无论官员还是平民，精英还是草根）只要坐在屋子里（无论偏僻山野的陋室，还是繁华都市的高楼）敲打键盘和点击鼠标，都有可能轻松地掀起一场比信息传播不发达时代的反应更呈几何倍数放大的舆情风暴。① 而其中的事情真假、价值高低皆模糊难辨，并且信息消费的耐久性也因为现代人兴奋点的随时迁移而不断磨损。

① 参见［美］孔飞力：《叫魂：1768 年的中国妖术大恐慌》，陈兼、刘昶译，生活·读书·新知三联书店 2012 年版。虽然该书被定位为史学类著作，但也可被视为对清代舆情发生与传播的研究做出重要贡献的文献，引用时有修改个别词语。

三、政府的网络舆情应对

上一部分论述了现代性场域下网络舆情的几个特质，实事求是地说，这些特质的存在使得网络舆情成为一柄双刃剑：就好的一面来说，由于即时在场性，对某一事件的追踪愈加迅速有力；由于话语权垄断被打破，社情民意的表达愈加开放通畅；由于能够在难以遁形的公共空间发声，对政府的监督也愈加便利有效。就不好的一面来说，网民在价值流光与事实碎片中目眩神迷，而网络舆情（无论相关信息是事实还是谣传）的恶劣演变可能导致一些人情绪失控做出不当行为（线上行为还可能“升级”为线下行为），激化社会矛盾，乃至削弱政府权威、妨害国家治理和打击民族自信心。此外，就当代中国自身的国情而言，很多公共议题仍然难以在线下“发声”，而是在网上被如火如荼地讨论。因此，尽管绝不能简单地将网络舆情等同于民意，[①]但仍寄希望于仅仅通过选举、立法、听证等制度性渠道，已经不足以充分、全面、及时地收割民意和做出反应了。

故而，网络舆情——尤其是关乎公共事件、政府自身形象维系和建设、民族精神牢固和升华的网络舆情——越来越成为政府密切关注的对象。如果处理得当，不仅能解决或缓和问题，还能为政府形象加分，增强民众对国家治理的信心和对民族精神的信仰，促进公民的政治参与，而现代性的潜能也经此获得释放；反之则可能发生前述危害后果。正如习近平总书记在2013年8月19日的讲话中[②]指出的那样，互联网已经成为舆论斗争的主战场，应当高度重视网上舆论工作。那么，政府应当如何应对网络舆情呢？

准确而及时地做好舆情预测和研判——包括舆情热度和舆情类别（是真

---

① 因为尚需考虑网民占总人口比例，某一话题关注主体的身份代表性，舆情类别（陈述事实、表达诉求还是情绪宣泄），信息真实性，数据鸿沟，上网习惯等因素，因此可能发生热门话题不重要、重要话题不热门的情形，即呈现出某种消费式的“景观”。再者，网络舆情有时可能被别有用心的势力操纵。故而网络舆情不能被直接化约为民意。

② 参见《习近平：胸怀大局把握大势着眼大事 努力把宣传思想工作做得更好》，载人民网，http://cpc.people.com.cn/n/2013/0821/c64094-22636876.html，最后访问时间：2019年3月19日。

实诉求还是情绪宣泄，是显性舆论还是隐性舆论[①]）等内容——工作当然是首要的一项，不过本文并不意图在该问题上纠缠过多，[②]而是仍然沿着前两章的逻辑脉络依次论述。

由于网络舆情的产生和蔓延具有时间上高度压缩、空间上急剧辐射的特质，那么，政府的反应也应当迅疾有力。尤其是在突发性公共事件中，政府反应的时间快慢和质量高低基本可以决定此后舆情的走向。在第一时间和第一现场，相关负责人应当站出来直面问题，而非故意拖延或极尽掩饰——当官方的、制度性的传播系统功能羸弱甚至瘫痪，非官方的、非制度性的传播功能就会活跃起来；尤其在技术发达人心浮动的现代世界，拖延和掩饰不仅无法堵塞任何信息，反而是滋生谣言孕育敌意的温床。特别是考虑到突发性公共事件的特质，[③]舆情应对就更加迫切和重要。过去，由于传统媒体的技术限制（与此相应，舆情的发酵受到同样的技术限制），政府的反应被认为应当遵循“黄金 24 小时原则”。然而，人民网舆情监测室在 2010 年首次提出“黄金 4 小时原则”：一方面，由于新闻概念的革命性更新，曾经的新闻周期长度已经不能满足新闻受众的需求了；另一方面，包括互联网在内的技术的发达和行政体制的进步，使得政府在厘清事实、协调工作、做成信息披露文书方面较之以往效率大幅提升。因此，收缩反应时间完全符合当前舆情环境。此外，政府不仅应当及时“发声”，也应当持续“发声”，即追踪事件的演进，避免

---

① 显性舆论和隐性舆论之分，即“微博作为公共信息交互平台，公共议论场域是敞开的，信息流与舆论流都可以被直接观测、跟踪，公共话题、舆论动向呈显性状态。跟微博相比，微信的舆论场有其特殊性，信息与观点的闭环交互，使得舆情散落在点对点传播、朋友圈分享与群组讨论中，这使得微信可以快速地成为信息扩散的舆情传播场，但是无法成为一个网民意见交汇的舆论场，公共表达受限下的舆情发展呈现半隐性状态。尽管现在一些微信公众号文章开放了评议功能，但评论多是被发布者筛选后的片面呈现，观点的原生态大打折扣，这也给把握真实的民意走向添加了难题。”参见单学刚等：《2015 年中国移动舆论场研究报告》，载“新策论”微信公众号，2016 年 7 月 7 日，https://mp.weixin.qq.com/s/8wBkx3muae0OIYhatZARXg，最后访问时间：2019 年 1 月 1 日。

② 根据人民网舆情监测室的研究分析，判断一个话题是否构成热点话题，大致可以根据如下指标：网民关注度、网站推荐、意见领袖关注度、传统媒体报道、境外媒体报道、相关线下行动。另外，根据相关研究，可以综合运用多种方法：人海浏览法，关键词搜索法，多文档精选法，模板因子法，网络实验法，案例库对比法等。还有学者试图建立舆情研判模型或公式。

③ 即突发性、复杂性、破坏性和持续性。

虎头蛇尾，并且做到信息发布与处置工作（包括对事件的处置和对相关人员的处置）双线并行，解决问题才是平息舆情风暴的真正利器。

由于多元性的存在——如前所述，制造和输出信息的主体多元，与之相伴的就是信息动机的多元（有心或无意，陈述事实、表达诉求或发泄情绪，有意“洗白”或恶意抹黑）和信息真实度的模糊（真实，虚假，真假参半）——网络舆情的触发以及舆情的流向或偏向也就具有不确定性，或者呈现出网民各自选边站队分庭抗礼的态势。如果放任这种情况，舆情的演变如前所述可能不仅不利于相关事件的有效解决，甚至导致一系列核爆般的“链式反应”，酿成灾难性后果。因此，政府应当抢占话语制高点，对事实做出清晰、透明的权威陈述和专业、精辟的权威分析，扛起先进文化与核心价值的鲜明旗帜，以便“脱粒”真相、牢固文化信心、夯实价值观与稳定疏导情绪。对此，应当注意的是：（1）对相关事件的初始定义非常重要。同一个事实，从不同维度和视角做出定义，可能刺激人们不同甚至截然相反的态度，进而大致决定今后舆情的走向（如前述雷洋案件，爆料媒体打出“人大硕士毕业生VS执法民警”的身份牌，将网民注意力“驱赶”到对名校学子的同情和对“网络黑五类”之一的谩骂上；后来官方有意识的引导才使得网民逐渐关注执法问题而非身份问题这一真正的焦点）。因此，与其在舆情走向已然“定型”之后再花费气力予以“纠偏”，不如从源头上就做好定义工作，使得舆情走向符合期待或至少在控制边界之内。（2）对事实的陈述应当“利空放尽”，即一次性道尽负面信息——使民众本来心理稳定，如果随着时间的推移持续受到坏消息冲击，也会惶惶不安和迁怒政府；而如果一开始就被告知“最坏的情形”，那么反倒不会再发生“更坏的情形”。故而，在某种意义上，利空放尽本身就可以算是利好信息了。（3）对事实的分析应当在保证专业性的同时，避免罹患与民众日常认知和期待过分撕裂的“专业病”。一方面，不能放任外行评论的混淆视听，只有专业的态度才可能获得网民的尊重和理解；另一方面，专业思维和行为模式与日常思维和行为模式存在距离——这在法律规范和大众道德的关系上表现得尤其明显和频繁，我们常常看到网民依凭实质正义质疑程序正义乃至质疑法制德性的呼声——如果强硬、机械地固守专业性，有时可能会使舆情更加震荡。因此一定要做出耐心、细致、周密而合理的“接地气”解释，让网民认识到专业性与日常性之间并非横亘鸿沟而是殊途同归——就像程序正义恰恰是通过将道德考量纳入一个被理性设计的规范性框架，从而循序渐进地达到实质正义一样。（4）对有关文化和价值的宣扬，应当避免泛化、生硬和空洞。现代消费主义的兴起及其对各个生活领域的攻占，使得相当数量的网民把文化和价值也当作一种消费品（甚至是一次性的消费品）而非立身处世的行为规范，不注重其精神内核而只注重其“潮流性”。因此，在光怪陆离的互联网上，某种言论，即使其内涵丰富深刻，也可能被败絮其中但金玉其外的言论抢尽风头。既然如此，在应对与文化争锋和价值较量相关的舆情时，也应当注意策略，做好“包装”工作，变泛化为找准具体切入口，变生硬为柔和温雅，变空洞为充实丰满，这样，才能使得舆情汇往坚守先进文化与核心价值阵地的方向。

总之，政府不仅应当在第一时间、第一现场站出来，还应当做出高质量的回应，在立场各异、真假难辨的网络喧嚣中，发出最强音，这既是必要的，也是可能的：必要性在此不再赘述；对于可能性而言，尽管互联网的存在使得各路人马都能够享有和行使话语权，但是这丝毫没有改变国家作为经济、政治、文化、社会资源最强支配者的事实，那么，（在危急关头）动用各种行政手段和技术力量“夺回麦克风”，就是可能的。

还应当指出的是，政府在应对舆情时，并非只是单向输出，也并非只是独当一面。（1）就并非单向输出而言，由于互联网的脱域性、声音多元化和知识信息的不断反思更新，使得前现代仰仗垄断性暴力进行治理的手段日渐苍白，理性对话则是对暴力唯一可能的替代。而如引言所述，对话正是互联网“技术设计上的初衷和文化理念上的基因”。[①] 故而，政府抢占话语制高点并非意味着单向输出，更不意味着完全高压处置异见（除非这些异见确实存在较大的主观恶意和即时、现实、明显的客观危害），而是与网民进行对话，回应质疑，澄清误解，坦率地接受监督和批评（如2014年年末的上海外滩踩踏事件发生后，上海市政府欢迎和包容媒体代表网民与公众对政府的处置提出疑问，并在答疑中解开疙瘩、修复公信，使政府在事件的后续处置上掌握主动）。所以，正确的逻辑不是一方压倒另一方，也不是任凭对立分裂酿成虚无和毁灭，而是寻求裂隙中的生长与张力下的对话，从而在宏观层面实现政治国家与市民社会的良性沟通以及公民的政治

① 胡百精：《互联网与重建现代性》，载《现代传播》2014年第2期，第44页。

参与，在微观层面实现“忠实的自我”与“有意义的他者”的利益互惠和价值协商，在统一中容纳多元，在差异中寻求共识。（2）就并非独当一面而言，政府应当调动各种资源，从而达到既控制和引导舆情、又为自身“解围”的目的。尤其在可能陷入“塔西佗陷阱”（Tactius Trap）的情境中，政府以第一人称费力叙事和辩白，其效果反倒不如第三方（尤其是颇有人气的“意见领袖”）的轻描淡写。

最后，如前所述，由于大量信息的连续刺激，网民容易神经疲劳和焦点迁移，从而导致关于某个事件的舆情收缩或冷却。对此，一般情况下顺其自然也并无大碍。不过，如果某事件有被维持甚至升温关注度的价值（比如，督促政府做出相关整改和进行制度完善，或对某种价值进行持续性吸收），那么，一方面，保持该事件相关信息在互联网公众平台上更新的频率，使其内容和形式活泼多样；另一方面，对其他事件的舆情进行及时有效的分流和稀释。这样，使得网民的目光可以一直投射在该事件上——至少不是偏离或漠视太久——形成关注的惯性甚至自觉。

结语：从“线上世界”到“线下世界”

走笔至此，本文也将近收尾了。现代世界无论从观念到制度都与前现代存在深深的断裂（尽管并不否认一定的历史延续性）：由科学技术的突飞猛进所促成的时空虚化，使社会关系的建构和发展得以跨越浩瀚的现实时空，经济文化得以突破民族国家的政治边界；主体意识的高度觉醒，使得人类有勇气运用自己的理性，却也在失去绝对性标杆的同时陷入多元化的旋涡；对知识和信息的不断反思使得“现代性自由地漂移着”。[①] 现代性的这些特质在互联网上获得清晰的呈现，与此相关，网络舆情的发生与扩散也革新和颠覆了以往的概念、规律和认知：“曾经”变为“现在”，“远方”变为“此地”，缺场变为在场；“一言堂”变为“群英会”；知识信息的“固态化”变为“液态化”。在现代性席卷世界的今天，在互联网覆盖率（不仅是对人口数量，也是对地域面积）日趋攀升的今天，在网络舆情汹涌澎湃的今天，政府应当与时俱进，

① ［英］安东尼·吉登斯：《现代性的后果》，田禾译，黄平校，译林出版社 2011 年版，第 35 页。

转变传统的国家治理思维和行为模式。而在这其中，有关网络舆情的应对是政府一门至关重要的必修课。从把握上述网络舆情的特质出发，政府的处理也应当做到反应迅速、跟踪及时，擅于并勇于夺回和控制麦克风，达成理性对话和良性沟通——须知，互联网从技术、理念和实践上都在引领对话时代的到来，而如果政府善用互联网及其生成的对话机制，在时空虚化的多元对话场域中既包容开明，又站稳脚跟扛好旗帜，就能够成功应对网络舆情，完成好国家治理的使命，乃至进一步释放现代性的潜能：提供必要的安全与认同，许诺充分的自由与个性，更好地塑造共同体生活和意义世界。

不过，本文虽然论述了政府在应对网络舆情时的相关策略，但必须强调的是，许多线上问题根源其实在于线下，因此，最终仍旧必须回归线下世界以求治本。就像本文第二章章末所述，如网民——他们的另一重角色是公民——缺乏对政治参与的真正热情和关注，这使得舆情的喧嚣或许只是流于表面，并没有形成对制度革新和改善的助推力；而在公民缺场的情况下，即使政治和知识精英试图进行某种进步观念和制度的建构，也是举步维艰。又如，网民的责任意识淡薄、言论自由边界模糊，因此炮制出并不健康的舆情环境。再如，当代中国不同阶层在资源分配方面的失衡，导致部分民众的心态也随之失衡，因此导致武断而情绪化的表达替代理性言论。复如，由于公权力的行使存在积弊，使得政府面临公信力透支的危险——我们有时会看到，当发生某公共事件，网络舆情熊熊燃烧，而政府的反应也已经达到上文所述的要求，甚至堪称范本，但网民仍然毫不买账地谩骂、讽刺和猜忌——这种塔西佗陷阱无法指望仅靠“策略”就能一劳永逸地解决……所以，说到底，仍然不可轻慢线下世界中政治理念和实践的完善问题。线上与线下双轨并重，才能真正应对网络舆情这场没有硝烟的战争，应对国家治理的使命，应对现代性的机遇和挑战。而我们仍然任重道远。

数据主权的全球扩张：美国“云幕法案”简评

苏 宇*

美国国会于2018年3月23日通过了《海外数据合法使用权明确法案》①（Clarifying Lawful Overseas Use of Data Act，简写为CLOUD Act即所谓“云幕法案”），同日，该法案获得总统签署，产生法律效力。由于涉及数据与信息控制权的战略性争夺，这一法案获得了世界范围内的广泛关注。法案以“保护公共安全和打击严重犯罪行为”的需要为由，为美国政府获取企业跨国存储的数据提供了至关重要的授权。本文是对“云幕法案”的简要述评，旨在为国内数据与信息法制的研究者与实务工作者提供参考。在数据资源日益成为关键战略资源的信息时代，我们亦需要紧密关注与研究美国这一重要立法动态，完善数据资源利用与规制方面的立法和国际协议，同时防范潜在国际法律冲突的风险。

一、“云幕法案”的主要内容

“云幕法案”的主要内容，除背景介绍部分外，主要是两项对既有通信法制（相关内容在《美国法典》第18卷）的修正：一是授权美国政府要求通信服务供应商提供存储在外国的数据，二是规定适格的外国政府（qualifying

* 苏宇，法学博士，中国人民公安大学法学院讲师。

① H. R. 4943. 译文参考国家金融IC卡安全检测中心信息安全实验室、北京交通大学金融信息安全研究所网络发布版本，《美国“云幕”法案摘要及译文》，载安恒信息网，https://www.aqbeta.com/news/201806/152986800011940.html，最后访问时间：2018年7月15日，个别译法有改动，下同。

foreign government）如何从美国通信服务供应商获得存储在美国的数据。这两个部分表面上一来一往、逻辑相仿，实际规定却大相径庭。

（一）背景介绍

"云幕法案"的正当性基础来自背景介绍部分开门见山的断言：及时获得通信服务供应商的电子数据是政府保护公共安全和打击严重犯罪行为（包括恐怖主义）之努力的重要组成部分，但是美国管辖的通信服务供应商（communications-service providers that are subject to jurisdiction of the United States）所监管、控制或占有的一些数据存放于美国以外，美国政府在获取这些数据时遇到了障碍，即外国法律可能禁止供应商向美国政府提供这些数据。同时，法案也指出，外国政府在试图利用美国通信服务供应商占有的电子数据以打击严重犯罪行为时也遇到了类似的障碍。因此，法案在这两方面都提供了一系列的规则，利用国际协定提供的机制帮助美国政府以及有相同法治共识的相关外国政府解决相互冲突的法律义务，共同促进公民隐私和自由的保护。

（二）美国政府要求提供存储在外国的数据

早在《存储通信记录法》（Stored Communication Act，SCA）中，美国政府就可以通过行政传票（subpoenas）、法院命令（court order）或搜查令（warrant）获取存储在本土的数据，包括用户姓名、地址、电话、网络地址、通话记录和支付信息等。[①]"云幕法案"本身只是对美国政府获取数据范围的延伸，对美国政府要求提供存储在外国的数据没有施加额外的程序和条件限制。法案中对此的核心规定是："一个提供电子通信服务或远程计算服务的供应商应遵守本章提到的义务，包括保存、备份或披露有线或电子通信的通信记录，以及任何供应商占有、监管、控制的用户信息；无论这些通信信息、记录或其他相关信息位于美国境内还是境外，都应受到监管或控制。"这一项作

---

① Jr. Thomas F. Brier，"Defining the Limits of Governmental Access to Personal Data Stored in the Cloud：An Analysis and Critique of Microsoft Ireland"，*Journal of Information Policy*，Vol. 7（2017），pp. 330—331.

为单独的第 2713 条内容加入《美国法典》中，使得此前已经载于第 2703 等条的数据提供义务也适用于存储在美国境外的数据。

不过，通信服务供应商对于提供数据的义务也可以有一定的豁免权。在两种情况下，供应商可以申请修改或免除一项提供数据的要求：一是客户或订阅者既非美国人、又不居住在美国；二是提供信息的要求会违反“适格的外国政府”的法律。所谓“适格的外国政府”，需要满足两个标准：一是与美国政府缔结了《美国法典》第 2523 条下的执行性协议，且协议已生效；二是该国的法律为通信服务供应商和远程计算服务供应商（remote computing service providers）提供与《美国法典》第 2713 条“定义”部分第（2）段和第（5）段相似的实体性与程序性的（辩护与救济）机会，其主要内容是承认同样的豁免权（包括获得法院审查的机会），并且提出豁免申请可以产生数据提供义务延期效果。通信服务提供商申请豁免时，除非法院基于《美国法典》第 2705 条第（a）款第（2）项下的特殊危险情形发出命令，否则相关服务供应商没有立即提供数据的义务。

同时，法案还规定法院在决定是否准许这种豁免时需要考量的国际礼让因素。这些礼让因素包括美国的利益、适格外国政府禁止提供相关信息的利益、供应商及其雇员受处罚的可能性以及处罚的性质和程度、对被提供的信息进行调查的重要性、数据客户或用户与美国或外国的联系、以不会造成严重后果的其他方式及时获得相关信息的可能性、供应商在美国的经营活动情况及与美国的关联紧密程度等。质言之，供应商的豁免权并不必然能够导致其数据提供义务的豁免，最终结果需要取决于法院根据复杂因素的综合裁量。

（三）外国政府请求提供存储在美国的数据

对外国政府请求提供存储在美国的数据的规定占据了此次相关修法内容的大部分篇幅。按照前述定义，“适格的外国政府”表面上只需要两个条件：一是执行生效的行政协定，二是给予通信服务供应商类似于美国政府要求提供数据时给予的实质性和程序性机会。但细究到外国政府请求美国通信服务供应商提供数据的制度细节，则可发现具体标准的严苛繁密。首先，提供数据的请求在程序上至少需要经过美国国务卿的同意和总检察长的决定，还需要向美国国会提交书面证明，证实此种请求符合法律的一系列要求；随后，国会还将通过参众两院的多个委员会对请求进行审查，还要依法举行听证，还可以在 90 天内通过联合决议否决总检察长的决定。其次，符合“云幕法案”的外国请求需要符合《美国法典》第 2523 条中极为庞杂的一系列新增要求，而该条对此种请求设定了非常多的条件限制。最后，即使经过重重审查，总检察长的决定得以生效，它的效力也不是永久性的，需要每五年更新一次。质言之，外国政府请求通信服务供应商提供存储在美国的数据可谓困难重重。

对外国政府请求获取数据的条件限制，构成了与“云幕法案”相伴的法律修订的最重要内容。这些限制包括了三个大的层面：

1. 满足公民隐私保护与公民自由保护的程序性和实质性标准。如果相关国家不是《网络犯罪公约》的缔约国且在惩治网络犯罪和获取电子证据方面有充分的程序性与实体性法律规定，就必须满足一整套复杂的标准。这些标准包括 6 个大项、11 个具体项目，诸如“对法治和不歧视原则的尊重”“尊重国际普遍人权”“有明确的法律授权和程序”、问责性、透明度、互联网的开放性、分布性和互联性等标准都在此列，而“尊重国际普遍人权”又包括了防止非法和任意干涉隐私、言论自由、交往自由、和平集会的自由、获得公平审判的权利、禁止酷刑等大量的价值判断内容。

2. 要求外国政府采取了适当的程序，尽量减少获取、保留和传播受协定约束的和美国人有关的信息。这一标准在规定上比较简单，目标亦十分明确，但裁量余地较大，也需要一定的价值判断与阐释。

3. 对外国政府的此种行政命令从内容和方式上提出直接的要求。这些要求包含了 11 个大项（其中一项还包括 6 个子项和 3 个二级子项）的繁复内容，逻辑上颇为驳杂，既包括不得用于侵犯言论自由、不得故意针对美国公民或在美人士、不得向美国政府或第三方政府发布要求获取信息的命令等比较简明的、原则性的标准，也包括对命令内容和持续时间的详细规定，还包括类似于比例原则中最小侵害原则的规定。其中，若干明确的强制性规定值得我们特别关注：一是要求此种命令能够受法院、法官、裁判官或其他独立机构审查；二是如果外国政府禁止供应商披露数据，也至少要给美国供应商提供访问数据的对等权利、取消对供应商访问数据的限制并提供正当法律程序的保护；三是外国政府应同意定期审查其是否遵守由美国政府执行的协议条款。这些规定对我国通过“云幕法案”获取美国的数据构成了潜在的障碍。

二、“云幕法案”的立法思路与价值立场

（一）立法思路

“云幕法案”的立法思路非常清晰：一方面为美国政府获取美国数据服务供应商的海外数据提供宽泛的授权；另一方面为美国在互联网价值观和法治理念方面经过严格筛选的盟友提供风险可控、程度有限的支持。

美国政府从这一立法中可以获取的战略性优势是显而易见的。鉴于美国企业在通信和远程计算服务方面全球范围内的强势地位，这一法案非常明显地预示了美国政府将更多的海量数据纳入新的掌控范围。这些企业虽然可能拒绝美国政府在其系统中设置后门或解锁其加密系统，并且呼吁对全球范围内政府获取数据设置强有力的审查与制衡，[①] 但却碍于既有立法的明确规定，已为美国政府提供了其掌握的大量数据。[②] 如果将这些企业在海外占有、监管的数据也一并纳入提供数据的范围，美国政府所掌控的数据资源将进一步急剧增长。尽管法律宣称获取这些数据仅限于“保护公共安全和打击严重犯罪行为”之目标，并且美国已有《电子通信隐私法》（Electronic Communications Privacy Act，ECPA）等一系列保护个人隐私的立法，但事实上美国政府调取与利用这些数据仍然欠缺强有力的深度审查；如果结合《海外情报监控法》（Foreign Intelligence Surveillance Act）获取数据资源，联邦调查局等有关机构向企业获取数据的许多命令甚至不需要经过法官批准，使美国政府在数据获取方面得以拥有外部约束不充分的巨大权力。“云幕法案”进一步强化了这种权力的基础，并且在美国政府和外国政府之间制造出数据获取权方面的明显

---

① 参见 Mél Hogan & Tamara Shepherd，“Information Ownership and Materiality in an Age of Big Data Surveillance”，*Journal of Information Policy*，Vol. 5（2015），pp. 14—15。

② 陈薇：《苹果半年向美国政府提供5000次用户数据资料》，载环球网，http：//tech.huanqiu.com/internet/2013.06/4036046.html，最后访问时间：2018年7月17日；新浪科技：《苹果压力大：美国政府索要用户数据次数增长一倍》，载新浪科技，http：//tech.sina.com.cn/i/2017.05.24/doc~ifyfkqwe0872873.shtml，访问时间：2018年7月17日；徐鹏：《被FBI盯上的不只有苹果　谷歌也很头疼》，载和讯网，http：//tech.hexun.com/2016~03~31/183067156.html，最后访问时间：2018年7月20日；等等。

差异。“云幕法案”对美国政府获取境外数据几乎没有约束，唯一的显著障碍只是“适格的外国政府”的法律禁止，并且还需要法院的审查和确认；而对于外国政府获取美国数据而言，尽管立法的基本面向仍采取了国际礼让的立场，但仅从规则层面观之，此种国际礼让很大程度上是可自主裁量的，施加了几近严苛的多重审查。

易言之，“云幕法案”的基本立法逻辑仍然是以主权国家为基础，通过国家主权的属人性面向延伸“数据主权”（data sovereignty）的范围。此前，数据主权的概念通常是从属地角度进行理解的，[①]“云幕法案”则使之延及主权国家的自然人和法人所监管、控制和占有的数据资源。更进一步看，“云幕法案”为美国政府保留了形成大数据的能力，但将外国政府（哪怕是“适格的外国政府”）的权限严格限定于有时间、对象等精准限制的个别数据。自技术层面观之，这甚至已经不是同一种性质的数据采集行为。这一立法思路针对的是“数据本地化”（data localization）的法律潮流。2016 年 7 月美国联邦第二巡回审判区法院对“微软爱尔兰”案（the “Microsoft Ireland” Case）做出判决，[②]强烈地刺激了许多国家进行“数据本地化”以限制外国政府从本国获取数据的能力。[③]数据本地化的法律措施包括阻止数据被传输出境、数据的跨国传输必须得到预先同意、数据必须在本国存储备份甚至对数据出口征税等，在世界主要国家中，俄罗斯已经就此立法，中国、[④]巴西、韩国、德国、法国

---

① 参见 C. Snipp，“What does data sovereignty imply：what does it look like?” in Tahu Kukutai & John Taylor（eds.），*Indigenous Data Sovereignty*，ANU Press，2016，p. 39。

② No. 14—2985，2016 WL 3770056（2d Cir. July 14，2016）. 该案系微软公司起诉司法部，请求法院判决认定司法部无权根据《存储通信记录法》的授权要求微软公司提供其存储在爱尔兰的电子邮件数据。在判决中，联邦第二巡回法院一致支持了微软公司的诉讼请求。

③ 参见 Jr. Thomas F. Brier，“Defining the Limits of Governmental Access to Personal Data Stored in the Cloud：An Analysis and Critique of Microsoft Ireland”，*Journal of Information Policy*，Vol. 7（2017），pp. 356—357。

④ 我国《网络安全法》等立法已经存在关于数据境内存储和跨境传输限制的规定（详见后文）。此处为作者原文。

等也起草了相关的法律。[①] 这意味着如果美国的企业将数据存储在境外，美国的执法机构将越来越难以获得它们的数据。"云幕法案"则正是美国政府应对这一浪潮的法律对策，这也意味着各国在数据控制权问题上的法律争锋进一步深入展开。在现代法治和人权保障理念下，打击严重犯罪和反对恐怖主义可能悄然包装成某种新的"国家理由"，这是值得忧虑的。

由此可见，这一法案实际上有较强的单边主义色彩，有可能导致国际经济乃至政治上的紧张关系。"云幕法案"中的国际礼让规则是以前述"适格的外国政府"为前提，如果外国政府并不符合法案中的条件设定，则有可能引发不可调和的法律冲突，使跨国企业陷入必然违反一方法律的两难境地，未来潜在的经济和社会风险难以估量。美国是信息技术最为发达的国家，其电子商务的发展居世界首位，在资料收集、信息处理上具有强大的优势，其在数据跨国流通中获益最大，是全球最大的数据进口国与数据出口国。[②] 目前，许多国家都有美国通信服务供应商的部分经营活动，这些企业不可避免地掌握了大量数据。这意味着即使存在完全公平对等的国际礼让规则，美国向这些企业获取境外数据的能力也远远强于绝大部分其他国家向国内企业获取境外数据（特别是在美国的数据）的能力，何况礼让规则中还存在叠床架屋的多重裁量空间和程序约束。在海量的数据面前，他国政府所使用的计算与通信设备及工作人员的个人终端都有可能为美国政府提供数据，特别是在数据挖掘与分析技术日益优化的前提下，一国政治、经济、军事等方面的重要信息有可能经由数据画像等手段而被美国政府获取；易言之，数据所在国的网络主权与安全面临非常现实的风险。因此，按照"云幕法案"的逻辑，一旦美国企业被迫向美国政府提供其他国家的数据，相关国家若有国家安全或隐私泄露方面的忧虑禁止这些企业提供数据但又不被美国接纳为所谓的"适格的外国政府"的话，将导致相关企业有可能受处罚直至退出这些国家的通信业

① 参见 Jr. Thomas F. Brier，"Defining the Limits of Governmental Access to Personal Data Stored in the Cloud：An Analysis and Critique of Microsoft Ireland"，*Journal of Information Policy*，Vol. 7（2017），p.357。

② 张平：《大数据时代个人信息保护的立法选择》，载《北京大学学报》（哲学社会科学版）2017 年第 3 期，第 145—146 页。

务市场，有可能引致经济上甚至政治上的紧张和冲突。

不仅如此，这一法案也有侵犯他国公民权利之隐忧。这些供应商将向美国政府提供所有由其监管、控制或占有的数据资源，而美国政府既没有义务保证这些国家的安全和稳定，也没有义务保护其公民的隐私权和其他方面的个人信息权利，如果相关企业被继续允许在所在国进行通信业务的经营活动，用户除空泛的同意条款外，并没有任何手段可以制衡美国政府此种理论上即不受其约束的权力。在信息时代，知情同意原则（principle of informed consent）的负担则日益沉重：如果不同意数据的采集，个体将丧失许多基本互联网应用服务的入口，甚至被隔绝在便利可得的公共服务体系之外，尤其在政府委托企业进行数据采集、分析和互联网应用开发时，许多数据不可避免地会被互联网企业监管、控制或占有。在强势的经济与政治力量夹击之下，个体空泛无力的知情同意权如未被加强为无瑕疵的均等化公共服务请求权，公民行使知情同意权、保护隐私权也就要蒙受不公平的额外负担。即使不存在公共服务方面的问题，面对跨国巨头对互联网生态的巨大影响力，非美国公民有时亦不得不忍受隐私权和个人信息权方面的损失。在美国，面对政府通过种种手段获取数据的行为，互联网企业并没有动力去保护用户的隐私，它们只是顾虑损失恐惧政府监管的用户；[①] 而面对不直接接触美国政府的境外客户，它们有可能更加没有顾忌。更何况，“透明度谬论”（transparency fallacy）的存在使得很多人根本没有能力去分析和维护其隐私权方面蒙受的损失和风险。[②] 更有甚者，一些通信工具或软件中存在的“后门”可能不经用户同意即秘密收集和传输用户的有关数据，带来更加恶劣的侵害后果。

但是，这些都不在“云幕法案”的顾虑范围之内。“云幕法案”并不是不考虑公民隐私与自由的保护，作为美国的法律，它更主要地考虑美国人的权益保障问题。在外国政府申请获取美国数据时，此种价值立场就不仅得到全

① 参见 Jr. Thomas F. Brier，“Defining the Limits of Governmental Access to Personal Data Stored in the Cloud：An Analysis and Critique of Microsoft Ireland”，*Journal of Information Policy*，Vol. 7（2017），p.15。

② 参见 Lilian Edwards & Michael Veale，“Slave to the Algorithm? Why a 'Right to an Explanation' is Probably Not the Remedy You are Looking For”，*Duke Law & Technology Review*，Vol.16，No. 18（2017），pp. 65—67。

面的凸显，而且发展出非常细致的要求。

（二）价值立场

“云幕法案”对适格的外国政府及获取数据的命令所建立的审查标准，基本上完整地体现了美国的法治观念和人权保障价值体系。除公民隐私和公民自由外，外国法律“对国际普遍人权的尊重”也被添加到审查标准之中，其中有与数据采集并无直接关联的一些标准，如不歧视原则、和平集会的自由、禁止任意的逮捕和拘留等；同时还规定了正当法律程序、公平审查权和类似比例原则的有关内容。这实际上等于宣告，在跨国数据使用权问题上，美国的国际礼让是有严格范围的，只对意识形态相同的盟友礼让和接受合作。这些标准虽然存在一定程度上的弹性内涵和判断余地，但却存在明显的价值边界，并且完全落入美国企业与政府在法治秩序与对外交往中久经磨炼的法律技术范围之内。

诚然，一国政府获取数据资源的增长，有可能导致统治权力的相应加强和侵犯人权风险的上升，尤其是获取的信息本身位于美国的情况下，更容易引发美国的忧虑。但是，将数据使用权与“国际普遍人权”结合起来考虑的视角，并不完全是基于人权的考虑，而或显或隐地包含了一种战略性的考量。这种战略性的考量体现在对“适格的外国政府”与相关外国政府所发布的数据获取命令的区分之中。如前所述，如果是美国的通信服务供应商因外国禁令而申请豁免，“适格的外国政府”之判断标准相对简单，其核心在于与美国政府是否签署了执行性协议；如果是外国政府请求美国供应商提供数据，判断标准和过程就变得极为复杂。法官审查美国供应商是否能豁免提供数据时，主要考量的是利害关系；而美国政府审查是否可以要求供应商对外提供数据时，主要考量的是意识形态。这种不对称的衡量标准和判断过程体现的是这样一种观念：“云幕法案”对他国政府利用数据的行为预设的是极度不信任之立场。按照侦查犯罪的一般规律，打击重大犯罪甚至是恐怖主义犯罪的信息调查往往需要筛查大量数据、隐秘而迅速地调取关键数据，而“云幕法案”中漫长的生效时间（即使总检察长立即同意并通知国会也需要至少经过 90 日以上）、严苛的审查条件、大张旗鼓的行政程序和极其明确具体的数据提供请求则不仅几乎无助于打击犯罪，甚至有利于有资源、有能力的犯罪者针对性地采取反侦查手段、隐匿或销毁证据。因此，“云幕法案”中国际礼让部分的规则之宣示意义显然大于实务价值，既有助于保护美国通信服务供应商的利益，使其实际有价值的数据和信息难以被透露，亦可对美国公民就其公民自由和法治价值因政府获取数据而受侵害的忧虑形成一定程度的安抚。

总而言之，“云幕法案”在立法思路上非常务实，在价值立场上“政治正确”而又精明。随着信息时代的到来，数据成为新的基础资源，这一法案是美国在全球数据战略上迈出的一大步，其深远影响难以估量，也需要我们根据自身的法律制度进行思考与回应。

三、思考与启示：我国相关数据法制建设的现状与对策

我国近年来明显加强了信息传输与数据监管方面的立法。涉及互联网或通信服务供应商向政府提供数据的法律规范包括《网络安全法》《互联网信息服务管理办法》《互联网论坛社区服务管理规定》《互联网跟帖评论服务管理规定》《互联网用户公众账号信息服务管理规定》《互联网群组信息服务管理规定》《互联网群组信息服务管理规定》《微博客信息服务管理规定》等，大多数的授权性规范表述较为抽象和含糊，但也包含了向政府提供数据或信息的有关授权，如《网络安全法》第54条规定：“网络安全事件发生的风险增大时，省级以上人民政府有关部门应当按照规定的权限和程序，并根据网络安全风险的特点和可能造成的危害，采取下列措施：（一）要求有关部门、机构和人员及时收集、报告有关信息，加强对网络安全风险的监测；……”又如，《互联网跟帖评论服务管理规定》第5条规定：“跟帖评论服务提供者应当严格落实主体责任，依法履行以下义务：……（八）配合有关主管部门依法开展监督检查工作，提供必要的技术、资料和数据支持。”这些规定一般都比较宽泛，没有对境内或境外做出明显的区分。不过，《网络安全法》作为这一领域的重要立法，也是上述其他法律规范的立法依据，在第2条规定了属地管辖的原则：“在中华人民共和国境内建设、运营、维护和使用网络，以及网络安全的监督管理，适用本法。”《互联网信息服务管理办法》等也有类似的规定。类似地，《电信条例》虽然有“……因国家安全或者追查刑事犯罪的需要，由公安机关、国家安全机关或者人民检察院依照法律规定的程序对电信内容进

行检查”的内容，但是其第 2 条第 1 款亦规定“在中华人民共和国境内从事电信活动或者与电信有关的活动，必须遵守本条例。”这些法律规范在逻辑上尚未覆盖我国通信服务供应商在境外存储或控制的数据，因此，我们或许也需要某种类似于“云幕法案”的立法。

但是，细究我国的立法现状，我们可能会发现不一样的立法需求。如果仅考虑数据、信息方面的立法，类似“云幕法案”的法律规范是缺失的。《网络安全法》第 37 条规定：“关键信息基础设施的运营者在中华人民共和国境内运营中收集和产生的个人信息和重要数据应当在境内存储。因业务需要，确需向境外提供的，应当按照国家网信部门会同国务院有关部门制定的办法进行安全评估；法律、行政法规另有规定的，依照其规定。”但是，对于关键信息基础设施运营者以外的通信服务供应商则没有规定。其他法律规范则更未考虑到中国通信服务供应商向我国政府提供境外信息的问题。可以认为，我国暂时还缺乏像“云幕法案”这样的法律制度。不过，在打击犯罪方面，《刑事诉讼法》第 54 条第 1 款规定了普遍性的、无例外的作证义务：“人民法院、人民检察院和公安机关有权向有关单位和个人收集、调取证据。有关单位和个人应当如实提供证据。”第 62 条第 1 款还规定：“凡是知道案件情况的人，都有作证的义务。”尽管结合本条第 2 款看，第 1 款中的“人”应当是自然人，但在宽泛的“知道案件情况”的情形中，企业法人中实际掌控数据和信息的自然人未必会被排除在这一义务的范围之外。实际上，这就已经为国内企业提供跨国数据奠定了类似于“云幕法案”的授权基础；跨国企业所掌握的数据一旦成为证据，并不构成法律规定的例外情形。

不仅如此，我国的通信服务供应商在国外亦遇到不小的信任风险，包括华为、中兴等在内的企业并没有取得欧美政府的全面信任，此时如果明确地要求国内的通信服务供应商向政府提供其占有、监管或控制的数据，有可能进一步削弱通信企业的竞争能力。既然我国已经存在《刑事诉讼法》《网络安全法》等相关包含了数据提供授权的法律，在这方面完全可以通过双边或多边的国际刑事司法合作协议解决打击犯罪前提下的数据双向提供问题，并不必然需要专门的立法。

相比之下，目前较为迫切的是需要针对“云幕法案”提出有力的法律对策。苹果、微软、亚马逊、威瑞森等美国企业在中国不同程度地提供了一些互联网通信（包括云计算）服务，如果它们所监管、控制或占有的数据需要向美国提供，有可能威胁到中国公民的隐私权和中国法律所定义的网络安全及信息安全。在我国，《互联网信息服务管理办法》第17条已经对外商的准入做出限制："经营性互联网信息服务提供者申请在境内境外上市或者同外商合资、合作，应当事先经国务院信息产业主管部门审查同意；其中，外商投资的比例应当符合有关法律、行政法规的规定。"《网络安全法》第66条更是规定了严厉的法律责任："关键信息基础设施的运营者违反本法第37条规定，在境外存储网络数据，或者向境外提供网络数据的，由有关主管部门责令改正，给予警告，没收违法所得，处五万元以上五十万元以下罚款，并可以责令暂停相关业务、停业整顿、关闭网站、吊销相关业务许可证或者吊销营业执照；对直接负责的主管人员和其他直接责任人员处一万元以上十万元以下罚款。"但是，在"云幕法案"出台的背景下，美国在执法时是否会视中国政府为"适格的外国政府"，相关企业在中国投资成立的商业主体是否也适用"云幕法案"，这些企业如果提出豁免申请是否能够被美国法院认可，都是需要考虑的问题。迄今为止，虽然我国与美国在这方面尚未产生明显的法律冲突，但未来的法律实践仍存在不确定性，难以预测这些企业未来是否会因面临法律冲突而将互联网服务移出中国内地市场，或者因为向美国政府提供数据而引起与我国的矛盾，进而增进双边贸易的紧张态势。为此，我们需要进一步研究若干关键的法律规则，包括跨境传输数据的安全评估标准及程序、与外国政府签订数据共享方面合作协议的授权与限制、各种数据跨境交流渠道的定期安全性评估制度等，探索安全而合理的数据利用国际合作机制。

结语

重视数据采集和利用的趋势正在席卷全球，也推动着各国政府建立新的法律体系。"云幕法案"看似对本国通信服务供应商向政府提供境外数据的技术性立法，实际上包含了争夺和控制全球数据资源的意图。在表面的国际礼让和人权保障话语之下，扩展数据控制范围的政治决断也正符合美国近期的"美国优先"（America first）取向，其中蕴含的风险需要我们及时认知和应对。

可以预见的是，在未来，维护"数据主权"、坚持数据本土化仍是包括中国在内的许多国家必然采取的法律方针，“云幕法案”与数据本土化的潜藏法律冲突要求我们未雨绸缪。在数据控制权日益凸显其重要性的趋势下，数据本土化与国际合作的法律制度基础应当更加丰富而细致，对网络和信息安全、公民信息权利保障、隐私保护、数据价值利用、国际合作等诸多价值寻求周全而精准的综合平衡。

联合国网络犯罪政府专家组与网络犯罪国际治理

吴沈括　周劲黎*

前言

2018 年 4 月，为期三天的联合国框架下全面研究网络犯罪问题专家组第四次会议在维也纳举行。联合国网络犯罪政府专家组由联合国预防犯罪和刑事司法委员会依据《萨尔瓦多宣言》第 42 段而设立，旨在全面研究网络犯罪问题及会员国、国际社会和私营部门采取的对策，包括就国家立法、最佳实践、技术援助和国际合作交流信息，以期审查各种备选方案，加强现有的并提出新的国家和国际打击网络犯罪的法律对策和其他对策，是目前联合国框架下唯一的网络犯罪国际治理对话平台。

根据主席关于专家组 2018—2021 年期间工作计划的建议，本次会议的主要议题聚焦于网络犯罪相关的立法和框架（Legislation and Frameworks）以及刑事定罪（Criminalization）。会议召开前，秘书处邀请各成员国和观察员就主要议题提供书面反馈意见。反馈意见的内容包括相关评论意见、最佳实践、更新信息、国家措施和建议。最终，美国、中国、俄罗斯、英国、法国、荷兰、澳大利亚、加拿大、日本以及新加坡等十七个国家提供了反馈意见，在一定程度上反映了当下网络犯罪国际治理的最新态势。

---

* 吴沈括，意大利维罗纳大学法学博士、北京师范大学法学院暨刑事法律科学研究院副教授、硕士师导师，中国互联网协会研究中心秘书长；周劲黎，北京师范大学法学院学生。本文是国家社会科学基金项目（批准号：15CFX035）的阶段性成果。

由于内容上牵涉立法框架和刑事定罪，《布达佩斯网络犯罪公约》（以下简称《布达佩斯公约》）自然成为各国反馈意见关注的焦点。就此各国反馈意见大致呈现出了两种态度，第一种是以美国、英国、日本、澳大利亚等《布达佩斯公约》缔约国为代表的，以该公约为基础，推动建立国际治理框架的意向；第二种则是以俄罗斯、中国等国为代表的，建立联合国框架下的，更具有国际性的网络犯罪治理体系。

本文基于笔者的工作参与情况，从两派阵营（即公约缔约国和非公约缔约国）于反馈意见中体现出的立场及态度出发，结合相关资料对网络犯罪国际治理新态势进行阐释和分析，在此基础上为我国网络犯罪治理提出相关建议。

一、公约缔约国对网络犯罪治理的态度立场

各公约缔约国的反馈意见大致关涉两方面内容，一是各缔约国对本国网络犯罪治理基本立法历程的梳理和评论，这部分内容反映了缔约国对公约规定法律框架的执行，体现了各国关于网络犯罪治理的原始关切；二是各国与网络犯罪有关领域的最新动态和实践，展现了各缔约国随着网络犯罪的不断发展而产生的一些现时关切。通过将各缔约国就网络犯罪治理的原始关切和现实关切进行对比参照并分析其背后的原因，可以对公约缔约国在相关领域的未来走向进行预判。

（一）公约缔约国治理网络犯罪的原始关切

《布达佩斯公约》系由欧洲委员会于1997年发起制定并于2001年通过并开放签署的一项旨在打击网络犯罪的多边公约，作为世界上第一部专门管制网络犯罪的国际公约，其反映了2000年前后国际社会就网络犯罪治理的原始关切：

1. 建构通用统一的网络犯罪治理政策

在公约起草的年代，不同国家和地区在对待网络犯罪的立法和司法方面的差异极大，这种差异不利于相关国际合作的开展，故探寻一个通用的犯罪治理政策，为各国对网络犯罪的定义、侦察、证据获取等内容提供基本的立法框架成了当时网络犯罪治理的主要关切。在此种认识基础上，公约对治理

网络犯罪的刑事实体法和程序法做出了规定，并要求缔约国将公约实体刑法和程序法转化为相应的国内立法。公约意在建立一套网络犯罪的最低共同标准[①]，以此作为示范敦促各国完成有关网络犯罪立法并实现不同国家法律的协调统一。

第一，在刑事实体法层面，公约规定了四大类犯罪行为：破坏计算机系统和数据机密性、完整性和可用性的犯罪行为，计算机相关的犯罪行为（如计算机伪造和诈骗），内容相关的犯罪行为（通过计算机实施的与儿童色情有关的犯罪），侵犯版权或邻接权的犯罪行为。其中第一大类犯罪行为是公约规制的重点[②]。第二，在刑事程序法层面，公约规定了专门调查程序和特别措施，包括管辖权，计算机数据快速保存，搜查、实时收集和扣押计算机数据等内容。

就各缔约国的反馈意见来看，此原始关切得到了较好的实现。日本、挪威、荷兰、菲律宾、澳大利亚、斯洛伐克、阿根廷等国家在反馈意见中表示根据或依据公约提供的协助，已经对国内刑法进行了相应的修改和协调，在立法等方面与公约保持一致。根据欧洲委员会提供的反馈，截至 2018 年 3 月，共有 56 个国家批准或加入了公约，15 个国家已经签署了公约或被邀请加入，除这 71 个国家外还有 25 个国家采取了和公约大体一致的立法，45 个国家采取了与公约部分一致的立法[③]。

2. 建构治理网络犯罪国际合作机制

鉴于网络空间的跨国性，在协调各国国内立法的基础上确立国际网络犯罪合作框架自然是公约的题中之意，公约的前言亦强调“有效打击网络犯罪需要强化、快速和良好机能的国际合作。在国际合作层面，公约包括引渡、协助等内容的原则性规定及在调查合作上的细则规定。细则包含有关临时措施的多边协助、有关侦查措施的多边协助和效仿八国集团建立 24 × 7 全天候联络点。

① 周文：《欧洲委员会控制网络犯罪公约与国际刑法的新发展》，载《法学评论》2002 年第 3 期，第 79—87 页。

② 于志刚：《缔结和参加网络犯罪国际公约的中国立场》，载《政法论坛》2015 年第 5 期，第 91—108 页。

③ *Chart of Signatures and Ratifications of Treaty* 185，见 https：//www.coe.int/en/web/conventions/full-list/-/conventions/treaty/185/signatures?p_auth=sVzGdEgy，最后访问时间：2018 年 1 月 1 日。

公约关于国际合作的规定得到了缔约国的普遍赞扬。英国、澳大利亚、加拿大等国皆表示公约下的合作框架是行之有效的。依据公约设立的委员会等机构可以促进缔约国对话以及优化公约，保证它与进化的网络犯罪相适应。法国称公约规定的电子数据保存机制和 24×7 网络机制在国际合作中十分有效，可以为在紧急情况下冻结电子数据提供便利；英国也认为 24×7 网络机制确保了及时的证据分享和保护要求，在英国和其国际伙伴的法律实践中被证明是非常有效的。由此，英国等公约签署国认为，公约所形成的国际合作框架无疑是今后更加国际性的框架形成的基础和黄金标准。

（二）公约缔约国治理网络犯罪的现时关切

在肯定《布达佩斯公约》对各缔约国相关领域立法及国际合作起到推进作用的同时，也应注意随着互联网技术快速发展和网络犯罪形态的多样化，各国对于网络犯罪的法律治理表现出许多新的现时关切，这些新关切大致聚焦于刑事实体法、刑事程序法及国际合作三方面，并表现出如下的趋势：

1. 通过充分适用现有法律应对新型网络犯罪

就刑事实体法律而言，各缔约国普遍表现出对网络技术发展所带来的各类新型犯罪的关切，要求加强在相关领域的经验分享与交流合作。但同时也应注意到，此种关切并未导致各缔约国对刑法罪名的频繁修订或增加。各缔约国表现出意图充分利用现有，也即《布达佩斯公约》所确定的刑事实体法框架应对新型网络犯罪的趋势。

对于技术性的网络犯罪，《布达佩斯公约》自生效后未有在条文上对此类犯罪进行修订或补充，而是由公约委员会自 2012 年起通过不断发布指导说明（Guidance Note）的方式引导成员国根据公约的旧有法律框架应对身份盗窃、僵尸网络、DDOS 攻击等新型网络犯罪。此种指导得到了诸多公约成员国的遵从，如加拿大通过适用 1985 年即规定于该国刑法的非法使用计算机和占用设备以非法使用计算机系统罪（unauthorized use of a computer and possession of a device to obtain unauthorized use of a computer system）治理僵尸网络等新型违法行为，日本通过既存于刑法典的未经授权创造并使用电磁记录罪（unauthorized creation and use of electromagnetic records）和挪用公款罪规制涉及加密货币的相关犯罪。本文认为此种做法在一定程度上体现了成员国通过将传统计算机技术犯罪“口袋罪化”以应对复杂多变的新型网络犯罪的治理思路。

对于非技术性的网络犯罪，各成员国的主要关切仍是由《布达佩斯公约》所确立的网络化的传统犯罪。许多发达国家皆在公约基础上针对网络化传统犯罪制定了更为精细化的规范，譬如荷兰等国在公约的基本要求之上根据欧盟委员会的最新指令和兰萨罗特条约（Lanzarote Convention），对涉及未成年人色情的网络犯罪进行了更加严厉的规制。与之相对，正如美国于反馈意见中指出的，各缔约国并未就公约未涉及的非技术性网络犯罪（如发表特定内容的网络言论、图像和视频）达成刑事定罪共识。美国认为此种共识的缺乏主要是由不同国家法治文化以及价值取向的差异造成的。从2003年至今仍只有29个国家批准或加入内容牵涉种族主义和排外主义言论定罪的公约附加议定书（Additional Protocol）也是对此种共识缺乏的佐证①。

由此可见，实践中各缔约国通过在现有刑法基础上进一步细化规定和扩张适用条文（特别是关于技术性网络犯罪的相关规定）以应对新类型的网络犯罪，此种做法可以保持《布达佩斯公约》的持续适用性和普遍接受性。尽管不同国家对于布达佩斯公约之外的网络犯罪类型未有达成广泛共识，但美国等国认为，只要不同国家立法对于实质性核心的违法行为皆已入罪，相关国际网络犯罪治理合作就不会因各缔约国法律规定的不同而产生太大障碍。换言之，各缔约国今后一段时间内在国际合作的重点仍将是对公约所规制的网络犯罪的治理。

2. 相关刑事程序法律进一步精细化

相较于刑事实体法，各缔约国对网络犯罪程序法律的关切在反馈报告中更为突出，许多国家的最新立法都集中于对国内刑事程序法的修订，特别是对执法部门调查取证权限的进一步规范。

加拿大、荷兰、菲律宾等国表示旧有国内立法中的程序法难以适应新的技术犯罪类型，同时考虑到针对网络犯罪的执法过程中平衡公权力和公民个人隐私权的困难，应制定专门的程序法律对执法部门涉及电子证据的刑事调

① *Chart of Signatures and Ratifications of Treaty* 189，见 https://www.coe.int/en/web/conventions/full-list/-/conventions/treaty/189/signatures?p_auth=361Kcju0，最后访问时间：2019年1月1日。

查权限予以规定。例如，为了确保刑事调查程序的合法性，菲律宾通过的一项修正法案规定在网络犯罪调查中检察官负有监督执法部门行使调查权的义务，执法部门应听从检察官对于相关法律和程序规则的指导；荷兰的一项最新立法确立了执法部门在确有必要且没有其他获取数据的途径时，可以使用权力要求直接获取在线数据；挪威在 2017 年修改了其刑事诉讼法第 199a 条，以明确警方在搜查中有权要求带有生物特别识别技术（如指纹识别）的计算机系统的控制者提供相关信息，以使警方介入该系统。可以看出各缔约国的国内刑事立法都在向进一步精细化的方向发展。

公约委员会正在起草的新的公约附加协定书将涉及加强政府部门与私人部门合作的内容，由此而创设的相关程序性规则亦可能为各缔约国所遵从。

3. 完善国际合作程序规则，促进能力建设和技术援助

在国际合作层面，各国强调要完善相关国际合作的程序规则并加强对发展中国家的能力建设及技术援助，从而促进针对网络犯罪的国际治理能更高效地进行。

欧盟委员会将其反馈报告的主题明确定位于“加强关于网络电子证据的国际合作”。该报告认为随着信息通信技术的发展，网络犯罪的跨国性日益凸显，而旧有法律中国家的执法权限受到该国领土管辖权的制约，如是便不利于对网络犯罪的治理。为解决这一问题，公约委员会正就跨境电子证据获取问题起草新的公约附加议定书。该附加议定书可能涉及要求提供订阅者信息的简化司法协助规则（a simplified regime for mutual legal assistance requests for subscriber information），国际出示命令（International production order），司法协助要求，联合调查，提供证人、受害者或专家的视频音频，紧急法律协助，直接与他国信息服务提供者合作等内容[①]。附加议定书的起草工作得到了公约缔约国家的支持和响应，表现了各缔约国在公约现有国际合作体系下对进一步深化国际合作规则、促进更高效网络犯罪治理的关切。

同时许多缔约国也表达出对发展中国家提供能力建设和技术援助的关切。

① Terms of Reference for the Preparation of a Draft 2nd Additional Protocol to the Budapest Convention on Cybercrime，见 https：//rm.coe.int/terms-of-reference-for-the-preparation-of-a-draft-2nd-additional-proto/168072362b。最后访问时间：2019 年 1 月 1 日。

美国的反馈报告指出，百分之百的非洲国家报告称他们不具有足够的资源来获取和分析电子证据，这会导致他们在没有相关能力协助的情形下不能有效参与国际合作；澳大利亚也提出国际社会应该将技术支持和能力储备置于首位，以此来帮助其他国家加强其法律框架、治理网络犯罪，尤其是帮助发展中国家。电子证据以及侦察、追踪等技术都直接影响到了国内的网络犯罪治理和国际的网络犯罪治理合作等事宜，各国的基础能力在一定程度上也影响了国际社会共同治理网络犯罪的效果。因此，如何就该问题域的问题达成共识，以及怎样援建网络犯罪治理能力，也将成为时下新的焦点、方向。

（三）公约缔约国关切转变的原因

根据各缔约国的反馈意见，《布达佩斯公约》在构建通用统一的网络犯罪治理政策和构建国际网络犯罪合作机制方面较好地满足了各缔约国的原始关切。同时正如英国所强调的，各国的现时关切已不限于拥有相关犯罪规制和国际合作的法律框架，而是在公约已提供框架的基础上深化相关规则并加深国际合作。

这种关切转变的根本动因是网络犯罪日益凸显的跨国性。由于通信技术的不断发展，具有跨国性的网络犯罪在数量上和危害上都处于激增之中，为全球犯罪治理带来了新的挑战。根据2013年专家组撰写的网络犯罪问题全面研究报告草稿①，超过半数的国家表示执法部门处理的50%到100%的网络犯罪都具有跨国性，其中欧洲国家遭受的跨国网络犯罪比例最高。鉴于大多数欧洲国家都是公约缔约国，愈演愈烈的跨国性网络犯罪必然要求各公约缔约国在公约基础上推进相关国际合作制度进一步发展。

同时公约的现有规定虽为网络犯罪治理提供了一个较完备的法律框架，但作为一项定位于形成最低共识标准的具有示范法性质的法律文书②，其相关规定也确存在粗疏或不足之处。例如，在刑事程序规则方面，公约未有对不

---

① *Comprehensive Study on Cybercrime* 225，见 https：//www.unodc.org/documents/organized-crime/UNODC_CCPCJ_EG.4_2013/CYBERCRIME_STUDY_210213.pdf，最后访问时间：2019年1月1日。

② 宋玉萍：《全球化与全球治理——以欧洲委员会〈网路犯罪公约〉为例》，载《新疆社会科学》2013年1期，第84—90、155—156页。

同程序措施的适用范围加以限制，而将具体的适用规则完全交由各个缔约国自行规定，这导致国家在执法调查中可能不遵循比例原则地将理应针对严重犯罪的调查措施适用于各种程度的网络犯罪①；在国际司法合作方面，公约第32条b款被认为可能损害国家主权。该条款规定在征得他国境内有权披露数据个人合法自愿同意的情形下，一国可以直接获得存储在他国境内的数据。考虑到当下许多数据是由私人部门存储的，该条款使得一国可以在不经他国授权的情形下直接进行域外调查，从而损害他国主权。如上所述的这些规定都需要得到完善或修改才能适应网络犯罪的最新发展。

至于在实体法律层面，本文认为尽管《布达佩斯公约》作为基本遵循了双重犯罪原则的国际公约②，理应增补其关于刑事实体法的规定以保障缔约国能于国际合作中应对各种新类型的网络犯罪，但如前所述，囿于不同国家法律文化和意识形态的不同，要求各国就新类型的关涉信息内容的网络犯罪（典型如言论犯罪）达成共识十分困难。而对于新类型的技术性犯罪，由于公约技术中立性的语言实际将“网络犯罪”的概念转化为“通过计算机系统及其内容实施的犯罪”，在一定程度上减弱了因技术发展可能带来的公约适用上的滞后③，遵从公约使用技术中立语言规定网络犯罪的缔约国实际可以通过将相关传统计算机技术犯罪“口袋罪化”的方式规制新的技术犯罪。故公约为保障其普遍适用性很难也无甚必要增设新的网络犯罪类型。对新类型犯罪的规制可能会主要出现于各国的国内立法中。

此外还应注意到各公约缔约国已经在实践中积累了关于跨国网络犯罪治理大量经验。在公约草制的时期，各国关于网络犯罪治理特别是国际网络犯罪治理的实践经验还比较少。但随着时间的推移，许多公约缔约国已经有了较成熟

---

① Jonathan Clough：“A World of Difference：the Budapest Convention on Cybercrime and the Challenge of Harmonisation”，*Monash University Law Review*，Vol 40，No 3，2014，pp. 698—736.

② 参见《布达佩斯网络犯罪公约》，对双重犯罪原则唯一的例外系其第29条第3款，该条款规定在有关计算机数据快速保存中双重犯罪原则不应成为提供数据保存的条件。见 http：//www.europarl.europa.eu/meetdocs/2014_2019/documents/libe/dv/7_conv_budapest_/7_conv_budapest_en.pdf.，最后访问时间：2019年1月1日。

③ 胡建生、黄志雄：《打击网络犯罪国际法机制的困境与前景——以欧洲委员会〈网络犯罪公约〉为视角》，载《国际法研究》2016年第6期，第21—34页。

的关于打击跨国网络犯罪的国际合作的经验，譬如仅 2017 年一年，法国就收到了 115 份数据冻结请求并发布了 101 份相关要求，英国的英国国家犯罪调查局也在该年处理了 440 份数据保存请求。从这些执法和司法经验中能归纳出实践中的一些良好做法作为国际立法的基础，为相关规则的演进提供良好指导。

（四）对各缔约国未来网络犯罪治理走向的预判

基于上述分析，本文认为今后一段时期受《布达佩斯公约》影响的各缔约国的立法动态会更多侧重于刑事程序、电子证据和国际合作等方面，各国会在旧有公约框架上进一步推进这些领域规制的细化。在针对具体犯罪的认定问题上，缔约国之间会进行经验交流以确保对相关技术犯罪入罪的一致性。同时为实现对跨国网络犯罪的综合治理，针对发展中国家开展的能力建设和技术援助也会是相关工作的重点。

二、非公约缔约国对网络犯罪治理的态度立场

相比于各《布达佩斯公约》缔约国在会议前就相关主题积极反馈，各非公约缔约国在此环节发声较少，仅中国、俄罗斯、新加坡等数个国家提供了反馈意见。结合各国近年来在相关领域的一些具体做法，分析得到非公约缔约国当前对网络犯罪治理的基本态度立场如下：

1. 构建联合国框架下的网络犯罪公约

相较之布达佩斯公约缔约国，以中国、俄罗斯为代表的金砖国家和其他非缔约国并未将公约视为解决网络犯罪问题的“黄金标准”。俄罗斯在反馈意见中指出，目前国际条约呈现出一种“区域化”的现象，这阻碍了国际社会就网络治理的关键问题达成共同的理解，从而，面对快速发展的网络犯罪，目前的已有的框架事实上已经落后了；此外，双边合作机制也并不是万能灵药，因为相关国家可能拒绝某些关键数据的传输，或者无理由拖延响应时间。当务之急是以联合国为平台，产生一份打击网络犯罪的国际公约。

中国在反馈意见中更进一步指出，《布达佩斯公约》系地区性公约，广大区域外国家并未参与谈判，内容不具有代表性。且公约规定的加入程序苛刻，不具有国际性公约所具备的开放性。网络犯罪突破地域限制、日益猖獗，不

是一个国家或一个地区可以独立应对的问题，加强国际合作、树立网络空间命运共同体意识是新阶段的要求。因此，在《布达佩斯公约》框架之外形成一个联合国框架下的更具有国际性的公约才是正确的方向。

2. 尊重网络主权原则

对于网络犯罪问题的国家治理，需要国家间的协调与合作，但这并不意味着这一治理可以逾越国家主权这一根本出发点。中国、俄罗斯等国指出，国家主权原则适用于国家在其领土内对其信息基础设施实施管辖权，这既是与2003年信息社会世界峰会《日内瓦原则宣言》所符合的，亦是由联合国信息安全政府专家组2013年和2015年反馈意见中均得以确认的基本原则。对《布达佩斯公约》的批评也指出，在一定程度上公约过度关注个人权利和其相关问题，但缺乏对国家主权等问题的关注。

各国有权根据其基本国情的需要，制定相对应的政策和法律。中国、俄罗斯、南非、斯里兰卡、约旦等国认为主权国家有权就非法利用网络的犯罪行为、网络恐怖主义行为、通过暗网和物联网实施的犯罪、攻击关键基础设施的行为等单独定罪。值得指出的是，强调国家主权原则并不意味着对个体权利的侵害，对于网络犯罪的治理既要捍卫主权，也要体现保护人权，包括遵循正当程序、保护隐私和言论自由等，同时要避免权利被滥用危害国家安全、公共秩序和他人合法权益。

3. 在尊重接受国意愿的基础上加强能力建设、技术支援

中国、俄罗斯等非缔约国同样表示了对于国际合作、能力建设的关切。与公约缔约国的具体关切稍显不同的是，中国认为进行国际合作和能力建设、技术支援一方面要以国家主权原则作为基础，要充分尊重接受国意愿、符合其国情和需求，应该以各国自愿同意的参考模板作为技术援助的相关标准；另一方面进行相关建设也应不拘一格，采取全面和多维度的方法，利用联合国为平台，协商国际条约的同时，也不应忽视双边、多边或区域性条约所能产生的效用，应充分利用可利用的一切资源。

三、有关中国参与网络犯罪国际治理的对策建议

目前以英美为代表的《布达佩斯公约》缔约国集团正积极推广公约，以期

该公约能够发展成为打击网络犯罪的全球标准。与国内学者普遍唱衰公约未来发展[①]的观点不同，本文观察到尽管近年加入公约的成员国数量日趋减少，但阿根廷、哥伦比亚、菲律宾、加纳[②]等发展中国家都在申请加入该公约，这与一些学者认为公约无法反映发展中国家利益而会遭到发展中国家排斥的论断矛盾，公约的实际影响范围仍在不断扩大，应当引起我们的高度关注。同时鉴于我国并未参与《布达佩斯公约》起草之事实，加入《布达佩斯公约》必然使我国在相关规则（特别是正在起草的国际合作规则）的制定及适用中丧失主导权，危及我国作为新兴国家在互联网领域的利益。故我国应恪守不加入《布达佩斯公约》的基本立场，通过联合国平台凝聚国际共识推进相关规则制定，积极扩大在网络犯罪治理领域的话语权。就此本文拟提出以下建议：

1. 归纳各地方性法律文书的共性内容，建立联合国框架下的多边法律文书

过去十年中，许多地域性国际组织都制定了打击网络犯罪的国际和地区性法律文书，除最具有影响力的《布达佩斯公约》外，还包括《上海合作组织成员国保障国际信息安全政府间合作协定》《阿拉伯国家打击信息技术犯罪公约》《非洲联盟建立有利于非洲网络安全的法律框架公约（草案）》等。有限成员的地区组织法律文书虽然在一定程度上造成了当前国际打击网络犯罪领域立法的“碎片化”，但一方面各组织的文书本身是组织成员国立法相协调的产物，反映了这些国家在网络犯罪领域的一些共通做法，另一方面不同组织的法律文书中也因相互影响借鉴而存在共通之处，因此可以从这些法律文书中总结归纳出国际社会的相关普遍共识。当前我国正致力于推进建立联合国框架下制定关于网络犯罪的综合性多边法律文书，本文认为为了形成可供世界各国接受的普遍规则，我国可参考各地区法律文书提炼其共同核心内容，作为相关国际性法律文书的制定基础。

2. 制定多边法律文书时仍以规制技术犯罪为主，同时纳入涉及恐怖主义的网络犯罪

鉴于不同国家对关涉信息内容的违法行为是否应当入罪存在较大分歧，

---

① 参见胡建生、黄志雄：《打击网络犯罪国际法机制的困境与前景——以欧洲委员会〈网络犯罪公约〉为视角》，载《国际法研究》2016 年第 6 期，第 21—34 页。

② *Chart of signatures and ratifications of Treaty* 185， 见 https：//www.coe.int/en/web/conventions/full-list/-/conventions/treaty/185/signatures?p_auth=06RrYLaS，最后访问时间：2019 年 1 月 1 日。

我国在参与制定多边法律文书时为确保得到广泛接受，仍应将文书的重点放在对技术性犯罪，也即“侵害计算机信息系统及数据安全犯罪”的规制上。同时为了适应新类型的技术犯罪，中国应积极与世界各国就加密货币、云计算等新兴网络技术发展对网络犯罪的影响进行研究探讨和经验分享，以求达成对相关新技术犯罪的法律治理的共识，并根据实践不断补充开展国际合作的犯罪种类，保障国际合作的良性开展。

作为信息内容的违法的行为的特例，涉及恐怖主义的网络犯罪行为已受到以法国为代表的部分欧美国家的重视，为国际社会所广泛关注。而涉及恐怖主义的网络犯罪本身也是我国刑法打击的重点，故我国将来谈判制定法律文书时应力争将涉恐怖主义的网络犯罪纳入规制范围，如是既可以得到世界各国的普遍支持，又满足了我国治理犯罪的现实需求。

3. 结合现有经验推进网络犯罪国际合作程序机制的发展

当前国际社会对各国的关切点已经从形成相关基本法律框架，转向对刑事程序和国际合作电子证据和国际合作等具体规则的进一步精细化。面对日益复杂的国际博弈，我国应在坚守基本立场的基础上顺应最新形势，实现对网络犯罪的有效治理和对相关国际法规则制定的主导。

2014年以来，中国警方受理了50余个国家和地区600余次案件协查请求，与20多个国家联合侦办了一批大案要案①。可以说我国在网络犯罪治理的获取电子证据等程序法以及国际合作等领域已经积累了较为丰富的实践经验。我国可结合相关经验，通过金砖国家信息安全工作组等国际平台与相关国家合作起草制定打击网络犯罪的国际协助程序规则，并将相关成果提交联合国大会。同时注意到美国、澳大利亚等国皆强调《联合国打击跨国有组织犯罪公约》在当前治理网络犯罪国际合作中的作用，我国参与起草的相关规则应力求与《联合国打击跨国有组织犯罪公约》的规定相协调形成良好衔接，建构联合国框架下体系完备的国际合作程序规则。

---

① 《中国代表团在联合国网络犯罪政府专家组第四次会议各项议题下的发言以及提交的书面建议》，2018年4月15日，参见 https://mp.weixin.qq.com/s?timestamp=1525893778&src=3&ver=1&signature=fz1AN6ZHlFD-QneEbdJOBHw7PnyNaT1oiNm7I5CnZe*MeQ9pJAaR2Js8e-Mapea0QoHg9xBRS9ZFMiR21B1hIpI6n8Z8iusZViBvMwyDrKAexxur3aOKbNUzu3PVSBLQ9KFxRbpw2-w91SrwEmGQM*g2QKLJE4VBe8LhZWNSyqo=，最后访问时间：2018年5月1日。

个人数据跨境流动保护机制的域外经验与本土建构

韩　容*

在互联网时代，个人数据跨境流动已成为社会互动、经济发展和技术进步的重要因素。① 与此同时，个人数据流动带来的过度收集和滥用行为对数据主体的人身和财产安全造成了严重的威胁。2018 年 Facebook 的用户数据"失窃"事件；2016 年俄罗斯最大社交网站被黑，1.7 亿个用户数据遭到外泄；2016 年雅虎的网站被黑客入侵，5 亿用户数据遭到泄露。接踵而至的个人数据泄露事件敲响了各国对个人数据保护的警钟，各国纷纷加快了个人数据跨境流动保护的立法步伐，并实施相应的行政执法和司法措施来全方位地保护本国的个人数据在跨境流动中免受侵害。例如，2018 年 5 月生效的欧盟《一般数据保护条令》（以下简称 GDPR）就对个人数据跨境流动做出了全面详细的规定，希望在个人数据保护方面成为"领头羊"，并占据相关国际规则制定

* 韩容，北京师范大学法学院硕士研究生。

① 从世界各国的法律规范中的表述来看，"个人数据"的法律名称主要分为四种：中国、日本、韩国、俄罗斯等国家主要使用"个人信息"（personal information）的表述，如《中华人民共和国个人信息和重要数据出境安全评估办法（征求意见稿）》《个人信息保护法》中的规定；欧盟国家基本使用"个人数据"（personal data）的表述，如《一般数据保护条例》中第 4 条的规定；美国及受其影响比较大的国家（地区）多使用"个人隐私"（personal privacy）的表述，如美国《儿童在线权益保护法案》《消费者权益保护法案》中的规定；而有的还使用"个人资料"（personal file）的表述，如《澳门个人资料保护法》第 4 条中的规定。关于这四种表述，虽然字面上有差别，但笔者认为其保护的对象及其法益并没有太大的区别。本文所指的个人数据采用广泛意义上的定义，即一切与个人信息相关的数据。个人数据的跨境流动是指个人数据跨越国家边境的运动，涉及的主体包括数据主体和数据控制人，以及其他直接或间接参与这个过程的主体。

的“制高点”。个人数据跨境流动保护法具有域外的效力，国内对个人数据保护的力度越强、法治水平越健全，那么个人数据跨境流动的安全系数就越高。因此，面对保护国家和国民安全的现实需要以及国际经济、法治等环境的变化，中国也需要加快国内个人数据跨境流动保护的治理步伐，同时提高全球治理水平，以维护国家利益和数据主体的权益。

个人数据跨境流动的过程涉及多个主体的行为及不同法律制度的衔接与调和，对其保护离不开政府和企业等多方的合作。鉴于此，本文首先分析了当前个人数据跨境流动的需求现状与保护的困境，随后介绍和评析了个人数据跨境流动保护的国际趋势，包括充分性保护评估标准、有效企业规则（binding corporate rules，以下简称 BCR）[①] 以及采取的一些行政监管措施和跨国司法合作等做法。最后，在借鉴国际经验的基础上，结合中国的经济、网络、技术等发展情况，本文提出应当从立法、执法、司法三个层面对个人数据跨境流动进行保护，同时政府进行宏观指导与企业提供微观技术支持，从而建构本土保护机制。本文的研究契合了中国“大数据”战略的需要以及国际上对个人数据保护的趋势，具有重大理论与实践意义。

一、个人数据跨境流动中存在的问题

在网络空间命运共同体的背景下，以地域为标志的传统法律在规制具有无边界性、高速度性、不可预见性、海量性的个人数据跨境流动问题上显得捉襟见肘。[②] 个人数据跨境流动的核心问题在于：如何促进数据自由流动的同时保护国家安全以及数据主体的权益不受侵犯？目前，个人数据跨境流动的需求在不断增加，但与之相应的保护措施却遭遇了“瓶颈”。

---

① “约束性企业规则”是指成员国领土上的控制者和处理者通过事业集团或企业集团进行的联合经济活动，而致个人数据传输或系列传输到一个或多个第三方国家的控制者或处理者时必须遵循的个人数据保护政策。

② Myra F. Din，“Data without Borders，Resolving Extraterritorial Data Disputes”，*Journal of Transnational Law & Policy*，Vol. 26，2016—2017，pp. 1—52.

（一）网络空间命运共同体对个人数据跨境流动的保护提出要求

习近平在第二届世界互联网大会上强调各国应当共同构建网络空间命运共同体，推进网络空间的共享、共管和共治。网络空间是个人数据跨境流动的主要场所，网络空间的存在打破了传统的地域及时间限制，从而让个人数据在全球即时“产生”和“共享”。具体来说，在大数据时代，个人行为和生活细节被数据化，“产生”了大量的个人数据，让个人生活轨迹变得“透明化”。[①] 个人数据在这个没有边界的“共同体”中不断地流动，从而为企业决策提供参考、科技发展提供助力以及促进了各国之间的人文交流等，实现了个人数据全球“共享”所带来的商业、社会等价值。

然而，网络实现了个人数据跨时空“共享”的同时，也提高了个人数据跨境流动的风险系数，这无疑要求各国对个人数据的跨境流动进行“共管”和“共治”。目前，全球数据整体呈现出数据储存的集中化趋势，这种储存模式使个人数据的跨境流动更加频繁，从而更容易发生个人数据混同、丢失或遭受篡改等事件。例如，不法分子在非法获取部分个人数据后，对数据主体的电子账户、政治倾向、宗教信仰等数据进行挖掘，从而侵犯了数据主体的权益。因此，各国在享受个人数据跨境流动所带来的利益的同时，也要加强对个人数据跨境流动行为的规制，从而维护数据主体的权益和保障经济的可持续发展。一方面，国家有权对本国公民的个人数据进行治理。国家对个人数据跨境流动进行规制的基础是国家对数据拥有的主权，有权根据本国的国家意志自行决定如何治理个人数据的跨境流动。[②] 网络空间命运共同体赋予了各国以平等身份共同治理国际网络空间权利，[③] 各国应当积极行使对个人数据保护的国家主权。另一方面，“共管”要求各国加强国际合作制定统一标准，“共治”要求各国协调对个人数据跨境流动保护的立法、行政、司法等措施，

---

① 刘建华：《大数据时代挖掘隐私证据的可采性原则研究》，载《江西社会科学》2017年第9期，第195页。

② 吴沈括：《数据跨境流动与数据主权研究》，载《新疆师范大学学报》（哲学社会科学版）2016年第5期，第116页。

③ 张新宝、许可：《网络空间主权的治理模式及其制度构建》，载《中国社会科学》2016年第8期，第69页。

各国有义务共同保护个人数据跨境流动的安全性，为个人数据的跨境流动打造一个可靠、安全的绿色“共同体”。

（二）个人数据跨境流动的需求与保护的困境

尽管个人数据跨境流动存在较高的泄露或者遭受攻击的风险，在其巨大的经济与社会价值驱动下，全球范围内的数字经济依然在以超常规的速度不断向前发展。[①]而且，企业与数据主体对个人数据跨境流动的需求在不断增长，日益增长的需求与风险系数的提高要求国家采取有效的保护措施。然而，各国针对个人数据的跨境流动采取限制收集范围、匿名化处理等限制性保护措施并未达到良好的效果。由此，就产生了个人数据跨境流动的需求与保护不足之间的困境，各国应当重新考虑如何平衡国际经济贸易的发展与个人数据跨境流动的保护。

1. 个人数据跨境流动的需求巨大

目前，个人数据跨境流动的需求呈现出爆炸式的增长趋势。互联网企业、电子商务企业等的发展需要海量用户数据的支持，国际投资、贸易等活动也需要分析个人数据从而开发国际市场。个人数据作为互联网企业的主要产品，是“新的石油”，是21世纪最有价值的资源。数字经济从根本上改变着企业跨界生产和营销货物及服务的方式。[②]数据公司每天都在以数字痕迹为主要原材料，生产出消费者无法摆脱的各种数字产品和服务。[③]国际投资的发展，企业在外国分公司的国际活动仍在扩张，大约1500家国有跨国企业拥有86000多家外国分公司。[④]企业对外投资都或多或少地涉及内部和外部的个人数据跨境流动，对其需求日益增加。与此同时，“数字贸易”也在迅速发展，国际贸易的发展对个人数据跨境流动的需求也在增长。由此可知，无论是企业自身

---

① 贾开：《跨境数据流动的全球治理：权力冲突与政策合作——以欧美数据跨境流动监管制度的演进为例》，载《汕头大学学报》（人文社会科学版）2017年第5期，第57—58页。

② 周浩：《数据为王：企业大数据挖掘与分析》，电子工业出版社2016年版，第13页。

③ ［美］安德雷斯·韦斯岸：《大数据和我们，如何更好地从后隐私经济中获益？》，胡小锐、李凯平译，中信出版社2016年版，第29页。

④ 联合国贸易和发展理事会：《世界投资报告2017》，http://unctad.org/en/PublicationsLibrary/wir2017_overview_ch.pdf，最后访问时间：2018年4月4日。

的生产还是对外的国际投资贸易都对个人数据的跨境流动有需求。

同时，数据主体对个人数据跨境流动的需求同样也在增加，他们越来越多地对外主动将个人数据流动到境外。一方面，随着社交媒体的发展，个人对 Facebook、Twitter、Google 等境外网络社交媒体的需求增加，在利用这些平台的时候不可避免地需要向境外流动个人数据。另一方面，数据主体用个人数据在全球进行消费。用户浏览外国网页是免费的，但实质上是在用属性数据如搜索记录、点击记录、视频观看记录等“个人数据”进行支付，这个过程同样也是个人数据的跨境流动。互联网等企业利用用户的个人数据进行广告推销从而获得巨额的财富。① 此外，日常生活中的很多决策活动也需要个人数据的跨境流动。例如，使用 Google 翻译、全球购、亚马逊等网站在全球范围内挑选物美价廉的商品等。

由此可知，个人数据的跨境流动是国际经济和社会发展的趋势，个人数据的价值就体现在流动上，企业与个人都对其有巨大的需求。在全球化大背景下，各国不能因为个人数据流动风险的负面影响而放弃其潜在的价值。因此，研究和探讨中国个人数据跨境流动保护机制的建构具有重大的现实需求和时代意义。

2. 个人数据跨境流动保护的挑战

各国主要是通过国内立法以及相应的行政执法措施和司法救济来对个人数据跨境流动进行保护。例如，日本《个人信息保护法案》第 20 条规定了对个人数据储存的安全管理措施②，并引入“匿名处理信息”措施来平衡个人数据的流动和保护。③ 然而，这些做法并不足以有效地应对个人数据跨境流动保护带来的挑战。

首先，在个人数据的收集、处理、利用等方面进行立法规制较为困难。鉴于人工智能技术以及数据挖掘技术的强大，限制企业收集个人的敏感数据

---

① ［日］成田真琴：《数据中间商》，邓一多译，北京联合出版公司 2016 年版，第 270 页。

② 日本《个人信息保护法案》第 20 条规定，个人信息处理者必须采取必要且适当的措施防止其所处理之个人数据的泄露、灭失或毁损以及采取其他措施对个人数据进行安全管理。

③ Noriko Higashizawa & Yuri Aihara，“Data Privacy Protection of Personal Information versus Usage of Big Data：Introduction of the Recent Amendment to the Act on the Protection of Personal Information (Japan)”，*Defense Counsel Journal*，Vol. 84，Issue 4，2017，pp. 1—16.

从而限制个人数据的收集范围似乎不太可行。科技的快速发展使得收集和分享个人数据的规模显著提高。企业以及公权力机构为了更有效率地开展相关的活动，都在运用科技以前所未有的规模收集和利用个人数据。此外，个人数据的收集通常都具有很强的身份性，基于某一条数据几乎就可以挖掘所有其他相关的信息。例如，Facebook 的一个“点赞”就可以告知一个人的性别和种族，还可以预测一个人的年龄、智商以及宗教和政治观点等有关个人数据。数据主体往往对自己数据跨境流动的情况并不了解，许多企业以“赚钱”和“提供更好的客户体验”的名义来收集和交换个人数据。[①] 在这种情况下，往往是数据主体主动将个人数据传输给企业，很难规制企业对个人数据的收集行为。同时，企业也没有充分披露用户数据的处理方式，包括收集和共享的内容、对象以及情形等信息，现实中也存在用户的数据在未经允许的情况下被不同网站共享的情形，这种不透明性使得企业的相关行为难以受到法律的规制。

其次，在限制及监管等行政措施方面也未能降低个人数据跨境流动中的风险，其带来的负面效应反而更多。许多国家在个人数据跨境流动的监管方面都采取“数据本土化措施”即根据有关法律规定或者政策要求，企业需将储存和处理的数据在物理意义上（储存数据的基础设施等）限制在国内。[②] 采取此种做法的国家有越南、马来西亚、澳大利亚、加拿大、欧盟、俄罗斯和中国等。例如，2011 年中国的《人民银行关于银行业金融机构做好个人金融信息保护工作的通知》第 6 条的规定。[③] 然而，数据本土化措施并非规避个人数据跨境流动风险的“万能药”，这种数据本土化措施存在诸多的缺陷，遭到美国等其他国家的质疑和批评。《跨太平洋伙伴关系协定》（以下简称 TPP）中明确禁止了成员国颁布数据本土化的法律或相关政策。个人数据本土化措

① Adam Tanner, “Legal Questions Raised by the Widespread Aggregation of Personal Data”, *New England Law Review*, Vol. 49, Issue 4, 2015, pp. 601—610.

② Neha Mishra, “Data Localization Laws in a Digital World: Data Protection or Data Protectionism?”, *The Public Sphere*, 2016, , pp. 135—158.

③ 《人民银行关于银行业金融机构做好个人金融信息保护工作的通知》第 6 条规定，在中国境内收集的个人金融信息的储存、处理和分析应当在中国境内进行。除法律法规及中国人民银行另有规定外，银行业金融机构不得向境外提供境内个人金融信息。

施存在诸多不足，一方面，数据本土化措施的成本非常高，企业通常需要购置昂贵的基础设施并采取防护措施来保障储存的个人数据安全；另一方面，数据本土化措施增加了政府访问数据所带来的风险，政府有权限访问本土化的数据，这不仅扩大了网络的攻击面同时也降低了数据安全工具的功效，因为企业要为政府访问数据“开后门”，从而将个人数据和企业安全置于更多风险之中。①

此外，数据主体的权益遭受侵害后在司法救济方面遭遇管辖权冲突、跨国取证困难等挑战。在个人数据跨境流动过程中往往会涉及多个连接点，如数据主体住所地、侵权行为地、侵权结果地、受影响地，等等。这时，根据传统的管辖规则，会产生管辖权冲突或管辖真空问题。传统的确定管辖权的连接因素如物理位置等与个人数据跨境流动行为没有太多的关联性，从而会导致难以解决个人数据纠纷的管辖和取证。此外，个人数据的跨境流动通常是捉摸不定的。例如，境外企业收集境内个人数据，该企业在境内没有实体或者在境内有实体，但数据已经流动到境外；或者收集数据的是一家企业，但有多家企业进行数据的储存和处理，如在云计算环境下有多家云计算服务提供者使用虚拟服务器提供数据储存和处理服务，这导致难以找到数据的具体位置，就连服务提供商可能都不知道数据储存的具体位置。② 这种情况下，一方面是难以确定责任主体导致管辖困难，另一方面是取证困难导致难以处理纠纷。同时，多家企业进行个人数据分享也导致难以确定是谁泄露或者滥用了个人数据，因此也很难与受害人建立起因果关系。③ 个人数据的跨境流动通常是瞬间发生的事，其行为的物理特征性不强，这就加大了取证的难度。

大数据时代，数字经济的发展以及互联网的无国界性使得个人数据跨境流动成为一种需求，然而，各国个人数据跨境流动的保护机制却遭遇困境。

---

① H. Jacqueline Brehmer，“Data Localization：The Unintended Consequences of Privacy Litigation”，*American University Law Review*，Vol. 67，Issue 3，2018，pp. 927—970.

② Paul M. Schwartz，“EU Privacy and the Cloud：Consent and Jurisdiction Under the Proposed Regulation（April 1，2013）”. 12 *BNA Privacy and Security Law Report* 718（04/29/2013）；*UC Berkeley Public Law Research Paper* No. 2290299. 参见 SSRN：https：//ssrn.com/abstract=2290299.

③ Myra F. Din，“Data without Borders：Resolving Extraterritorial Data Disputes”，*Journal of Transnational Law & Policy*，Vol. 26，2016—2017，pp. 1—52.

因此，有必要对国际上对个人数据跨境流动保护的制度及具体做法进行梳理和分析，从而为本土保护机制的建构提供借鉴经验。

二、个人数据跨境流动保护的国际趋势及评析

个人数据跨境流动的风险并未减少企业及个人对其的需求，在价值的驱动下个人数据的跨境流动是无法制止和阻挡的。因此，各国只能是在平衡各个权益主体的利益后对个人数据跨境流动进行规制和监管，从而降低其风险。目前，以欧盟为代表的各国或地区对个人数据跨境流动的保护工作主要是从以下三个方面开展的：首先，对个人数据流入国的充分性保护水平进行评估，否则只能在法定例外的情况下流动；其次，对个人数据流动行为的监管，包括政府专门部门进行监管以及企业内部的监管；最后，在发生个人数据泄露、滥用等事件后，除了在国内进行企业、司法等救济之外，还进行国际司法协作。下面将对这些做法进行阐述和评析。

（一）个人数据保护的充分性评估及评析

由于各国对个人数据的保护水平不一致，个人数据流出国通常根据国内法律制度中设定的一些参数对流入国的个人数据保护的充分性进行评估。这种做法的典型代表就是欧盟，欧盟的 GDPR 对个人数据保护的充分性评估进行了详细的规定。当欧洲委员会认为个人数据流入国对个人数据和隐私的保护水准和欧盟相当时，就认定为满足充分性评估标准，之后的个人数据流动就不需要获得特别授权。充分性评估主要考虑以下几个因素：法治水平，即对人权和基本自由的尊重，该国专门或者一般性的立法、政府机构等公共机构对个人数据的访问权限等；同时，还涉及个人数据保护法的执法情况、数据保护具体规则、行业规则、转移规则以及安全措施的完备性，以及相关的行政和司法救济是否有效地保护了数据主体的权利；此外，还要判断个人数据流入国是否存在一个独立有效的监管机构来保障个人数据保护法得到遵守，协助和建议数据主体行使权利以及负责与他国的监管机构进行合作事宜；最后，考察个人数据流入国或组织所加入的保护个人数据的双边或多边协定的情况，以及是否采取了个人数据保护的相

应配套措施等。[①] 如果不满足充分性保护标准，数据流入国可以采取其他措施来达到与充分性相当的保护标准。例如，有一个或多个特定部门对企业实施至少每四年进行一次的定期审查，这些监督机构按照法律规定评估审查是否达到了与充分性相当的保护标准。此外，个人数据控制者或处理者应当保障数据主体可以行使其权利以及能够得到有效的法律救济。[②] 适当的保障措施包括 BCR、个人数据保护委员会或者监管机构根据审查程序通过的标准数据保护条款、经过核准的行为守则等措施。BCR 是规范跨国企业内部个人数据流动的一种机制，要求企业内部采取制度以及技术措施保障个人数据流动的安全性，该机制从侧面保障了数据流入国对个人数据保护的充分性。[③]

在没有达到充分性保护的标准以及没有适当保障措施时，个人数据的跨境流动只有在满足下列情况之一时才能够进行：数据主体对适当的流动明确知情，并且是在数据主体获悉由于缺乏充分性决定及适当的保障措施而进行此类流动的可能风险后的同意流动；流动是为履行数据主体参与的合同之必要，抑或处理因数据主体在签订合同前的请求而采取的措施；为了保护数据主体或其他自然人的切身利益之必要；保护公共利益的必要；该流动对于确立、行使或维护法律诉求是必要的；流动是控制者或者第三方为了追求合法利益之必要，但是需要具有行为能力以及权利能力的数据主体表示同意。[④]同时，《APEC 隐私框架》第 16 条[⑤]，《俄罗斯个人数据保护法》第 12 条第 1 款[⑥]，中国的《网

---

① *GDPR* Art. 45 Transfers on the basis of an adequacy decision.

② *GDPR* Art. 46 Transfers subject to appropriate safeguards.

③ *GDPR* Art. 47 Binding corporate rules.

④ *GDPR* Art. 49 Derogations for specific situations.

⑤ 《APEC 隐私框架》第 16 条规定，个人数据控制者将个人数据转移给另一个自然人或组织时，不论是国内的还是国际的，个人数据控制者应当获得数据主体的同意，或谨慎处理并采取合理的措施以确保接受信息的自然人或组织能够提供与这些原则相一致的保护水平。

⑥ 《俄罗斯个人数据保护法》第 12 条第 1 款规定，数据向第三国转移的，数据控制者应当确认第三国提供了“充分水平的保护”。

络安全法》第37条[①]，《澳大利亚隐私法》第8条第1款[②]也做出了类似的规定。此外，新加坡也规定了数据跨境流动的条件，转让个人数据的组织确保接收方有足够的保护水平（无论规定或合同约定），且不低于新加坡个人数据保护的标准。印度在个人数据跨境流动方面也规定，仅有在接收者采取了与控制者同等保护措施时，才可以将个人敏感数据转移给第三方。

虽然个人数据流入国不受流出国法规的约束和管辖，但根据充分性评估的要求，数据流入国应达到数据流出国的数据充分性保护标准，从而间接地遵守这些法律制度。充分性保护评估可以视为个人数据流出国的个人数据保护政策向数据流入国的"扩张"，即个人数据保护法域外效力的扩张。其实，GDPR的法律适用范围就实现了从属地主义扩展至属人主义的突破，该法规适用于非欧盟实体向欧盟人员提供商品或服务的情况，囊括了所有在欧盟法规范围内的网站、社交网络服务和应用程序提供商，只要他们与居住在欧盟的数据主体存在互动，不管其数据处理行为是否实际发生于欧盟范围内。[③]个人数据跨境流动法律关系的主体、客体以及行为往往涉及不同的国家。个人数据保护法律的域外效力扩张所引发的法律冲突问题也越来越突出，行为人通常受制于多个国家的法律。个人数据控制者要遵守数据流出国以及流入国及转移后的第三方国家的相关法律规定。[④]具体来说，企业在境外经营或者是面对国际客户时，应当遵守相关国家（服务地国）的有关个人数据跨境流动保护的法律。如果企业使用第三方提供的云计算服务，提供者同样也要遵守

---

① 《中华人民共和国网络安全法》第37条，关键信息基础设施的运营者在中华人民共和国境内运营中收集和产生的个人信息和重要数据应当在境内存储。因业务需要，确需向境外提供的，应当按照国家网信部门会同国务院有关部门制定的办法进行安全评估；法律、行政法规另有规定的，依照其规定。

② 《澳大利亚隐私法》第8.1条规定，数据控制者在向第三国数据接收者转移个人数据之前，原则上必须采取"在当时情况下所有合理措施"确保第三国接收者并没有违反澳大利亚隐私原则（透明原则除外）。

③ McKay Cunningham，"Complying with International Data Protection Law"，*University of Cincinnati Law Review*，Vol. 84，Issue 2，2016，pp. 421—450.

④ Peter K. Yu，"Towards the Seamless Global Distribution of Cloud Content"，in Anne S.Y. Cheung & Rolf H. Weber（eds.），*Privacy and Legal Issues in Cloud Computing*，Edward Elgar Publishing，2015，pp. 180—213.

服务地国的法律。[①]尽管企业对个人数据流出国的法律制定以及实施没有发言权，甚至根本不了解和掌握，但也需要遵守这些法律。[②]各国的个人数据保护“法律网”增加了企业的合规成本，无疑对个人数据的经济价值开发与利用会产生不利的影响。此外，充分性评估也面临着主观性太强的质疑，各国的经济发展水平不一致以及对个人权利保护的程度也不一致，欧盟将个人数据作为一种基本人权保护并且要求其他国家也这样做，这种做法带有保护本国经济的主观性质。目前，符合 GDPR 充分性保护标准的国家仅仅只有十多个，该标准形成了他国与欧盟个人数据跨境流动的制度壁垒，无疑不利于国际经济贸易的发展。

（二）个人数据的行政监管及评析

个人数据跨境流动保护的另一措施就是行政监管。政府设立专门的监督机构监督企业依法对跨境流动的个人数据进行风险管理。行政监管机构的监管逐渐加强，一方面，体现在政府对跨境流动的个人数据的访问权扩大，甚至是直接在源头上“封杀”个人数据的跨境流动；另一方面，对数据控制者即企业的合规性要求提高，要求企业内部建立相应的个人数据保护规章制度和组织结构，从而降低个人数据跨境流动的风险。

1. 行政监管加强及评析

由于个人数据保护涉及一定的技术知识与专业性，各国的政府监管主体通常比较专业化和独立化，如美国设立的联邦贸易委员会、新加坡设立的个人信息保护委员会、韩国及日本设立的个人信息保护委员会。[③]这些专门的行政监管机构对个人数据的访问权力往往较大，从而监督个人数据跨境流动的行为。例如，许多云计算服务提供者在多个国家都有数据中心，所在国政府为了对国内的数据中心进行监管和规制，都会强制云计算服务提供商允许监

---

① George Yijun Tian, “Current Issues of Cross-Border Personal Data Protection in the Context of Cloud Computing and Trans-Pacific Partnership Agreement: Join or Withdraw”, *Wisconsin International Law Journal*, Vol. 34, Issue 2, 2016, pp. 367—408.

② 齐爱民：《大数据时代个人信息保护法国际比较研究》，法律出版社 2015 年版，第 49 页。

③ 京东法律研究院：《欧盟数据宪章——GDPR 评述及实务指引》，法律出版社 2018 年版，第 133 页。

管机构在维护国家安全或执法等特定的情形下访问个人数据。美国的《爱国者法案》规定美国政府有不受限制的权利访问美国云计算服务提供商或者其分支机构储存在美国之外的数据。此外，美国总统特朗普 2018 年 3 月签署了《澄清境外合法使用数据法案》（CLOUD ACT），该法案赋予美国执法机构能访问美国企业存储在任何国家中的在线数据。欧盟也有相类似的规定，根据 GDPR，国家数据保护机构的监管领域适用于注册的外国公司，只要外国公司通过固定安排等在其成员国实施了有效的（即使很小）活动。[①]同时，欧盟在 2018 年 4 月公布了"电子证据"提案（E-Evidence Proposals），规定欧盟的执法机构可以直接向所有在欧盟境内运营的企业调取存储在欧盟境外的个人数据。此外，有的国家以安全为名义，加大了对个人数据跨境流动的"封杀"力度。由于 Telegram 拒绝向俄罗斯国家安全机构提供用户加密信息的访问权限，俄罗斯联邦通信监管局于 2018 年 4 月 13 日起就封杀了 Telegram 客户端以及 180 万个亚马逊和谷歌云服务 IP 地址。

政府对跨境流动数据的访问权增强虽然有利于保护国家安全，但同时也增加了数据主体的权益遭受侵犯的风险。同时，监管国政府也有可能不正当获取他国公民的个人数据，存在个人数据泄露的隐患。数据访问的主体增加就意味着数据被泄露、篡改以及滥用的可能性增加，同时，有的国家会滥用政府的行政权力，这阻碍了数据控制主体对个人数据的安全保护。例如，2018 年以微软为首的 34 家高科技公司签署了一项保护用户数据安全的网络安全技术协议。然而，此协议并未得到政府的支持，世界上所有的技术协议在面对法院命令或一些政府可能用来追捕异见人士或政治对手的搜查令时都是无效的。因此，一味地强调政府对个人数据跨境流动的监管并不一定能达到保护的效果。

2. 企业的风险防控及评析

个人数据跨境流动安全性的保障措施兼具制度性与技术性。政府设立专门的行政监管机构有利于保障个人数据在跨境流动过程中的安全，但前提是

① Karen McCullagh, "Cross-Border Data Protection: Applicable Law and Territorial Powers of National Data Protection Supervisors", *SCRIPTed: A Journal of Law, Technology and Society*, Vol. 13, Issue 1, 2016, pp. 95—100.

数据控制者进行配合，具体落实相关的制度。这时，就需要企业内部进行自我监管。企业主要是设立保护个人数据跨境流动的组织机构以及建立规章制度来进行自我监管，对个人数据进行风险防控。

在组织机构方面，主要是增加DPO（数据保护官）来监管企业的行为。GDPR中第37条至第39条对于数据控制者设立DPO做出了明确规定，当数据控制者或处理者处理大规模特殊类别的数据时应当任命一名DPO，DPO可以是个人数据控制者或处理者的员工或者根据特定服务协议而聘请的人，数据控制者应当公布DPO的联系方式并报告给监管机构。① 其他国家也有类似的规定，韩国在《个人信息保护法》中要求个人信息处理者必须指定一名隐私官；2017年印度电子信息技术部发布的《印度数据保护框架白皮书》中也提出了DPO的要求；新加坡于2014年7月1日正式生效的《新加坡个人信息保护法》中也明确了企业须委任一名隐私专员，负责遵守数据保护法律；② 英国也引入了DPO，其职责是将为数据控制者提供数据保护方面的建议、处理申诉并确保法律得到遵守。③DPO是进行企业自我监管的一种尝试，虽然其效果如何还有待实践的检验，但这是企业进行自律的一种体现，有利于保障企业遵守保护个人数据的法律制度。

在规章制度方面，主要是要求企业对个人数据跨境流动进行合规性管理和风险防控，从而达到自我监管的效果。GDPR第35条要求对于高风险的数据处理业务，要事先进行数据保护影响评估，规定了尤其需要适用评估的领域——对个人特征的系统性评价、对大量敏感数据的处理以及对公共领域大规模的系统性监控。并且对于高风险的个人数据业务，企业须提前向政府监管机构咨询。OECD通过的《理事会关于隐私保护和个人数据跨境流通指南的建议（2013）》（以下简称"《2013指南》"）中增加了数据控制者要实施隐私管理规划的义务，要求企业必须根据其从事业务的结构、规模、数量和敏

---

① *GDPR* Art. 37—39 Data protection officer.

② Karen McCullagh, "Cross-Border Data Protection: Applicable Law and Territorial Powers of National Data Protection Supervisors", *SCRIPTed: A Journal of Law, Technology and Society*, Vol. 13, Issue 1, 2016, pp. 95—100.

③ 参见英国数字、文化、媒体和体育部（DCMS）编：《英国新数据保护法案：改革计划》，邓辉译，载《中国应用法学》2017年第6期，第175页。

感度等制定对个人数据进行隐私管理的规划，以确保其所控制的个人数据在网络空间中流动的安全性。该隐私管理规划的范围还包含其他可能承担责任主体的操作行为，数据控制者将数据传输给境外其他数据控制者时就需要承担共同责任。[①] 韩国《个人信息保护法》针对高风险的个人数据处理引入了个人数据影响评价制度。[②] 企业对个人数据进行风险管理，有利于提高保护个人数据的意识和降低个人数据跨境流动的风险。

个人数据的跨境流动也是一种市场行为，市场具有自我调节和规制的功能，如果只是简单对数据控制者施加各种强制性外部要求，忽视企业对个人数据的需求，这将难以激励企业对个人数据跨境流动的保护，[③] 也不能有效地保障数据主体的权益与国家安全。加强企业自身的合规性建设有利于实现行业自律，减轻政府监管的工作量并降低工作难度，但同时也加大了企业的成本。有的企业因不能够达到 GDPR 规定的标准甚至面临着破产，即使是 Facebook、Instagram 这样的大型互联网企业也面临着上千万美元的年支出，这无疑会增加企业的财政支出从而削弱企业的核心竞争力。[④] 与此同时，一味地强调企业自身的监管责任也是不太现实的，企业自身没有动力去保护个人数据的安全流动，因为这不会给企业带来收入。因此，激励企业加强个人数据的安全工作，降低企业的合规成本，这样才能切实促使企业主动保护个人数据在跨境流动过程中的安全，从而保障企业的持续健康发展。

（三）个人数据的司法救济及评析

个人数据跨境流动提高了其风险系数，无论多么奏效的监管措施或者保障措施也不可能完全避免纠纷的产生。因此，对个人数据跨境流动的司法救

① 高富平:《个人数据保护和利用国际规则：源流与趋势》，法律出版社 2016 年版，第 18—19 页。

② 韩国《个人信息保护法》第 33 条第 1 款规定，公共机关的负责人认为与总统令确定的个人信息文件的运营可能导致个人信息侵害的，应进行评价，分析其危险要因和导出改善事项，并将其结果向行政安全部长官报告。

③ 周汉华:《探索激励相容的个人数据治理之道》，载《法学研究》2018 年第 2 期，第 5 页。

④ Ivana Kottasová，“These companies are getting killed by GDPR”，载 CNN 新闻网站，http://money.cnn.com/2018/05/11/technology/gdpr-tech-companies-losers/index.html，最后访问时间：2018 年 5 月 26 日。

济是保护数据主体权益的最后一道屏障。然而，个人数据流出国的执法机构往往难以追查与境外活动有关的侵权行为。个人数据跨境流动的司法救济需要数据流出国与流入国进行执法机构之间的密切合作、信息交换，并在必要时进行跨国联合调查。在欧美签订的“隐私盾”协议中，欧盟要求美国为欧洲公民提供多种途径的救济。首先，欧洲公民的数据受到侵害后，欧洲公民可以向企业进行投诉来获得救济；其次，欧盟境内的个人数据保护机构可与美国商务部、联邦贸易委员会合作进行调查处理个人数据侵权等纠纷。此外，数据主体可以求助于免费的替代性纠纷解决机制（ADR）。在以上方式都不适用的情况下，欧洲公民可以求助隐私保护专家组进行仲裁，仲裁裁决具有约束性，以确保每个投诉都能得到解决。

在国际司法合作方面，OECD 的《2013 指南》中新增了实施跨境隐私执法合作的要求，希望各国达成保护个人数据的国际性协议和建立全球性执法机构合作网络，使数据主体可以在数据流入国进行投诉和维权。例如，各国执法机构可以通过执法授权来实现境内个人数据保护机构执法权的域外效力，从而减少域外执法阻碍与成本、提高工作效率并促进各国个人数据保护的执法信息共享，推动全球个人数据保护水平的统一化进程。①GDPR 第 50 条也专门规定了进行国际合作事项。② 在欧美的“隐私盾”协议中，美国政府与欧盟建立了年度联合审查机制，包括为了执法和国家安全而进行的数据访问，同时也对美国国内个人数据保护法的执行进行监督。③ 例如，利益相关方会在年度隐私峰会就隐私法趋势进行汇报，并落实年度联合审查机制，从而确保合作保护数据主体权利的措施得到实施。④ 此外，“隐私盾”协议中对数据流入国政府机构执法的透明度做出了具体的规定，并承诺针对欧盟公民的建立

---

① 高富平：《个人数据保护和利用国际规则：源流与趋势》，法律出版社 2016 年版，第 20 页。

② *GDPR* Art. 50 International cooperation for the protection of personal data.

③ 中国信息通信研究院等：《网络空间法治化的全球视野与中国实践》，法律出版社 2016 年版，第 271 页。

④ Holly Kathleen Hall，“Restoring Dignity and Harmony to United States-European Union Data Protection Regulation”，*Communication Law and Policy*，Vol. 23，Issue 2，2018，pp. 125—157.

新的个人数据权益救济机制。[①]

数据流入国与数据流出国之间达成司法合作协议可以拓宽数据主体的救济渠道和降低司法救济成本，国家间的执法以及司法合作也更有利于消除取证、诉讼以及执行等障碍。但目前来说，还需要进一步扩大和具体化合作范围，如明确和减少协助取证的具体程序、扩大判决的承认与执行范围等。GDPR中规定，只有基于国际协议（如司法协助条约）才能在欧盟成员国境内予以承认或强制执行有关个人数据的判决或裁决。[②]然而，并非所有的数据输出国与数据流入国都有司法协助条约。因此，还需要进一步完善个人数据跨境流动的国际司法合作。

三、中国个人数据跨境流动保护机制的建构

随着区域经济一体化、多边合作程度的不断深化，个人数据跨境流动已成为不可阻挡的趋势。随着GDPR的生效，其他国家和地区个人数据保护立法的完善及相关制度的建设，中国也应当关注和积极应对。首先，通过数据立法确立个人数据跨境流动保护的充分性评估标准，为个人数据跨境流动的保护提供一个参考标准；其次，建立“政府监管+行业自律”的监督机制，平衡数据主体权益保护与产业发展之间的利益，激励企业对跨境流动的个人数据进行保护；最后，协调个人数据保护的国内立法与国际规则的衔接，为个人数据跨境流动减少阻碍和数据主体的跨国司法救济提供便利。

（一）加强立法和建立充分性保护评估标准

中国目前没有专门的、综合性的个人数据保护法，对个人数据跨境流动的规制散见于法律、行政法规以及部门规章中，存在具体规定不全面、实践操作困难等问题。《网络安全法》中涉及对关键基础设施的个人数据跨境流动安全评估，但该法是一部上位法，还需要部门规章对其进行细化和解释。个

① Alan Butler, “Whither Privacy Shield in the Trump Era”, *European Data Protection Law Review* (*EDPL*), Vol. 3, Issue 1, 2017, pp. 111—113.

② *GDPR* Art. 48 Transfers or disclosures not authorised by Union law.

人数据跨境流动保护法律具有域外的效力，应当以国际通行的个人数据保护标准为基础设计具体保护内容，尽快制定统一的个人数据保护法，明确个人数据跨境流动保护的充分性评估标准，以避免出现因境内个人数据保护不力影响境外个人数据商业的情况。具体来说，应当以国家法律的形式明确个人数据跨境流动保护的基本原则、企业跨境收集和使用个人数据等行为的规范，并加大对个人数据滥用、侵犯个人隐私等不法行为的打击和惩戒。具体的充分性保护评估标准可以参照 GDPR 中的评估个人数据流入国充分性保护中考虑的因素，但对具有争议性的因素进行排除。例如，可以设立第三方的充分性认证机构进行认证，考察个人数据跨境流动的环境、技术保障措施、风险防控规划、规章制度、救济渠道等。在设立标准的过程中，可以对各种因素进行加权和赋值，并邀请企业代表、技术专家对标准的科学性和可行性进行论证，为企业提供个人数据跨境流动保护的参考标准。目前，国家还不太可能在短时间内制定出有效的充分性保护评估标准，企业可以根据国家制定的目标与框架进行自我评估，评估后根据自身的技术等情况给自己制定相应的技术和管理行为标准，在合适的时机上升到技术标准管制的“行业标准主导模式”。① 在国家没有出台相应的标准之前，行业标准可以作为个人数据跨境流动保护的充分性最低评估标准。

（二）“政府监管＋行业自律”的监管机制

2018 年 4 月，美国智库“新美国基金会”旗下的“数字权利排名”（Ranking Digital Rights）项目发布的《2018 企业社会责任指数》中显示，中国互联网公司百度和腾讯在披露处理用户信息和服务条款方面做出了重大改进。② 中国企业有能力满足政府审查和监管的要求以及提高行业领域中对个人数据保护的水平。因此，对个人数据跨境流动的监管方式可以是“政府监督”与“行业自律”的结合模式。

---

① 刘晓春：《大数据时代个人信息保护的行业标准主导模式》，载《财经法学》2017 年第 2 期，第 21 页。

② 《2018 企业社会责任指数》，载 Ranking Digital Rights 网站，https: //rankingdigitalrights.org/index2018/report/executive-summary/，最后访问时间：2018 年 5 月 6 日。

1. 政府设立专门的监管机构

政府专门机构对个人数据的跨境流动进行监管，有利于加强与各国个人数据保护机构的信息沟通与执法合作，了解国际社会中个人数据保护的最新趋势。政府有关部门应当建立个人数据跨境流动的审核评估机制，核准个人数据是否可以进行跨境流动，并定期检查企业的合规性措施以及是否及时处理了数据主体的投诉，确保企业遵守和落实个人数据跨境流动保护的法律法规。[①] 然而，政府拥有监管权并不意味着政府可以为所欲为，政府在保障国家安全的基础上应当适当限制自己的公权力，为私人主体留下发展的空间。对此，可以借鉴"隐私盾"协议中的做法，该协议中美国书面承诺"公共当局"对个人数据的访问将会受到限制并且不存在无差别的大规模监视。在美国的体系下，隐私规定的存在是为了确保个人隐私免受政府的侵害。企业对数据主体的权利侵害后，联邦贸易委员会要求数据控制者签订一些加强个人数据保护措施的协议，从而加强个人数据的安全。因此，中国政府设立专门机构进行监管时，应当明确监管的手段，明确访问跨境流动的个人数据的范围与情形，不得随意阻碍或者禁止个人数据的跨境流动。个人数据作为数据主体的一项私权，数据主体有权自由进行数据消费和交换，以实现数据提供者和消费者的最大利益。同时，政府作为公权力组织也有权为了国家安全、公共安全对个人数据信息的产生、使用、转移等行为进行调整和规制。因此，需要设立专门的个人数据跨境流动监管机构，并明确其职权范围，以此平衡国家监管的公权与个人实现自我利益的私权。

2. 激励驱动下的行业自律

个人数据是一种商品，如果仅仅是政府机构给予企业强制性的限制和要求，并不一定能达到良好的效果。企业承担的保护个人数据跨境流动的责任和义务应当与该行为的风险成正比，以便在数据主体的权益与企业经济利益之间取得平衡。虽然 GDPR 在个人数据跨境流动时给企业设定了诸多义务，但同时也规定了转移低风险的个人数据时免除一定的义务，给予了企业一定的商业空间。例如，GDPR 中规定如果企业如果采取了加密等措施保护个人数据，那么在个人数据可能发生泄露的时候就免除向政府部门以及数据主体

---

① *GDPR* Art. 48 Transfers or disclosures not authorised by Union law.

的，而且是可以进行学习、可以对外界的输入做出反馈的系统。有一天我问奎因教授，是否可以尝试用遗传算法来发现“living rule”，他说已经有人在做了，很多研究者已经采用各种算法来发现实际上的“法律规则”是什么。这是 2011 年让我印象深刻的一个小片段。从他们的研究上看，法律规则的实际形态有可能跟计算机算法算出来的函数形态是非常接近的，法律实际上也是在时间轴上不断地学习和演化的。当然，这个“学习”可能是制定和适用法律的人从外部驱动的学习。对于这种“学习”，在美国也有一些比较有意思的提法，比如说“制度实验室”，也就是把不同地方在法律规则上的探索看作制度实验室，不断调整规则和适应环境，最后可能会形成一个大致统一的规则，也可能不会。咱们国家如果从行政法这个部门法来看，其实很多规则也都是从地方到中央，也有这么一个类似于“制度实验”过程，从分散的试点到集中形成法律规范。这也是法律的一种“学习”。

第二个追问就是法律规则是怎么形成的？如果我们把视角的尺度放得更大一些，可以看到，法律规则本身有可能就是一个不断学习和淘汰的结果，这一点也非常像遗传算法，或者说像遗传算法算出来的结果。因为我们的历史上曾经有成千上万的规则，如果我们追溯到人类文明最早期的形态，绝大部分的规则可能都没有“活”下来；最后“活”下来的只是很小一部分经历种种考验的基本规则，而我们后来所有发展演化出来的社会交往规则，可能都是这一小部分基本规则的分支。例如，有人说：“以德报怨，何如？”孔子说“何以报德？以直报怨，以德报德”（《论语 · 宪问》），这里的“以直报怨，以德报德”，实际上应该就是经过不断选择淘汰出来的一个基本规则，也可以说是规范性的原则。我们知道遗传算法上有个非常著名的实验，计算机系统设定了不同行动策略的虚拟主体、互动方式和收益规则，虚拟主体在行动策略上每一步都可以跟另外一个主体合作，也可以选择伤害另外一个主体而获利，那么采取什么样的策略的主体能够发展得最好呢？最后就是著名的以牙还牙策略笑到最后：第一次跟遇到的其他主体采取合作策略，然后每一步都跟随对方采取上一个策略，对方如果合作，我就坚持合作；对方如果侵害我，那我下一次碰到它的时候就也选择侵害它；对方如果转为合作了，那我就冰释前嫌继续合作。这就很像“以直报怨，以德报德”。实际上，我们现在的文明可以说就是构筑在我们选择和淘汰下来的一系列制度、一系列规范上面的，从这种更大尺度上看，实际上法律也应该是不断“学习”的。

从我们现实生活中的法律来看，可以说我们的法已经是进入一个更快的学习轨道了。我从行政法的角度来举例，如美国行政法的重构都是四五十年前的事情了，从1983年前后开始，经过“国家农场案”和“谢弗林案”之后，美国行政法实际上已经进入了一个新的时代。大幅度的行政裁量继续存在，立法授权制约越来越无力，这就让司法对行政的尊重标准、“严格审查”和说明理由等领域迅速发展起来了。行政法的“学习”从说明理由制度的演化就能看见一个缩影。美国行政法对行政决定的说明理由提出了很高的要求，而且说明理由是跟行政先例结合在一起的。如果你能说清楚你的理由，那么司法一般会尊重你，这时候你的理由本身就会变成你自己的一个行政规则，一个实际上的“rule”；如果你要改变你自己设定的这个理由、这个“rule”，证明上的负担就很重，也会受到更严厉的司法审查。实际上，这就是法律规则的一个内在进化的过程。从这个角度上，可以说法律学习的途径和方式是非常复杂的。

那么通过法律的“学习”和法律的代码化，法律会变成一个什么东西呢？就像刚才成峰教授说的那样，很可能很多法律规则会消失，而且更重要的是它带来二值逻辑的前置，也即不是在案件发生之后法律再判断是合法还是非法，是对还是错，而是在你做出行为之时，算法就决定你能不能这样行为。比如说区块链上的智能合约，一旦经过广播和确认，达到条件直接执行，规则直接写在代码上，不需要事后根据法律去考虑有没有违约责任。类似的还有未来的无人驾驶，交通规则直接变成代码，规则已经变成了自动化的秩序。我还有一个“脑洞”，未来我们甚至每个人都可能带上人工智能拳套之类的自动防御系统，正当防卫的规则直接融入算法，它能够自动判断人遭受的不法侵害。如果有人打你，它会自动还击；但是如果你是想主动侵害，他就不给你提供力量，到时可能刑法上的很多案件和规则，现在都不一定存在了，都已经是自动执行的代码了。实际上这是什么呢？这就是未来的獬豸，有可能强大到我们根本无法通过它现在的面目认识的程度，在我们行动之前，就已经用一套高度规则化、自动化的秩序框架来架构我们的生活，这跟我们之前的法律世界就不一样了。实际上，我个人感觉智能化时代以前的法律世界有很强的多值化特征。刚才吴教授说的爱和博爱，让我想起莫言在诺贝尔奖获奖演说里面的一个观点，大概意思是说，在善和恶之间的广大灰色地带，是文学尽情发挥的天地。法律里面实际上也是有一定的合法性梯度和裁量范围的，不仅是违法非法的问题，这中间很多问题是多值化的逻辑。但是，未来的法律世界会如何？就我所接触到的领域，人工智能也好，区块链也好，其他技术也好，它们可能带来很多选择和判断，但是这些选择和判断很多都是事先设定的，由一套复杂的二值逻辑构成的一个多重二值逻辑，它可能是二值逻辑复合出来的一个“伪多值逻辑”。实际上我们未来面对的可能恰恰是一个二值逻辑“提前掌控”的世界。

这就是我个人的粗浅的想法。谢谢大家。

马剑银：感谢苏宇博士，我觉得讨论越来越深入，很多观点越来越清晰。接下来我们就有请李强教授，李强教授无处不在，他在政治学、社会学领域，在公司，在当官，现在又来到了我们北师大，因为叫“李强”的人太多了。

李强：叫这个名字的人虽然多，但不同的主体并不是不同的分支。当然，在人工智能时代可能会有很多分身。

成峰的这篇文章，我这几天深入地学习了一下。我觉得成峰的文章历来有一个特点，就是他有很宏大的思想上的野心。可能在具体的一些观点或者论证上存在一些细节性问题，但是在思想上的这种野心一直是他文章的特点。对我来说他这篇文章的冲击力就是他写了法律的深度不学习这个意象或者说这个概念，这是非常漂亮的。

但是这同时也带来一个问题。因为这个文章读来读去就是没有很确定说什么叫不学习，当然他一开始讲座的时候解释了一下，他说法律的深度不学习就是法律的普遍性、一致性、稳定性、确定性的“维持”，很明显这些特点是法律的规范性层面的表达。那么这就带来一个问题，如果我们说法律是一个规范性的存在，从什么意义上讲它是学习还是不学习。我们如果还原一下，就是说虽然法律是一个规范性的存在，但是我们要知道，如果要真正地去理解法律，我们必须还要向前看到事实这样一个领域和向后看到价值这样一个领域，也就是说法律与事实、价值三者一起形成了对一个法律世界的理解。规范这个东西它不像一个认知性的东西，因为法律规范总是希望能促使人的一种行动，或者一种行为去遵循。最后的落脚点是要实现人的一个行为或是实践面向。从这个意义讲，法律作为规范至少要在现实世界中能够触发一种行动机制，这样就导致法律所设定的目标或者它的一些要求能够符合人的行动动力机制。比如说失物招领，设定一个法律规范，法律赋予你权利，如果谁捡到了遗失物归还失主的时候，可以向他主张一些奖赏。如果这是个法律规范，其实就契合了人追求利益的一种动力机制，这样，规范就能够运行起来。

或者法律设定的目标能够符合社会的一种实际的运作逻辑。这样的话，一个规范（当然它背后有一个价值的追溯目标）就是它的背后价值范畴的一个面向；他要实现一个目标（要在真实世界实现它的话），就要有一个促使运动的机制或者促使这个运作逻辑运转起来，至少要符合这个运作逻辑，那么这就是事实的一个面向。从这个意义上讲，我比较认同鲁楠前面说的，就是法律的这样一个规范性面向其实还有学习的成分，因为它有事实的面向。而在某种意义上说它不学习，也恰恰是因为它的规范性这样一个面向。我们举一个重要的例子，所有的法律规范的运作时，其实我们是以一种类型化的事实来抽象指称，比如说刑法中的盗窃罪，原来我们只有一个盗窃行为，一个类型化的事实，比如说罪状描述盗窃公私财物等，然后处多少年的有期徒刑等。这就是对事实的类型化处理。对应这个事实的法律规范也是一个法定性的区间。如果按照现在这种人工智能认知化，我们知道每一个盗窃案件事实都是不一样的，按照最极端的公正理念的话，每一个案件都应该是有差异的，如果说我们能真正做到每一个案件都制定一条法律规则的话，那可能就是跟目前的法律形态完全不一样。但正是因为有这样一种类型化事实作为前提，才会导致规范上的稳定。就是因为规范上的稳定性来源于它对事实做的类型化的处理，而并非一案一法，法律应对大量有差异的事实。

所以从这个意义上讲，所谓法律不学习就是法律对事实不做更为精细化的处理。比如，我们刚才说的盗窃罪，它原来的罪状描述就是盗窃公私财物，后来又增加了扒窃、携带凶器盗窃、入室盗窃，也就意味着它其实对事实做了更为精细化的处理，这就是一个学习的过程。从这种意义上来讲，法律本身就是一种既学习又不学习的悖论，这就是它的规范性内在的一种无法摆脱的宿命。

第二个问题就是从这个问题引发的另一个问题，如果我们还承认事实和规范或者事实和价值这样一种区分始终存在，那么怎么用规范去沟通这两者在功能上的需要。这种需要是不是就是鲁楠说的一种时间性约束，是不是一定会是以法律的形式存在，这从理论上来讲可能未必，因为可能还会有其他功能性替代的制度或者事物，也能起到类似功能，将来是不是法律变了一种形态呢？还是说干脆这个功能就由其他东西来替代了，这其实都不是最重要的，重要的在于事实和价值之间的一种区分始终存在，而这种所谓时间性约束的功能上的需求可能无法被彻底消灭。

因此，就这个意义来讲，质疑是不是由法律来承担这个功能，可能在理论上并不重要，只能说我们现在受制于这样一个时代，我们无法想象没有法律的世界是什么样子的，因为我们一直生活在有法律的世界。

还有一个问题就是鲁楠前面提到的复杂性问题。我也认同，就是说复杂性可能永远无法消除。当世界越来越复杂的时候，它会产生新的复杂性。比如，人工智能如果进入金融法领域，现在有全民金融的提法，即随着互联网金融工具越来越便利发达，可以人人（自主）理财。过去大家去银行柜台或者相应的地方开账户，而现在这些行为都很方便地利用网络来完成了。如果以后再想炒股或者理财，可以全部交由机器人来处理。比如，设定一个交易条件，达到这个条件就卖，或者做一个判断。但是，如果大家都用这个，可能到了一定时间，市场上大家全都在卖，那这个时候市场会是什么样的结果？整个金融市场可能就崩溃了。这对于每一个个体用户来讲，可能并不是一个好的决策。这个时候就会产生新的复杂性，就会开发出更强的人工智能金融工具，它会更精确地进行判断。当它意识到这种情况下其他机器人会跟自己做出一样的决策时，如果自己跟随“他们”做同样的决策，那对客户并不利，那应该怎么做这个决策呢？这就是更加复杂的一个状况。我们再想，如果所有的机器人也都有了这一个层次的思维，之后都会想要更上一层去考虑这个复杂性。所以复杂性是不可能消除的，永远不断地自我生成。在这个意义上来讲，如果你认为法律有化约复杂性的功能，那么仅仅从功能意义上讲法律的消亡未必可能，但就像我刚才说的，也可能会有其他的东西来替代。而至于是不是由法律来承担这个功能，可能在理论上来讲并不重要。我就说这么多。

马剑银：谢谢李强博士，下面有请中国政法大学尹超老师发言。

尹超：我今天是来学习的，今天下午参加师大的一个活动，看到马老师主持的这个讲座，过来听一听。为什么对人工智能感兴趣呢？最近我也是在思考人工智能时代咱们法律职业与法律教育的问题。但是对人工智能这个技术真不是太懂。今天听到余博士讲这篇论文，对我来说也是脑洞大开，说实话，有些东西是超出我的想象的。但他的这种大胆设想是很值得肯定的。而有些论证的东西还需要继续去探讨。

这里我有一个问题，就是说咱们这个人工智能是在一个什么层面上来谈？刚才汪老师说的弱人工智能和强人工智能，弱的层面很清楚就是工具层面，强的层面也就是它有独立思维的情况下，甚至有可能超越人的思维。（如果出现）人工智能超越人的情况，那个世界会是非常可怕的一个世界，因为在人的控制范围之外。所以沿着这个逻辑，咱们来继续思考法律或者法律的消亡，那么法律是什么概念上的法，什么范畴之内的法？随着人工智能的发展，如果是把它作为一种工具的话，人工智能的使用，甚至是它的发展它的取向如何规制？那么规制人工智能的法律，是不是法律？人工智能的发展导致法律消失，那么规制人工智能的法律还没产生就消失了吗？所以我觉得有点晕，可能我认知能力有限，对这个方面我还是有些没搞明白。

还有一个问题就是分析资料的问题，因为咱们不是计算机学科出身，所以好多东西只能看人家的学术文献，通过人家的理解来思考。文章里说井水规则、法律小数据、人工大数据这个逻辑链的过程我自己不是太理解。据我现在了解的情况，人工智能的技术水平可能比人工大数据的技术水平要高，但可能技术还没有达到法律实务中的要求的大数据技术的水平。这就导致了人工智能技术在咱们法律适用中的一个局限。现有大数据技术程度不够，刚才这个人工大数据、法律小数据之间的关系，是说咱们可期待的技术已经达到实现这个目标，还是只是在咱们的想象之中，或者说推理之中？这是些问题，我很想知道答案。今天学了不少东西。

马剑银：多谢尹超老师，下面有请夏老师。

夏扬：成峰老师这篇文章，我之前就已读过。我最初读到这篇文章之时，觉得心有戚戚。与我此前的一些朦胧想法有接近的地方。

随着区块链技术的发展，大家都知道，分布式计算、去中心化计算成为一个趋势。这种技术趋势对法律也有深刻的隐喻，这就是一种去中心化制度的诞生与发展并逐渐发挥着影响。人类的法律是一直必须要依赖一个中心的，一个权力的中心，法律自己无法得到实施，需要国家来对法律进行背书，这就是一种中心化的权力安排。一旦中心化消失或不再发挥作用，那么法律还能存在或还需要存在吗？我在读到成峰老师的这篇文章时，就被其对这种趋势的深刻的分析所折服。区块链技术的发展就是去中心化的，区块链通过计算方式的革命将实现法律所需要的信用以及执行力分布于全社会的组成分子身上，使其均承担认证某一行为的责任。通过强大的计算能力使这种强制力或信用取得分布在整个网络上，参加网络的每个人都对某种行为进行评价，以众人力量来决定行为的对错和法律的实现。这便是一种强大计算能力之下的去中心化的制度安排。去中心化的这种评价方法和手段无须中心化权力的认证和背书、无须国家权力而存在，在这种情况下，那么一个中心化的法律制度，或者国家加入强制力加以背书的法律制度是否有存在的必要呢？我此前有这样的想法，但是毫无头绪，成峰老师的文章明确指出法律死亡的观点，说出了我心中想说又不敢说的话。

成峰老师这篇文章的展开很有技巧，文章是从较远的外围逻辑关系逐渐深入这个问题，将所谈的内容分为两个层次。深度学习与深度不学习是两个截然不同的原则，成峰老师首先推出这两个概念并加以解释铺陈。深度不学习这个概念的发掘实在是太漂亮了。法律就是一个深度不学习的过程，因为法律的规范性或者稳定性或者法律的这种权威性要求使他形成了这种深度不学习的做派。正是这种深度不学习导致法律的中立并承担起裁判者的角色。法律需要不学习，也因此导致接下来的推理和结论。随着大数据以及人工智能的发展，我们的行为将重新加以定义，对人的行为将有深度的和细致的了解，始终有个显微镜和放大镜来观察你的行为并且被完整地记录下来。所有你涉及的纠纷也会被记录下来。被记录下来的你的行为过程以及你的思想状态形成一幅拼图，为了解真实的你，为预测你的将来行为提供学习材料，实际上这就是为今后的关于你行为的案例提供一个解决方案。

所以，法律的未来似乎是矛盾的，因为学习和不学习是矛盾的。法律既需要深度不学习，同时也需要深度学习。特别是随着我们信息技术的发展，法律究竟是需要学习还是不需要学习？我理解成峰老师说的学习的概念，我一直也在思考成峰老师说的这个学习的概念，这个概念到底指的是什么？我感觉在成峰老师的这篇文章当中，他的“学习”的概念前后有一个区别，或者可以理解为用在不同的对象之上。文章中的学习的概念至少在内涵外延上是不同的。用在法律上面的“学习”概念似乎更加形而上学一些，用在机器的“学习”上面是更加形而下的。在机器学习上的这个概念似乎更接近我们日常所能理解的“学习”。我一直在思考成峰老师文章中的“学习”概念究竟是什么。我想了很长时间，似乎找到了，似乎又没有找到。想真正理解我们成峰老师想表达的这个学习的概念是什么。我理解成峰老师的这个“学习”的本质似乎好像是计算能力，或者用一个时髦的话说就是算力。就是因为计算能力的发展，所以才导致了法律出现了变化。

读成峰老师这篇文章以及鲁楠老师的解读，我又恍然明白了另外一个道理。法律系统就是一个社会系统，本身就是一个复杂系统。法律系统的净化是可以通过自身来解决的。法律最大的作用似乎是作为复杂系统的一个外在的介入的因素，来解决复杂系统自身不能解决的问题。怎么说呢，就像一个精神病人，他老是在思考，他的思维就像电脑死机一样，他一直都在死循环系统中拔不出来。怎么对精神病人进行治疗呢？一个常用的方法就是对他进行电击。电击这个精神病人，他好像突然醒过来。我感觉法律对复杂系统的作用似乎类似于这种电击。法律用不学习的状态解决不断循环的这样一个死机状态，最终通过这样一种固定的规范来解决所面临的问题。但法律不学习似乎也是悖论，不学习的法律依赖着良好的算力，但支配算力的人仍然有着价值倾向和价值选择，这是一个必然的发展过程。

可以举个例子，算法伦理便是现今讨论最热烈的话题。我读成峰老师这篇文章，他假定这个算法或者代码是中立的，文章假设了算法或代码都是道德至上的，不涉及作恶的情况。所以才能把最重要的社会纠纷解决交给代码。如果这个代码程序本身作恶怎么办？剑桥数据分析公司，它利用代码，利用这个程序偷偷地干一些不是太正当的事儿。那么这个问题应该由谁来解决？这需要进一步的思考。这是我的一点看法和认识。

梁迎修：我也简单谈一下感想。刚开始听成峰博士的介绍之后我确实被打动了，我觉得他这个理论确实很有冲击力。但是后来听了诸位学者一系列评论之后，我觉得，因为成峰博士可能是站在今天或是未来社会的法律基点上，回过头来对传统法律做一个诠释，得出来的结论是法律会死亡。严格意义上来讲就是旧的法律会死亡。鲁楠老师所讲的是法律会以另外一种方式存在，他是从技术层面上来反驳成峰博士这个观点的，而成峰博士更多的是说未来随着机器的计算能力增强，它能够克服复杂性。但是机器计算能力提高的同时又在制造新的复杂的大量信息，复杂性会始终存在，所以说从技术上来讲这里可能存在一些问题。但更重要的是后面李强博士提到的，法律问题始终与价值结合在一起，人类安排自己的生活，因为他不能放弃对利益的追求或者说对生活的兴致，所以法律永远不可能消灭。法律最终会成为一个什么样的状态其实取决于人想让它成为一个什么样的状态。除非人类想把自己的命运完全交给机器。然后我觉得现在有很多这样的技术从能力上来讲没问题，它能实现很多功能，但人类就是不想再用它。那天我听一个区块链的专家说他觉得区块链能够让数据不能随意修改不能篡改，但有时候我就是想去改啊，我不想用这个技术。或者说现在有很多信息，能够被这个机器给保留下来，但是我现在又提出一个被遗忘权啊，我不想过那种生活了，所以说在这个问题上，除非人们对美好的生活能达成共识，除非这个社会当中就不存在分歧，不存在利益冲突，否则一定需要存在法律。

这是我简单的一些感想，谢谢。

马剑银：谢谢梁书记，我们现在还有点时间来开放提一些问题，最后由成峰来总结吧。

同学 A 提问：谢谢各位老师带来一个非常有启发性的非常美好的夜晚。我想就几个问题谈一些我的看法。我读完成峰老师的文章，感觉他说的不学习肯定不是完全意义上的不学习。他在文章中提到法律在历史的进程中有一个自我完善、自我发展的过程。那么像我们说的不可置疑，不是完全的不可置疑而是某一层面上不可置疑，我理解成峰老师的不学习是达到一定阶段后不再进行学习，而学习是到一定限度之后继续学习，而不是说它整个没有一点学习的过程。为什么不学习？一个原因是要求它有一个进展，它有一个预期的稳定性。另外一个原因是社会运行过程中考虑到学习的成本，这里我在想成峰老师说的不学习是不是还有另外一个隐含的原因，就是他提到的事实和价值。事实是可以辩论的，但是价值在一定程度上不能得出一个绝对的结果。所以我们的纠纷中也会有价值判断，而这个价值判断在一定程度上是不可解决的。但是由于要维护社会在纠纷中的运行，所以总是要做一个这样的判断。是不是说法律不学习的另外一个原因是，在面对一些不能够解决的价值问题时，必须要给出一个价值的答案的时候，它必须要终止无限辩论的过程，稳定下来、框定下来。是由于有价值这个问题不能解决的天花板在那里，所以它有不学习性。那么在成峰老师后面谈到的机械学习，用算法算出比如说是一个纠纷，依据方案 A，方案 B 会呈现出一个什么样的结果。但是最后决策采用哪个方案的时候有一个标准，这个标准也涉及价值的内容。如果算法它只是数据计算，从实然出发的话，那么算法自身是没有能力来做这样一个价值判断的。这个价值判断应该只有让人，让这个社会，让这个算法之外的事物来做一个判断。那么从这个角度来说，是不是法律也没有改变它本质上的特点？哪怕数据在发展，只要价值问题依然存在，还是会保有达到一定程度不学习的特点，只是它相对能学习的内容变多了。这是我的个人看法，想听一下老师们的意见，谢谢。

同学 B 提问：我有两个问题和一点点感想。成峰博士提的深度不学习的概念其实我觉得是可以继续用的，但是应该分开，即表面是不学习，但深入是学习。他对应的是法律的形式，也就是卢曼说的，法律是一种形式。也就是合法与非法的二元区分。深入学习是对应它的封闭的自我学习，那其实封闭对应的深度，你看不到它也感受不到它。这是我的一点点小感想。另外两个问题，一个是美国法学家提到的契约的死亡，但其实他是说契约法被侵权法吞噬的一个趋势，他是从这个意义上说。[①] 但是考虑到基于区块链的智能合约的话，它应该是真正宣告了契约的死亡或者说契约的呆板化的终结。所以我觉得当我们在说法律死亡的时候是不是在说部分法律的死亡，因为毕竟这种技术好像还不能全部取代法律。第二个问题问鲁楠师兄吧，就是刚才鲁楠师兄说到封闭性的自我学习。那我们应该如何去认识法律系统的封闭性自我学习呢？我能想到的就是需要法律系统平衡和控制时间面向和社会面向的协调关系。

鲁楠：为什么是唯一的功能？为什么是维持规范性而不是维持认知性的期待。你想想事实和规范两者之间的关系，事实永远存在于当下，不可能去到未来，只有规范才可能涉及未来，规范是对下一步的预期，而这是法的功能。所以我的结论跟成峰老师完全相反。

---

① 参见［美］格兰特·吉尔莫：《契约的死亡》，曹士兵等译，中国法制出版社 2005 年版。

同学C提问： 谢谢老师。刚才听余博士的演讲真的很受益，但是由于刚刚接触法律，对规范性期待和认知性期待的理解只限于刚刚的讲座，所以我感觉我对法律死亡的理解有所偏差。然后在评论时汪教授说的死亡的重生，突然想到上周卡尔斯教授来进行的讲座。鲁（楠）教授谈到法律可以作为二值代码一直存在，包括獬豸没死，只是掉了一层皮。谈到法律变了一种形态我就非常激动，因为他和卡尔斯教授的观点有很多相似之处。所以我的问题是关于卡尔斯教授讲座的一个问题，他讲座的前提很大胆，就是人工智能发展到一个很高的状态，汪教授也有谈到现在的人工智能只是在一个比较弱的领域，而卡尔斯教授的设想是与尹（超）教授有相似之处，未来人工智能高度发达，他认为人工智能会代替很多的职业。未来有新的职业产生，进而律师法官以及法律学者都会被代替。我的问题是，法律工作者算是比较顶级的职业了，未来新的职业会出现但无法预见，假如他的这个前提真的会实现——他讲的是劳动法——假如这些职业被代替的话，那么劳动法不就没有存在的价值了吗？他说劳动法将来就不是劳动法而是变成一个类似分配财产规则的一个形式。假如劳动法成为一个他所说的单纯分配财产的劳动法，那这算是法律的消失，还是法律以另一种形态存在？

同学D提问： 我们讨论法律死不死有什么意义吗？因为法律背后的东西一直存在啊。比如，刚刚同学提到的价值判断。法律本身，法律背后不仅仅只有一个法律逻辑，人文社科内涵等都在里面。它们都没死的时候，法律为什么就会死了呢？这是一个让我非常疑惑的问题，谢谢老师。

余成峰老师： 谢谢各位，今晚很美好，有很多收获。我简单地做一下回应。首先什么是学习？法律到底是学习还是不学习的机制？我这里给出了一个明确的答案。法律对社会在功能上是不学习，由此它才成其为法律系统，但是它必须通过不断增强系统内部的复杂性，就是说，通过内部的深度学习才能有效去化约社会的复杂性。一个法律过于简单粗糙，它当然无法去解决社会的复杂性问题，它必须通过内部复杂性的提高，才能化约社会的复杂性。但是，它化约社会复杂性的方式，恰恰又是以规范上的不学习为手段的，这是第一点。那么，什么是学习呢？有关学习，我在演讲当中也做了个比喻，就是类似于《士兵突击》中许三多这样的人，他也是一个爱好学习的人，但是，他可能跟普通人不太一样，别人遇到事儿，会很机灵地调整他原来的一个想法和做法。但是，许三多他就比较倔、比较轴，我就还是这样，我就是坚持自己原来的理想，坚持自己原来的预期和想法，然后用一种阿甘式的方式来和社会打交道。

在实践中，有一些人可能始终很机灵，但最后，许三多和阿甘这样的人，反而可能会在很多领域创造奇迹，而许多很机灵的人却没有在这样一个反复博弈的情形中最终胜出。所以，法律系统就是以这样一种看似很别扭的、很轴的、许三多的方式实现了它的社会功能。

其次在我今天的演讲中，实际区分了两种机制类型，一个是认知学习，一个是规范不学习。认知学习，典型的机制如科学、市场和技术，包括今天被热炒的代码和深度学习技术。而规范不学习，今天其实主要就只剩下法律机制，其他的如暴力、民主、宗教、神判那些机制基本上就失效了，只剩下法律来承担不学习的规范化功能，所以说，法律是规范不学习最后的守护者。规范价值这个层面的东西，很有可能只能通过法律作为最后的守护者来保护。

再次是鲁楠老师提出来的。在我看来，法律稳定规范化预期的这样一个功能，主要是通过裁判来实现的。因为人际的交往沟通，如果没有矛盾纠纷的时候是没有问题的，但是沟通过程就是会出现各种冲突摩擦，这个时候，就需要不同的社会机制来解决。而法律在这个时候，就是以期待稳定的这样一种特殊的功能，在裁判当中实现了对社会规范性期待的一种塑造。社会规范性期待的塑造主要不是通过立法，而恰恰是通过社会矛盾纠纷解决的过程，才让社会上的人逐渐拥有了这样的意识。当皋陶这样的人出现了之后，古人就逐渐获得了这样一个意识，像卢曼所说的“司法系统，或者说裁判制度才是法律系统的中心”。这才是法律功能能够发挥的主要通道。

复次是汪庆华兄提出的，他认为，如果没有强 AI，没有通用 AI，是不是说谈人工智能法律问题还比较遥远？我认为，其实问题关键不在于是否需要强 AI 和通用 AI，因为今天已有大量的认知性学习技术来取代法律的很多传统功能。比如说，通过嵌入式智能芯片，酒驾法和酒驾禁止规则可能都会失效。因为一旦喝酒，智能芯片经过自动检测就会让机动车启动不了。

最后一个问题也是鲁楠兄提到的，他认为，法律从古至今其实就是一个代码机制，但我认为，社会上存在诸多的二元性社会机制，但是不同机制之间，还是存在着本质的差别。比如，男女的性别差别也是二元，暴力 / 非暴力，票数多 / 票数少也是 0 和 1 的关系。它们也都是在解决时间化的问题。比如，为什么要投票？要用票数多和票数少来解决分歧。我认为，它同样也是在解决时间化的问题。学习机制，是用认知性期待来解决时间性的问题。而法律的规范性期待，则是以反认知性的不学习方式去化约时间复杂性。所以，不同的 0 和 1 的二元化代码化约方式，还是有本质的区别。现在的问题是什么呢？就是苏宇老师提到的，也就是说，现在的机器学习技术到底是 0 和 1 的代码技术，还是多值逻辑的技术？它可能在很多情况下是披着多值逻辑的伪装，但本质还是一种 0 和 1 机制，但同时，你又不能简单说它就不是多值性的。所以它是非常复杂的，超出了原来我们所说的事实与规范二分法，就是说学习 / 不学习这样一个区分维度变得有些失效。

目前为止，法律还能称之为法律，但是，如果一个东西的属性发生改变，如把它的零部件全部换掉，那么原来的定义是否还能适用？如果说法律坚持它的功能在于稳定规范性期待的话，那么在这个意义上，我觉得法律确实存在“死亡”的危机，如果你简单说这只是一种新的法律的重生，那很有可能在逻辑上造成一个很大的问题。就是说，等于把一个有价值的讨论转向一个同义反复的废话。变化了就是一种重生，这相当于什么也没说。所以，我觉得还是有必要坚持法律一个狭义的功能定义，而不是给它不断加入新的属性。总的来说，各位给我提出的很多意见都非常宝贵，也促进了我自己的思考。其实，这个问题基本上能把所有法理学最基本的问题在今天这个时代加以全新的思考。为了建构概念上的理想类型，我有意把这个逻辑贯彻到底，因此肯定要把次要的、从属性的东西排除出去，这也是一个写作的策略。

谢谢。

马剑银：感谢成峰博士的回应。

我们说法律从上古走来，走到现在、当下，如今又迈向未知的未来，法律还叫法律，但是它们还是同一个法律吗？过去未来的法律是不是同一个？对于这个问题实际上我们今天已经有很大的分歧了。也正因为如此，我们许多同人既从事比较法，尤其是古今中外制度的研究，又从事一些观念和理论上的研究，法理学、法哲学或法的社会理论。在这种学习过程中这两种研究方向产生了碰撞和融合，这样的制度与观念的双重研究模式形成了我们很多同人相互学习碰撞融合的背景，有时候我们称之为“比较法文化”，有时候我们称之为“社会理论法学”，鲁楠刚才也说了，其实我们在座的好多位共享了这种研究范式作为共同的知识背景，在这个意义上来说，这也正是我提出这个系列沙龙，为什么叫作“时间·空间·比较法”的概念的初衷。

从某种意义上来说，比较法是在时间、空间当中学习的，没有时间、空间不会有法律和比较法。法律的存在同时需要处理时间和空间的问题。历史社会学已经在处理时间与空间的关系问题，“时间”命题本身也成了社会理论的重要研究领域。昨天我们在一个群里面，很多人都在讨论在法学中如何回应时间和空间的问题，所以鲁楠说的有一些其实也是我们昨天讨论的话题。

在法律、时间、空间概念群里面还有一个重要的概念，我们今天也在讨论，就是人本身。实际上我们在讨论人工智能的时候，依然会把人在这个世界上存在的意义作为一个讨论背景，因为人其实是一个不确定的存在，本来世界是确定的，我们自然科学讨论的大部分是确定的，但是因为人出现之后，这个世界就不确定了，至少人与人沟通交往形成的社会世界与自然世界形成了区隔。这种区隔在古希腊有 physis 和 nomos 的两分，与其他古希腊甚至后世西方的思想观念一样，成为一系列二元论形而上学（哲学）的核心内容，而在古代的东方，这种区隔依然表达为类似“天人合一”“因缘果报”“六道轮回”等超越“时空”的概念。因为人给世界带来的不确定性，才带来了“法律”，虽然法律与自然规律会共享同一个语词“法则”（Law），但法律所处理的必然是人世间的事务，或者用一个学术概念——“生活世界”的事务。

那么我们可以这么说，其实科学世界的发展，包括人工智能的发展是科学技术不断地让确定性侵蚀到了社会世界里面，试图控制、抑制社会世界的不确定性，也是人的“理性”部分对世界认知、理解和运用的结果，所以我们觉得人的不确定性会被科学技术消灭，人工智能似乎会把人给支配了。那么在这样的一个情况之下，我们现在所看到的人工智能，它到底是一种类似于人的不确定性的人工智能，还是将人的理性部分极端化的那个理性部分，这似乎是一个问题；另一个问题是人的不确定性是不是无限的。这两个问题我们现在还没有能力来回答。但我们可以尝试想象人工智能未来发展的可能性：

一种情况是弱版的人工智能，实际上是把人的理性部分极端化，就是人可控的工具，人工智能的发展极端也超越不了人；另一种情况是人工智能将人的不确定性都掌握了，那就形成了新的超越人类的“人工智能”，实际上就是“新人类”。“新人类”与“人类”的共同点在于，都有超越自然的“不确定性”，否则何以“智能”？

至于人的不确定性，实际来自人的非理性因素，人类、社会、不确定性之所以有别于自然世界，就是因为人类的本质并不仅仅是理性的，而且还有各种非理性的成分？例如，“我就是要违法”这种观念，有的人是有的。如果人只有理性，大家都会按照同样的一个做法。炒股的时候，如果大家都是理性人，同一点卖出去，那么股市还有存在的必要吗？就是因为人本身有不确定性，我就是要在某个地方卖出去，我倾家荡产也要卖，所以才会有社会的不确定性。

所以在这个意义上来说，法律在技术统治的未来，科技高度统治的未来，是不是还有它存在的空间，法律会不会彻底死亡，这其实还是一个未知的问题。

今天的沙龙，收获最大的其实应该是我。成峰的论文与今天的演讲，让我对这个问题的思考进一步深入了。

非常感谢大家今天的参与。期待“时间·空间·比较法”系列沙龙的下一场。

学科专论

量刑制度改革背景下的死刑案件量刑程序：转型、模式及基础

孟　军*

死刑是刑罚种类中最严厉的刑罚，自古至今受到各个国家和社会的广泛关注。源于各国法律文化传统及现实国情的差别，各国对保留还是废除死刑，并未形成一致意见，但在死刑严格限制适用方面却能达成共识。对于保留死刑的国家，一定时期内法律规定的死刑犯罪种类和构罪标准难以改变，通过正当的诉讼程序慎重适用死刑则成为减少和限制死刑适用的重要途径，同时可以最大程度地避免死刑案件中的错案。审判程序是死刑案件诉讼程序的决定性阶段，也是正当程序集中体现的过程。国家立法可以设定多种死刑罪名，但在确定构成死刑罪名的前提下是否需要判处被告人死刑，则取决于审判程序中的量刑环节。

近年来司法制度改革是我国法治建设的主旋律，其中量刑制度改革为刑事司法制度改革组成部分。最高人民法院及相关部门于 2010 年颁布《人民法院量刑指导意见（试行）》和《关于规范量刑程序若干问题的意见（试行）》，对量刑基本方法、量刑情节适用及量刑程序等问题进行了规范；2012 年修改的《刑事诉讼法》明确规定，法庭审理过程中，对与定罪、量刑有关的事实、证据都应当进行调查、辩论。中国共产党第十八次代表大会和第十九次代表大会提出推进以审判为中心的诉讼制度改革，而刑事审判的核心是定罪与量刑问题。我国量刑规范化改革于 2014 年在全国范围正式实施，伴随现阶段司法改革深入推

---

* 孟军，法学博士，北京师范大学法学院副教授，研究方向为诉讼法学。

进。量刑规范化改革的目的是通过明确并规范量刑的实体内容和量刑程序，将量化因素引入量刑机制，并在此基础上建立相对独立的量刑程序，从而保障量刑的司法化、科学化。根据我国减少和限制死刑适用的刑事政策，在全面实施量刑规范化司法改革背景之下，如何设计和完善死刑案件量刑程序就具有了现实意义。死刑案件量刑制度改革目标为控制死刑适用，保证死刑案件办案质量。

一、死刑案件审判程序的现实——定罪量刑一体化

目前我国死刑案件诉讼程序中定罪程序与量刑程序不做明确划分，定罪与量刑一体化处理。具体操作方式为：在检察院向法院提起公诉阶段，检察院将案卷材料、证据移送法院。开庭审判之前，法官接触到的是诉讼指控的包括有关定罪和量刑的所有证据材料。在法庭调查和辩论阶段，对于死刑案件罪名认定及是否判处死刑相关事实和证据的调查和辩论一并进行。在法庭评议阶段，合议庭首先就被告人构罪与否和罪名认定进行评议，再就被告人是否应当被判处死刑进行评议。如果评议的结果为判处死刑，则案件还需提交审判委员会讨论并做出最终判决。审判委员会通过听取办案法官汇报和查阅案卷对死刑案件定罪与量刑问题综合考量，形成最终决议。我国正在进行的量刑制度改革明确了量刑问题的重要性以及独立性，司法实践中对于量刑问题开始予以重视，在一定程度上量刑问题被纳入控辩双方参与及对抗的审理模式中。但审判程序定罪阶段与量刑阶段如何划分，是否设置独立量刑程序，法律没有明确规定。司法实践中量刑独立化改革更多体现于简易程序和被告人认罪案件，量刑独立化的模式主要为定罪程序与量刑程序的相对独立。在我国量刑制度改革背景下，死刑案件量刑制度发生一定改变，但这种改变仍未动摇死刑案件审判程序定罪与量刑一体化模式的主流做法，死刑案件审判中普遍未设立独立的量刑程序。

法院审理死刑案件普遍情况是定罪程序与量刑程序不分，对于是否对被告人判处死刑的争议主要在法庭辩论阶段解决。只有在部分死刑案件，被告人对指控罪名无异议，围绕是否判处死刑的量刑调查和量刑辩论相对集中，体现了一定程度的独立性。法院倾向于死刑案件审判程序定罪量刑一体化模式主要是基于司法审判效率的考量。将死刑案件审判程序划分为独立的定罪

程序和独立的量刑程序，增加了程序环节，延长了控辩对抗期间，在案件数量多，法院办案压力大的情形下，不利于死刑案件及时审理。另外，如果死刑案件定罪程序与量刑程序分开，需要相应区分定罪事实及定罪证据、量刑事实及量刑证据，而许多情况下定罪事实和量刑事实难以严格区分，增加了法官处理案件的难度。司法实践中，一般量刑证据很少，只涉及自首、立功等，数量有限的量刑证据难以支撑独立的量刑程序。死刑案件审判定罪程序与量刑程序分开，需要在检察机关提起公诉阶段就将定罪事实及证据与量刑事实及证据分开，并且需要检察机关提出明确的量刑建议，如果检察机关量刑建议不明确，控辩双方很难就量刑问题形成交锋。因而死刑案件审判量刑程序改革还需要取得检察机关的配合。无论是死刑案件审判实践中的做法，还是司法人员的主流观念，我国死刑案件审判中未将定罪程序与量刑程序分开，不存在完整意义的独立量刑程序。

二、死刑案件需要什么样的量刑程序——独立还是不独立

（一）定罪与量刑的关系

定罪与量刑是刑事审判中的两个核心问题。定罪与量刑问题既具共性又有区别。共性为二者都属于刑事司法性活动；均涉及法官根据刑法对被告人涉嫌犯罪行为进行确认与评判；对被告人定罪与量刑的目的同为实现刑罚的报应和预防功能。尽管定罪问题与量刑问题在刑事司法中具有相同属性，但二者所涵盖的内容、任务、适用原则等并不相同。定罪的实质是定性问题，关注的是公诉方指控的犯罪事实和罪名；量刑的实质是定量问题，关注的是量刑信息的全面性和量刑结论的合理性。定罪问题在实体法上适用刑法中的罪刑法定原则，即犯罪行为的界定、种类、构成条件，均事先由法律加以规定，对于刑法没有明文规定为犯罪的行为，不得定罪处罚。在程序法上，对于被告人定罪问题，即被告人的行为是否构成犯罪，严格适用无罪推定原则。量刑问题在实体法上关注的不仅仅是被告人被指控的犯罪行为，还涉及被告人与被指控犯罪行为无关的日常生活表现、有无犯罪前科等，“定罪与量刑所依据的事实信息是不一致的，那种使量刑依附于定罪过程的审判制度，往往错误地将定罪所依据的事实视为量刑的主要信息，以致忽略了大量与定罪毫无关

联的量刑信息”。[1]除此之外，在死刑案件审判中，还要考虑一国现时的死刑刑事政策。在程序法上，在被告人已经被认定有罪情形下，就其应当承担的刑罚责任进行裁量，无罪推定原则适用的前提已不存在，因而在量刑程序中不再适用无罪推定原则。死刑案件的定罪问题，一是解决被告人的行为是否构成犯罪，二是解决被告人的行为是否触犯死刑罪名。死刑案件的量刑不仅解决对被告人判处刑罚的种类和幅度，更是涉及是否对被告人判处死刑这种最为严厉的刑罚，因而与非死刑案件的量刑有一定差别。死刑案件审判中定罪程序与量刑程序如何配置不仅决定裁决结果的准确性，也关乎裁决过程的正当性。

（二）死刑案件量刑问题的特殊性

死刑案件与非死刑案件都涉及对犯罪人确定罪名的前提下，对其犯罪行为进行量刑的过程，但死刑案件量刑程序与结果和非死刑案件量刑程序与结果相比，具有一定特殊性。

首先，死刑量刑结果对被告人权利影响重大。我国刑法对死刑犯罪均规定了不同刑种和量刑幅度，在涉及死刑罪名的案件中，即使判定被告人行为构成犯罪，也并不意味着一定要判处死刑。“一种正确的刑罚，它的强度只要足以阻止人们犯罪就够了。”[2]被告人的行为构成死刑罪名的前提下，是否判处死刑是关乎被告人生和死的重大问题，量刑问题的重要性及实际意义并不比定罪问题小。对于犯罪人而言，有时最重要的也许不是定罪，而是量刑。加之死刑一旦执行具有不可逆转性，在这一点上死刑有别于其他刑罚。

其次，量刑环节是控制和慎用死刑的重要阶段。逐步废止死刑是我国刑罚体系的未来发展方向，严格控制和慎用死刑则是现阶段的基本刑事政策。死刑适用的控制可以通过立法和司法途径来完成，其中立法控制为修改刑法规范，总体上减少死刑罪名数量或增加死刑适用限制性条件，从法律根源上减少死刑适用。但一国法律在一定时期具有稳定性和时效性，不宜频繁修改法律。因而控制死刑适用的现实做法更多依赖于司法控制路径，在确定被告

---

① 陈瑞华：《量刑程序中的理论问题》，北京大学出版社 2011 年版，第 53 页。

② ［意］贝卡利亚：《论犯罪与刑罚》，黄风译，中国大百科全书出版社 1993 年版，第 47 页。

人犯罪行为构成死刑罪名的前提下，量刑阶段成为裁量被告人是否适用死刑的核心阶段。我国“现阶段对死刑进行司法控制，其实际效果特别是司法效率与司法公正更优于死刑的立法控制。”[①]死刑的实体法规定及死刑刑事政策均依赖量刑程序予以贯彻实施。

最后，死刑案件量刑程序对程序公正提出更高要求。刑事案件的量刑要通过量刑程序加以解决，量刑是量刑程序的核心内容，量刑程序是量刑活动的载体。刑事审判中能否做出准确、恰当的量刑结论是衡量量刑程序设立是否科学合理的重要标准；科学合理的量刑程序反过来有助于实现量刑实体价值目标，发挥刑罚功能。量刑程序除了工具价值以外，还具有自身独立价值，量刑程序本身作为法律程序的一部分要体现程序性正义，要求量刑过程的正当、合法。“死刑量刑是刑罚权的重要组成部分，是公权力实现的重要方式，死刑量刑直接涉及公民的生命，其行使必须符合法治主义原则。”[②]如何设计和运作死刑量刑程序不仅直接影响死刑的适用结果，本身更要体现死刑裁决过程的公正性以及对被告人诉讼权利的充分保障。死刑涉及对人生命的剥夺，死刑的严厉性、重大性决定了死刑案件量刑程序比非死刑案件量刑程序更为严格、细致。

（三）死刑案件量刑程序独立化之价值

死刑案件量刑程序独立化，不仅仅是死刑案件诉讼程序内部的结构性变革，其将对我国死刑适用及量刑制度改革产生实质性影响。

首先，独立量刑程序保证死刑案件事实认定准确性。案件事实包括定罪事实和量刑事实，死刑案件审判分别针对定罪事实和量刑事实展开调查和辩论，定罪程序与量刑程序做明确划分，有助于准确认定定罪事实和量刑事实，保证裁判结果公正。死刑案件对于定罪事实的查明固然重要，对于是否需要判处死刑量刑事实的查明同样重要。其中通过量刑程序进行量刑事实认定，

---

① 徐岱、陈劲阳：《死刑司法控制的地方性实践与方向》，载《吉林大学社会科学学报》2012年第5期，第112—120页。

② 汪明亮：《死刑量刑法理学模式与社会学模式》，载《北大法律评论》第2辑，2005年，第411—435页。

控辩双方在量刑程序中各自提出量刑证据和量刑意见，法官全面听取量刑信息和量刑意见，裁量适用刑罚，有助于保障量刑结果公正；通过合理的程序过程得出量刑结论，相同问题相同对待，法官量刑避免受案外因素影响，实现量刑均衡；根据被告人具体情况裁量刑罚，考察被告人案中表现和案外表现，实现罚当其罪。

其次，独立量刑程序保障当事人充分行使诉讼权利。刑事案件审判存在着先定罪后量刑的逻辑关系。审判中遵循逻辑关系，先依定罪程序解决被告人罪责问题，再依量刑程序解决被告人量刑问题，可以避免辩护方同时既做无罪辩护又做从轻、减轻刑罚辩护的矛盾处境。死刑案件审判中，在死刑罪名确定的情况下，就是否应当对被告人判处死刑进行充分的量刑辩护，对被告人意义重大。在独立的量刑阶段专门解决被告人量刑问题，针对控诉方的死刑量刑建议，辩护方能够进行有效攻防。另外，死刑案件被害人或其近亲属就案件定罪问题解决作用不大，但对于死刑量刑问题解决有重要影响，被害人或其近亲属提供的量刑信息和量刑意见通常成为法官裁决死刑案件考虑的重要因素。独立的量刑程序可以吸收被害人或其近亲属参与法官量刑决策过程，这是被害人诉讼当事人地位的体现，也是其行使诉讼权利的途径。“量刑反映了不同价值观的竞争和整合，没有一个科学意义上的正确的量刑结果。但是却存在着一个‘正确’的量刑程序。”① 独立量刑程序赋予了控辩双方平等参与程序的机会，也使得法官能够全面掌握各诉讼主体提出的量刑证据信息和主张，突出了量刑程序的公开性、平等性和民主性。

再次，独立量刑程序改革构成量刑规范化整体改革不可或缺的一部分。量刑规范化旨在将量刑纳入法庭审理程序，规范法官量刑裁量权。量刑规范化改革的主要任务是“在现行刑罚制度比较粗放、法定刑幅度较大的情况下，如何让法官的量刑越来越公正和精细，以满足社会的需求”，② 同时确保量刑过程的公平。在传统定罪量刑一体化模式下，量刑程序不独立，刑事审判偏重于被告人构罪问题审理，对量刑问题通常附带性审理，控辩双方对量刑问题

---

① 虞平：《量刑与刑的量化——兼论电脑量刑》，载《法学家》2007 年第 2 期，第 62—69 页。

② 《严格程序规范量刑确保公正——最高人民法院刑三庭负责人答记者问》，载《人民法院报》2009 年 6 月 1 日。

辩论无法充分展开；法官拥有广泛的量刑裁量权，裁决结果取决于法官法律素养和司法经验，其准确性和适当性难以保证。改变刑事案件定罪程序和量刑程序混为一体的做法，将量刑纳入法庭审理程序，建立和完善独立的量刑程序机制契合我国实现以审判为中心的司法制度调整目标。死刑案件量刑程序独立化改革，主要是为了实现量刑的公开与透明，保障各诉讼主体之间就量刑问题享有充分的辩论权，考虑如何从程序上规范法官的自由裁量权，以达到死刑案件统一量刑标准。

最后，独立量刑程序促进减少和控制死刑适用刑事政策的贯彻实施。少杀、慎杀、宽严相济是我国当前办理死刑案件的刑事政策，为此需要对适用死刑的案件进行特殊的程序设置和严格的程序制约，严格控制和慎用死刑刑事政策的贯彻和落实集中体现于量刑程序。死刑案件审判定罪程序与量刑程序相分离，先就被告人的行为是否构成犯罪进行举证、辩论，再就被告人是否需要被判处死刑进行举证、辩论，法官有机会对死刑量刑进行全方位的审视。综合考量全案量刑情节，对于可杀可不杀的案件，法官可以做出不判处死刑的裁决。设立独立而严格的量刑程序，适用特别的量刑证据规则，加大了死刑量刑证明难度，事实上提高了死刑适用门槛，保证了死刑适用的谨慎性。

三、死刑案件独立量刑程序模式——相对独立抑或完全独立

死刑案件量刑程序独立化对于死刑案件处理有着深远影响，也决定着死刑案件立法和刑事政策的有效实施。从当今世界范围观察，不同国家死刑案件定罪程序与量刑程序配置的不同模式决定着该国刑事司法具体量刑程序设置和运行特点。

（一）美国死刑案件量刑完全独立的程序模式

完全独立量刑程序模式多见于英美法系国家，死刑案件审判中严格划分定罪阶段和量刑阶段，量刑诉讼活动独立进行。在美国，死刑案件审判由定罪程序和量刑程序两个部分组成，两个程序各自独立。定罪程序由法官主持，由陪审团就被告人行为是否构成犯罪进行裁决。一旦陪审团裁决被告人罪名

成立，诉讼程序就进入量刑阶段。普通刑事案件量刑程序由法官主持并做出裁决，陪审团不参与量刑程序，而死刑案件量刑程序针对死刑适用问题，则同样要由陪审团参与审理。美国死刑案件量刑程序可以划分为判决前调查、被害人影响陈述及量刑听证会等环节。首先是证据调查和辩论，控辩双方依次提供与量刑有关的证据，并且接受对方的质证。控方旨在证明量刑加重因素的存在，应当判处被告人死刑；相反，辩方旨在证明量刑减轻因素的存在，不应当判处被告人死刑。然后是法官向陪审团提问和作出指示，内容主要涉及量刑加重或减轻因素。最后是陪审团和法官就是否判处被告人死刑做出最终裁决。① 通过 2002 年林诉亚利桑那州（Ring v. Ariozna）一案，美国联邦最高法院认为，“关于判处死刑所必备的加重因素，相当于被控犯罪的一个构成要件，因此，应当由陪审团做出裁决，而不能由法官判定，否则就违反了联邦宪法所保障的接受陪审团审判的权利。”② 美国死刑案件量刑程序中适用的证据规则和证明标准与定罪阶段有所区别。死刑案件量刑程序中参与主体较为广泛，包括被告人、公诉人、被害人、社区、缓刑官等，通常对被告人进行社会调查，重视被告人个人综合信息。

死刑案件定罪与量刑完全分离程序模式的特点为定罪程序与量刑程序是两个独立的部分，二者各自形成完全闭合的诉讼构造。在量刑程序中控辩双方可以就量刑问题平等对抗，展开充分辩论。该模式充分体现了通过量刑程序公正达至量刑结果公正的价值取向，有利于充分保障当事人的利益。但是也应当看到，定罪与量刑完全分离程序模式之下，对同一个案件的审理分为两个阶段，经历两次司法裁判过程，控辩双方及相关人员两次出席法庭，必将导致诉讼时间延长、诉讼成本的更多投入。如果所有案件都采用定罪程序与量刑程序相分离的模式，司法机关将面临司法负担不能承受之重。在采用定罪与量刑程序完全分离模式的典型国家美国，大部分刑事案件都通过辩诉交易等程序予以分流，能够经历所有诉讼程序，适用完全独立量刑程序的案

---

① 孟军：《艰难的正义——影响美国的 15 个刑事司法大案评析》，中国法制出版社 2015 年版，第 215 页。

② 张栋：《林诉亚利桑那州案对美国死刑案件量刑制度的深远影响》，载《国家检察官学院学报》2006 年第 5 期，第 118—128 页。

件只占少数。

（二）日本死刑案件量刑相对独立的程序模式

死刑案件审判相对独立量刑程序模式将定罪阶段与量刑阶段做相对划分，一定程度上独立化了量刑问题处理，但这种划分并不严格。日本的刑事诉讼制度在传统上属于大陆法系，在刑事审判程序上采用定罪程序与量刑程序合一模式，但在具体诉讼程序中对定罪问题与量刑问题的处理有一些特殊做法。首先，区分定罪证据与量刑证据。在日本，法官经过审理裁决认定被告人有罪时，同时宣告量刑的结果，法官定罪和量刑裁决是建立在相应证据调查基础之上。在认定案件事实时，为了避免重复评价定罪量刑证据，日本将刑事证据分为“甲号证据”和“乙号证据”。① 司法机关通常把“涉及犯罪事实的证据称为甲号证据，把被告人的供词、身份记录、前科记录等称为乙号证据。在请求调查证据阶段，一般的惯例是，除非是没有争论的案件，检察官原则上先请求调查甲号证据，然后再请求调查乙号证据。” ②“甲号证据”和“乙号证据”的划分可以在一定程度上避免法官提前接触到量刑类证据，从而影响法官对被告人罪责认定，但这类证据区分只具有相对意义。其次，检察官求刑和辩护方量刑辩护。在对被告人进行指控时，检察官不仅要发表有关犯罪事实的意见，而且还要求刑，二者均建立在提出证据基础之上。在证据调查过程中，量刑情节证据放在定罪证据之后。针对检察官起诉的量刑情节和量刑意见，被告人及其辩护人可以进行论述。最后，被害人参与量刑。根据 2000 年日本修改后的刑事诉讼法规定，被害人可以在量刑过程中发表意见，在被害人死亡情况之下，被害人的近亲属也可以请求发表意见。③ 日本刑事审判模式在传统上体现了定罪量刑一体化的特点，但在司法实践中，量刑问题处理具有一定独立性，在审判组织构成、证据规则运用等方面都有一定特殊性。

---

① 张华：《论日本量刑制度对我国之借鉴意义》，载《河北法学》2011 年第 1 期，第 182—186 页。

② 周振杰：《日本裁判员审判中的对话量刑及其参考价值》，载《法律科学》2015 年第 4 期，第 147—156 页。

③ 张华：《论日本量刑制度对我国之借鉴意义》，载《河北法学》2011 年第 1 期，第 182—186 页。

（三）我国死刑案件量刑程序改革与模式选择

我国新一轮司法改革明确了量刑问题的重要性及独立性。一些试点地区在对刑事案件进行审判时，尝试将定罪问题与量刑问题处理进行相对分离，传统定罪与量刑程序合一模式发生一定程度的变化。法庭审判中对定罪问题与量刑问题进行一定划分，针对量刑事实和证据展开的法庭调查和法庭辩论有了一定运作空间，刑事审判中的量刑活动有了一定的独立性，如在检察机关向法院提出指控之时，检察机关的指控意见除了涉及指控的罪名，还提出明确的量刑建议；法庭调查阶段，法庭先就定罪问题调查，然后再就量刑问题调查；在法庭辩论阶段，法庭主持诉讼各方先就定罪问题辩论，然后再就量刑问题辩论。在这种审判模式之下，法庭审理中突出了量刑问题，改变了我国刑事审判定罪量刑一体化和重定罪、轻量型的审判模式。我国当前进行的量刑制度改革表现为在总体刑事审判结构未改变的基础上，就诉讼的某些环节进行变革，故而我国相对独立量刑程序模式下的量刑程序独立只具有相对性，这种相对性表现为：一是处理定罪问题与处理量刑问题程序未严格划分，二者仍在同一程序空间，并不存在严格的“先定罪、后量刑”。二是定罪活动与量刑活动不具有间隔性，而是衔接紧密。刑事审判中定罪环节与量刑环节不做绝对阶段划分，对二者事实方面和证据方面的调查和辩论连续进行，无间隔期。三是定罪主体与量刑主体同一。主持审理和裁决定罪问题与量刑问题的主体为同一合议庭，裁决被告人罪责的合议庭继续裁量刑罚。我国的量刑制度改革主要体现于被告人认罪案件普通程序审理，目前我国对被告人不认罪案件以及死刑等重大复杂案件，主体上仍未摆脱传统的定罪量刑一体化审理模式。

我国死刑案件的审判先后经历开庭、法庭调查、法庭辩论、被告人最后陈述、评议和宣判阶段。在这一过程中，控辩双方争议范围、法院裁判范围既涉及定罪问题，也涉及量刑问题。总的特点为：一是死刑案件量刑程序不独立。定罪问题与量刑问题混杂，一并解决于法庭调查和法庭辩论之中，且一并宣判。二是死刑案件量刑信息来自控辩双方。法院有时会征求被害人或其近亲属对于量刑的意见。量刑依赖的信息主要为检察机关移送的案卷材料以及辩护方在法庭审理中提交的量刑信息。二者相比较而言，法庭往往对控方移送的案卷笔录证明力优先接受。[①] 三是定罪与量刑证据制度不做区分。定罪问题和量刑问题在同一程序中处理，刑事审判中二者适用的证据规则没有明显差别。

基于死刑案件的重要性、特殊性以及我国全面深化司法改革的社会背景，死刑案件量刑程序独立化改革是未来刑事司法制度发展的必然趋势。但在量刑程序独立化模式的选择方面存有不同观点。一种观点认为，刑事审判中设立相对独立的量刑程序，即法官在法庭调查阶段主持法庭先对定罪事实和证据进行调查，再对量刑事实和证据进行调查；在法庭辩论阶段主持法庭先就定罪问题进行辩论，再就量刑问题进行辩论。相对独立量刑程序模式下，一方面量刑程序具有独立性，量刑事实的调查与辩论独立于定罪事实的调查与辩论；另一方面量刑程序的独立性不是绝对的，定罪与量刑不一定要截然分开。[②] 相对独立量刑程序模式实现的是定罪程序与量刑程序的有限分离，现行法庭审判结构得以维持。从我国最高司法机关推行的司法制度改革的相关内容来看，倡导的也正是这种相对独立量刑程序模式。另一种观点认为，刑事审判，尤其是死刑案件审判应设立完全独立量刑程序，将定罪程序与量刑程序进行明确界分并置于同等重要地位。完全独立量刑程序将刑事审判划分为定罪和量刑两个独立阶段，合议庭先就被告人的罪责问题进行开庭并做出裁决；在裁决被告人有罪并确定具体罪名后，合议庭再次开庭，专门就量刑问题进行审理并做出量刑裁决。量刑问题审理与定罪问题审理程序相同，法官主持，控辩双方平等对抗，充分保障当事人的程序参与权，保障量刑程序公正、透明。[③] 独立量刑程序模式更多为学者所主张。

刑事案件量刑程序相对独立模式与完全独立模式都认识到了量刑程序的重要性和特殊性，但在量刑程序具体架构上有所区别。相对独立量刑程序改革方案在维持现有审判制度的前提下，分别在法庭调查阶段和法庭辩论阶段

---

① 陈瑞华：《刑事诉讼的中国模式》，法律出版社2010年版，第189页。

② 朱孝清：《论量刑建议》，载《人民检察》2010年第16期，第5—21页。

③ 宋英辉、何挺：《构建我国量刑程序的基本思路》，载《法制资讯》2008年第6期，第40—42页；陈卫东：《量刑程序改革的一个瓶颈问题》，载《法制日报》2009年5月28日；张媛：《专家学者建议刑诉法修改要保证死刑适用的公平性和公正性：应为死刑案件设置独立的量刑程序》，载《法制日报》2011年11月30日。

对定罪问题与量刑问题做相对划分，定罪问题与量刑问题一并裁决；而完全独立量刑程序改革主张对我国现有刑事审判制度进行重大变革，将审判程序划分为前后两个独立阶段，前一个阶段就定罪问题做出裁决，后一个阶段就量刑问题做出裁决。应该说两种模式各有优势和劣势。从我国当前法治发展条件，尤其是司法资源紧张的情况看，刑事案件相对独立量刑程序模式改变了过去“重定罪，轻量刑”的司法观念，提升了对量刑问题重要性的认识，同时兼顾了诉讼效率问题，避免审判过程过分迟延，有其现实合理性。但相对独立量刑程序模式仍然不能使量刑环节充分展开，辩护方的量刑辩护权也无法充分行使，使得量刑程序的公正性不足。完全独立量刑程序模式恰恰在促使对被告人准确定罪、恰当量刑以及被告人辩护权保障方面有突出优势。定罪程序与量刑环节完全分离，对两方面事实认定和法律适用的调查与辩论充分进行，可以增强罪责认定的准确性和刑罚量处的适当性。同时，控辩双方不仅就定罪问题，而且就量刑问题展开辩论，最大限度行使控辩权利，实现程序的公正价值。当然，完全独立量刑程序会增加程序环节，延长诉讼期间，从而导致诉讼效率降低。

刑事案件相对独立量刑程序模式虽有其现实合理性，但考虑到死刑案件的重大性以及量刑制度改革总体目标，完全独立量刑程序模式应当成为我国死刑案件审判程序改革未来发展方向。从程序价值方面看，死刑案件因涉及剥夺人生命的刑罚而显得格外重要。死刑案件性质的严重性、刑罚的严厉性以及案情的重大性使得公正价值成为死刑适用的重要价值取向。如果说对于普通案件适用完全独立量刑程序所涉及的公正价值与效率价值之间发生矛盾，两种价值难以取舍，那么针对死刑案件设立完全独立量刑程序则价值取舍更为明晰，公正价值理应成为此类案件诉讼程序的重心。从我国审判程序现状及改革措施考察，死刑案件完全独立量刑程序模式存在制度空间。首先，并非所有适用独立量刑程序的死刑案件审判都会延长诉讼期间，降低诉讼效率。对于被告人认罪案件，定罪程序相对简化，法庭审判主要围绕量刑程序进行。司法实践中相当数量的死刑案件被告人是认罪的，因而死刑案件审判不会过度占用司法资源。其次，定罪程序与量刑程序完全分离，若在定罪阶段确定被告人为无罪，则审判程序终结，不必开启量刑程序，这本身提高了审判效率。最后，对于适用完整的定罪程序与量刑程序审理的死刑案件，因控辩双方分别就定罪问题和量刑问题展开充分辩论，控辩意见充分表达，法庭依此做出的裁决更容易为控辩双方认可，从而减少死刑案件的抗诉、上诉，在整体上提高法庭审判的诉讼效率。

四、死刑案件独立量刑程序的根基——量刑证据制度

证据是诉讼中的核心问题，定罪程序与量刑程序的严格划分最终落实为定罪事实与证据和量刑事实与证据的认定。根据我国刑事诉讼法相关规定，法律上承认将证据划分为定罪证据和量刑证据。[①] 基于定罪程序与量刑程序的性质、任务、遵循的指导原则不同，定罪证据与量刑证据的运用也有所差别。

（一）量刑证据运用规则

在定罪与量刑程序一体化模式之下，定罪证据与量刑证据混杂，适用规则交叉，未能注意到二者的区别，给刑事审判带来一定混乱。“死刑问题本质上是量刑问题，其核心是量刑证据。”[②] 死刑案件独立量刑程序中，将定罪证据与量刑证据明确划分，量刑证据适用不同于定罪证据的特殊证据规则。

首先，定罪问题与量刑问题证据适用遵循的法律原则不同。对于定罪问题，须严格遵守无罪推定原则，在事实和证据存疑情况下依疑罪从无原则处理。量刑程序论证被告人量刑事实，论证刑罚轻重。量刑发生在定罪之后，若被告人被认定有罪，则无罪推定原则不再具有适用空间。定罪证据与量刑证据遵循原则的不同导致对定罪问题与量刑问题证明方式存在差异。定罪证据涉及被告人有罪无罪问题，关乎重大，证明方式上要求采用严格证明，即对于定罪问题需要贯彻直接和言词审理原则；在证据使用方法上，定罪事实一律采取最严格的证据能力规则。量刑证据涉及被告人刑罚轻重问题，证明方式通常采用自由证明，即对于量刑问题可以采取查阅案卷等非正式的审查

---

① 《中华人民共和国刑事诉讼法》第 53 条规定，案件裁决符合“证据确实、充分”的条件之一为“定罪量刑的事实都有证据证明”。

② 陈卫东：《反思与建构：刑事证据的中国问题研究》，中国人民大学出版社 2015 年版，第 220 页。

方法；在证据使用方法上，证据能力规则不是十分严格。[①] 正是定罪证据与量刑证据遵循原则的差异决定了二者在审判中的使用产生差别。以证据资格为例，通常在刑事审判中为定罪证据设立严格的证据准入资格，品格证据、非法证据等不得作为定罪证据使用。相对而言，对量刑证据的准入资格要求较为宽松。量刑程序中的证据规则重在审查证据的证明力，而不对证据证明能力作严格限制。当然，以上是一种原则性的比较，基于控诉与辩护角度的不同，量刑证据运用规则会体现出复杂性。另外，在定罪阶段需要严格控制与定罪无关的量刑信息进入庭审中，以防止定罪证据与量刑证据的混杂适用对法官断案产生影响，避免法官对于定罪产生预断和偏见。

其次，定罪证据与量刑证据证明责任分配不同。刑事审判中，对于定罪问题受无罪推定原则规制，定罪的证明责任在控诉方，被告人一般不承担证明责任。“在量刑程序中，鉴于法院对被告人已经做出有罪认定，无罪推定不再发生法律约束力，因此‘谁主张，谁举证’成为这一程序中确定举证责任分配的基本原则。”[②] 量刑程序发生在定罪之后，无论是控方还是辩方，都有权提出本方量刑意见，并就本方主张承担举证责任。具体而言，由控方就与犯罪事实重合的量刑情节、从重量刑情节承担举证责任；由辩护方就对被告人有利的从轻、减轻或免除刑罚等量刑情节承担举证责任。就量刑问题的证明，控诉方与辩护方承担基本对等的举证责任。

最后，定罪证据与量刑证据适用证明标准不同。在刑事诉讼中，证明标准具有差异性，这种差异性既体现在案件在侦查阶段、审查起诉阶段和审判阶段证明标准不同，也体现在对不同证明对象适用的证明标准不同，还体现在不同证明主体提出的证明事项证明标准不同。一般而言，“越是关键的、重要的或者对被告人不利的事实和情节，在证明标准上越要从严掌握，而对于那些法律意义相对次要的或者对被告人有利的事实和情节，在证明标准上则可以适当放宽。”[③] 与定罪量刑相关的证明标准的差异性表现为：一是定罪事实

① 陈瑞华：《刑事证据法的理论问题》，法律出版社 2015 年版，第 7 页。

② 陈瑞华：《量刑程序中的证据规则》，载《吉林大学社会科学学报》2011 年第 1 期，第 95—104 页。

③ 仇晓敏、温克志：《关于量刑程序改革几个难点问题的思考》，载《中国刑事法杂志》2010 年第 9 期，第 78—84 页。

与量刑事实证明适用不同证明标准。对于涉及被告人行为是否构成犯罪事实的证明需要达到最高证明标准，即“案件事实清楚，证据确实、充分”，也可表述为排除合理怀疑；而对于量刑情节的证明，只要某一事实存在的可能性具有证据上的相对优势，就认为达到了证明标准。二是对被告人不利的量刑情节和对被告人有利的量刑情节适用不同证明标准。其中不利于被告人的量刑情节适用与定罪程度相同的证明标准，即由控诉方承担排除合理怀疑的证明责任。有利于被告人的从轻等量刑事实和情节的证明采用优势证明标准即可。[①] 三是死刑案件死刑量刑与普通犯罪量刑适用不同证明标准。死刑案件的证明标准，就构成死刑罪名的定罪证明与裁量判处被告人死刑的量刑证明均应达到最高证明标准。死刑刑罚的严厉性和不可回复性要求判处被告人死刑要特别谨慎。对于死刑案件仅强调在认定定罪事实方面达到排除合理怀疑还不够，在死刑案件定罪程序与量刑程序相分离，量刑程序独立化过程中，裁量判处被告人死刑证据证明同样应当达到排除合理怀疑的程度。“由于死刑的特殊性，对可导致死刑判决的量刑情节要求与犯罪构成要件一样进行高标准的证明是必要的。这实际上要求审判人员适用死刑时要做出罪名是否成立和是否应适用死刑两次裁决，这在罪名成立、证明标准不变的情况下增加了死刑适用的难度。”[②]

死刑案件经过法庭调查和法庭辩论，对于死刑案件定罪问题证据上存疑的，适用疑罪从无原则，不得判处被告人有罪；在被告人死刑罪名确定前提下，对于死刑案件量刑问题证据上存疑的，则同样依据有利被告原则，不得判处被告人死刑立即执行，这在司法实践中被称为“留有余地的判决”。“实践中对死刑案件采取留有余地的判决在一定程度上也是对死刑案件量刑标准的从严把握。”[③]“基于留有余地的考量，对被告人适用死缓，这是对被告人有利的处理结果。这种情况不能认为是疑罪从轻的判决结果，其实仍然坚持了疑罪

---

① 李玉华等：《诉讼证明标准研究》，中国政法大学出版社 2010 年版，第 139 页。

② 秦宗文：《死刑案件证明标准的困局与破解》，载《中国刑事法杂志》2009 年第 2 期，第 75—81 页。

③ 陈卫东、李训虎：《分而治之：一种完善死刑案件证明标准的思路》，载《人民检察》2007 年第 8 期，第 52—55 页。

从无原则。因为从重处罚的量刑证据有疑而没有采用，在这个意义上，就是从无而非从有。”①对死刑量刑适用最高的证明标准与死刑刑罚的严厉程度相称，同时也是证明标准层次性的体现。死刑量刑适用最高证明标准从量刑证明的角度体现出对死刑适用的慎重。

（二）量刑证据信息来源

刑事诉讼中对被告人定罪依据定罪事实和证据，对被告人量刑依据量刑事实和证据。在刑事案件中部分量刑事实与定罪事实重合或相关，还有部分量刑事实则与定罪事实无关，而是涉及被告人有无犯罪前科或犯罪后表现等。同定罪证据信息相比，量刑证据信息一是来源更为广泛，需要通过不同途径全面获取量刑证据信息；二是量刑证据运用需要就实现被告人刑罚个别化进行考量。死刑案件审判对这两方面的要求最高。在我国传统死刑案件审判中，辩护律师或是因技术不能或是因主观不重视，较少关注量刑证据的调查和提供，相关的量刑证据很可能对法官是否裁量判处被告人死刑起决定性作用。司法实践中我国死刑案件量刑证据主要来源于控诉方的起诉意见和案卷材料，法庭审判也主要围绕控诉方提供的案卷材料进行，控诉方的案卷材料对法院裁判结论具有决定性影响。总体上法庭偏重于对定罪证据的审查，而对量刑证据的审查薄弱。

死刑案件审判程序独立划分出量刑程序，量刑程序集中解决被告人的量刑问题，因而对量刑证据信息的收集和使用提出新的要求。相较于定罪证据信息，量刑证据信息来源更为广泛，除了案件事实本身，还涉及与案件事实无关的其他内容。死刑案件量刑证据信息来源包括：一是控诉方在对被告人提起控诉时所提供的量刑证据信息。检察机关作为国家公诉机关负有客观公正义务，对被告人有利或不利的量刑证据信息都有责任向法庭提供。二是辩护方提供的量刑证据信息。在刑事诉讼中，辩护律师拥有调查取证权。对于涉及犯罪构成的定罪证据信息，基于调查取证的能力以及所受的权利限制，辩护律师很难收集到有价值的信息。对于量刑证据信息的获取，因涉及的是被

① 陈兴良：《忻元龙绑架案：死刑案件的证据认定——高检指导性案例的个案研究》，载《法学评论》2014 年第 5 期，第 97—106 页。

告人个人情况、教育背景、社区意见、刑事和解、犯罪后的表现等，辩护律师的调查行为有很大的空间。必要时，辩护律师还可以申请检察机关或人民法院收集、调取相关证据。三是被害人提供的量刑证据信息。被害人提出量刑证据信息和量刑意见是其作为诉讼主体参与诉讼的表现，“当事人的诉讼地位是被害人参与量刑的初始角色，也让被害人具备参与量刑程序的形式要件。”① 被害人对判处被告人某种刑罚的意见是法院对被告人裁量判处刑罚考虑的一个因素，甚至可以将量刑证明实践中出现的被害人一方量刑请愿书视为独立的量刑证据种类。② 被害人掌握的量刑证据信息和量刑意见对被告人的定罪问题很难起作用，但是对于量刑问题可以施加有效影响。四是法官主动调查量刑证据信息。我国刑事诉讼法规定了法官拥有庭外调查权，对于与定罪和量刑有关的证据，法官有权力主动调查。死刑案件中定罪证据与量刑证据意义同等重要，要求法官平等对待。此外，在英美法系国家存在对被告人的“量刑前调查报告”（Pre-sentence Report）制度，在大陆法系国家则有“被告人人格调查”制度。此类制度主要为法官裁量被告人刑罚服务，通过对被告人成长经历、犯罪原因、人身危险性等因素的调查，帮助法官判断被告人社会危害程度和矫正可能性，对被告人裁处适当刑罚。我国刑事诉讼法仅规定了未成年人犯罪的社会调查制度。基于死刑案件刑罚的严厉性及重大性，我国有必要确立针对死刑案件的社会调查制度，由法院或法院委托的机构对被告人个人情况进行社会调查，为刑罚个别化的公正裁量提供程序保障。

死刑案件审判程序改革的核心内容之一为推动量刑程序规范化、独立化，实现刑事审判定罪程序与量刑程序的合理配置与协调，丰富我国量刑制度改革内容。量刑独立化改革离不开相关程序制度与证据制度的支撑。量刑活动是一复杂司法过程，涉及庭审前、庭审中以及庭审后一系列制度安排，如量刑建议、量刑辩护、量刑证据信息收集与调查、判决书量刑根据与理由的阐明等，其中任何制度因素的缺失都会影响量刑程序运作的效果。对死刑案件独立量刑程序进行理论上的解释和梳理有助于对该问题的理解，但要落实到司法操作层面则仍需科学的技术转化。

---

① 韩轶：《论被害人量刑建议权的实现》，载《法学评论》2017 年第 1 期，第 180—189 页。

② 张月满：《量刑证明：从形式到实质》，载《政法论丛》2018 年第 1 期，第 153—161 页。

晚近二十年单位犯罪立法修改的回顾与前瞻

周振杰　胡圣鑫*

1987 年修改的《中华人民共和国海关法》明确将单位规定为走私罪的主体，正面回应了单位（法人）能否犯罪的问题，暂时平息了理论争议。10 年之后，1997 年《刑法》在总则第 30 条和第 31 条进一步确立了单位的犯罪主体地位，明确了单位处罚原则。在 1997 年至今的 20 年间，适应社会与经济发展的需要，立法机关又对单位犯罪立法进行了多次修改。随着一带一路战略的展开、中外资本交流的进一步深化与中国经济的持续转型，单位犯罪立法将会面临越来越多的现实问题，进行与时俱进的修改不可避免。本文将在回顾晚近二十年单位犯罪立法修改的基础上，尝试就未来立法改革提出建议。

一、单位犯罪立法修改概述

立法机关在 1997 年之后陆续通过的 9 个《刑法修正案》和一部单行刑法，即《全国人民代表大会常务委员会关于惩治骗购外汇、逃汇和非法买卖外汇犯罪的决定》(以下简称《决定》) 无一不涉及单位犯罪，其具体内容可以大致划分为如下三类：

---

* 周振杰，北京师范大学刑事法律科学研究院教授、博士生导师；胡圣鑫，北京师范大学刑事法律科学研究院硕士生研究生。本文为国家社科基金一般项目“单位贿赂犯罪预防模式研究”(15BFX053)；北京市社科基金一般项目“北京市企业贿赂犯罪现状与对策研究”(16FXB012) 的阶段性研究成果。

（一）增加新的罪名

1997年《刑法》颁布以来，新增27个单位犯罪罪名。其中纯正的单位犯罪仅有《刑法修正案（六）》新设的大型群众性活动重大安全事故罪，其余皆为不纯正的单位犯罪。相对而言，纯正的单位犯罪因具有独立的犯罪构成，更利于司法上的认定。在新增罪名中，经济类犯罪罪名有18个。置言之，新增的单位犯罪罪名之中，经济类犯罪占据大多数，而且主要集中在破坏社会主义市场经济秩序、妨害社会管理以及危害公共安全的犯罪以及贪污贿赂犯罪之中。

（二）修改已有罪名

1. 扩大犯罪主体的范围，即将犯罪主体由自然人扩大至单位。例如，《刑法修正案（七）》将刑法分则第312条规定的掩饰、隐瞒犯罪所得、犯罪所得收益罪，《刑法修正案（九）》将刑法分则第285条规定的非法获取计算机信息系统数据、非法控制计算机信息系统罪、提供侵入、非法控制计算机信息系统程序、工具罪，第286条规定的破坏计算机信息系统罪、网络服务渎职罪，第313条规定的拒不执行判决、裁定罪的犯罪主体由自然人扩大到了单位。

2. 扩大罪名适用范围，主要路径包括：（1）修改犯罪形态。例如，《刑法修正案（四）》修改了第145条的生产、销售不符合标准的卫生器材罪，将情节从“对人体健康造成严重危害的”改为“足以严重危害人体健康的”，将结果犯改为了危险犯，在单位生产、销售不符合标准的卫生器材此特定行为之上，降低了入罪门槛。

（2）修改犯罪构成要件要素。首先，是扩大犯罪主体的外延。例如，《决定》第3条删除了刑法分则第190条中的“国有”，将逃汇罪的犯罪主体延伸至一般公司、企业与其他单位；《刑法修正案（六）》修改了第135条规定的重大劳动安全事故罪，将“工厂、矿山、林场、建筑企业或者其他企业、事业单位的劳动安全设施不符合国家规定，经有关部门或者单位职工提出后，对事故隐患仍不采取措施”改为“安全生产设施或者安全生产条件不符合国家规定”，删除了对单位的限定和经有关部门或单位职工提出的前置条件限定，增加“安全生产条件”；《刑法修正案（九）》修改了第253条之一规定的出售、非法提供公民个人信息罪、非法获取公民个人信息罪，删除“国家机关或者金融、电信、交通、教育、医疗等单位的工作人员”的主体限制。

其次，是扩大犯罪对象范围。例如，《刑法修正案（一）》将刑法分则第174条第1款规定的擅自设立金融机构罪中的由“未经中国人民银行”改为“未经国家有关主管部门”批准，将金融机构由“商业银行或其他金融机构”扩大到“商业银行、证券交易所、期货交易所、证券公司、期货经纪公司、保险公司或者其他金融机构”；《刑法修正案（三）》将刑法分则第125条非法买卖、运输核材料罪修改为非法制造、买卖、运输、储存危险物质罪，将同条第2款中的核材料修改为毒害性、放射性、传染病病原体等物质；《刑法修正案（四）》将第152条走私固体废物罪改为走私废物罪，将第344条规定的非法采伐、毁坏国家珍贵树木罪修改为非法采伐、毁坏国家重点保护植物罪，将国家其他重点保护植物纳入了保护对象之内；《刑法修正案（八）》删除了第107条规定的资助危害国家安全犯罪活动罪中的“境内组织或个人”的限制，使犯罪对象不限于境内组织或个人。

最后，是增加行为方式。例如，《刑法修正案（一）》修改了刑法分则第180条规定的内幕交易、泄露内部信息罪，将“证券交易”扩大到“证券、期货交易”，修改了第225条，在非法经营罪中增加了“未经国家有关主管部门批准，非法经营证券、期货或者保险业务的”（第3项）；《决定》第4条将“在国家规定的交易场所以外非法买卖外汇，扰乱市场秩序，情节严重的”的行为纳入非法经营罪之中，扩大了其适用范围；《刑法修正案（八）》修改了第226条强迫交易罪，增加“强迫他人参与或者退出投标、拍卖的”“强迫他人转让或者收购公司、企业的股份、债券或者其他资产的”“强迫他人参与或者退出特定的经营活动的”为该罪的行为方式。

（3）修改入罪情节。例如，《刑法修正案（八）》删除了刑法分则第141条中“足以危害人体健康的”的表述，降低了生产、销售假药罪的入罪标准，与此同时，将“对人体健康造成严重危害的”和“致人死亡或者对人体造成特别严重危害的”的加重情节，分别修改为“对人体健康造成严重危害或者有其他严重情节的”和“致人死亡或者有其他特别严重情节的”；将第144条中的“对人体健康造成严重危害”改为“对人体健康造成严重危害或者有其他严重情节的”，扩大了生产、销售有毒有害食品罪的处罚范围。《刑法修正案（九）》也对第 288 条规定的扰乱无线电管理秩序罪进行了修改，删除了“经责令停止使用后拒不停止使用”的前置条件，将“造成严重后果的”改为“情节严重的”，扩大该罪的适用范围。

（4）增加上游犯罪。例如，《刑法修正案（三）》将“恐怖活动犯罪”新增为洗钱罪违法所得及收益的上游犯罪，《刑法修正案（六）》进一步将“贪污贿赂犯罪、破坏金融管理秩序犯罪、金融诈骗犯罪”增加为该罪的上游犯罪，并将“违法所得及其产生的收益”改为“所得及其产生的收益”，进一步扩大了洗钱罪的适用范围。

（三）调整法定刑

单位犯罪立法改革对法定刑的调整，首先体现在针对直接负责的主管人员和其他直接责任人员，增加新的法定刑档次。例如，《刑法修正案（九）》修改了第 288 条、第 313 条，在逃汇罪、洗钱罪、走私文物罪、走私贵重金属罪、强迫交易罪、扰乱无线电管理秩序罪、拒不执行判决、裁定罪中，新增“情节严重”时的法定刑，提高了这些罪名的最高刑。《刑法修正案（八）》将走私文物罪、走私贵重金属罪的一般情节的法定刑由“5 年以上有期徒刑”改为“5 年以上 10 年以下有期徒刑”。

更重要的是，新的规定修改了适用于单位的财产刑。例如，《决定》第 3 条在刑法分则第 190 条规定的逃汇罪中增加了对单位判处百分之五以上百分之三十以下罚金的规定。《刑法修正案（八）》修改了第 141 条规定的生产、销售假药罪、第 143 条规定的生产、销售不符合卫生标准的食品罪、第 144 条规定的生产、销售有毒有害食品罪的罚金刑，删除了“并处销售金额百分之五十以上二倍以下”罚金倍数，并将一般情节中的“并处或单处”直接改为“并处”；在第 192 条规定的集资诈骗罪、第 194 条规定的票据诈骗罪和金融凭证诈骗罪、第 195 条规定的信用证诈骗罪中，增加了对单位直接负责的主管人员和其他直接责任人员“可以并处罚金”，以及在“数额巨大或者有其他严重情节的”“数额特别巨大或者有其他严重情节的”的场合“并处罚金”的规定；在第 226 条规定的强迫交易罪中，增加了“情节特别严重的，处三年以上七年以下有期徒刑，并处罚金”的规定。《刑法修正案（九）》在刑法分则第 164 条规定的对非国家工作人员行贿罪、第 391 条规定的对单位行贿罪、

第393条规定的单位行贿罪中增加了对单位直接负责的主管人员和其他直接责任人员的“并处罚金”的规定，在第313条规定的拒不执行判决、裁定罪中增加了“情节特别严重的，处三年以上十年以下有期徒刑，并处罚金”的规定。

从上述可以看出，在有关单位犯罪罚金刑的立法改革中，有许多是针对直接负责的主管人员和其他直接责任人员的。对于预防单位犯罪而言，这一点具有重要意义。一方面，单位是一个抽象概念，必须通过特定自然人，即单位直接负责的主管人员和直接责任人员的行为来实施犯罪，就如有的学者所言，单位在许多方面都可以比拟为人体，其直接负责的主观人员和直接责任人员代表公司的指导思想和意志并控制其行动。[①] 另一方面，在司法实践中，相对于犯罪单位的实际获利而言，对单位判处的罚金数额可以说微不足道。在这种情况下，对单位的直接主管人员和其他责任人员增加罚金刑，相当于提高了实际实施犯罪行为的人员的风险成本，因此，能够产生更大的威慑作用。

二、单位犯罪立法修改评价

（一）单位犯罪立法修改的积极意义

总体而言，晚近二十年单位犯罪立法修改体现出了如下四个方面的积极意义：首先，逐步完善了规制范围。无论是新增罪名，还是修改已有罪名，抑或通过修改犯罪形态、增加上游犯罪、行为方式、扩大主体与对象范围扩大原有单位犯罪立法的适用范围，都使原有单位犯罪刑事法网体系更为严密。刑法分则最基本的价值取向是严密刑事法网、确定应得刑罚，突出刑法的保护功能。[②] 单位犯罪立法的完备，最终会有益于实现刑法分则的价值。与此同时，在司法实践中，单位犯罪中的“单位”概念本身也在扩大。1997年《刑法》第30条所规定的单位包括公司、企业、事业单位、机关、团体。最高人民法院于1999年6月25日发布的《关于审理单位犯罪案件具体应用法律有关问

① 何秉松：《法人犯罪与刑事责任》，中国法制出版社2000年版，第120—121页，

② 储槐植、梁林根：《刑法分则修订的价值取向》，载《中国法学》1997年第2期，第31—39页。

题的解释》将“公司、企业、事业单位”解释为国有、集体所有的公司、企业、事业单位，和依法设立的合资经营、合作经营企业和具有法人资格的独资、私营等公司、企业、事业单位。之后，最高人民法院在2003年11月13日印发的《全国法院审理金融犯罪案件工作座谈会纪要》(以下简称《纪要》)中又指出，单位的分支机构或者内设机构、部门以自己的名义实施犯罪，违法所得归己所有，应认定为单位犯罪，这显然是适应实践需要进行了扩大解释。

其次，及时回应了时代需求。虽然上文就单位犯罪的立法修改主要是从新增罪名、罪名修改与刑罚变化这三个方面予以分类梳理，但是，从《决定》和9个刑法修正案颁布的时间来看，单位犯罪立法的历次修改都与其颁布之际的时代要求紧密相连。例如，《决定》是立法机关为了与20世纪末发生在亚洲的金融危机做斗争而通过的。再如，就恐怖主义犯罪而言，在2001年12月颁布《刑法修正案(三)》之前，1997年刑法仅在分则第120条规定了组织、领导、积极参加恐怖活动组织罪。美国“9·11”恐怖袭击事件的发生之后，鉴于国际与国内反恐形势，立法机关迅速在《刑法修正案(三)》中增设了资助恐怖活动罪、投放虚假危险物质罪以及编造、故意传播虚假恐怖信息罪，将投毒罪修改为投放危险物质罪，将非法买卖、运输核材料罪改为非法制造、买卖、运输、储存危险物质罪，并将恐怖活动犯罪纳入了洗钱罪的上游犯罪。之后，随着伊斯兰国等恐怖组织的影响扩展至全球，恐怖分子越境活动日益猖獗，[①]立法机关先是在2011年5月1日开始实施的《刑法修正案(八)》中将恐怖活动犯罪纳入了特别累犯的处罚范围，之后又立足国内需求，参考国际文件与国外立法，在2015年11月1日开始实施的《刑法修正案(九)》中将资助恐怖活动罪修改为帮助恐怖活动罪，扩大了其处罚范围，增设了准备实施恐怖活动罪、宣扬恐怖主义、极端主义、煽动实施恐怖活动罪、利用极端主义破坏法律实施罪等新的罪名，并对相关罪名进行了修改。例如，将刑法分则第311条规定的罪名修改为拒绝提供间谍犯罪、恐怖主义犯罪、极端主义犯罪证据罪，在第233条规定的偷越国(边)境罪中，将为恐怖主义目的偷越国(边)境的规定为从重情节。

---

① 周振杰、赵秉志：《惩治外国恐怖主义参战人员的国际与国内刑事立法研究》，载《吉林大学社会科学报》2016年第2期，第5—18、190页。

再次，适当贯彻了宽严相济的原则。虽然迄今为止，单位犯罪立法修改在总体上呈现出了严密刑事法网、提高处罚力度的“严”的一面，但是立法机关在某些领域也体现出了“宽”的一面。例如，《刑法修正案（八）》删除了走私普通货物、物品罪中的死刑规定，《刑法修正案（九）》废除了走私武器、弹药罪、走私核材料罪、走私假币罪、集资诈骗罪的死刑。在司法实践中常见的走私普通货物、物品罪与集资诈骗罪，大多是由单位实施，且不说“体现公共意志的国家和法律剥夺他人生命不具有合理性，”① 在单位犯罪中，直接责任人考虑的往往是单位利益，其主观恶性通常较小，而且自然人也并非单位犯罪的犯罪主体，这决定了其不可能承担单位犯罪的完全责任。因此，在这些罪名中删除死刑条款，既体现了立法宽缓的一面，贯彻了宽严相济刑事政策的要求，也使得单位犯罪立法更为科学化与合理化。

最后，重点关注经济犯罪。从上述内容可以看出，在单位犯罪立法的历次修改中，经济类犯罪都占据了大部分甚至绝大部分比重。这一方面是因为单位犯罪产生的背景所致：立法机关在我国经济体制和社会生态的转型时期规定了单位犯罪，反映出国家在脱离计划经济体制、走向市场经济社会的宏观决策，② 质言之，单位犯罪实际上是社会经济发展到一定阶段的产物与刑事政策选择的结果。另一方面也是因为在社会生活实践中，单位的危害行为集中体现在经济活动领域，考虑到“一切法律均都是为了人的缘故而制定的。制定法律的宗旨就是为了保护人们的生存利益。保护人们的利益是法的本质特征；这一主导思想是制定法律的动力，”③ 单位犯罪立法改革重点关注经济犯罪既符合立法基本原理，也符合实践需求。

（二）单位犯罪立法修改的不足之处

在体现出积极意义的同时，迄今为止的单位犯罪立法改革也存在诸多不足之处。例如，虽然立法机关一直在扩大单位犯罪的范围，但是并未说明区别个人犯罪与单位犯罪的标准，而是完全依赖是否有执法机关提出建议，就

---

① ［意］贝卡利亚：《犯罪与刑罚》，黄风译，北京大学出版社2008年版，第69页。

② 黄晓亮：《论我国“单位犯罪”概念的摒弃》，载《政治与法律》2015年第3期，第29—41页。

③ ［德］李斯特：《德国刑法教科书》，徐久生译，法律出版社2000年版，第3页。

如立法机关在《关于〈中华人民共和国刑法修正案（七）（草案）〉的说明》中所言，将《刑法》第312条规定的掩饰、隐瞒犯罪所得、犯罪所得收益罪纳入单位犯罪的范围，是因为："中国人民银行提出，这类犯罪有些是单位实施的，建议增加单位犯本罪的规定，以进一步完善刑法的反洗钱措施。"①但是，执法机关的建议往往滞后于现实需要。正因如此，全国人民代表大会常务委员会2014年4月24日通过的《关于〈中华人民共和国刑法第三十条的解释〉》不得不规定，公司、企业、事业单位、机关、团体等单位实施刑法规定的危害社会的行为，刑法分则和其他法律未规定追究单位的刑事责任的，对组织、策划、实施该危害社会行为的人依法追究刑事责任。

再如，虽然立法机关加大了单位犯罪案件中罚金刑的处罚力度，但是，一方面，立法机关并没有在罚金之外增加新的处罚方式，而实践已经证明，罚金虽然有其优势所在，但是其缺陷也不容忽视，尤其是在国家机关、公有企事业单位犯罪的场合。例如，罚金会造成溢出效应（spill-over effect），即罚金最终将会由社会公众或者消费者承担。如此非但无法实现刑罚的威慑与预防功能，而且可能会促使法人从违法行为中获利。同时，无论是大额还是小额、差额还是等额，罚金都会向单位传递"是否守法可以从纯粹的成本-收益角度进行分析"这一错误信息，并间接鼓励单位将罚金列为公司成本。②另一方面，除《决定》修改的逃汇罪采用了比例制罚金外，其余罪名所增加的罚金皆为无限额制罚金。虽然如有的观点所言，无限额制罚金有着超强的适应性，③但是，由于罚金适用的制约只有《刑法》第52条"判处罚金，应当根据犯罪情节决定罚金数额"这一规定，而这一规定又过于抽象，未规定判决罚金时需要考虑的具体因素，赋予了法官过多的裁量权，致使罚金的实际运用具有很大的随意性，从而削弱了其预防效果。

此外，迄今为止的历次单位犯罪立法改革都拘囿于分则之中，并没有改变以个人刑事责任为媒介的转嫁罚原则。这意味着，单位犯罪立法改革的主

---

① 赵秉志主编：《刑法修正案最新理解适用》，中国法制出版社2009年版，第316页。

② 周永年、卢勤忠：《单位行贿犯罪案件调查与司法认定规则研究》，载《人民检察》2009年第3期，第44—47页。

③ 马克昌：《刑罚通论》，武汉大学出版社1999年版，第455页。

要锋芒所向还是自然人。而“在法人犯罪的场合，虽然意志形成与犯罪行为都是自然人成员进行的，但是……与犯罪意思单一的个人犯罪不同，法人中的犯罪意思有着组织性与构成性的特征，法律后果作为行为结果应该归属于法人组织。”[①] 与此同时，“即使对法人官员的控诉得以成功，也很难影响到法人的组织管理与经营方式，因为对于法人而言，其组织结构之中的缺陷不会因为一个成员被审判而消失，”[②] 有时候自然人会成为替罪羊。

最后，立法机关在改革单位犯罪立法之际，没有充分考虑单位本身情况的重大变化。以企业法人为例，与 1987 年初次规定单位犯罪，甚至与 1997 年将单位犯罪写入刑法典之际相比，企业法人的数量有了快速的增长：2006 年我国共有 606 万 8912 家法人，2015 年这一数字上升到了 1572 万 9199 家，增长了 2.5 倍多。与此同时，企业法人的国际化程度有了实质性的提高，越来越多的中国企业走出国门，将生产经营活动从国内扩展到了国外，规模也有了稳定的扩大，[③] 可以想象，随着一带一路战略的逐步展开与经济转型的深入，中国企业的国际化、规模化程度将进一步提高。随着法人的规模越来越大、组织越来越复杂、国际化特征越来越明显，法人活动中蕴含的风险也会越来越隐秘、越来越分散。如此，一方面，执法与司法机关在发现法人违法行为方面面临着越来越大的困难，会形成更大的犯罪黑数；另一方面，即使执法机关发现了法人的违法行为，如何成功进行制裁也是重大难题。因为在刑事诉讼中，司法机关承担证明被告单位有罪的证明责任，而履行证明责任，必须以合法、充分的证据为基础，在法人跨国行为越来越多的情况下，这无疑要付出巨大的人力与物力。质言之，如何降低制裁成本也是单位犯罪立法改革面临的挑战。而应对这些挑战，需要在立法层面对单位犯罪立法进行宏观调整。

---

① ［日］麻生利胜：《企业犯罪预防的法理》，成文堂 2004 年版，第 180 页。

② See Guy Stessens（1994），Corporate Criminal Liability：A Comparative Perspective，*International and Comparative Law Quarterly*，Vol.43，pp. 518—519.

③ 周振杰：《惩治企业贿赂犯罪合作模式之提倡》，载《云南社会科学》2016 年第 4 期，第 122—127 页。

三、未来立法改革初步建议

（一）总则部分

基于上述单位犯罪立法修改的内容与不足之处，以及单位自身情况的变化，未来单位犯罪立法改革的重点应放在刑法总则部分。首先，关于单位犯罪的范围，建议删除刑法总则第30条中“法律规定为单位犯罪的”的表述，将之修改为“公司、企业、事业单位、机关、团体实施危害行为的行为，应当负刑事责任，”不再对单位犯罪的范围进行限制。一方面，虽然在理论上就单位犯罪的范围存在争议，但是并没有取得或者说也不可能取得一致意见，①而如上所述，目前针对具体罪名进行的列举式修改虽然有利于维护刑法的统一性与完整性，但是必然造成法律上的空白与司法上的困惑。②另一方面，即使对单位犯罪的范围不加任何限制，单位仍然不能够实施那些必须具备特殊构成要件的罪名。例如，以性器官接触为要件的强奸罪，不会造成单位犯罪的泛滥。

其次，就单位处罚的方式，为了避免罚金的缺陷，建议增加法定刑的种类，将刑法总则第31条修改为：单位犯罪，对单位处以罚金，并处或者单处吊销营业执照、禁止进特定生产经营领域、强制解散、司法监督改善内部管理、禁止参加招投标、禁止发行股票、债券、禁止公募资金。如此规定，一方面，继续确立以罚金为主要处罚的原则，另一方面，授权司法机关可以对犯罪法人单处罚金以外的制裁措施，以避免罚金的负面效应，补充其不足。

多样化早已经是国外法人处罚的选择。早在1982年的United States v Mitsubishi Int’l Corp. 案中，③美国法院就没有适用罚金，而代之以要求被告公司向慈善组织捐款，为社区服务组织无偿提供人工；在1983年的United States v Danilow Pastry Co. 案中，法院同样以判处被告单位在12个月的期间

---

① 周振杰：《比较法视野中的单位犯罪》，中国人民公安大学出版社2012年版，第37页。

② 曾有祥、王聿连：《单位犯罪存在范围的批判性反思》，载《法学杂志》2012年第2期，第99—104页。

③ 677 F.2d 785，787（9th Cir. 1982）.

内向相关组织提供烘烤食品取代罚金。[①]《法国刑法典》第131—139条也规定，在法人实施重罪或者轻罪的案件中，可以对之处以解散法人、禁止直接或间接从事一种或几种职业性或社会性活动、关闭用于实施犯罪行为的企业机构、置于司法监督之下、禁止参与公共工程、禁止公开募集资金、在限期内禁止签发支票或者使用信用卡付款、没收用于犯罪的物品或者赃物、公布宣判决定等。因此，及时增加单位处罚的种类，既是我国的实践需要，也符合国际立法潮流。

与此同时，建议立法机关或者司法机关将罚金刑的适用进一步予以明确化、具体化。就此问题，目前存在如下两种相对典型的观点。第一种观点认为，可以通过效仿法国，在分则中明确规定各种具体的自然人犯罪的罚金额度或幅度，在总则规定单位犯罪罚金额与自然人犯罪罚金额的比例关系来确定单位犯罪的罚金额。[②]但是在我国刑法体系之下，对于自然人犯罪的罚金额度或幅度的规定本身颇为缺乏，短时期内想要完善较为不易，且自然人犯罪同样面临着犯罪数额难以确定等困难，其罚金额的确立标准也难以统一，这就使得单位犯罪的罚金认定上呈现循环的困难。第二种观点则认为，在单位犯罪罚金刑的适用上，应当根据《刑法》第52条规定的犯罪情节兼顾犯罪人支付能力的方式来确定罚金刑的金额。[③]相比较而言，后者具有更大的灵活性，也尽量照顾到了当前的立法现状。因此，笔者建议参考后者，通过如下方式明确罚金刑的具体适用：第一，由立法机关规定一定的基础罚金数额，该数额可以是销售金额、犯罪者的收益、犯罪行为造成的损失、其他关于犯罪行为的金额或者为了消除犯罪行为所造成的有害影响所支出的金额中最高的一个。第二，设定一定的额比例，由司法机关在实践中根据具体犯罪的相关情节，在基础罚金数额的基础上，初步确定罚金数额。第三，根据犯罪单位的经济状况确定最终罚金数额。

再次，适应单位处罚的多样化改革，建议在总则中增加单位缓刑制度，以最大限度发挥单位处罚的预防与改善功能。法人缓刑制度在许多国家的立

---

① 563F. Supp. 1159，1164—65（S.D.N.Y 1983）.

② 陈丽天：《单位犯罪刑事责任研究》，中国法制出版社2010年版，第196页。

③ 袁林：《单位犯罪罚金刑适用的再思考》，载《西南民族大学学报》2005年第9期，第92—97页。

法中早已经存在。例如，美国联邦刑法改革委员会（布朗委员会）在 1971 年就已经提出了法人缓刑制度。几乎是与此同时，美国司法实践中也出现了法人缓刑制度的判例。在 1972 年的 United States v Atlantic Richfield Company 案中，[①] 法院在判处被告公司罚金的同时，同意缓期执行，条件是其采取有效措施治理被其污染的土壤与河流。1991 年，美国量刑委员会提出的《组织量刑指南》[Federal Sentencing Guidelines for Organizations（FSGO）] 明文将法人缓刑制度规定为矫治与干涉性制裁措施，并规定了具体的强制性与选择性附加条件。[②] 加拿大的法律也规定，为了保证与提高职业安全，法院可以对被定罪的法人颁布缓刑令，要求法人犯罪人满足其具体指明的一项或者多项条件，如提供补偿、制定具体的预防政策、标准以及程序以减少未来发生犯罪的可能性，并要求法人犯罪人向法院定期报告实施情况，接受法院监督。[③]

具体而言，建议在刑法总则中，增加一条规定单位缓刑制度，在该条第 1 款规定：在认为合适之际，法院可以在单位犯罪案件中宣告缓刑，并要求单位犯罪人在缓刑期间满足如下一项或几项条件：（1）提供损害赔偿；（2）设计并实施特定的措施减少其犯罪行为造成的损害并进行补救；（3）制定具体的政策、标准与程序预防类似犯罪的发生；（4）以法院确定的方式披露关于其犯罪与量刑等相关信息；（5）遵守其他法院认为有利于预防犯罪或减少、补偿其造成的伤害的条件。

在第 2 款规定单位社区矫正制度：在单位被宣告缓刑的案件中，法官可以在判决中列明单位在缓刑期间应该遵守的法律义务，并要求单位法人代表或者其指定的人，定期向执行机关汇报单位履行指定义务的情况，并规定在单位犯罪人违反社区矫正规定之际，对单位法定代表人参照自然犯罪人的规定进行处罚。

最后，为了减轻司法机关的负担、促进单位与司法机关合作的积极性，

---

① 465 F.2d 58（7th Cir. 1972）

② 参见 Christopher A. Wray 'Corporate Probation under the New Organizational Sentencing Guidelines', *Yale Law Journal*，1992，101（8）: pp. 2017—2042.

③ 参见 Zhenjie Zhou，*Corporate Crime in China*: *History and Contemporary Debates*，Routledge，2015，pp.176—180.

建议立法机关在刑法总则中从正反两个方面增加单位自首、坦白与认罪的相关规定。一方面，规定单位自首、坦白与认罪的，可以从轻、减轻或者免除处罚。最高人民法院、最高人民检察院于2008年3月12日发布的《关于办理职务犯罪案件认定自首、立功等量刑情节若干问题的意见》第7条已经规定了单位自首，在理论上，自首、坦白与认罪三者具有同质性，既然认为单位可以自首，就没有理由否定单位坦白与单位认罪。另一方面，规定对没有自首、坦白或者认罪情节的犯罪单位，从重处罚。① 在刑法总则规定的自首、坦白与认罪的具体形式之外，单位自首、坦白与认罪的具体形式还应包括如下几种情形：（1）单位集体决定或者单位负责人决定而自动投案，如实交代单位犯罪事实的，或者单位直接负责的主管人员自动投案，如实交代单位犯罪事实、如实供述罪行或者承认被指控的犯罪事实。（2）单位与执法或者司法机关积极配合，积极进行内部调查，收集、提供证据。（3）在危害行为或者危害结果发生之后，积极采取措施减小、消除社会危害，并进行内部整改。

（二）分则部分

刑法分则中关于单位犯罪的规定可以分为三类：第一，是回应刑法总则第30条“法律规定为单位犯罪的”要求，在条文中通过“单位犯……罪的”提示性规定，提示相应条款规定的犯罪是单位犯罪的，刑法分则第231条和第346条就是如此。第二，是为直接负责的主管人员和其他直接责任人员规定独立法定刑的。虽然在刑法分则中，有许多条文规定“单位犯前款罪，对单位判处罚金，并对直接负责的主管人员和其他直接责任人员依照前款 / 各该条的规定处罚”，但是也有许多条文为涉案自然人规定了独立的法定刑，如第198条与第200条。第三，直接规定具体单位犯罪的。例如，规定提供虚假证明文件罪的第229条、规定单位受贿罪的第387条、规定单位行贿罪的第393条和规定私分国有资产罪的第396条。鉴于上文已经建议删除总则第30条“法律规定为单位犯罪的”内容，并针对单位犯罪规定了多样化的处罚，此处建

① 在贿赂犯罪案件中，为了减轻司法负担，对和司法机关合作的法人从宽，对拒不合作的法人从重处罚，在许多国家都已经存在立法例。详细参见周振杰：《惩治企业贿赂犯罪的冲突模式与合作模式研究》，见赵秉志主编：《刑法论丛》第46卷，法律出版社2016年版，第43页。

议删除上述第一类与第二类分则条文，仅保留第三类。

四、结语

随着科技的发展与全球化的深入，中国也逐步进入了西方学者所谓的“风险社会”。虽然刑法学界对从风险社会理论中引申出来的风险刑法大多持谨慎甚至批判的态度，[①] 但是在政策层面上，刑法已经逐步变成了“管理不安全性的风险控制工具”[②]，并开始对风险社会中的风险做出积极回应是不争的事实，[③] 有的观点甚至认为：“风险刑法是对风险社会的制度性回应，运用刑罚对抗具有典型危险的违法行为这一趋势不可逆转。”[④] 风险社会的风险在本质上仍然是工业化所产生的风险，而单位是工业活动的重要主体，因此单位应该毫无疑义地成为风险的重要承担主体。

但是，单位是有着个体所不具有的认知能力与承受能力的强势群体，可以在获取社会利益的同时，通过自身权力和资源来抵御和转嫁分配至其头上的风险，并且会“竭尽全力通过在工业中逐渐制度化的‘反科学’的帮助来反驳对他们的指控，并试图提出其他的原因和祸根”[⑤]。因此，未来的单位犯罪立法改革应该充分考虑上述现实，从单位犯罪是“社会发展的产物、刑事政策的选择”这一逻辑起点出发，参考“谁创出，谁承担”的风险分配原则，重新审视单位犯罪的范围、单位刑事责任的原则、单位处罚的设置、单位犯罪案件中证明责任的分配等基础问题，以实现刑法“惩罚犯罪，保护人民”的立法目的。

---

① 例如，参见陈兴良：《风险刑法理论的法教义学批判》，载《中外法学》2014年第1期，第103—127页；孙万怀：《风险刑法的现实风险与控制》，载《法律科学》2013年第6期，第130—140页；南连伟：《风险刑法理论的批判与反思》，载《法学研究》2012年第4期，第138—153页。

② 劳东燕：《公共政策与风险社会的刑法》，载《中国社会科学》2007第3期，第126—139、206页。

③ 齐文远：《刑法应对社会风险之有所为与有所不为》，载《法商研究》2011年第4期，第3—6页。

④ 吕英杰：《风险刑法下的法益保护》，载《吉林大学社会科学学报》2013年第4期，第26—33页。

⑤ ［德］乌尔里希·贝克：《风险社会》，何博闻译，译林出版社2004年版，第33页。

学术论评

民法典分则草案若干修改意见

李　宇*

《民法典各分编（草案）》（以下简称民法典分则草案或草案），于2018年9月5日向全社会公开征求意见。限于篇幅，本文仅选取其中若干问题，略陈管见，以供参考。

一、总体修订意见

草案在总体结构上有两项值得商榷，其一是不设债权编，其二是单独设人格权编。

完整的债法（或债权法），是大陆法系民法典的标准配置。完整的债法，有几种主要体例：一是设单独的债编（如德国民法典）或债权编（如日本民法典），二是分别设债法总则编、债法分则编（如俄罗斯民法典），三是设债法总则编和各种合同编（如荷兰民法典），四是在“取得财产的各种方法”编设债法总则和其他债法规范群（如法国民法典）。其中以第一种体例为多数。无论何种体例，均包含债法总则和债法分则的完整规范。草案不设完整的债编，而将传统的债法大卸四块：先将债法总则舍去，又将债法分则一分为三，将合同、侵权行为单独成编，将无因管理与不当得利塞入合同编末尾。立法机关虽欲使合同编总则担当债法总则的功能，实则债法总则乃是合同总则“不可承受之重”，强令合同总则充任债法总则，不仅规范容量上严重受限，且体系上亦难周全，适用方法上更是徒增困扰。合同分则亦不可能替代债法分则，

* 李宇，法学博士，上海财经大学法学院副教授。

诸如有价证券通则、定期金（含意定定期金及法定定期金）等债法分则规范，无法纳入合同分则。[①] 而在合同编之末规定无因管理与不当得利则不伦不类。侵权责任独立成编，则进一步助长了“侵权是责任不是债”的离奇之论。根治以上诸种病症，唯有设债权编一途。

民法典分则草案体系中的人格权编在学术上有争议。人格权单独成编，既不是有学者所称的“重大创新”（早有乌克兰民法典先行一步），又未能实现“提高人格权保护水平”的愿景（大多数条文是重复现行法），同时又对民法典的体系产生多重破坏效应，包括对侵权责任法的肢解、与合同法的抵触、背离民法总则的经验，[②] 这与“体系化、科学化”的立法目标似乎不太符合。

二、物权编修改意见

（一）填补法律漏洞

1. 更正关于添附的规定

现行《物权法》存在诸多法律漏洞，诸如先占、添附、时效取得等基本物权制度，均付之阙如。物权编就此未作改善，唯增补添附制度而已（第 117 条），但关于添附的规定过于含糊，不具有可操作性，而且规定添附物的归属“按照充分发挥物的效用以及保护无过错的当事人的原则”确定，显然错误，有不如无。确定添附物的归属，与当事人有无过错无关；在加工的情形，涉及物和劳务的结合，也不可能依“物”的效用而定。建议区分附合、混合、加工各种情形，建立明确的规则。参考《物权法草案修改稿》（2004 年 9 月 27 日）第 119 条至第 120 条、《德国民法典》第 946 条至第 951 条、我国台湾地区“民法”第 811 条至第 816 条，建议条文如下：

“第 1 条【附合、混合、加工情形的所有权归属】

动产因附合而成为他人不动产的成分的，由对不动产享有物权的人取得

---

① 李宇：《十评民法典分则草案》，载《中国海商法研究》2018 年第 3 期，第 3—10 页。

② 较近的全面评论，详见中国社会科学院民法典工作项目组：《民法典分则编纂中的人格权立法争议问题》，载《法治研究》2018 年第 3 期，第 20—30 页。

该动产的所有权。

动产与他人的动产附合，不能分离或者分离费用过高的，由各动产所有人按照附合时价值的比例共有合成物；附合的动产有可视为主物的，由主物所有人取得合成物的所有权。动产与动产混合，不能识别全物或者识别费用过高的，由各动产所有人按照混合时价值的比例共有合成物。

加工于他人的动产的，加工物的所有权属于材料所有人。但因加工增加的价值显著超过材料的价值时，加工物的所有权属于加工人。

第 2 条【附合、混合、加工情形的不当得利返还】

因前条规定丧失权利的人，有权依照关于不当得利的规定，请求因所有权变动而得利的人偿还价额。"

2. 增设营业质权规定

营业质权，区别于一般质权之处，在于允许流质。营业质权，系古老的交易形态，在现今当铺业务中仍大量存在。动产质权，因须移转担保财产的占有，不利于发挥物的效用，在现代社会已逐渐式微，唯营业质权仍为极为活跃之形态，就经济生活的实际状态言之，可谓已成为动产质权之"常态"而非"特例"。唯我国现行法律、行政法规对此并无规定，仅 2005 年《典当管理办法》有所规范而已。该办法系部门规章，不属于民法法源范畴，且其中关于流质之规定欠缺上位法依据。作为民事基本法，民法典实有必要规定营业质权。建议在动产质权一节末尾增加一条规定营业质权，作为第 231 条。建议条文：

"营业质权，是指当铺或者典当行向借款人出借款项，并以借款人交付占有的动产为标的而设立的质权。

当铺或者典当行不得将质押财产转质。

当铺或者典当行与借款人在质押合同中可以约定，借款人在借款期限届满经过不少于一个月的宽限期仍不能偿还借款、赎回质押财产的，当铺或者典当行即取得质押财产的所有权，其所担保的债权同时消灭。

本条未规定的，适用本节其他规定。"

（二）修正体系错误

1. 厘清物权请求权与侵权责任

第三章"物权的保护"，系延续单行法思维的产物。在侵权责任已单独设编的情况下，民法典物权编仅应规定物权请求权。第 29 条、第 35 条属于“僵尸法条”，固不待言，更严重的问题是，该章混淆了物权请求权和侵权责任（尤其是第 33 条、第 34 条），在司法实践中造成大量误解、误用。此类条文不设过错要件，导致过错责任原则在侵害物权案件中被架空。如果第 33 条、第 34 条非要保留，则应作如下修改。

第 33 条改为“造成不动产或者动产毁损的，权利人可以依照关于侵权责任的规定或者其他法律规定请求恢复原状。”修改理由：其一，明确“依法”是依何法，以免司法实务中滥用本条作为单独的请求权基础；其二，删去“修理、重作、更换”，这些属于违约责任方式。同理，第 34 条改为“侵害物权，造成权利人损害的，权利人可以依照关于侵权责任的规定或者其他法律规定请求损害赔偿或者承担其他民事责任。”

2. 构建裁判抵押权

草案沿袭旧制，禁止被查封、扣押、监管的财产抵押（第 190 条第 5 项），管制过度。查封、扣押、监管仅为保全或执行的措施，其法律效果应限于目的所必要范围之内，不应进一步扩张。比较法上的处理范例主要包括：例一，权利人仍可处分此类财产，唯查封、扣押的申请人有权主张处分无效（相对无效）；例二，承认裁判抵押权，即因执行措施的采取而发生对标的物的抵押权，或者当事人可持裁判文书申请抵押权登记。在第一种模式下，对处分自由的限制，仅限于保护申请人所必要的限度之内，权利人既可自由处分，他人亦可评估风险、自主接受；在第二种模式下，权利人的处分自由不受限制，裁判抵押权遵从抵押权的一般规则，其顺位优先于后续的处分。两种模式均无损申请人的利益，权利人的利益亦得到充分尊重。我国现行法及草案彻底剥夺处分自由，为保护查封等措施的申请人而过度牺牲权利人的财产权，有违比例原则；从实际效果来看，司法实务中，不少申请人利用甚至滥用查封扣押手段，冻结对方财产权益，以漫长的诉讼使对方遭受重大损失，而从整体社会效果观察，则因查封、扣押致财产流转被彻底阻断，效率损失无可估量。缓和此类措施的效力，创建裁判抵押权，不失为方便易行之道。结合现行司法实务做法，[①] 建议在第

---

① 《最高人民法院关于人民法院民事执行中查封、扣押、冻结财产的规定》第 9 条第 2 款规定：“查封、扣押、冻结已登记的不动产、特定动产及其他财产权，应当通知有关登记机关办理登记手续。未办理登记手续的，不得对抗其他已经办理了登记手续的查封、扣押、冻结行为。”

189 条后增加一条："人民法院或者行政机关对不动产或者船舶、航空器、机动车等登记动产依法采取查封、扣押、监管措施的，应当通知登记机关办理登记，该措施的申请人也可以持相关裁定或者行政决定申请抵押登记。自登记时起，申请人对标的物取得抵押权。查封、扣押、监管措施终止时，抵押权消灭。"又鉴于此与权利质押的相似性，并于第 231 条后增加一条："人民法院或者行政机关对基金份额、股权、知识产权等登记财产权利依法采取查封、监管措施的，应当通知登记机关办理登记，该措施的申请人也可以持相关裁定或者行政决定申请质押登记。自登记时起，申请人对该财产权利取得质权。查封、监管措施终止时，质权消灭。"如此，抵押人仍可处分抵押物（适用草案第 197 条），数个抵押权之间顺位，依公示时间定之（草案第 205 条）。权利质权与之同理。

3. 遵循有价证券法理

草案第 232 条规定，以汇票、支票、本票、债券、存款单、仓单、提单出质的，质权自权利凭证交付质权人时设立。该句规定，和《票据法》存在冲突，且有悖于有价证券的一般规则。有价证券分为记名证券、指定式证券和无记名证券。指定式证券，以背书方式转让；无记名证券，交付即可转让。该条规定，实际仅指无记名证券，显然并不周全。建议改为："以汇票、支票、本票、债券、存款单、仓单、提单出质的，质权自权利凭证交付质权人时设立；该权利转让应当背书的，质权自权利凭证交付质权人并完成质押背书时设立；没有权利凭证的，质权自办理出质登记时设立。"

4. 纯化占有规范

占有，系物权法的基本制度，与物权法其他部分及债法体系关联极为密切。草案"占有"一章，条文既简陋至极，[①] 又未将占有本身的规则交代清楚，存在诸多体系矛盾。

第 250 条建议改为："占有人因使用占有的不动产或者动产，因可归责于自己的事由致使该不动产或者动产受到损害毁损、灭失或者不能返还的，恶意占有人应当承担赔偿责任；善意占有人仅以所受的利益为限承担赔偿责任。"原条文存在下列缺陷：第一，恶意占有人没有理由承担无过错赔偿责

---

① 本章并未规定占有辅助人、占有的取得、占有的移转、占有的消灭、共同占有、占有人的自助等规则，存在大量立法漏洞。

任。虽为恶意占有，但没有过错的，并无可归责的理由。占有人的归责原则应当和侵权责任法保持一致。第二，造成占有物损害的善意占有人，也应和恶意占有人一样，依照侵权责任法规定承担赔偿责任，而不是无须赔偿。第三，不仅仅是损害，如果占有人将占有物擅自转卖给第三人，第三人善意取得，占有人也应承担赔偿责任。原条文只提到损害，过于粗糙。①

第 251 条改为："不动产或者动产被占有人占有的，权利人可以请求返还原物及其孳息时，但应当返还支付善意占有人因维护该不动产或者动产支出的相应必要费用；善意占有人为该不动产或者动产支出了必要费用以外的费用，使该不动产或者动产价值增加的，权利人应当在请求返还时价值增加的限度内向善意占有人返还该费用。"原条文存在下列问题：（1）存在与其他规范重复、混淆请求权基础的问题，实际上本条解决的不是返还原物及其孳息的问题，而是费用偿还问题；（2）必要费用，无论善意占有人和恶意占有人，均有权请求偿还，善意占有和恶意占有在此的区别点，仅仅在于善意占有人有权请求返还有益费用，而恶意占有人无权请求返还有益费用。

第 252 条最后半句"权利人的损害未得到足够弥补的，恶意占有人还应当赔偿损失"，应予删除。该半句已经被第 250 条所涵盖。

（三）增加物权类型

物权法定原则固然有其合理性，但颇有窒碍新型物权发展的弊害，晚近甚受批评。如维持物权法定原则（其位置应在物权编而非总则编），则至少应增加物权类型，为民事主体提供更多选择，缓和物权法定的僵化效应。草案仅增加居住权一种新物权，在物权供给上显然不足。②居住权为人役权的一种，

---

① 本条修改建议系参考金可可教授的意见。

② 单就居住权本身而言，草案仅规定意定居住权而未规定法定居住权或裁判居住权，也无法满足实践需求。司法实务中，对居住权需求最殷切的领域，恰恰是在离婚等情形，需要为无房可住的一方当事人设定居住权。但法院以判决方式设定的居住权，若不能物权化，其对权利人之保障，无疑相当薄弱。因此，建议将第 162 条改为："当事人以遗嘱方式设立居住权，或者人民法院判决设立居住权的，参照本章规定。"以便为法院在分割共有房产的情况下判决设立居住权提供依据。或者另设一条作为第 163 条："因分割共有的不动产，导致共有人中的一人或者数人无处居住的，人民法院可以判决设立一定期限内的居住权。以判决方式设立居住权的，参照本章规定。"

与之并列者尚有用益权与使用权。用益权兼有使用和收益权能，使用权无收益权能，以住房为客体的使用权，即为居住权。用益权的客体可以是不动产、动产或权利。此三种权利，为罗马法以来古老之权利，但在现代社会中仍富有活力。欧陆民法典普遍设有规定，我国澳门民法典亦有之（第1373条至第1416条）。我国大陆现行法固无此类物权，但实务中广泛运用的各种收益权（诸如不动产收费权、应收账款收益权、知识产权收益权、股权收益权），其内容实际上接近于用益权。若能在物权编中规定用益权，至少有三项实益：（1）将上述权利的物权化，可一举解决权利性质之争，便利让与及融资。（2）落实用益物权一般规定，为人民提供更多选择。《物权法》规定用益物权客体包括不动产与动产（草案第118条维持），但动产用益物权在现行法上实属子虚乌有，一旦规定用益权，则可激活此种规定。（3）为居住权提供准用规范。大凡规定用益权、使用权及居住权的立法例，往往详细规定用益权，使用权、居住权除少量特殊规定外，其余事项准用用益权规定。草案虽增设居住权，但不过区区四个条文，对于费用负担、修缮义务、维护义务等重要事项均无规定，难免为今后实务留下隐患。增设用益权，则可一并设置详细规范，使用益权、使用权、居住权三种物权同受其惠，乃是体系效益最大化的立法方案。

此外，物权编应当规定典权。典权为我国固有的物权类型，兼具用益与担保功能，非任何其他类型物权所能替代。典权以习惯法形态存在已逾千年，民国民法明定为物权，在中华人民共和国成立之后，典权复以习惯法形态存在，最高人民法院涉及典权的司法解释及司法解释性质文件多达二十余件，典权纠纷在实务中亦时有所见。[①] 况且，绝不能以司法案例较少或交易实例不多而认为典权已丧失价值——这恰恰是一种倒果为因的论证手法。正因为法律没有明文规定典权，妨碍了典权的广泛运用。尤其是在登记生效主义之下，至少在城市房地产上难以设定典权。

① 查北大法宝案例库，以“典权”为关键词检索，有裁判文书727件；查中国裁判文书网，裁判理由中含“典权”一词的裁判文书有219件。检索日期：2018年10月15日。

三、合同编修改意见

（一）保障合同自由

合同自由系合同法乃至民法的基本原则。相比于物权编、婚姻家庭编、继承编、侵权责任编，合同编对现行法改进幅度最大，唯不少新增修的条文，削弱对合同自由的保障，不进反退，绝不可取。兹举数例。

第 281 条规定："当事人一方在订立合同前向对方所做的允诺内容具体确定，对合同的订立有重大影响，对方有理由相信其为合同内容的，该允诺视为合同条款。"本条规定，十分突兀。第一，违背合同法原理。一方向对方所做的允诺，如果既不是要约，又不是承诺，没有理由构成合同的内容。既无合意，岂能"视为"合同？第二，没有审判实践作为基础，也欠缺理论基础。第三，商品房买卖司法解释的规定，不宜一般化。

第 288 条第 1 款将需要提示说明的格式条款从《合同法》第 39 条第 1 款所定的免责条款贸然扩充为"与对方有重大利害关系的条款"，导致格式条款规制宽泛无际，背离规制的目的。何为"与对方有重大利害关系的条款"，实践中注定无法界定清楚，如此含糊的规范，必将导致合同实践陷入混乱，司法干预流于恣意。《合同法》第 39 条适用状况良好，并未出现重大缺陷，如此修法，是一种危险的冒进主义。

先合同义务与缔约过失责任，是缔约自由的反动。义务与责任越重，对合同自由妨害越大。缔约过失责任，系参考德国法的产物。在德国法上，因侵权行为法采"小的一般条款"模式、雇主责任采过错推定责任、侵权损害赔偿债务时效较短，故发展出独立的缔约过失责任。我国侵权法在此三个方面均不同于德国法，独立的缔约过失责任本无必要。[①] 就立法技术而言，《合同法》以"违反诚信原则"作为缔约过失的兜底形态（第 42 条第 3 项），过于宽泛，对缔约自由甚具威胁，司法实务中判定缔约过失责任的案件，绝大多数以该项为依据。草案不仅对此缺乏反思与修正，更将先合同保密义务的

---

① 我国学者对此的检讨，例如李中原：《缔约过失责任之独立性质疑》，载《法学》2008 年第 7 期，第 132—144 页。

客体扩张至“其他应当保密的信息”（第293条）。《合同法》第43条仅限于对商业秘密的保护，早已足够。增加所谓“其他应当保密的信息”，不仅概念模糊，而且徒增责任风险。

情势变更规则，是对合同信守原则的破坏。《合同法》立法当时删除情势变更的理由，于今仍存。《最高人民法院关于适用〈中华人民共和国合同法〉若干问题的解释（二）》（以下简称《解释二》）中规定情势变更（第26条），是基于2008年金融危机的背景，本属于政策性举措，为控制滥用风险，复又规定以情势变更为由判决案件，须经高级人民法院审核。[①] 草案在吸收《解释二》第26条的同时，未设防止滥用的机制，不如删去。即使保留，至少应作下列修改，即合并第323条与第380条第3款，改为：“合同成立后，订立合同的基础发生了当事人在订立合同时无法预见的、非不可抗力造成的不属于商业风险的重大变化，继续履行合同对于当事人一方明显不公平的，受不利影响的当事人可以请求与对方重新协商；在合理期限内协商不成的，当事人可以在合理期限届满之日起一年内请求人民法院或者仲裁机构变更或者解除合同。（第1款）人民法院或者仲裁机构应当结合案件的实际情况，根据公平原则确定是否变更或者解除合同。（第2款）”理由：（1）因情势变更而解除，效果与撤销以及因违约而解除类似，同样应有除斥期间限制。（2）《民法总则》已经删除变更权，情势变更情况下的变更权也存在违背当事人意思自治、法院难以实施等弊端，应予删除。英美合同法上关于合同落空（类似于情势变更）的法律效果也是解除，而无变更。（3）《解释二》第26条规定“……人民法院应当根据公平原则，并结合案件的实际情况确定是否变更或者解除。”即法院并不必然判决变更或解除，而是可以判决不变更、不解除。本条删除“是否”二字，容易使人误认为法院只能或者变更或者解除，不符合情势变更的法理，容易导致法院对合同的过度干涉。（4）情势变更中的“情势”，包含不可抗力且广于不可抗力，《解释二》第26条排除不可抗力，有误。本草案将此分拆

① 《最高人民法院关于正确适用〈中华人民共和国合同法〉若干问题的解释（二）服务党和国家工作大局的通知》（法〔2009〕165号）第2条要求，对于《解释二》第26条，“各级人民法院务必正确理解、慎重适用。如果根据案件的特殊情况，确需在个案中适用的，应当由高级人民法院审核。必要时应提请最高人民法院审核。”

两条规定，治丝益棼，体例割裂，徒滋争议，应予合并。

（二）充实债法规范

草案有意使合同编总则担当债法总则之角色，但并未达到“减编不减量”的标准，应有的债法总则规范仍然严重残缺。略举几例应予增修之处。

应明定连带债务人个别事项的涉他效力。连带债务人之一所生事项对其他连带债务人有无涉他效力，宜明文规定，以杜绝争议。建议第 311 条增加一款，作为第 4 款：“除前三款规定或者当事人另有约定外，就部分连带债务人所发生的事项，对其他债务人不发生效力。”

应规定不可分之债。不可分之债在实践中相当常见。按份债务与连带债务，通常是对可分之债而言，对于不可分之债，应另设明文规定。建议第 312 条后增加一条：“债务人为二人以上，标的不可分的，负有连带债务人的责任。（第 1 款）债权人为二人以上，标的不可分的，各债权人仅可请求向全体债权人履行；债务人仅可向全体债权人履行。部分债权人与债务人之间所发生的其他事项，对其他债权人不发生效力。（第 2 款）”

应增补利息之债的一般规则。现行法仅就民间借贷合同的利息设有限制（《最高人民法院关于审理民间借贷案件适用法律若干问题的规定》中的 24%、36% 年利率控制）。但其他利息之债，面临同样问题。对利率的控制，本属于债法总则之一般规范。有必要将此有名合同中的条文，提升为一般规则。

完善抵销制度。（1）第 358 条增加一款作为第 3 款，或者另设一条：“当事人之间有多个债务适于抵销的，主张抵销的一方可以指定所抵销的债务；主张抵销的一方未指定或者对方立即提出异议的，参照适用本法第三百五十条的规定。主张抵销的一方除履行主债务之外，还应当支付利息和实现债权的有关费用的，参照适用本法第三百五十一条的规定。”抵销涉及多个债务的，应当准用关于清偿抵充的规定。《合同法》未规定清偿抵充制度，本草案既已吸收了司法解释关于清偿抵充的规定（第 350 条、第 351 条），宜同步规定抵销场合的准用。（2）第 358 条后增加一条：“债权的请求权虽已超过诉讼时效期间，如在诉讼时效期间内其债务已适于抵销的，仍可以主张抵销。”对此问题，司法实践中颇有疑义，宜有明文规定。《德国民法典》第 215 条、《瑞士债务法》第 120 条第 3 款、我国台湾地区“民法”

第 337 条等立法例对此均有明文规定。

（三）减省交易成本

合同法为交易法，减省交易成本，是合同法的效率正当性之所在。合同法减省交易成本功能的发挥，至少有下列途径。在此方面，草案均有改进空间。

1. 设置任意规范

合同法原则上为任意法，旨在补充当事人意思之不备，减少谈判、起草合同条款的成本。尤其是关于有名合同的规定，是模拟实务中典型的交易，而抽取一般规则，充作立法者提供的“示范文本”。交易的典型性、一般规则的可提取性越强，纳入有名合同的正当性也就越强。此外尚需注意民商事合同之不同：商事合同，商人有设计合同条款的充分意愿与能力，无须立法者多加考虑，否则反而有碍商业设计的灵活性、徒增当事人改变或排除任意规范的成本；民事合同，当事人往往不会详细拟定书面合同，更需要依赖立法者提供默认规则。因此，借用合同、雇用合同、和解合同，均应为民法典合同分则中的必备品或常备品。从《合同法》到合同编草案，均存在“过度商化”的现象，对于上述各类民事合同，概无规定。

同时，合同编总则中亦存在应有规范不足而未能充分发挥减省交易成本功能之例。例如，债权让与和其他权利让与制度欠缺衔接性规范。建议于第 340 条后增加一条：“其他权利的让与，参照适用债权让与的规定。”以便为股权、信托受益权等各种财产权利让与中的三方关系预留法律适用依据。

2. 保护既得权益

合同法应遵循自由秩序原理，最大程度尊重民事主体既得之权益。否则，无异于逼迫民事主体另寻替代交易方法、缓和法律的扭曲效应，难免增加交易成本。以债权让与制度为例，债权让与无须债务人同意，故其中一切有关债务人之规则设计，无不贯彻债务人保护原则。① 草案此章条文，对此原则多有背离，建议修改。

第 335 条第 1 款改为“债权人转让权利的，应当通知债务人。未经通知，该转让不得对抗债务人，但是债务人明知该债权转让的除外。”《合同法》第

---

① 张谷：《论债权让与契约与债务人保护原则》，载《中外法学》2003 年第 1 期，第 20—34 页。

80 条第 1 款表述为转让对债务人不发生效力，导致司法实践中经常将通知债务人误认为债权转让生效要件。草案新增“但是债务人明知该债权转让的除外”，增加了债务人的风险，违背债权让与通知制度的意旨。

第 338 条改为：“债务人接到债权转让通知时，债务人对让与人的抗辩，可以向受让人主张。”第 339 条改为：“债务人接到债权转让通知时，债务人对让与人享有债权，并且债务人的债权先于转让的债权到期或者同时到期的，债务人可以向受让人主张抵销。”债务人保护原则，意谓不因债权让与而恶化债务人的地位。因此，债务人可得主张的抗辩及抵销权，不应限于让与通知之时。如果让与之后发生的抗辩、抵销权，债务人无权对受让人主张，必然有害债务人的利益。2001 年《联合国国际贸易应收款转让公约》第 18 条、2016 年《联合国国际贸易法委员会担保交易示范法》第 64 条均未对债务人可主张的抗辩施加发生阶段上的限制。[①]

3. 预防纠纷发生

合同法应尽可能设置预防纠纷的规则，使交易顺畅运行，而不应反其道而行之、采用易滋生纠纷的规范。《合同法》第 410 条关于委托合同任意解除权的规定，即不符合有偿委托的本质，会诱发商事委托中的大量纠纷。《合同法》第 410 条是误抄德国民法典的产物。在德国民法中，委托合同为无偿合同，有偿的类似合同称为“事务处理合同”；委托合同双方当事人有任意解除权，事务处理合同双方当事人并无任意解除权。《合同法》采用不分有偿无偿的委托合同概念，但疏未注意二者之区别，而笼统赋予任意解除权。草案第 716 条虽然改造了《合同法》第 410 条，但仍不准确：有偿委托合同的当事人，没有理由享有任意解除权，即使给予可得利益赔偿，也不足以保护相对人的利益，因为实务中可得利益往往难以计算和证明，只有维持合同才能确保期待利益的实现，这已经被我国司法实践所证明。例如，独家代销合同的受托人刚刚开拓市场成功，委托人即“过河拆桥”，将合同任意解除，受托人一般

---

① 例如，《联合国国际贸易中应收款转让公约》第 18 条第 1 款规定：“受让人向债务人提出关于所转让的应收款的付款要求时，债务人可向受让人提出由原始合同产生的或由构成相同交易一部分的任何其他合同产生的、在如同未发生转让时若转让人提出此种要求则债务人可予利用的所有抗辩或抵销权。”

难以证明合同期限内可得的利益（预期利润）。并且，由于委托合同的规定可以适用于行纪合同（第 744 条），任意解除权的错误还会连累到行纪合同。建议将第 716 条改为："无偿委托合同的委托人或者受托人可以随时解除委托合同。因解除合同给对方造成损失的，除不可归责于该当事人的事由以外，无偿委托合同的解除方应当赔偿因解除时间不当造成的直接损失，有偿委托合同的解除方应当赔偿对方的直接损失和可以获得的利益。"

（四）维护形式理性

债法，是大陆法系民法高度科学化的结晶，是形式理性的集中体现。合同编中不合法理、不尽精确的用语、条文，不在少数。

关于意定之债的例证，如第 750 条："本章没有规定的，适用委托合同的有关规定。"居间合同不是委托合同，将委托合同的规定适用于居间合同，欠缺法理依据，也无立法例支持。本条应予删除。

关于法定之债，如第 763 条第 2 款宜改为："管理行为不符合受益人真实意思的，管理人不享有前款规定的权利，但是为维护受益人的意思违背公序良俗的除外。"原文"为维护公序良俗的除外"，"维护公序良俗"的表述，含义不清，适用上容易产生疑问，且可能发生过度干涉本人事务之虞。究其本意，重点仍在于本人意愿违反公序良俗的情形，例如自杀、不履行法定扶养义务。

第 764 条、第 769 条中所称"责任"，均应改为"义务"。无因管理、不当得利发生"义务"而非"责任"，此处应无责任可言。

第 765 条建议增加一款，作为第 3 款："无因管理人违反前两款规定，致使受益人受到损失的，应当赔偿损失。"无因管理人的妥善管理义务、无正当理由不得中断管理的义务、通知义务，其违反后果是债务不履行的赔偿责任。本条仅规定此类义务而未规定违反义务的后果，容易使人误以为违反此类义务将导致无因管理人丧失费用偿还请求权，不如明文澄清为妥。

第 770 条改为："得利人知道或者应当知道获得的利益没有法律根据的，利益受损失的人可以请求得利人返还其获得的利益并赔偿损失全额利益，并附加利息。"原条文提及赔偿损失，混淆了不当得利和侵权损害赔偿的关系。得利人应否承担损害赔偿责任，取决于是否具备侵权法上的归责事由，而不能仅依本条规定而直接负赔偿责任。赔偿问题由侵权法解决即可，没有必要在不当得利法中规定。我国台湾地区“民法”第 182 条第 2 项规定损害赔偿，同有此误。德国、瑞士民法均无此损害赔偿规定。

第 546 条改为：“得利人已经将获得的利益无偿转让给第三人，而得利人因此免于承担返还义务的，利益受损失的人可以请求第三人在得利人免于承担返还义务的限度内承担返还责任。”本条类似于《德国民法典》第 822 条、我国台湾地区“民法”第 183 条，但不如后两者精确，容易被误认为和善意取得制度发生混淆。实则本条仅仅是和善意不当得利配套的规定，即善意得利人因将所得利益无偿转让给第三人，将依本草案第 769 条规定不负返还义务，但第三人仍应在此限度内返还。精确表达，则可免此误解、误用。

四、侵权责任编修改意见

（一）澄清外部界限

侵权法独立成编，造成与其他各编的抵牾，尤应避免。在退而求其次、不设债编的情况下，[①] 本编首先应着重厘清与本编以外法律之间的界限。

1. 民法内部体系界限

侵权行为法涉及与民法典其他各编多重体系的交错。首先是与总则编的界限。《民法总则》设“民事责任”一章，纯属画蛇添足。该章挪用许多本属于侵权法的规范，加剧了侵权法的碎片化。民法典编纂时，不应将《民法总则》抛诸脑后，而应统筹协调。有必要将民事责任一章分解，属于侵权责任的规定交还侵权责任编。其次是与物权编的界限。物权编“物权的保护”“占有”两章，混杂侵权责任与违约责任规范，应予纯化。最后是与合同编的界限。侵权责任编规定了劳务提供方自身损害、承揽人自身损害的责任承担（第 968 条第 1 款、第 969 条），均属于雇用合同、承揽合同当事人之间关系，系合同

① 欠缺债权编的后遗症，不仅应在合同编尽力以图疗救，侵权责任编亦不可置身事外。至少应于第 963 条后增加一条：“因故意侵权行为所发生的债务，债务人不得主张抵销。”本条原本属于债法总则的规定，但因不设债法总则，只能规定于侵权责任编。

责任的范畴，应在合同编处理。

2. 私法与公法的界限

侵权责任编含有若干公法性的管制规范，因欠缺民法后果，徒然误导人民、困扰司法，不如删除。例如，第 1002 条关于禁止过度检查的规定、第 1003 条关于禁止干扰医疗秩序的规定、第 1027 条关于饲养动物应当守法和尊重社会公德的规定。

（二）重整内部体系

侵权责任编内部关系，相当混乱。就编章节体例而言，其一，《民法总则》既已规定侵权行为系次于合同之债的发生原因，侵权责任编又何以与合同编遥遥相隔？将本编置于法典之末，显示起草人无视《民法总则》之成就，仍拘泥于《民法通则》将侵权定位为“是责任不是债”的旧思维。本编应前移至合同编之后。其二，第一章不过是《侵权责任法》第二章责任承担和第三章抗辩事由之组合，岂能抛弃第二章“责任承担”而号称“一般规定”？[①] 其三，第四章以下均属特殊侵权行为之规定，唯有第六章“医疗损害责任”系一般侵权行为，夹处其间，杂乱无章。

内在脉络上的混乱，则危害更大。整体脉络问题，是侵权责任编不采损害赔偿法之定位，而将损害赔偿以外的救济同列为侵权责任方式，致规则内部逻辑错乱。建议将本应属于侵权损害赔偿责任的条文表述清楚，即写明是“承担损害赔偿责任”，而不宜笼统地表述为侵权责任。否则将混淆赔偿责任和其他责任方式，导致司法实践中误解、误用。例如，第 944 条、第 945 条所称侵权责任，均指损害赔偿责任。第 952 条规定过错相抵，仅指赔偿责任，其他责任方式无所谓过错相抵。

局部脉络问题，以高度危险责任为典型。建议删除第 1012 条“从事高度危险作业造成他人损害的，应当承担侵权责任”。本条与本章以下各条之间究竟是何关系，理论和实务上争议极大。本条又缺乏特殊的抗辩事由的规定，导致和以下数条之间产生体系违反：以下数条均各有特殊抗辩事由且彼此相异，但如本条可成为独立的请求权基础，则因未设抗辩事由，对受害人极为

① 第二章同具一般规定之性质，即《侵权责任法》前四章构成总则。

有利，而加害人反而应承担比以下数条所定责任更重的责任，岂合事理之平？

五、婚姻家庭编修改意见

（一）补全监护制度

《民法通则》在自然人一章规定监护，客观视之，不过是《婚姻法》未规定监护之背景下的权宜之计。《民法总则》陈陈相因，窒碍了监护制度的空间。建议在婚姻家庭编中规定监护，其实益在于：（1）有利于区别规定父母的监护权和其他人的监护权。父母基于亲权或父母照顾权，有区别于其他监护人的特殊权利义务，例如姓名决定权、居所决定权、教育权等。（2）有利于详细规定监护监督人等制度。（3）有利于区分监护、辅助等制度，构建多层次的意思能力薄弱者保障体系，充分尊重民事主体的自主决定。

（二）填充法律漏洞

本编条文畸少，存在大量漏洞。兹举数例。

关于继兄弟姐妹关系。《继承法》第 10 条第 5 款规定；“本法所说的兄弟姐妹，包括同父母的兄弟姐妹、同父异母或者同母异父的兄弟姐妹、养兄弟姐妹、有扶养关系的继兄弟姐妹。”草案未沿用此规定，导致继兄弟姐妹之间的权利义务欠缺规则，尤其是继承关系不明。有必要确立明文规定。建议第 849 条增加一款，作为第 3 款：“有扶养关系的继兄弟姐妹间的权利义务关系，适用法律关于兄弟姐妹关系的规定。”

亲子关系的推定和否认、准正和认领，事关身份关系的变动，有必要详作规定。例如，在第 850 条之后增加条文：

“第 1 条【亲子关系的推定（一）】

在婚姻关系存续期间受胎或者出生的子女，以其母亲的丈夫为父亲。非婚同居期间受胎或者出生的子女，以与其母亲同居的男子为父亲。

受胎的时间，推定为子女出生之前的第三百天到第一百八十天之间。

第 2 条【亲子关系的推定（二）】

依法采用人工生殖技术生育的子女，以同意采取该方式生育子女的男女为父母。

第 3 条【亲子关系的推定（三）】

如有数名男子均可以被推定为子女的父亲时，依下列原则推定：

（一）在母亲的丈夫与母亲非婚同居的男子之间，推定母亲的丈夫为子女的父亲；

（二）在子女出生时母亲的丈夫与受胎时母亲的丈夫之间，推定子女出生时母亲的丈夫为子女的父亲；

（三）在子女出生时与母亲非婚同居的男子和受胎时与母亲非婚同居的男子之间，推定子女出生时与母亲非婚同居的男子为子女的父亲。”

关于探望权。第 863 条应增加未结婚的情形。此情况下，也应有探望权。增加一款作为第 4 款，建议条文：“父母未结婚的，不直接抚养子女的父或者母的探望权，参照适用前三款规定。”第 864 条还应规定其他亲属的探望权。探望权本质上是子女的会面交往权。基于未成年人利益最大化原则，没有理由将交往的范围限于父母和祖父母、外祖父母。本条建议改为；“祖父母、外祖父母、兄弟姐妹以及曾经与未成年人共同生活的其他亲属对未成年人的探望，参照适用前条规定。”

（三）修正概念错误

关于收养制度，应废弃“送养人”概念，将收养的当事人改为收养人与被收养人。《收养法》以及草案将送养人和收养人作为收养关系的双方当事人，被收养人反而成了“客体”，不符合法理和立法例上的普遍做法。收养是被收养人与收养人之间发生的身份法律关系，收养人和送养人之间并不发生身份法律关系，因此不是收养人和送养人之间的民事法律行为。送养人至多只是被收养人的法定代理人。

第 884 条第 3 款规定的“收养协议”，改为“书面收养协议”。收养本身就是身份协议，是双方法律行为，不存在“当事人愿意订立收养协议才可以订立收养协议”的问题。

第 892 条第 1 款改为：“有总则编关于民事法律行为无效规定情形或者违反本法规定的收养行为无效。”所谓“违反本法规定”一语，是沿用《收养法》第 25 条，但收养制度在本草案中已成为婚姻家庭编的一章，此处不应再称“违反本法”。另外，基于同样法理，在婚姻部分也有必要设类似的条文，以杜绝民法总则关于法律行为无效事由（如通谋虚伪表示）可否适用于婚姻的疑义。

六、继承编修改意见

（一）扩充处分自由

继承法上的财产处分，以遗嘱、遗赠扶养协议和继承协议为主要工具。在此工具箱中，草案提供的工具不足，拘泥于《继承法》旧制，已不能适应改革开放40年后社会生活的实际。

关于遗嘱类型，建议在草案第919条之后增加夫妻共同遗嘱。夫妻共同遗嘱在实践中大量存在。查北大法律信息网，涉及共同遗嘱的纠纷有900件。有必要为此设立基本规范。建议条文如下：

“第1条【共同遗嘱的设立和效力】

夫妻双方可以设立共同遗嘱。以自书遗嘱形式设立共同遗嘱的，仅须由夫妻一方亲笔书写遗嘱，并由双方签名，注明年、月、日。

婚姻关系无效、被撤销或者解除的，共同遗嘱的全部内容无效，但遗嘱中另有表示的除外。

第2条【相互指定为继承人】

夫妻在共同遗嘱中指定互为继承人，并载明在配偶死亡后双方遗产归属于第三人的，推定为该第三人就全部遗产被指定为后死配偶的继承人。

夫妻在共同遗嘱中载明在配偶死亡后履行遗赠的，推定为配偶双方死亡后该遗赠财产始归属于受遗赠人。

第3条【相互牵连的处分】

夫妻以共同遗嘱处分财产，互相给予利益或者互相给予对方亲属利益的，双方生存期间，一方撤回、变更其处分的，应当通知另一方；一方死亡后，另一方不得撤回、变更其处分。一方的处分被撤回、变更或者无效、被撤销的，另一方的处分随之无效。”

关于遗嘱内容，建议明文规定遗嘱可指定替补继承人和后位继承人，并详细规定各继承人间权利义务。基于遗嘱自由原则，遗嘱不妨作此设定，但法律明文规定的实益在于消除遗嘱效力上的不确定性，同时提供详细的默认规则，减少遗嘱设计的成本。

继承协议，实践中所在多有，唯因欠缺法律规定，对其效力常有争议。建议将遗赠扶养协议从“遗产的处理”一章中抽出（是遗产处分的独立形态，与遗嘱并列，不属于遗产处理范畴），另设一章作为第四章，名为“遗赠扶养协议和继承协议”。

（二）增进私人利益

继承法所处理者为私产，与国家利益基本无关。在此领域，国家尤应避免与民争利。《继承法》及草案所列法定继承人范围过小，比世界上主要国家民法典规定的继承人范围都要狭窄，导致无人继承的情形更容易发生，大量遗产归国家所有，不利于国家形象，也不便于国家对此类财产的管理、使用。草案第 939 条虽增加“用于公益事业”的要求，但如何监督、如何救济，均无保障，难免沦为虚文。有必要扩大继承人的范围，增加第三顺序继承人：“四亲等以内的亲属”。

（三）增补程序规范

自然人死后财产的处理，与法人解散后财产处理原理类似，法律必须设置公平合理的程序规范，以确保各方利害关系人权益。《继承法》欠缺遗产处理的程序规范，致实践中大量存在遗产管理失范、逃废遗产债务等现象。建议细化“遗产的处理”一章，分节规定，增加关于被继承人债务的清偿、遗产的分割、无人承认的继承的详细规定。尤其是被继承人遗产债务的清偿，现行法及草案规定过于简单，不利于债权人权益保护，并导致法院难以处置。比较法上通常的做法是，采用类似于破产的清算程序，由法院发布公告，催告债权人申报债权，然后进行集中清偿。无人继承的遗产处理程序中，也应采用类似的公告方法，使潜在的继承人有机会申报继承；公告期满后，无人申报继承的，再依法收归国有。条文可以参考我国台湾地区“民法”第 1156 条至第 1163 条规定，安排在本编第 938 条之后。特别可以规定一条：“经遗产管理人申请，人民法院应当依照民事诉讼法关于公示催告程序的规定，限定不少于三个月的期间，公告被继承人的债权人在该期间内申报债权。遗产管理人已知被继承人的债权人的，应当分别通知。（第 1 款）前款规定的期间届满前，遗产管理人不得向被继承人的债权人清偿债务。被继承人的债权人未在前款规定的期间内向人民法院申报债权的，只能就剩余的遗产行使其权利。（第 2 款）”相应地，草案第 939 条改为：“前条规定的期间届满，清偿债务后无人继承又无人受遗赠的遗产，归国家所有，用于公益事业；死者生前是集体所有制经济组织成员的，归所在集体所有制经济组织所有。”

遗产管理人制度是继承编草案的一大亮点，但条文仍过于粗疏，可操作性不强。建议增补下列条文。

第 925 条增加第 2 款：“人民法院可以指定前条规定以外的人为遗产管理人。”法院指定的遗产管理人可以是律师、会计师等，不限于前条所规定的人。

第 926 条第 3 项后增加一项：“（四）申请人民法院按照公示催告程序公告被继承人的债权人申报债权；……”

第 926 条后增加一条：“遗产管理人有数人的，处理债权债务、分割遗产应当由全体遗产管理人过半数决定，但遗嘱中另有意思表示的除外。其他职责，每一遗产管理人可以单独履行。”遗产管理人可能有两人以上，此时应有决议规则，以免妨碍遗产的有效管理；同时考虑到本编第 926 条第 1 项、第 2 项规定的清理遗产、保管遗产属于保存行为，不应受制于多数决定，故规定每一个遗产管理人可以单独为之。

第 928 条增加第 2 款：“人民法院指定遗产管理人的，可以为其确定合理的报酬。”

第 928 条后增加一条：“遗产管理人不履行职责或者有其他重大事由的，经全体继承人过半数同意，可以变更遗产管理人；利害关系人可以申请人民法院变更遗产管理人。”应有遗产管理人撤换规则，以保障遗产管理正常进行，并维护利害关系人的权益。

《民法典侵权责任编草案》一审稿评析

周友军[*]

一、《民法典侵权责任编草案》一审稿的总体特点

（一）突出了侵权法的权益保护功能

《民法典侵权责任编草案》一审稿（以下简称一审稿）第 943 条规定：“本编调整侵害民事权益产生的民事法律关系。”本条虽然是对本编调整对象的规定，其也间接表明了，本编属于救济法，具有权益保护功能。

从一审稿的具体规定来看，其原则上尊重《侵权责任法》的既有规则，而《侵权责任法》就是一部比较注重权益保护的法。另外，从体例来看，侵权责任编被置于民法典分则的最后一编。这一体例安排强调了，侵权责任编要发挥其保护民事权益的功能。

（二）保持了法的稳定性

总体上，一审稿维持了《侵权责任法》的体例和规则，同时，适当吸收了相关法律（如《核安全法》）、司法解释、司法实践经验及学术研究成果。所以，虽然一审稿相对于《侵权责任法》而言有不少条文上的变化，但是，从整个法秩序来观察，并没有多少规则的变动。

* 周友军，法学博士，北京航空航天大学法学院教授，副院长，民法研究中心常务副主任。本文是北京市社会科学基金研究基地项目“共享单车运营中的法律问题”（批准号：17JDFXB006）的中期阶段成果。

因为一审稿对于既有立法和司法解释等的尊重，也就在很大程度上尊重了民事立法的历史延续性，这也是制度的合法性的重要基础。正如有学者所指出的，对于已经在我国实施了较长时间的民事规则，我们不能也不应采取虚无主义的态度，毕竟它不仅体现着，而且曾经并将继续不断塑造着中国“集体潜意识”的深层结构，可以成为民法典相关制度迅速取得合法性的支撑。①

（三）努力回应社会问题

从法社会学的角度来看，立法就是要回应社会的法律需求。应当说，一审稿对于《侵权责任法》的修改完善，总体上都是要回应社会问题，从而增加制度供给，满足社会需要。一审稿此次主要着眼于实践中的各种具体问题，如生态损害责任制度的确立、网络侵权制度的完善、机动车交通事故责任的主体确定（机动车挂靠时的责任主体等），进行了若干具体的修改。

在现代社会，科技对法律提出了诸多的挑战，立法者需要认真对待现代科技。就侵权法而言，网约车、自动驾驶、基因技术、互联网医疗、人工智能等的产生和发展，都对法律提出了新的期望，需要在立法时予以考虑。

二、《民法典侵权责任编草案》一审稿的制度发展尝试与评析

（一）第一章“一般规定”部分

1. 明确了本编的调整对象

一审稿第 943 条规定：“本编调整侵害民事权益产生的民事法律关系。”这就明确了侵权责任编的调整对象，尤其是强调了其仅调整因侵害民事权益产生的民事法律关系，而不涉及公法和社会法上的法律关系。

当然，在理论上，并非侵害民事权益产生的所有民事法律关系，都属于民法典侵权责任编的调整范围。所以，本条在适用中还需要限缩解释。例如，因侵害民事权益而产生的绝对权请求权，就不属于侵权责任的范畴。再如，

---

① 蔡立东：《论法人之侵权行为能力——兼评〈中华人民共和国民法典（草案）〉的相关规定》，载《法学评论》2005 年第 1 期，第 71 页。

因侵害民事权益而承担的牺牲责任（如攻击性紧急避险中对无辜第三人的赔偿或补偿），其是否属于本编调整的对象，也值得探讨。笔者倾向于将牺牲责任作为法定之债来处理。

2. 强调了过错责任中的“损害”要件

一审稿第 944 条第 1 款规定：“行为人因过错损害他人民事权益，应当承担侵权责任。”与《侵权责任法》第 6 条第 1 款相比，一审稿将原来的“因过错侵害他人民事权益”修改为“因过错损害他人民事权益”。这大概是要强调，按照本条承担过错责任，必须要有实际的损害。这一修改既与我国多数学者的认识相吻合，又与比较法上通例一致，值得肯定。不过，这一修改仍然不是十分到位，如果能够在条文中非常明确地强调“造成了实际损害”，就更易于理解和适用。

另外，一审稿第 944 条和第 945 条属于对归责原则的规定。此次，在侵权责任编开始的位置就归责原则作出了规定，不仅突出了归责原则在侵权法中的地位，而且与比较法上的做法存在一致性（如《欧洲侵权法原则》）。

3. 区分绝对权请求权和侵权责任

一审稿第 946 条规定：“侵权行为危及他人人身、财产安全的，被侵权人有权请求侵权人承担停止侵害、排除妨碍、消除危险等侵权责任。”同时，一审稿并没有类似于《侵权责任法》第 15 条关于侵权责任形式的规定。

可见，一审稿第 946 条试图区分绝对权请求权和侵权责任，这样做意义重大。侵权责任与绝对权请求权本身就是两个截然不同的制度，在侵权责任形式之中纳入绝对权请求权，不仅带来理论上的混乱，而且导致司法适用的困境（如消除危险是否应当以被告有过错为要件）。

当然，一审稿第 946 条就绝对权请求权的规定，仍然有值得完善之处。其问题主要在于：一是本条就“停止侵害、排除妨碍、消除危险”这三个法律后果规定，其适用前提是模糊而笼统的“侵权行为危及他人人身、财产安全”，这不利于法律的适用。二是本条中“危及他人人身、财产安全”大概相当于比较法上的“有妨害之虞”，因此，其应当对应于消除危险（即妨害预防），而不应对应于排除妨害这一法律后果。三是本条没有明确，绝对权请求权的适用以违法性为前提，而不宜以过错为要件。因此，笔者倾向于，借鉴比较法中的绝对权请求权制度，分别规定排除妨害和消除危险，置于民法总则之中。其条文可以表述为：

“对于正在持续的对绝对权的不法妨害，权利人可以请求相对人排除妨害。

对于可能发生的对绝对权的不法妨害，权利人可以请求相对人消除危险。”

（二）第二章“责任承担”

1. 修改了侵权获利剥夺的规则

一审稿第959条规定：“侵害他人人身权益造成财产损失的，按照被侵权人因此受到的损失或者侵权人因此获得的利益赔偿……”与《侵权责任法》第20条相比，本条有较大的变化。《侵权责任法》第20条规定：“侵害他人人身权益造成财产损失的，按照被侵权人因此受到的损失赔偿；被侵权人的损失难以确定，侵权人因此获得利益的，按照其获得的利益赔偿……”

笔者认为，一审稿第959条的规定或许存在如下缺陷：一是与侵权法上的完全赔偿原则是不吻合的。完全赔偿原则要求以受害人所遭受的实际损害来确定赔偿数额，所以，有“禁止受害人获利”的要求。二是对侵权法的补偿功能造成较大的冲击。毕竟侵权法的功能是补偿，使受害人恢复到如同损害没有发生的状态。三是在一定程度上违背了平等原则。一审稿仅在侵害他人人身权益时，允许受害人主张按照侵权人的获利赔偿，而在侵害他人财产权益时并无类似规定。因此，笔者建议，本条再进一步论证。

2. 增设了侵害具有人身意义的特定物品的精神损害赔偿制度

一审稿第960条第2款规定：“故意侵害自然人具有人身意义的特定物品造成严重精神损害的，被侵权人有权请求精神损害赔偿。”这一制度实际上是吸收了《精神损害赔偿司法解释》的规则。

一审稿的规则与司法解释相比有两点重要的变化：一是强调了请求精神损害赔偿的前提是侵权人具有故意；二是将司法解释中“具有人格象征意义的特定纪念物品”修改为“具有人身意义的特定物品”。不过，一审稿第960条第2款就人格物的侵害限定为侵权人故意，这可能过分限制了受害人的权益，可能并不妥当。

3. 限制公平责任的适用范围

一审稿第962条规定：“受害人和行为人对损害的发生都没有过错的，可以依照法律的规定，由双方分担损失。”与《侵权责任法》第24条相比，一审稿将原来的“根据实际情况”修改为“依照法律的规定”。这一修改的目的就是要限制公平责任的适用。这对于避免当事人滥诉缠访，避免法院和稀泥裁判，具有重要意义。但是，笔者认为，这一规定也可能过分限制了公平责任的适用范围。按照草案的构想，公平责任的适用情形都必须通过立法予以明确，但是，立法机关是否可以及时有效地立法，这本身就是一个存疑的问题。因此，如此限制可能导致司法实践中不少需要适用公平责任的情形，无法适用，对于司法裁判会产生不利影响。笔者认为，如果立法者希望限制公平责任的适用，可以通过强化法官论证义务的方式。另外，一审稿第962条与《侵权责任法》第24条相同，都强调公平责任的适用以受害人没有过错为前提，这一做法过分限制公平责任的适用。从比较法上来看，公平责任的适用一般仅以加害人没有过错为前提，此次立法也应当予以修改。

综上，笔者建议，一审稿第962条修改为：

“行为人对损害的发生没有过错的，法官考虑案件具体情况也可以要求行为对受害人给予适当补偿。

在法律没有明确规定的情形，法官适用前款规定，应当尽到充分论证的义务。”

（三）第三章“关于责任主体的特殊规定”

1. 增设了受托监护人的责任规则

一审稿第965条规定：“无民事行为能力人、限制民事行为能力人造成他人损害，监护人将监护职责部分或者全部委托给他人的，由监护人承担侵权责任；受托人有过错的，承担相应的责任。”

这一规定吸收了《最高人民法院关于贯彻执行〈中华人民共和国民法通则〉若干问题的意见（试行）》（以下简称《民法通则意见》）第22条的经验，但与后者相比，本条规定有两点重要变化：一是在受托监护人有过错时，其仅承担相应的责任，与《民法通则意见》中“连带责任”的规定相比，适当减轻了其责任。不过，从完全赔偿原则出发，只要侵权人有过错，就应当对受害人的所有损害负责，除非有足够充分的法政策理由，不宜设计“相应的责任”。二是删除了《民法通则意见》中“另有约定的除外”的规定。这就是说，监护人和受托监护人即使内部有约定，也不影响受害人对监护人主张侵权责任。应当说，一审稿的规定更为合理，毕竟监护人和受托监护人之间的约定，不能对抗受害人，这符合合同相对性的法理，也更有利于对受害人的保护。

2. 适当强化了劳务派遣单位的责任

一审稿第 967 条第 2 款规定：“劳务派遣期间，被派遣的工作人员因执行工作任务造成他人损害的，由接受劳务派遣的用工单位承担侵权责任；劳务派遣单位有过错的，承担相应的责任。”与《侵权责任法》第 34 条第 2 款相比，一审稿将劳务派遣单位的责任从“相应的补充责任”修改为“相应的责任”。这就适当强化了劳务派遣单位的责任，从而有利于对受害人的保护，也有利于对损害的预防。

3. 增加了因第三人行为造成提供劳务一方损害时的责任规则

一审稿第 968 条第 2 款规定：“因第三人的行为造成提供劳务一方损害的，提供劳务的一方有权请求第三人承担侵权责任，也有权请求接受劳务的一方承担侵权责任。接受劳务的一方承担侵权责任后，可以向第三人追偿。”

这一规定是一审稿新增的规则，目的是强化为他人提供劳务者（如受雇的保姆）的救济。从该规定来看，其吸收了《最高人民法院关于审理人身损害赔偿案件适用法律若干问题的解释》（以下简称《人身损害赔偿司法解释》）第 11 条第 1 款的经验，明确了接受劳务的一方要承担无过错责任。不过，一审稿第 968 条第 1 款后句规定：“提供劳务一方因劳务自己受到损害的，根据双方各自的过错承担相应的责任。”这是过错责任。而在提供劳务者因第三人行为导致损害时，接受劳务一方的责任却承担无过错责任。如此区别处理，是否有充足的法政策理由，值得探讨。

4. 增设了定作人责任的规则

一审稿第 969 条规定：“承揽人在完成工作过程中造成第三人损害或者自己损害的，定作人不承担侵权责任。但是定作人对定作、指示或者选任有过错的，应当承担相应的责任。”本条吸收了《人身损害赔偿司法解释》第 10 条的经验，与该司法解释的规定几乎完全相同，只是将司法解释中“承担相应的赔偿责任”修改为“承担相应的责任”。

这一规定与比较法上的经验（如《日本民法典》第 716 条）是一致的，有利于区分定作人责任和雇主责任，具有积极意义。

5. 完善了网络侵权的规则

一审稿第 970 条至第 972 条就网络侵权做出了规定，与《侵权责任法》

第36条相比，有不少的规则变化。这适应了我国网络社会的发展需要。与《侵权责任法》相比，一审稿的变化主要包括：

一是强调了网络用户利用网络服务实施侵权行为的，权利人通知网络服务提供者时，“通知应当包括构成侵权的初步证据。”（一审稿第970条第2款后句）这一规定借鉴了《利用网络侵害人身权益司法解释》第5条的经验，有利于避免民事主体滥用“通知”的权利。

二是明确了网络用户的“反通知”的权利。一审稿第971条第1款规定：“网络用户接到转送的通知后，可以向网络服务提供者提交不存在侵权行为的声明。声明应当包括不存在侵权行为的初步证据。”这一规定有助于实现当事人之间的利益平衡。[①]

三是明确了网络服务提供者“应当知道”网络用户利用其网络侵害他人民事权益，未采取必要措施的，与该网络用户承担连带责任（一审稿第972条）。而在《侵权责任法》第36条第3款中仅规定了“网络服务提供者知道网络用户利用其网络服务侵害他人民事权益”。这一规定提高了网络服务提供者的注意义务。

四是明确了权利人因错误通知造成网络用户损害的，应当承担侵权责任（一审稿第970条第4款）。不过，这一规定没有明确归责原则，似乎让人误以为是无过错责任。从一般原理出发，其应当属于过错责任。笔者认为，一审稿第970条第4款可以修改为：“权利人因错误通知造成网络用户损害的，应当依据本编第944条第1款的规定承担侵权责任。”或者至少修改为，“权利人因错误通知造成网络用户损害的，应当依法承担侵权责任。”

6. 完善了安全保障义务制度

一审稿第973条就安全保障义务制度予以完善，变化有如下两点：

一是就安全保障义务的主体，从原来《侵权责任法》第37条规定的“公共场所的管理人或者群众性活动的组织者”，修改为“经营场所、公共场所的经营者、管理者或者群众性活动的组织者”。这一修改适应了我国司法实践的发展需要，具有积极意义。不过，笔者认为，最好就安全保障义务的产生

① 杨立新、李佳伦：《论网络侵权责任中的反通知及效果》，载《法律科学》2012年第2期，第157—164页。

原因采取开放的立场。我国安全保障义务制度是借鉴德国法上的交往安全义务制度而来，而在德国法上，交往安全义务的产生原因是开启或持续了危险。笔者倾向于借鉴我国《人身损害赔偿司法解释》第 6 条的立场，即对安全保障义务的产生原因保持开放性，设置兜底性规定，以“实施危险活动”作为安全保障义务产生的兜底性的原因。

二是增加了安全保障义务人的追偿规则。一审稿第 973 条第 2 款后句规定：“经营者、管理者或者组织者承担补充责任后，可以向第三人追偿。”这一规定有利于避免司法中的争议，同时，也符合不真正连带责任的法理。借鉴德国通说见解，不真正连带责任的认定以“阶层区分说”为标准。[①] 而第三人因为距离损害更近，属于终局责任人，因此，安全保障义务人可以向其追偿。

7. 增加了教育机构的追偿权

一审稿第 976 条第 2 款规定：“幼儿园、学校或者其他教育机构承担补充责任后，可以向第三人追偿。”这是新增加的规定，它明确了，在第三人造成在教育机构学习生活期间的非完全民事行为能力人损害时，教育机构对第三人享有追偿权，这一规则符合不真正连带的法理。毕竟第三人距离损害更近，属于终局责任人。

（四）第四章“产品责任”

1. 适当扩大了惩罚性赔偿的适用范围

一审稿第 982 条规定：“明知产品存在缺陷仍然生产、销售，或者没有依照前条规定采取补救措施，造成他人死亡或者健康严重损害的，被侵权人有权请求相应的惩罚性赔偿。”与《侵权责任法》第 47 条相比，增加了一种适用惩罚性赔偿的情形，即“没有依照前条规定采取补救措施”，这就是说，明知产品存在缺陷而没有采取警示、召回等措施，并且造成了他人死亡或者健康严重损害的，也要承担惩罚性赔偿责任。这一规定是为了强化生产者和销售者的产品跟踪观察义务。

2. 删除了《侵权责任法》第 42 条的规定

一审稿没有像《侵权责任法》第 42 条那样就销售者的责任作出规定，这大概是为了避免与第 978 条产生争议。不过，这一做法仍然不够彻底，一审

---

① Selb，*Schadensbegriff and Regressmethoden*，Heidelberg 1963，S. 23ff.

稿第 977 条和第 978 条的规定，仍然没有明确，究竟产品责任的主体是生产者还是销售者。第 977 条规定，“因产品存在缺陷造成他人损害的，生产者应当承担侵权责任。”而第 978 条第 1 款规定：“因产品存在缺陷造成损害的，被侵权人可以向产品的生产者请求赔偿，也可以向产品的销售者请求赔偿。”这两条规定似乎存在不一致性，这也会为未来司法的混乱埋下伏笔。

（五）第五章“机动车交通事故责任”

1. 增加了挂靠时的机动车事故责任

一审稿第 986 条规定：“以挂靠形式从事道路运输经营活动的机动车发生交通事故造成损害，属于该机动车一方责任的，由挂靠人和被挂靠人承担连带责任。”本条吸收了《最高人民法院关于审理道路交通事故损害赔偿案件适用法律若干问题的解释》（以下简称《道路交通事故司法解释》）第 3 条的经验，而且与司法解释的规则完全相同。这一规定有利于被挂靠人强化对挂靠人的管理，从而避免损害的发生。

2. 增加了未经允许驾驶他人机动车时的责任规则

一审稿第 987 条规定：“未经允许驾驶他人机动车发生交通事故造成损害，属于该机动车一方责任的，机动车使用人应当承担赔偿责任。机动车所有人或者管理人有过错的，承担相应的赔偿责任，但是法律另有规定的除外。”本条吸收了《道路交通事故司法解释》第 2 条的经验，而且，与后者的规则完全相同。它弥补了《侵权责任法》就未经允许驾驶机动车（如亲友之间擅自驾驶他人机动车）时责任规则的不足，具有积极意义。

3. 增设了交强险、商业险和侵权责任的适用顺序规则

一审稿第 988 条规定：“同时投保机动车强制保险和商业保险的机动车发生交通事故造成损害，属于该机动车一方责任的，先由承保机动车强制保险的保险人在强制保险责任限额范围内予以赔偿；不足部分，由承保机动车商业保险的保险人根据保险合同的约定予以赔偿；仍然不足的，由侵权人赔偿。”本条吸收了《道路交通事故司法解释》第 16 条第 1 款的经验，只是表述略有不同而已。

应当说，这一规定总结了我国道路交通事故案件的审判经验，具有积极意义。本条就商业险的规定，实际上相当于赋予了第三人以直接的请求权，这是对合同相对性的突破，是否合适值得考虑。

4. 完善了盗抢机动车时的责任规则

一审稿第990条第1款后句规定："盗窃人、抢劫人或者抢夺人与机动车使用人并非同一人，发生交通事故后属于该机动车一方责任的，盗窃人、抢劫人或者抢夺人与机动车使用人承担连带责任。"这是此次新增加的规定，明确了机动车使用人和盗抢人不是同一人时的责任规则。本条从法政策考虑，要求盗抢人承担连带责任，虽然也有一定的道理，但从法理上来看，要求盗抢人依照一审稿第984条、第987条承担"相应的赔偿责任"，似乎更能够体现法秩序的内在统一性。

5. 增加了好意同乘时减轻或免除责任的规则

一审稿第992条规定："非营运机动车发生交通事故造成无偿搭乘人损害，属于该机动车一方责任的，应当减轻或者免除其赔偿责任，但是机动车使用人有故意或者重大过失的除外。"

这是新增的规则，也是对我国司法实践经验的总结。目前，很多省高级人民法院的司法解释来看，都确认了这一规则。应当说，这一规则有助于鼓励社会互助行为，也有助于平衡搭乘人和机动车一方之间的利益关系。

（六）第六章"医疗损害责任"

1. 增加了遗失病历资料时的过失推定规则

一审稿第997条规定，"遗失、伪造、篡改或者销毁病历资料"的，推定医疗机构有过错。与《侵权责任法》第58条相比，本条新增了"遗失"病历资料这一情形，这总结了司法实践中的经验。

2. 增加了医疗机构及其医务人员对患者个人信息的保密义务

一审稿第1001条规定："医疗机构及其医务人员应当对患者的隐私和个人信息保密。泄露患者隐私和个人信息或者未经患者同意公开其病历资料，造成患者损害的，应当承担侵权责任。"与《侵权责任法》第62条相比，本条新增了，医疗机构及其医务人员对患者个人信息的保密义务。这一修改有助于与《民法总则》的规定保持协调，也有助于患者权利的保护。

（七）第七章"生态环境损害责任"

1. 新增了生态损害责任这一新型侵权责任

为了贯彻宪法的精神，满足实践中生态保护的需要，一审稿在第七章规定了“生态环境损害责任”。本章在《侵权责任法》第七章“环境污染责任”的基础上修改完善而来。不过，立法者并没有明确，本章究竟规定了环境污染责任和生态损害责任，这两种类型的责任，还是仅规定了生态损害责任。从全国人大保持法的稳定性立法思路来看，其应当是将环境污染责任和生态损害责任同时做了规定，只不过将两者合并在了一起。

2. 明确了生态损害责任的归责原则

一审稿第 1004 条规定：“损害生态环境的，侵权人应当承担侵权责任。”本条明确了，生态损害责任属于危险责任（或称严格责任），无论侵权人是否有过错都应当承担责任。在比较法上，《欧盟环境责任指令》采用二元化归责体系，该指令将环境侵害行为区分为危险行为与非危险行为，并在附则 3 中规定了危险行为的范围与类型。对于危险行为适用危险责任（或称严格责任）原则，对于非危险行为适用过错责任原则。[①] 笔者认为，这一做法可能更为妥当。侵权法上危险责任的设计，都是以实施的活动或保有的物的高度危险性为基础的，而生态损害责任的归责原则设计则单纯以生态环境本身（即受侵害的客体）的重要性为基础。

3. 新增了故意违反国家规定损害生态环境时的惩罚性赔偿规则

一审稿第 1008 条规定：“侵权人故意违反国家规定损害生态环境的，被侵权人有权请求相应的惩罚性赔偿。”这是为了发挥法律的阻吓功能，强化对生态的保护。

4. 强调了环境修复的责任形式

一审稿第 1010 条强调了环境修复或生态修复的责任形式。不过，考虑到生态损害责任的制度设立目的，应当强制性地要求，首先进行环境修复或生态修复。借鉴 2013 年法国上议院 Anziani 议员提交的第 519 号提案的内容，我国民法典侵权责任编应当规定，就生态损害而言，首先应当进行环境修复，如果无法修复或修复后仍有损害的，才可以请求金钱赔偿。[②]

---

① 殷鑫：《论生态损害的侵权责任法救济机制》，载《河南师范大学学报》（哲学社会科学版）2016 年第 5 期，第 56 页。

② 竺效：《论生态损害综合预防与救济的立法路径——以法国民法典侵权责任条款修改法案为借鉴》，载《比较法研究》2016 年第 3 期，第 15—29 页。

（八）第八章“高度危险责任”

1. 完善了核事故责任的规则

一审稿第 1013 条规定：“民用核设施、核材料或者放射性核废料发生核事故造成他人损害的，民用核设施的营运单位应当承担侵权责任，但是能够证明损害是因战争、武装冲突、暴乱等情形或者受害人故意造成的，不承担责任。”

与《侵权责任法》第 70 条相比，其变化主要包括：一是在免责事由方面，明确了武装冲突、暴乱也是免责事由。《侵权责任法》第 70 条采用“战争等情形”而一审稿则表述为“战争、武装冲突、暴乱等情形”。二是扩大了核事故的发生原因，即包括“民用核设施、核材料或者放射性核废料发生核事故”。《侵权责任法》第 70 条仅表述为“民用核设施发生核事故”。

这些修改都是为了与《核安全法》保持一致性（包括第 90 条第 1 款对免责事由的规定、第 93 条对核事故的定义），对于实现法秩序的统一具有积极意义。

2. 完善了高度危险物致害责任的规则

一审稿第 1015 条规定：“占有或者使用易燃、易爆、剧毒、高放射性、强腐蚀性等高度危险物造成他人损害的，占有人或者使用人应当承担侵权责任……”该条规定与《侵权责任法》第 72 条相比，存在细微的区别，即就高度危险物的列举，将《侵权责任法》第 72 条中的“放射性”修改为“高放射性”，同时，新增了“强腐蚀性”这一类型的列举。因为生活中也有一些具有放射性但并不具有高度危险的物品（如石材），因此，一审稿将原来的“放射性”改为“高放射性”，更符合本制度设立的目的。

3. 完善了高空高压等高度危险活动的责任规则

一审稿第 1016 条就从事高空、高压、地下挖掘活动或者使用高速轨道运输工具造成他人损害的情形，规定：“被侵权人对损害的发生有重大过失的，可以减轻经营者的责任。”与《侵权责任法》第 73 条的规定相比，一审稿将被侵权人的“过失”修改为“重大过失”。这一修改有利于强化对受害人的保护，值得肯定。

4. 完善了未经许可进入高度危险活动区域或者高度危险物存放区域的责任规则

一审稿第 1019 条规定：“未经许可进入高度危险活动区域或者高度危险

物存放区域受到损害，管理人能够证明已经采取足够安全措施并尽到充分警示义务的，可以减轻或者不承担责任。”与《侵权责任法》第 76 条相比，本条对管理人的免责设置了更为严格的条件：一是明确了管理人负有举证责任；二是将原来的“采取安全措施”修改为“采取足够安全措施”，将原来的“尽到警示义务”修改为“尽到充分警示义务”。这些修改都是为了强化管理人的义务，强化对受害人的保护，值得肯定。

5. 修改了高度危险责任的最高赔偿限额的规则

一审稿第 1020 条规定：“承担高度危险责任，法律规定赔偿限额的，依照其规定，但是行为人有故意或者重大过失的除外。”与《侵权责任法》第 79 条相比，本条设置了一个“但书”。应当说，这一修改具有积极意义。但是，笔者认为，本条或许可以从两个角度予以完善：一是考虑到实践中有些层级较低的规范性法律文件设置最高赔偿限额，导致受害人的权益无法得到充分保障。例如，2006 年中国民用航空总局出台的《国内航空运输承运人赔偿责任限额规定》就是如此（参见第 3 条）。因此，本条中“法律规定赔偿限额”最好修改为“法律、行政法规规定赔偿限额”。二是考虑到受害人原本可以在过错责任和高度危险责任之间自由选择，因此，本条最好增设第二款，明确规定：“行为人有过错，受害人可以主张过错责任，且不受前款规定的赔偿限额的限制。”

（九）第九章“饲养动物损害责任”

完善了因违反管理规定导致动物致害的免责事由

一审稿第 1022 条规定：“违反管理规定，未对动物采取安全措施造成他人损害的，动物饲养人或者管理人应当承担侵权责任，但是能够证明损害是因被侵权人故意造成的，可以减轻责任。”

将这一规定与一审稿第 1021 条相比，就可以发现，立法者似乎要规定，在违反管理规定没有对动物采取安全措施（如没有拴狗链）造成他人损害的，即使受害人有重大过失，也不能减轻动物饲养人或管理人的责任。笔者认为，这一规定虽然着眼于强化对受害人的保护和激励饲养人和管理人采取安全措施，但是，如此僵化的过失相抵规则是否都可以实现个案的公正，也值得考虑。

如果结合一审稿第 1023 条来看，立法者似乎要明确，在禁止饲养的烈性犬等危险动物造成他人损害的情形，即使受害人有故意或重大过失，也不能减轻责任。这个规则同样比较僵化，是否合适也值得考虑。

（十）第十章“建筑物和物件损害责任”

1. 完善了工作物倒塌时的责任规则

一审稿第 1029 条第 1 款前句规定：“建筑物、构筑物或者其他设施倒塌造成他人损害的，由建设单位与施工单位承担连带责任，但是建设单位与施工单位能够证明不存在质量缺陷的除外。”与《侵权责任法》第 86 条第 1 款相比，本条增加了“但书”，明确了建设单位和施工单位的免责事由。这缓和了原有规则的严苛性，也更符合本条的立法目的。不过，依据本条规定，建设单位和施工单位的责任究竟是何种责任，比较模糊，与一审稿第一章中明确的归责原则存在内在不一致，既不是过错责任、过错推定责任，也不是危险责任（或称严格责任）。笔者倾向于将建设单位和施工单位的责任明确为过错推定责任。

一审稿第 1029 条第 2 款规定：“因所有人、管理人、使用人或者第三人的原因，建筑物、构筑物或者其他设施倒塌造成他人损害的，由所有人、管理人、使用人或者第三人承担侵权责任。”与《侵权责任法》第 86 条第 2 款相比，本条进一步明确了，导致工作物倒塌的“第三人”的范围。

2. 完善了堆放物致害责任的规则

一审稿第 1031 条规定：“堆放物倒塌、滚落或者滑落造成他人损害，堆放人不能证明自己没有过错的，应当承担侵权责任。”与《侵权责任法》第 88 条规定相比，本条增加了堆放物致害的两种情形，即堆放物滚落或滑落。这是总结了《人身损害赔偿司法解释》第 16 条第 1 款第 2 项的经验，对于堆放物致害责任的规定更为完整准确。

3. 完善了公共道路上堆放、倾倒、遗撒妨碍通行的物品造成他人损害的责任规则

一审稿第 1032 条规定：“在公共道路上堆放、倾倒、遗撒妨碍通行的物品造成他人损害的，由行为人承担侵权责任。公共道路管理人不能证明自己尽到清理、防护、警示等义务的，应当承担相应的责任。”本条吸收了《道路交通事故司法解释》第 10 条的经验。事实上，堆放、倾倒、遗撒的行为人究竟承担过错责任，还是危险责任（或称严格责任），需要结合具体情形并依据法律规定予以确定。

4. 完善了林木致害责任规则

一审稿第1033条规定："因林木折断、倾倒或者果实坠落等造成他人损害，林木的所有人或者管理人不能证明自己没有过错的，应当承担侵权责任。"与《侵权责任法》第90条相比，增加了林木倾倒和果实坠落两种情形。这也是吸收了《人身损害赔偿司法解释》第16条第1款第3项的经验。

5. 完善了地面施工致害责任的举证责任规则

一审稿第1034条第1款规定："在公共场所或者道路上挖坑、修缮安装地下设施等造成他人损害，施工人不能证明已经设置明显标志和采取安全措施的，应当承担侵权责任。"本条与《侵权责任法》第91条第1款相比，就是明确了施工人的举证责任，这有利于统一司法裁判依据。

三、《民法典侵权责任编草案》一审稿的完善建议

立法是一项艰难的事业。正如德国学者蒂堡教授所言，"一个好的立法是所有事务中最为困难的。它要求具有纯正、伟大、人性、高贵的意识；它要求一种绝对的坚定，这样人们就不会因为不适宜的怜悯和狭隘的顾虑而感到手足无措，并且，它还要求高度的谨慎和渊博的知识。"①

总体上来说，一审稿对于推动侵权责任制度的发展，进行了有益的尝试。立法者为此所作出的努力值得肯定。在既有的立法体制机制和社会拘束条件之下，立法者以现实主义的态度努力推动中国法治的发展，他们在背后付出的艰辛和努力不容忽视。

正如有学者所言，每个人心目中都有其理想的民法典。笔者可能更多地从理想主义的角度出发，希望民法典侵权责任编能够尽可能地完美，能够吸收我国近几十年来侵权法理论研究的成果和比较法上的最新法理。

---

① ［德］蒂堡：《论统一民法对于德意志的必要性》，载［德］蒂堡、［德］萨维尼：《论统一民法对于德意志的必要性：蒂堡与萨维尼论战文选》，朱虎译，中国法制出版社2009年版，第36页。

（一）精准把握侵权法的目的、功能和指导性理念

侵权法应当实现补偿功能，从而也应当贯彻完全赔偿原则。所谓完全赔偿原则，也称为“全有或全无”原则，它是指加害人要赔偿受害人的全部损害，而不考虑加害人的过错程度、当事人双方的经济状况，以及其他归责的具体情况。[①] 据学者考证，在几乎所有欧洲国家，其侵权法都遵循完全赔偿原则。[②] 我国侵权法长期以来也都坚持完全赔偿原则。虽然完全赔偿原则并非绝对不可突破，但是，如果要突破该原则应当有充足的法政策依据。在一审稿之中，惩罚性赔偿、相应的责任、侵权获利返还等违反完全赔偿原则的规定较多，是否都有充足的法政策依据，需要仔细论证。

侵权法的指导性理念就是使受害人“恢复到如同损害没有发生的状态”。但是，在一审稿之中，有不少制度都没有真正体现这一理念。例如，一审稿第 961 条规定：“侵害他人财产的，财产损失按照损失发生时的市场价格或者其他合理方式计算。”结合上述理念，这个“标准时”最好规定为“判决时”而不是“损失发生时”。《法国侵权责任法改革草案（泰雷草案）》第 65 条第 2 款：“当财产不能被回复原状或更换时，赔偿金为该财产于判决作出之日若处于损害发生前之状态所应有之价值。”这一规定值得借鉴。

（二）强化侵权法的规范意义

民法典侵权责任编应当尽可能地发挥其裁判规范的功能。为此，一审稿的修改完善应当注重强化其规范意义，具体来说，包括如下四个层面：

一是增加制度的供给。在民法典编纂中，“更充分的规则供给才应是关切之所在。”[③] 仅从民法典侵权责任编的角度来看，其还可以更加积极地回应社会需求，增加制度供给，不宜将制度供给的任务都交给最高人民法院的司法解释，否则，就与其民事基本法的地位不相吻合。例如，侵权责任与工伤保险

---

① Haack，*Schuldrecht BT* 4，5.Aufl.，Muenster 2005，S.164.

② ［德］马格努斯主编：《侵权法的统一：损害与损害赔偿》，谢鸿飞译，法律出版社 2009 年版，第 271—272 页。

③ 茅少伟：《民法典的规则供给与规范配置》，载《中外法学》2018 年第 1 期，第 178 页。

赔偿之间的关系，自助、受害人同意、损益相抵、自甘冒险、故意侵权的损害赔偿之债禁止抵销，产品的界定、产品缺陷的界定、产品责任的抗辩事由、机动车事故责任主体认定的一般规则、因第三人的动物导致动物致害责任等，可以说，目前仍然有诸多制度缺位，这可以作为下一步努力的方向。

二是增强规则的可操作性。法律的复杂是现代国家的社会复杂性的镜子。① 所以，民法典中的规则也应当是比较复杂的。目前一审稿仍然比较原则和抽象，这既不能有效地指引民众的行为，也无法为司法提供明确的裁判依据。笔者认为，一审稿还是应当继续在增加规则可操作性的方向上努力。

以过失相抵规则为例，虽然一审稿第952条和第953条做出了规定，但是，比较概括，难以解决实践中的问题，如受害人是否需要具有过失相抵能力、在间接受害人主张侵权责任时直接受害人的过错是否应当视为间接受害人的过错、受害人的监护人的过错是否要视为受害人的过错等都需要法律予以明确。

三是提升规则的清晰度。提升规则的清晰度是立法中的重要问题。但是，因为种种原因，一审稿中的若干条文都有点模糊、难以理解。例如，就一审稿第963条的规定而言，本条是否是关于定期金制度的规定，就可以存疑。而且，如果要规定定期金制度，应当明确其适用范围，对此，本条也没有规定。

四是避免无意义的法律条文。也许是因为对既有立法的尊重，也许是基于其他因素的考量，一审稿之中仍然有一些仅具有宣示意义的条文，如饲养动物者尊重法律和社会公德（第1027条）、医务人员合法权益受法律保护（第1003条）等。笔者认为，在民法典之中，尽量不要规定没有规范意义的条文。

（三）对现行有问题的法律规则敢于进行修正

一审稿就绝对权请求权与侵权责任关系的重新处理，可以说是立法者“拨乱反正”的有益尝试。不过，总体上看，既有的侵权责任制度仍有诸多需要予以改进。下面笔者举几个典型的例子，来说明这一问题。

一是因刑事犯罪行为导致受害人遭受精神损害的赔偿问题。依据《最高

---

① ［德］魏德士：《法理学》，丁晓春、吴越译，法律出版社2013年版，第95页。

人民法院关于适用〈中华人民共和国刑事诉讼法〉的解释》第138条第2款的规定："因受到犯罪侵犯，提起附带民事诉讼或者单独提起民事诉讼要求赔偿精神损失的，人民法院不予受理。"这一规定违背了基本的法治原则。为了解决这一问题，笔者认为，可以在民法典侵权责任编之中"拨乱反正"，明确规定（置于一审稿第960条第3款），"因受到犯罪侵犯，被侵权人遭受严重精神损害，并满足前两款规定的条件的，有权在刑事附带民事诉讼或者单独提起民事诉讼时请求精神损害赔偿。"

二是机动车交通事故责任的归责原则。2007年修订后的《道路交通安全法》第76条区分不同的情形确立了不同的归责原则。机动车之间发生交通事故，属于过错责任；而机动车与非机动车驾驶人、行人之间发生交通事故，属于危险责任。这一规定既违背了"类似问题类似处理"的原则，又使得道路交通事故责任制度过分复杂化。一审稿第983条规定："机动车发生交通事故造成损害的，依照道路交通安全法的有关规定承担赔偿责任。"这一规定意味着，我们错失此次立法的宝贵机会，让《道路交通安全法》第76条的错误得以继续。笔者认为，立法者应当民法典侵权责任编之中，明确地表明立场，就机动车交通事故责任改采统一的归责原则，即危险责任原则。

（四）处理好与相关法律的关系

民法典侵权责任编立法应当处理好《侵权责任法》与《产品质量法》《道路交通安全法》《环境保护法》《国家赔偿法》等相关法律的关系。

在处理与相关法律的关系方面，民法典侵权责任编尤其要明确其民事基本法的定位，强调法典中心主义，尽可能地就侵权法的基本制度做出完整规定。例如，从一审稿的内容来看，侵权责任编草案第四章专章规定了产品责任。与此同时，《产品质量法》之中也对产品责任制度的部分重要内容做出了规定，比如，产品的定义、产品缺陷的界定、产品责任的抗辩事由、产品责任的诉讼时效等。从法典中心主义的角度来看，民法典侵权责任编应当就产品责任做出集中的规定，而不宜将产品责任制度的部分重要内容继续置于《产品质量法》之中。

另外，正如苏永钦教授所指出的，"坚守普通法定位的民法典不需要引致任何特别法……”[①] 一审稿第 983 条规定：“机动车发生交通事故造成损害的，依照道路交通安全法的有关规定承担赔偿责任。”这一规定使得民法典引致特别法，不符合民法典的定位。

（五）注重法律的前瞻性

成文法天然地具有容易滞后的缺陷，因此，只有通过保持立法的开放性（如设置一般性规定）和前瞻性，才能在一定程度上解决这一问题。

以自动驾驶为例，从目前的科技发展情况来看，其将带来陆地交通方面的革命。2017 年 5 月，德国修订其道路交通法，对自动驾驶作了一定规范。2017 年 9 月，美国众议院已通过了第 3388 号法案，即《自动驾驶法》。一审稿似乎也应当就此问题作出回应。

另外，在我国，转基因技术已被比较广泛地运用，转基因食品越来越多地走进人们的生活。为了有效回应社会现实，民法典侵权责任编也应当增设基因技术责任制度。就此，可以借鉴《德国基因技术法》第 32 条以下诸条的经验。

---

① 苏永钦：《体系为纲，总分相宜——从民法典理论看大陆新制定的〈民法总则〉》，载《中国法律评论》2017 年第 3 期，第 71—89 页。

域外法音

综合法学纲要

霍　尔　周　静　译*

一、片面化谬误

综合法学脱胎于纠正现代法学严重错误的不懈努力当中，即老到地把价值、事实和理念（形式）区分开来。这一错误表现在主流法哲学的片面主义方面，即局限在或突出了上述某一领域，夸大和错误自然接踵而至。这一批评的前提是，任何法哲学最合理的尺度在于其“完整性”。“完整性”要求法哲学具备：第一，初始性，即以若干知识论为基础成立的简单原始的理念；第

---

* 霍尔（Jerome Hall，1901—1991），美国著名法学家，综合法学先趋和主要代表人物。曾获哥伦比亚大学法学博士学位（Jur. Sc. D.，1935）、哈佛大学法学博士学位（S. J. D.，1935）。主要著作如《盗窃、法律和社会》（*Theft*，*Law and Society*，1935）《法学读本》（*Readings in Jurisprudence*，1938）《刑法学一般原理》（*General Principles of Principles of Criminal Law*，1947）《民主社会中的活法》（*Living Law in Democratic Society*，1949）《法学和刑法理论研究》（*Studies in Jurisprudence and Criminal Theory*，1958）《比较法和社会理论》（*Comparative Law and Social Theory*，1963）《法学基础》（*Foundations of Jurisprudence*，1973）《法律、社会科学和刑法理论》（*Law*，*Social Science and Criminal*，1982）等。周静，法学博士，哲学博士后，北京师范大学法学院副教授，美国威廉玛丽法学院访问学者。

本文原载 J. Hall，*Studies in Jurisprudence and Criminal Theory*，Oceana Publications，Inc.，1958，chap. II，pp. 25—47.

有些情况，须加说明：第一，原标题为“综合法学”，现略加改动，以便独立成篇，“Integrative Jurisprudence”一词，之后美国著名法律史学家伯尔曼也曾沿用，见 H. J. Berman，“Toward an Integrative Jurisprudence：Politics，Morality，History”，76/4 *California Law Review* 779—801（1988）。第二，文章第二部分四个小标题，系译者所拟。

二，广泛性，即尽可能考虑到法学所有有意义的方面（一个推论是在忽略次要方面意义上讲即“必要性”）；第三，连贯性，即在处理某些问题的过程中所捍卫的学说和所获致的结果，不能同别处加以维护的学说和结果相互矛盾，不仅在严格形式意义上是这样，而且在法学一般协调性上讲也是这样。把这些标准应用在特定的某些重要的法哲学过程中，聚焦在一些关键问题上，这在简短讨论中是允许的，实际上也是必要的。很显然，焦点是要注意到这些哲学的学术上的倡导者，他们每一位的学说都包含许多真理。

（一）自然法哲学

法哲学中最古老的尽管不是最显著的片面主义，当数自然法理论。这一理论新近的、立刻引起笔者注意的形态出自马里旦之手。[①] 在这一哲学理论的诸多表达当中，它堪称典范，实际上要高出其他版本很多，因为它代表着一位卓越学者对一种传统温和二元论哲学的一个重要侧面所做的说明。我们只考虑马里旦文章中陈述过的，而不是他或其他持相似观点的法哲学家可能写过的内容。如果这样做，我们必将看到，即便对于兴味相投的读者而言，文章要义不外乎那种含混不清，喃喃自语，固执武断风格的一般学理主张，而这些主张仅作为尝试性假说时是可讨论的、可争辩的。对于事关伦理判断意义和确证的伦理理论，其现今地位系参照作者的初始前提轻率处理而来的。这位现代法哲学家，每迈出一步，都有各种尖锐的问题悄然逼近，它们同公认的原则要么毫无瓜葛，要么纠结不清，以至于从那些含混话语中能读得出几乎任何意义。与此尖锐相对的是现代学术最重要的洞见，即一般价值判断，就像其他抽象事物一样，它只有在同事实联系起来时才有意义。

考察马里旦对于重要法学问题的处理手法，会支持上述批评。因而如果看重马里旦对于法律体系相似性和多样性的分析，就会发现他特有的方法是假定存在“人性”，假定“人性人人相同”，[②] 这是一个可争辩的假说，但并非

① （原作者注）本文承以下文献惠允得以重印，并有修改：*Interpretations of Modern Legal Philosophies*, ed. P. Sayre, Oxford University Press, 1947, pp. 318—331。*The Rights of Man and Natural Law*（1948）.

② *Id.* 60.

一个难题十分有益的解决之道。这对于人人各不相同的朴素主张，同样适用。[①]对实际问题的有意义的处置方式，或许始于对相关经验科学进行区别评价，很快就会涉及文化模仿、扩散及其同重现情况下利益碰撞的关系。马里旦的方法是主张“人显然具有目的，目的与体格相符，人人相同”。[②]不必惊异，这一简括处理手法，并不鼓励他去考虑那些常常被提出来的事关最瞩目社会现象的问题，如利益碰撞；因而这一自然法理论，自始就没有尝试去把握持有以下见解的重要法哲学，即法律代表对力量的妥协，而不是什么客观正确的决定。即便当马里旦注意到有多样性和冲突存在，他仍无意联系事实解释他的自然法理论。他满足于主张：“在决定这些事情的过程中，每种错误和偏差都有可能发生，这证实我们目光短浅，数不清的意外都会腐蚀我们的判断。”[③]当他屈尊考虑某些特定资料，例如特定部族（假定）认可乱伦盗窃、残忍杀害老病、为政党扯谎等，这时他就无从认定或补充澄清原则了，而把那些作为“人类局限”证据的不利事实统统搁置一边了事。[④]

通过把人类比成一架钢琴，马里旦同样主张“人有能力自主决定他所追求的目的”，[⑤]此公不仅暗示（与其主张不一）人只是件乐器，而且还认为人类承认恶性就像音乐家察觉音符错误一般轻松。不管是谁，哪怕留意下社会进化相关的伦理体系中的历史变迁，留意下不同情境下无休止的价值判断碰撞，特别是许多与法律政策相关的尖锐分歧，他就很难从与相关事实不甚相关的教条中得出那样多的认识。实际上，他或许也想搞清楚，在这样一种思维模式之下，如何可以回避以下结论，即实证法只不过是一种强制性规则，至多，只是一种必要的恶。对实证法持消极态度，强调把事实只是当作“依附”加

---

① 参见：“没有人类知识时期，人类对自身比我们现在这个时代更加无法琢磨。我们拥有科学的、哲学的和神学的人类学，可是老死不相往来。因而我们对人不再拥有任何清晰协调的理念。”Max Scheler，引自 Cassirer，*An Essay on Man* 22（1944）.

② Maritain，*op. cit. The Rights of Man and Natural Law*（1948），at 60.

③ *Id.* 63.

④ “所有这些不能推翻自然法，就像加法错误不能推翻算术，对于原始人而言，星辰即苍穹之孔隙，他们的特定过错也不能推翻天文学。”*Ibid.* 参见，笔者在下述文献中的处理手法：*Living Law of Democratic Society* 77—79（1949）.

⑤ Maritain，*op. cit. The Rights of Man and Natural Law*（1948），at 60.

以漠视，这就会在实证法同伦理原则之间的关系问题上排除一种完整理论。马里旦对解决这一重要问题的贡献，就是通过重申一句古训“恶法非法”而反映出来。[①] 表面看去，且抛开原文不说，这话要么毫无意义，要么自相矛盾。

然而如果有人以为笔者有意做出那种传统上特有的区分，或许说不公正的命令不具有道德约束力，这样就赋予了一种意义，同时也发现另一主要法学问题大致“解决”掉了。[②]

需要我们同样确信的，事关另一重要的法学问题，即说明实证法的变化。对于片面式的自然法哲学家而言，不是从社会制度和法律制度的相互作用当中去寻找解释，相反，解释倒成了从绝对原则中进行推论的纯粹逻辑过程。[③] 然而无法让读者忽略的是，当马里旦后来为一些特殊自然权利辩护时，一些观点远不是从“为善”这一至理中推导而来的，同样，他也不能不再理会古希腊和中世纪严酷的社会条件和等级制度这样的“依附”事实了，而根据同一个“永恒真理”，认为那些东西完全是合理的。或许，不必惊异，这样一种既定视角，已经把众多思想家引向相反方向，而没有去鼓励他们就理念同社会现实的糅合问题做出艰苦研究，并做出令人信服的理论上的辨析阐释。

任何地方都不存在那种片面化自然法哲学和经验解释之间的鸿沟，后者要涵盖立法和审判实践，其范围要宽于事关自然法和实证法之间世俗关系方面的相关理论。由于自然法是“永恒的”，实证法有别于自然法，二者分别存在。（这促进了以下观念，即实证法本身是非伦理性的，实证法学者接受这个前提。在这方面，自然法时间上早于实证法。它曾经并仍旧完善；在多数自然法理论那里，马里旦的文章就很明显地认同这个观点，虽说宣称对于事实的“决定作用”，实证法被视为先在的至善原则的单纯推论，或是其单纯自发的应用。[④]）

有别于自然法早于实证法等观点，人类学研究即可及的知识领域都证明问题要复杂许多。有可能的是，借助“高级法”对主权者命令的批评要相对

---

① *Id.* 11.

② 人们显然很长时间不再使用“自然法”术语了，不仅因为它可隐约指代“物理规律”，还因为会混淆伦理原则和实证法。

③ “自然法系可为之事和不可为之事的总称，来自以必然面目展现出来的（趋善避恶），还来自人是人这一简单事实，而不考虑其他。” *Op. cit. The Rights of Man and Natural Law*（1948），at 63.

④ 比较 Blackstone，*Com.* 39—42.

晚近，而在远古历史时期习惯和权威很难受到挑战。进而，更有可能的是，实证法，特别是刑法，自身就处在刺激批判性价值评判发生的众多首要推动因素之列。不同人群的相互交往，带着继起的对于国内法差异性和相似性的双重意识，似乎另有影响。这些见解表明，自然法是社会产物，伦理原则以历史为条件，如果要获得理解，就必须处于特定事实情境之中，以及处于明确时空条件之下。伦理原则及更高层次的批评只有结合实际问题，联系利益碰撞，才会富有意义。这一方法会承认，是价值纷争，而非“自然法不可改变”之类的信条，才是伦理进步的地标和命脉。它会承认，讨论和领导在正确决断伦理纷争时具有重要作用；更不消说承认包括法律制度在内的文化环境（complex）的影响了，而文化环境是作为道德态度和价值体系调节器存在。这样一种处理手法，起码是遵从现代批评标准，它定会启动对下述假说的研究，即“自然法”系人为作品和人类社会变量（function）。

自然法哲学（及一些重要的例外）无意于构建基本法学概念，而这构成完整法学的重要一支。上述批评因而被限定在如下领域：这种哲学主张其所做的主要贡献，并且批评也要相应地严肃。由于把价值和事实片面分离开来，自然法哲学的部分意义缺失，这从很多自然法学倡导者的阐述中可以看出来。完整的法学，在承认自然法哲学长期贡献的同时，通过坚持密切审视现实中的价值影响来探索自然法哲学的重要意义。我们所依赖的基本原理是，评价**只是在同事实密切关联时**才有价值。[①]

（二）美国法现实主义

包含了片面主义的对立面的是美国法现实主义。由于这一法哲学在晚近饱受非议，现有评判主要是局限在其主要错误上面。美国法现实主义将重点集中在事实上，甚至毫不怀疑事实会预设概念或“共相”。美国法现实主义遭到学者严厉抵制，这些学者首次领会事实的重要意义，而且认为事实研究太过重要了，以至于又不可避免地影响到现实主义者本身，其结果是大多这类思维模式的独

① 在一篇文章中，在写完上述观点后可见到，马里旦承认传统哲学的这些局限，并且力主考虑“历史和社会环境，及人类实际关切，对我们哲学观念形成的影响……”XXII，*The Modern Schoolman* 10—11（1944）.

特之处（即得以区别于法社会学或社会法学的理论化形态）都被抛弃。极端美国法现实主义证明，一旦故步自封，不再考虑重要问题时，谬误而不仅是不完善就会降临。这意味着，综合法学任务不能只是折中的，而是必须重整全局。

美国法现实主义通常局限于司法过程，本身展示出一种受束缚的事实观点；因此其重要意义，即便是在表示过特别兴趣的领域，也只能是有限的。它力图小心排除评价（即使后来表示，法律改革总是基于运动，此种主张有启发性，出自号称遵循严谨科学的学者那里）；因此对于传统上最为显赫的法学发展时期，并不能期望其有所贡献。美国法现实主义也不甚关注基本法学概念。仅仅这些束缚，就足以使它变得不够完整，尽管事实是它对我们关于司法过程的知识的贡献有过重要贡献。

美国法现实主义即便在自己擅长的领域内仍有缺陷，这是因为其混淆了伦理原则和道德态度。因为现实主义者无意于阐释政策批判，因而倾向于忽略司法习惯（mores）；但是这些感性的状态，对官方行为想要从经验上正确加以描述，无疑都是必不可少的。那些特别以经验主义为荣的学者之所以会忽略这些重要事实，是为拥护社会实证主义。尽管这不见得是专注于事实的必然结果，但对于拒斥价值的学者而言，把物理学模式应用到法学上，必定是一种巨大诱惑。下列事实也是证据，即非实证主义法社会学家花心思列入法律资料重要行列的，不仅有道德态度，而且还有法律规则的事实性。司法过程中这些更微妙的、经验性的特征不可必免地逃避了那些对行为主义原则或从力学中引出的类比所限制的事实。假如一贯坚持这一视角，结果必将是全然不可理喻的、单一事实情形的完全复制。如果不是极度的名不副实，美国法现实主义还是有益的。但一套完整的法哲学，通过如此曲折的方式，是无从建立起来的。

更宽泛地看，现实主义排斥价值的做法，是通常认为的反概念主义表现。但无可争议的是，在处理与法律相关的事实时，不能忽视支撑和赋予事实以意义的概念和视角。因为片面的美国法现实主义者在谈论含义，他表现出“思想行为主义者的悖论”，这仅是在强调物理学运动的重要意义，连带着理念的陨落，伴随着相关资料分析过程中，准确说是确切描述过程中理念的展现和运用。因此，极端美国法现实主义者，包括那些视符号为情感而不是交流媒介的学者，无异于“出尔反尔”。

（三）法实证主义

法实证主义批评往往强调与自然法理论的严重对立及与美国法现实主义的亲缘关系。确实，法实证主义者在法律和伦理原则之间划定了一条明确界限；但也一定不能忽视，此处他们是在重蹈片面自然法哲学的覆辙（尽管不是追随）。从综合法学视角看，即从哲学思想的一般运动看，着眼于思想和现实，把法实证主义同自然法学派结合起来，比把它同经验学派尤其是美国法现实主义结合起来，理由要更加充分。这就是说，自然法理论和法实证主义，在承认概念或共相存在意义上讲，都是“思想论者”。与这一思维模式尖锐对立的，是极端现代经验主义，即行为主义。因此，就是因为专注事实，所以形成了对法学相关较新的影响，同时也把实证法社会学（当然还有极端美国法现实主义）与两大古老学派明确区分开来。考虑到德国唯心主义者对奥斯丁、凯尔森，也许还有对霍菲尔德等人的影响，上述评判或许可以成立。在奠定相应“法律”概念基础的各种理念当中，也有平行物存在，即自然法是神的命令，因神的权威而有效；也奠定了实证法命令论要义，其中仅是替换了主权者。①实际上，考察特定自然法文献，对于某些号称是实证主义者发明的基础法律理念的起源，是有启发意义的。②

奥斯丁思维模式受到康德影响，这一点表现在他的作品中，③尤其是他关于一般观念的处理手法。④确信无疑，主要影响来自福尔克及其他罗马人的《学说汇纂》（*the Pandects*），但从现代经验主义观点来看，这种影响很难分辨。有意义的事实是奥斯丁选取：“（上述）所作者运用科学方法阐述他们所必须处理的观念和原理，这就让自己为后世提供了模板……”⑤他采纳和澄清的初始观念的持久性，是用以反驳来自耶林的全面批判的一个附注。但是，无论

---

① 见如 Hobbes，*A Dialogue Between a Philosopher and a Student of the Common Laws of England*，6 English Works 24—26.

② 见如 Pufendorf，*Law of Nature and Nation*，Bk. I，ch. 1，sec. 19，20（1703）.

③ 例如，“由于关于应当的（what ought to be）知识预设关于是的（what is）的知识，立法预设法学，但法学并不预设立法。”Austin，*Lecture on Jurisprudence*，1112（4th edn.，1879）.

④ 比较 Schwarz，*John Austin and the German Jurisprudence of His Time*，Politica 178（1934）.

⑤ *Op. cit. Lecture on Jurisprudence*，1115.

构建一个完整的基本理念体系是如何地困难，依然成立的是，奥斯丁信奉概念主义，很少关注实际过程，他有时明确表达过这种偏见，即在他写下“纯粹的事实和存在问题”时。①

极少有法实证主义者，即使是有，很少能比霍菲尔德更易于接受事实和事实性知识的了。然而他的作品反映出他通常接受传统法学范畴，同时无视与事实相关的这些范畴的衍生物，也反映出缺乏根据这些范畴的事实意义所作的批评意见。因而他写道：“严格意义上的基本法律关系，首先是，原初意义上的（sui generis）……，故而，最为有益的路径似在‘相对’和‘相应’体系中展示出所有不同关系，进而例示个别范围及如何应用在具体情况当中。”②需加强调的是，不是他通常接受陈腐概念，而是他从不探讨与概念意义相关的哪怕最基础的事实问题。从理论意义上讲，他对过去的法律分析工作并非简单拿来，就此而言，他发挥了自己的“关键”概念。因而，在与权力和责任（powers and liabilities）相关的问题上，他问道，他们的“内在本质”是什么？在阐述基本概念时，他所感兴趣的不过是专业文献当中的用法。他在各自分散的评述中表现出某种对本体论问题性质的意识（如“法律最小公分母”“把纯粹法律关系同引发这些关系的物质关系、精神关系分别开来的重要意义”）；同时，他有时也表现对事实和价值同样的欣赏，③但并未就这些基本范畴的改进与创新提出洞见。

维也纳学派极其杰出的代表，汉斯·凯尔森秉承现代逻辑的发展，极大地推进了分析法学。法实证主义最为晚近的表达，纯粹理论，展现出阐述相当清晰的哲学思维和高度的辩证法技巧。实难想象，它的错误能轻易暴露出来。进而，我们应该承认，凯尔森对于基本概念尖锐批评为法学提供了当前可用的最好的法律本体论。由于这些和其他重要贡献，我们对于纯粹理论有必要展开比平日可见的更为彻底的批判。④

---

① *Id.* 1123. 试参见马里旦关于纯粹依赖性事实的刻画。

② *Fundamental Legal Conceptions* 86（1923）.

③ Holfeld，“A Vital School of Jurisprudence and Law”，in *Fundamental Legal Conceptions* 332（1923）.

④ 对凯尔森相当详尽的批判，见笔者作品：*Living Law of Democratic Society*，Chap. 2（1949）.

突出批判所面临的种种困难，是因为坚持声称其“纯粹性”，这不仅体现在贬低曾指派给法社会学的事实方面，也表现在贬低曾一概加以抹杀的伦理原则方面，尽管如此，纯粹理论实际上必须同时兼顾二者。有别于排除事实，纯粹理论恰恰扎根于特定事实，即与行使权力有关的事实；而且这一关注又在指导其基本概念的论述。在这一理论中，既有同样已被承认的“基本规范”的经验内容，又有接下来的由此衍生出来的规则的事实特征；在纯粹理论的动态方面还包括了管理内容：承认“实效”（efficacy）系法律“效力”（validity）的经验特征；还有自然主义伦理的绝对的事实特征。虽然存在如上种种情况，在纯粹理论中值得骄傲的，却是最低限度地参照事实，即展示出典型的理念论偏见；而这在贬斥法社会学时又是显见的，法社会学从严格科学观点来看无论多么稚嫩，它仍旧代表着法学现代经验主义的发展。居于纯粹理论主要贡献正中心位置的反经验主义，系接受康德认识论的结果。但是无论康德其他方面成就如何，很难否认，他对事实意义的影响完全是消极的。康德批判方法包含强加于事实之上的先验范畴（*a priori*），它实际系思想对自然的立法。这一观点的结果必定是贬低外部世界，贬低经验。[①] 在纯粹理论中，它必然带来对最低限度事实的迁就，附带关于“纯粹认识”的教条式、人工式的观点，简言之，即形式主义和不协调。奥斯丁之后根据司法认可和强制重述命令论的倾向，系走向经验主义的有益运动；但就像甚至在霍菲尔德那里也能看到的，在经验哲学盛行之后，就不再有对这一基础问题的重新审视了。在这方面，纯粹理论代表对 18 世纪唯心主义的回归。

简言之，纯粹理论大抵系康德哲学的一些方面和一种与之相反的激进实证主义的混合。具体讲，它接受康德认识论却拒绝康德伦理学，取代后者的，是逻辑实证主义者的自然主义。因而对“纯粹理念”的“空头”拥护，与之相伴的，不只是放弃“纯粹意志”，而且还有极端实证主义关于价值的“坚定”主张，即公正只是某种“非理性意识形态”。

为构建完整法学，很有必要强调传统法实证主义并不敌视伦理学。怀疑法实证主义对伦理不够敏感的倾向，部分源于这种意见，即审慎地排除评价意味着否弃它；部分源于霍布斯在他哲学文本当中所担当的恶名。但很明显，

① 见 Sheldon，“Some Bad Results of Kant's Thought”，*The Heritage of Kant* 166（1939）.

英美主要法实证主义者代表不同立场，无人为纯粹理论的自然主义辩护。霍布斯在其“法学和法律的重要学派”中包括了“批判的或目的论的法学”，他主张：“……真正原因的检验，可用于科克所谓‘人工理性和法律判断’。”[①]格雷主张：“真正的道德理论恰好步入法律视野内。”[②]边沁享乐主义表明来自休谟的巨大影响，但它远远落后于当前的自然主义。奥斯丁功利主义已在这方面取得很大进展，后来青年密尔就此所详加阐述，他甚至写道：“在特定情况下，并未尝试激情，（教师）可能会有某种优势，他会就优缺点提出意见。”[③]就霍布斯而言，他的作品模棱两可，某些见解相当于现代法实证主义者的观点，[④]可是他的著作中，在神学之外，尚有大量内容，特别强调来自承诺的道德义务，这些内容要求对他的伦理立场做出迥然不同的解释，而不是接受这种立场。[⑤]因而无法确证，在法实证主义和现在纯粹法学所辩护的伦理立场之间，没有任何必然联系，尽管说，当然，这是远远不够的，法实证主义已经就评价问题做出妥当的最充分的说明。

纯粹理论伦理自然主义的实际由来，已然众所周知。凯尔森本人同维也纳学派包括学派创始人石里克过从甚密，[⑥]而从这一杰出思想家群体当中产生了著名运动，如逻辑实证主义。它分支众多，但中心理论是有意义的命题要可以从外部加以验证，此外其他命题都是“胡说”。由于表达价值判断的命题无法如此这般加以检验，它们必定是“胡说”。这一理论主张如此蓬勃，如此娴熟，其结果便是激发不同学派众多哲学家戮力同心，去揭开其中的错误所在。[⑦]如果价值判断没有“意义”，据以上标准，它们的地位又当如何？它们已经由逻辑实证主义者给出许多不同解释，如命令或虚假陈述，二者或是代表欲望或利

---

① *Op. cit.* Hobbes，*A Dialogue Between a Philosopher and a Student of the Common Laws of England*，6 English Works，p.352.

② *Nature and Source of Law* 144（2nd ed.，1927）. 亦见，pp. 140—144，305.

③ *Op. cit. Lecture on Jurisprudence*，1114.

④ 例如，“人们……把令自己愉悦和欢快的东西，叫作善；而把令他讨嫌的东西叫作恶，……” *Elements of Law* pt. I，ch. 7，3，p. 22.（Tonnies，ed.，1928）.

⑤ 见如 Taylor，“The Ethical Doctrine of Hobbes”，13 *Philos.* 406（1938）.

⑥ Feigl（ed.），*20th Century Philosophy* 407（1943）.

⑦ 见如 Ewing，Moore，Ross，Urban，Lovejov. 杜威拒绝逻辑实证主义的价值处理手法，在他的下列作品所收文章中有过强烈表达：*James as Empiricist*，*Commemoration of William James* 57（1942）.

益（似为凯尔森观点），或是代表情感支持。[1]但这些解释中的每一种，都无法彻底揭示问题。在寻求共识方面，它们似乎显然不靠谱，欲望和自利常常同道德感相对立；但下面的说法更稀奇，即人们总是同自身欲望、即便是最强烈的欲望背道而行。在更为复杂批判的审判席上，很显然，价值判断不是命令，如不是以有意义地用于既往这个理由的话。如果是欲望或支持的情感表达的同义语的话，争论任何伦理问题都是荒诞不经的。如有人这样说，“这是错的或恶的”，只是意味着，“我不喜欢或不赞同它”，从支持某种相反欲望或情感或甚至是这些事态的统计学优势出发，通过这种方式讨论问题，一定是徒劳无功的，实际上也是不可思议的。这类实证主义解释忽略了以下观点，当人们在争辩伦理问题时，它们必定打算把事实描述和价值判断区分开来。它们在逃避事实，即严肃的理智的关于伦理问题的争辩，意味着答案有对有错，即批评行为或问法律是好是坏是有意义的。他们忽略了如下事实，即价值判断是可以传达的，可以认可的，即证实最终讲不过是与科学理论相关的社会均值。

越来越明显，逻辑实证主义者的理论本身就某种同意义相关的价值判断，因为它规定，只有能够从外部加以证实的命题才有“意义”（始终忽略了如下事实，即物理学要有赖于许多无法感知的“事物”，即它支持谎言，包括了多种不同看法，从所有这些角度看，它与伦理理论并立）。它不能令人满意，因为它排除公共（共享）经验某些极为重要的方面。它在逻辑上可疑，因为似乎不可能从外部或其他方面加以证实，除非即将验证的意义为人所知；而如果它仅指可感知的事物可证实，那就是循环论证。因此，可以得出结论说，按照逻辑实证主义创始人者所认可的，其中心理论，即“只有那些能从外部加以证实的命题才有意义”，本身就是无法通过这种方式加以证实的，因而，也是“胡说”。其最终结果，便是“胡说”，即无意义（non-sensible）经验的存在，是无法通过意义（senses）加以确立的。据以上理由，纯粹理论对价值（自然法）的种种指责，实在是风马牛不相及的。

它对事实贬低，但其实是内在依赖的，这一点上文已经指出。显而易见，纯粹理论迁就评价的，这表现在它致力于科学性方面，表现在献身于真理方面（其拒斥主观性的论辩术，从别的角度看也是非理性的），表现在它把“意

① 比较 Schlick，*Problems of Ethics*（trans. Rynin，1939）.

义”界定为严格科学的证实方面（如所示，这是规范，肯定不止是事实描述），表现在它坚持一视同仁地适用法律规则方面；[①] 当然，也表现在它致力于连续性方面。无独有偶，它无法回避评价问题，因为无法避免处理社会事实，而价值是这类事实的本质特征。因而，在纯粹理论中承认，“实效”是实证法的实质特征。[②] 然而实效依赖于社会认同，依赖于法律同社会事实的整合，即**习俗**（mores）。然而正如个人通常不会同意所想有误一样，**习俗**通常也可在理性基础上加以维护。最后，可能会问，如国内法效力仅来自同伦理原则领域相互对立，就像纯粹理论所规定的，那么，这些规范一旦撤销后，则情况又将如何？

因而纯粹理论表现出的，实际是任何法学无从回避评价问题的长期需求，就像上面曾看到的，它同时依赖于经验参照和知识。它试图限制在“纯粹理念”上，这刺激了不连续性，阻碍了对价值和事实的充分考虑。在法律哲学中把唯心主义认识论和自然主义伦理学结合起来，由此带来的不协调性明白无误。就法实证主义教条而言，事关并表达法律规则的命题，基本法学概念，纯粹理论积极重要贡献中最关键部分，这些都只是“胡说”。[③] 从批判观点来看，纯粹理论自然主义伦理学根本站不住脚。纯粹理论这些基本面上的不协调性，系其不完整性的特有标志。实际上，极有可能，任何完整法哲学的要求，无不是同包含了行为主义或自然主义伦理学在内的极端实证主义背道而驰的。

二、走向综合法学

（一）法律知识对象

从以上对片面法哲学的批评中不难得出，在坚持兼容相关理念、事实和评价的意义上讲，并从遵循完整性标准来看，综合法学系二元论或多元论。但如所示，综合法学也代表一种努力，这就是理解这些有意义的方面的实际融合，而不只是各自独立且相互关联的操作。如满足于为多元论辩护，那任

---

① Kelsen, *General Theory of Law and State*, vol. I Twentieth Century Legal Philosophy Series 14（1945）; also 55 *Harvard L. Rev.* 49（1941）.

② *Id.*, 42, 119—20, 170.

③ 由于凯尔森坚称法律规范不宜同下列并行行为相混淆，如立法者行为，因而他无法坚持，这一行为的意义无异于对规范的承认。

务倒相对简单了；正是在尝试获致一个合题时，综合法学遭遇了重大问题。这里有必要就其中部分问题作些简要讨论。

法哲学家的探讨，使用最一般的称谓讲，最终集中在何谓“法律知识对象”（juridical object of knowledge）问题上。尽管具体分析时必须做出许多区分，但法律知识对象实际却是同一持续过程当中的既相有不同又有联系的结构。因而，综合法学理应在上述对流行法哲学的批评所蕴含的方向上建立起来。这一不懈努力将：第一，把法律知识对象的不同方面尽可能囊括在探讨范围之内；第二，研究每一方面时联系其他方面；第三，不仅在假定静态条件（如“结构”）下，而且也在动态过程中加以研究；第四，发明一个妥当词汇。

“法律知识对象”的含义，需在分析中加以揭示，这种分析从对它进行最一般勾勒开始，分析随之也会愈加精确。核心见解在于，法律知识对象是法哲学家联系有组织运用暴力时所获致的经验，运用暴力时须参照与公共利益有关的特定情形，遵循已订立下来的、代表可辩护价值判断的规范。这一“法律经验”即特定不同思想方面同与外部事实世界的某种融合。

上述对法律知识对象的一般描述，作为一种经验类型须加澄清，免得那一含混术语令人尴尬的内涵，对于构建完整法哲学所要求的严格分析会有所妨碍。主观性和不精确对任何敢于“经验”的法哲学均有威胁。至少就法学而言，当然不需要放弃对法律现实的可贵见解，而是不断努力去发现利用完整成系列的基本概念。如果说上述用于法学资料的方法暗示了一个重要发展方向，那么，创造全新理念就是题中之意了，与之相伴随的，当然是发明一套妥当的术语体系。去详细讨论相关意义和语言问题；实际上，在现有作品当中，从综合角度看来是完整的本体论，仍然有待我们去发现。基于上述理由，这里有可能做的仅仅是表述只是与综合法学视角有关联的初步结论。

（二）静态分析和动态分析

由根据“经验”描述法律知识对象时所表明的，独有性内涵可因“法律过程”理念加以避免。[①]但“过程”，尽管是实质观念（即将简短讨论），如果单纯

① 笔者在以下作品中使“法律过程”一语：*Theft*, *Law and Society*，180—90（1935）；164—173（2nd edn. 1952）。

依靠它，就会令所有其他概念消解在运作当中，从而冒天下之大不韪。我们需要某些“常量”，某些“过程”中的“同一”，因之需要“结构”作为坐标观念。因而法律结构和法律过程并非相互割裂的实体；它们构成单一现实。在寻求一个前述两个实质观念合体的概念时，可以发现，“社会法律情境”（socio-legal situation）最适合“法律经验”不过，因为它蕴含客观性，同时也包含“法律结构”。但它强调的是法律的静态方面，而此外，“情境”因常见于实证主义社会学中而变色了；有必要避免反对法律知识对象理念特征的偏见。这样，由于它相对摆脱开上述过时内涵，且有助于获取必要意义，即把“法律结构”和“过程”结合起来，因而，“法律社会复合体”（socio-legal complex）一语，笔者曾在别处使用，[①]可用以指代法律初始资料，即法律知识对象的单位。这个术语强调，不是私有经验，而是经过沟通、公认的经验才有意义；强调不是感知的事物，如行为和法律制度其他可观察的方面，而是无形方面，如法律规则和其他规范，是后者构成社会法律。总之，指导性见解是同精致片面论者的原子论相反，我们在“真实生活”遇到的是那些融合在一起的现实。这类经验，由法律的、非法律的理念与事实聚合而成，它们是独特的。

“独特性”由生效法律规则提供。法哲学家面临一系列既定制度，在他们特殊的体验模式中，组织重在法律规则。法律规则向来就是理念论者和逻辑学家关注的重点；它们遭到法哲学家们的否定和排斥，法哲学家们主要对法律制度的运行感兴趣。综合法学将在法概念主义和法社会学之间架桥修路，弥合分歧。它将努力证明，法律规则不只是本能驱动或“超验”存在的“纯粹理念”的语音合理化过程；并且证明尽管它们在某种程度上是任意的，但绝不是偶发的。[②]在每一社会法律复合体中，法律规则代表理念和价值的独有的实在化过程。规则的形式由以下主张加以规定，即法律命题系假言祈使判断句子。价值牵涉体现在所有法律规则中的目的追寻特征方面。最后，法律规则在特定时空创制发现；它们构造出特有的事实材料。规则可读可听；它们参与到心理状态当中，参与到行为当中，并且它们有可感知的外在效果。这一规

① 49 *Yale L. J.* 826（1940）.

② 比较 Fuller, *Reason and Fiat in Case Law*（1943），该书精选版又重刊于 59 *Harvard L. Rev.* 876（1946）.

则的事实性一定要同作为意义载体（符号）的功能区分开来。

上面强调的是“静态综合”，即强调社会法律复合体，视作常量。同等重要的是静态同“过程”的融合，结构和功能的聚合。法律结构产生新意义的潜力，是这样一种动态理论的必要方面，它对于解决许多问题而言，意义是显见的。例如，试考虑下法官发现或创制法律这样的经年累月的争论。主流观点是法官往往“适用”法律，并且极少见到他们立法，并且即便同时，也只是“缝隙式地”。但这种对审判的说明系过度简化。它假定了一个纯粹静态法律秩序，而就像是个人一样，这一秩序也在一天天改变。法官不宜把去年的规则适用于今天的案件，因为去年的规则不再存在；甚至对于那种极简审判类别，也添加了新东西，从而带来崭新意义。在一年当中，许多基于多少相同的一般情形之上的案件可以做出判决。但时段长了，就会轻而易举看出变化；实际上，变化就开始（继续）于判决一刻。由于即便没有重要案件做出判决（不太可能），在一般制度构造上也必定会有变化发生，非法律术语的意义因之发生变更。最后效果是，即便愿意适用“去年规则”，实践中也不太现实。当按照通常用法使用这类语言，这可能只是意味着，去年规则（意义）同其当下意义“足够”相似，所以我们可以接纳后者，即在现有意义上接纳相同准则。因而，法官只在“缝隙立法”这一陈述，也需重新解释，因为如果“适用”法律是一种创制行为，那么“缝隙立法”就只是程度上有别。这类区别对于审判政策及其控制而言，可谓意义极其重大，但对法学理论而言关联却微乎其微。如前所示，每一社会法律复合体方面的动态论，对于解释下列情况颇有帮助，即一套法律，数百年受制于先例规则，虽说如此，仍旧相当大程度发生了改变，这样看，每一规则从一开始，就不只是一个确定结构，同时也是一个过程。

“过程”不仅意味着改变；而且还意味着改善的事实和可能。这里“过程”不同于古代、中世纪哲学的僵化，它们惊慌失措地看待变化，只是在固定水平内承受变化。因而，“过程”会为说明由制宪、立法和审判等组成的社会法律复合体而增色。因而，由此提出的问题，无疑在法学范围内处理要困难得多，而在哲学分科当中处理类似问题就要简单一些，因为法律制度的结构方面牵动着安全利益。

但在试图考虑实证法动态过程时，会遇到另外的甚至更大的困难。法学，特别是法律本体论，当代几乎为实证主义者所独占，现已受到极端功利主义的限制：提供一系列理念，是为了帮助人们去解决实际法律问题，特别是帮助法官去判决案件。因而当集中分析诉讼时，最大的问题便是确认当事人双方的权利义务，即评判完全是互惠的，把具体情况视作固定关系，再以纯粹实践术语赋予关系以法律意义。事实上，在法律结构和通行非法律理念所表明的关口捕获直觉，由此提供一套方案用以认定和评判损害，即用以捕捉变动现实的特定特征。当然，所有这些对于实践目的而言，都是有益的，也是必要的。法学已然大体上代表了这些需求。

（三）关于法学基本概念

静态实践解释的主导地位，在死板的权利义务概念方面是明显的。那是司法调查的重中之重；因为一旦关系能够固定下来，制裁就可加以适用。但从综合法学角度看，那些关系可看作持续不断的过程。简言之，为简要揭示所需发展程度以尝试运用术语体系，"权力—责任"（"能力—感受"），[①] 及类似概念应比往常受到更多关注。由于这些术语明确指代行动领域；这里相对容易想见持续不断的"交易"，想象行为和法律秩序的创造性，数者互动并形成新的关系。通过视为过往事项，各种不同的事情随之就晶体化了，特定概念把过程固定为"完成式"，尽管作为事实问题，它们及其效果还将无限期继续下去。这个过程不会停息；而我们对他们如执业律师等的兴趣会停下来，当规则被强制执行时，这时，我们也落下了帷幕。变化和持久，我们把它们看作理想限定，每一个在另一个几乎全部领域都永久存在。所有立法和审判代表的都是二者不同的变动程度。因而，过程是法律体系的一个重要方面，就像法律结构一样地重要。在任何战略时段理解过程中的常量，同时，把结构当时变化的现实来了解，这二者都是综合法学的基本目标。

如果占领这一理论制高点，法学任务就大幅增加了。在开始描述任何法律制度如何发挥功能的那一刻，就连理论家都乐于根据过去发展状况考虑问题了，而那些状况无不是变动过程中的不同**界碑**（termini）。但过程就是行动，它意味着自身的持续和对于不间断过程的参与。因此，哲学说明，

① 比较 Goble，"A Redefinition of Basic Legal Terms"，35 *Colum. L Rev.* 535（1935）.

无论如何富有联想，都无法像通过实际参与法律的立与废、诉讼与审理、判决与执行等过程而借助亲身体验得来的知识那样富有启发性。不无可能的是，实际参与得来的不完全是概念性知识，即那种可能是独一无二的源自行动的知识。这里可以确定，对价值的理解垂手可及。法哲学家对实际过程的经验几乎都是间接的；他只能期望，他在提示性词汇方面所具有的敏锐洞察力及富有想象力的创意，能够为解释他一直在试图理解的司法现实动态带去意义。

鲜活生动的现实，称为“社会法律复合体”，对此，我们必须运用不同于前面所使用的其他基本概念去加以探讨。由于法律规则构成这些实体的必要部分，基本概念同规则的指代关系（也是基本概念，但一般性稍逊），须是它们指代鲜活现实的简明标记。从更一般意义上讲，基本法律理念无法**脱离现实**（in vacua）存在，就像规则无法这样存在；它们同样不是“纯形式”或纯粹语言模式。它们仍旧系材料处理方式，并且，也只在如此关联时，它们才有意义。①

基本法学概念构成法学中的“法律本体论”，对应起来，就像本体论对许多思想家来说是哲学思想的主要关切，而对另一群人来说是唯一关切一样。其效力检测包括可否还原为更为基础的概念，可否准确代表它们所象征的现实，可否有效地把洞见应用于自然。假定基本概念是原初意义上的（sui generis），就像霍菲尔德所为，或者假定把探讨限定在专业文献的意义上，这就很明显了，完整考察必须全面考虑社会法律复合体的动态过程。如把目标定为努力发现和阐明最有帮助的“基本法学概念”，那么下述情况是开创意义的，即现在用以表达它们（不仅包括“相应关系”，也包括“行为”“事件”“事实”“对世权”等）的术语在实证法中很少看到，而且根本就不该在此使用。同样，很有必要回想一下，由于基本概念数量很少，且指代法律规则，规则又非常多，因此，可以合理推断出，前者指规则特定共同方面，并且它们告诉我们在处理法律问题时是什么在处理规则。如果把注意力集中在审判中规则的影响范围上，就会注意到，每件判决都会给被告施加不利，给原告赋予

① 笔者在论文中有过讨论：“Toward a Liberal Legal Education”，30 *Iowa L. Rev.* 325（1945）以及本书其他章节，参见本书索引。

利益，或者不做什么，听任当事人双方自处之。从实际作用方面来讲，每件判决都要求被告为原告做某种行为，或停止针对他做某些事情，或者不给双方强加这些要求。当事人双方的关系，现在可想象成独立于诉讼；相同意义又出现了。这些意义最终指无须预置审判的社会法律复合体。主要的法学问题是：哪些法学概念可为鲜活生动的现实提供最完整的意义？

这些概念部分已在上面讨论，但重要的是指明探讨范围，以便完整提供这些终极观念。为找出结论，法哲学家一开始且每一步都面临既成事实（un fait accompli）的考验。存在一个既定体系，拥有一堆特定规则，有公开的，也有潜在的；也存在一套既成法学思想，拥有其基本概念，全部在传统术语中得到陈述，能代表传统思维，在过去两个世纪由法实证主义加以修正。同时，存在主流理念组织，由非法学学科和科学构成，多少为法学所借鉴。而且，存在公认的关于常识的理念，它们同样成为现有法哲学的重要组成部分。最后，主流法哲学同样依赖于作为思辨哲学产物的特定初始理念，如外部世界、事实、原因、空间、时间、量、质、目的和其他“范畴”。有必要考虑一下，法哲学是否注定要接受关于这些理念的常识观点，是否应当接受代表现行法律体系的理念，或者为法学计是否应当独立重审现有非法学范畴，并构成自己的相关理论。这些问题涉及法学同哲学的关系，并且具体说，综合法学能否简单附加在传统或实证主义形而上学之上。上面讨论这样一门法学的意义在于，这里的分叉现象，没有比出现在狭窄一些的一般公认的法哲学范围内更令人难以容忍的了。继续单纯接管“行为”“事件”“事实”等基本观念的传统或实证主义意义，连同发明它们的形而上学，它们统统不适合发明所需的新概念。连贯性要求最终必定要触动每一初始概念的地位，无论是非法学的概念，还是技术性概念。

（四）法学基本分科

处理这一问题的方法之一，便是通过修正现有法学分科来实现。与此相关，可能会注意到，上述对片面法哲学的批评和综合法学的前提都不意味着，法学中专门化倾向讲不通；相反却意味着，它有赖于专门化的种类，特别是有赖于某种经久以来的意识，即每一门类只是劳动分工而已。尽管法学分科，如法价值论（法哲学、自然法理论）、法社会学和形式法科学（分析法学）是讲得通的，[①]更是实践中行得通的，虽然如此，但是，从理论角度看，上述每一门类均紧密相关，或紧密依赖其他门类。法学如此分科的完整性在于各部分之间审慎持久的相互关联。这是上面所呈现的中心理论的必然后果，和与之相联的法学初始主题的性质。它只是代表一种转向，从对这些基本实体的分析转向关于它们说了些什么（法学）。这类关于法学各分科间关系的观点，在中心位置设置了一个中心问题，即基本概念问题（法律本体论）。

这里不可能展开讨论法学分科的含义，但可以就大致后果作些说明。法本体论往往同逻辑方法结合在一起，在现代，则与法实证主义结合在一起。但是，尽管对现在术语的批评，系形式分析的一部分，发现和建构通过富有想象力的处理基本现实得来的基本概念，系一般法学的问题。这些概念构成法学初始理念，为所有法哲学所共享，而不管它们各自兴趣如何。因之，它们发明出来之后，只有形式批评才是形式法科学的特有任务。形式法科学的特别任务是对法律术语、规则、判决和法典进行逻辑分析。它处理术语体系，从提供最大精确性角度进行术语批评，附有适用先例时所使用的类比方法，就整个实证法展开类别化和体系化工作。然而，与传统分析相对立，处在综合影响当中的形式法律科学家，将有条件经常参照事实；他将会带有清晰意识而发挥作用，即他什么都是，就不是数学家。他乐意展示每一法学分支所用方法的逻辑，澄清基本概念的意义，一般性地拓展理论价值，由此他将依赖于其他法学门类。

“法社会学，一旦建成，必将成为一门理论社会科学，它由就社会现象所涉法律规则的内容、目的、应用、效果范围内进行概括而来。”[②]此外，法社会学作为综合法学分科之一，将参与发明改进基本范畴。它把评价和作为道德态度的社会事实区别开来。它探讨法律规则同社会法律复合体的其他实质特征之间的动态关系。它把洞见应用到作为追求目活动的每一社会法律复合体当中。在这些方面，这样一门法社会学不仅在普遍决定论的前提下得以推进，

① 试参见，笔者在下列文献中的法学分科体系：*Reading in Jurisprudence*（1938）。

② 笔者在 17 *J. Crim. L.* 4（1936）中的讨论。更充分的讨论，见笔者 *Living Law of Democratic Society*（1949）第三章，见 *Theft. Law and Society*（2nd edn. 1952）一书导论，及本书随后章节，如第六、七章及以下。

而且将补充以上概括，因而，以如下前提为基础详加描述，即在可观的、重要的意义上，人类系自律、追求目的人。[①] 以这两种视角看，它将把社会法律复合体当作不同社会制度的有益成分加以研究。它将寻求发现法律制度变迁的一般模式，人们认为它们存在于并运行在法律知识对象和社会法律复合体的多面性之间。在实施这些考察过程中，主导原则是尽管分析要求法律方面同事实方面区分开来，虽说如此，但实际制度保持聚合一处。

法价值论将特别关注以下判断的意义，即各种类型的事实情形所牵涉的特定行为是否会遭受强制，遭受特定类型的暴力。它的问题不仅包括同任何实施这类强制有关的实践知识或而且包括同使用暴力有关的伦理问题，这样，法价值论者即一名使用暴力问题的伦理学家。尽管副产品是解决特定问题，但是应当强调，法价值论不是由伦理规范构成，相反，却是由对伦理规范的分析组成，由对正确解决法律问题过程中所涉及的问题的分析组成。法价值论在综合影响方面，将不断利用法社会学的发现和描述。它将细化概括，并且密切联系经验学科成果，从而加以检验和证实。它将同样有意于区分伦理原则和**习俗**（mores），而核心却在于对评价的批判，而非对行为的描述。

因而，从以上观点看来，法价值论、形式法科学和法社会学只在对评价、逻辑分析或经验描述概括方面有程度上的差别；而法本体论，法学第四大分科，为所有法哲学家所同等关注，它无法归入上述任一门类之中，甚至是相对归入。这些法学分科，如正确理解，则彼此兼容；因而，如充分发展，则必将具备一门完整法哲学所要求的连贯性。

从法哲学现状来看，吹捧综合法学意义的不良倾向，是应予注意的。但我们大无必要这样来结束这篇文章，我们要唤起大家注意到建构综合法学过程中所涉及的主要困难。悬而未决的理论问题，法哲学所获能否不只是多元主义，即便是执拗地指向综合，即关于社会法律复合体融合起来的陈述和运作起来的关联。目前，人们可能质疑，能否创建真正称得起综合的法哲学，这种可能性在理论上并非被排除掉。为避免把这一目标同现代思想中的特定

① 试参见，笔者在 *Twentieth Century Sociology*（ed. Gurvitch & Moore，1945）一书中的相关章节，及 *General Principles of Criminal Law*（1947）一书第十五章。

倾向相混淆，必须强调，综合法学拒绝任何含混的“整体论”主张。对任何事物只能是一种理想；即便是对最简单客体而言，无论知识多么细致，关于它，总是有东西需要深入体验。人类体格的特有结构，本身就是一重限制；因此，它像一个选择重要现实片段的剪辑器。探索精神无休止地反抗来自任何既定概念系列的禁锢，虽说如此，这些理念仍旧是任何理智经验的实质方面。即便有可能理解“整体性”，这类直觉都会不时超越其表达限度。在洞见和解释中间似有不可逾越的障碍，想象的绚烂美景要避开的，不仅有理智的切割，而且也有散文载体的俘获。因而，综合法学所追求的，不是以法律上有意义的范畴去体验整个世界的幻象，而是构建一系列基本理念，由此将带来一门相对完整的法哲学。如果选择必须在回避法律现实的澄清的片面论，和一个为某种程度的神秘主义所玷污的相当完整的法哲学二者之间做出，那么，就很难说有必要去回想，传统概念主义仍旧牢固地统治着法学，结果是在支持更为冒险的尝试过程中，任何怀疑都完全可以得到化解。

二〇一八年八月二十九日始

二〇一八年九月九日初稿

二〇一八年九月十六日二稿

莎士比亚与审判："法律与文学"的重生*

保罗·雅钦　德斯蒙德·曼德森　伍小凤 译　程笑男 校

一、保罗·雅钦：重申文学的紧要性

"莎士比亚模拟法庭"是正剧的一种表现形式，它启发着参与其中的法学和文学领域的学生、教授们以一种新的方式思考跨学科研究。模拟法庭的成员应用其分析和论证技能，完成莎士比亚法律的创制，处理诸如同性婚姻、反人类犯罪和宗教自由等关系到公众利益的问题。该模拟法庭项目由蒙特利尔麦吉尔大学艺术学院与法学院联合承办，现已圆满举办五年。该项目由德斯蒙德·曼德森（Desmond Manderson）创立，并受到曼德森和我、优秀的学生们、各位杰出的客串法官（Guest Justice），包括彼得·古德里奇（Peter Goodrich）、伊恩·沃德（Ian Ward）、丹尼斯·克林克（Dennis Klinck）和罗德里克·麦克唐纳（Roderick Macdonald）等法律史学家和理论家，以及迈克尔·布里斯托尔（Michael Bristol）、拉尔斯·恩格尔（Lars Engle）、理查德·斯特里尔（Richard Strier）、伊丽莎白·汉森（Elizabeth Hanson）和康斯坦斯·约

---

* 本文原载 *The European Legacy*，2010，vol. 15（2），pp. 195—213. 感谢两位作者的慷慨授权。保罗·雅钦（Paul Yachnin），加拿大麦吉尔大学英语系教授，主攻英国早期现代文学，尤其是莎士比亚戏剧研究和法律与文学研究项目；德斯蒙德·曼德森（Desmond Manderson），澳大利亚国立大学法学院、艺术与社会科学学院教授，主要从事法律理论研究，担任《法律与文学》及《法律、文化和人文》等期刊的编辑委员。伍小凤，武汉大学外国语言文学学院硕士研究生，曾辅修中南财经政法大学法学第二学位。主要研究文学与法律，尤其是莎士比亚戏剧与法律。程笑男，中国政法大学国际法学院国际法学专业国际经济法方向硕士研究生，现就读于美国宾夕法尼亚州立 L.LM 项目。

旦（Constance Jordan）等文学学者的发展和培育。

在这门课程中，法学专业高年级的学生将与英语专业的研究生结队，共同围绕“莎士比亚法庭”（其全部的诉求法典和摘要均由威廉·莎士比亚的戏剧组成）的案件开展辩论。模拟法庭要求学生（作为律师）、莎士比亚研究者和法律学者（作为法官）采用竞争协作的比赛形式，结合莎士比亚戏剧对当代特定法律问题作出判决。我们首先从卡尔·海因里奇（Karl Heinrich）案入手。该案中，这名前党卫队军官，参与了现代意义上的危害人类罪。但是在模拟法庭中，问题在于其行为是否确实属于“莎士比亚法律”项下的罪行。莎士比亚是否已经形成了危害人类罪的概念？海因里奇称其行为体现了战时军事服从的美德，这一艾希曼式的辩护能否在莎士比亚历史剧、以及《冬天的故事》（*The Winter's Tale*）和《暴风雨》（*The Tempest*）中找到支撑？之后的案件中，模拟法庭还探讨了同性婚姻、救援义务和世俗国家的宗教自由等问题，以及本文重点关注的案件中如何处理刑事审判中的品格证据（evidence of character）和前科证据（evidence of prior conduct）的问题。在所有上述案件中，我们都面临一个相似问题，即对莎士比亚的研究如何帮助我们理解性别与身份、对他人的责任、信仰与民主、真相与证据等现代世界中的核心议题。

作为一名“莎士比亚法庭”的法官，同时也是一名莎士比亚研究学者，我对法律论辩和裁决的实践之间的关系以及对莎士比亚的批评都有兴趣。在与曼德森、学生们及法官们的工作中，我惊讶地发现，在模拟法庭中得出的任何有关案件的见解和主张，均离不开模拟法庭的成员基于竞争协作的实践，即针对案件的裁判所做逐层展开、相互联结的阐释、论证和决断。我因此十分重视模拟法庭的实际运作情况及其组成人员：“莎士比亚法庭”这一虚构事业（make-believe business）已经成为我的文学批评实践的主要观点来源。通过在“莎士比亚法庭”上学习不同的论证和判断方法，我也懂得了，作为一名莎士比亚研究者，自己应该如何着手反思自己的实践。

接下来，我想重点谈谈玛莎·努斯鲍姆（Martha Nussbaum）的《诗性正义》（*Poetic Justice*）一书；尤其是，她在书中借用沃尔特·惠特曼（Walt Whitman）的话语，提出文学与文学想象是如何通过教会法律如何去裁判，“不像法官那样裁判，而是像阳光一样倾洒到一位无助者的周围”①②，从而使法律变得人性化。然而，我对她的论断有不同的观点，让法律成为文学，或者至少是文学研究的一种救世主。当然，这并非我心中的法律实践，而只是对上述实践的有趣的模仿。这似乎言之有理，尤其是努斯鲍姆有关文学的倾向性描述（tendentious account）本身就是一种针对模仿的模仿。我以为努斯鲍姆将文学定义为某些文学形式，尤其是对于小说而言，尽管这些文学形式可能体现了移情裁判（empathetic judgment）原则，然而还有许多文学作品提供的裁判并不具有移情特征，比如那些具有挖苦和反讽意味的文学，或者那些以情感上的远近为例证而拒绝决断的文学，尤其表现在一系列的抒情诗体中。

虽然我在莎士比亚法庭上所作的裁判文书也属于虚构，但是模拟法庭的正剧让我开始反思自己作为一名莎士比亚研究者所奉行的批判实践精神。我之所以宣称法律可以极大挽救或至少有助于改良文学研究，其中的一个关键因素与书写裁决书带给我的感受有关。毕竟，我的判决已经成为判例法的一部分，支配蓬勃发展的“莎士比亚法律”的程序性规则将支撑其持续的效力和影响力。学生扮演的律师和教授扮演的法官均需参考我的判决。尽管如此，想象中的我的法律文书中的公认的效力凸显了我学术批评中的某种从轻的特性，我认为这种从轻的特性主要是受社会和体制现状的影响，而并不是我的莎士比亚研究思想中所具有的内在的轻率特征。

在反思莎士比亚研究批判实践时，我着重关注两种相互联系的品质：可修正性与时效性。前者是一种对类似于法庭裁判的批判和修正保持开放的内在品质；后者是这些裁判所包含的时效性取向，这是一种对过往和未来的警觉，以及一种对发生于将来、无法预见其精确形式的裁判所持有的开放态度。我将列举第四期模拟法庭之前的一些主要案例，这些案例涉及人物品格及类似的事实证据是否可采纳的问题。在对哈姆雷特和夏洛克的最终构想中，我将补充讨论两个条件。首先是判断性，它已经隐含在可修正性原则之中，尤其

---

① Martha Nussbaum, *Poetic Justice*: *The Literary Imagination and Public Life*, Beacon Press, 1997, p. 81.

② 本文中惠特曼诗歌的翻译，主要参照和采用了惠特曼：《我自己的歌》，赵萝蕤，上海译文出版社 1987 年版。

是模拟法庭的程序本身。最后我将与判断性联系起来探讨的是公开性，其基本含义是一种“公开的性质或状态”。对于这一问题，概括地说，我的观点是莎士比亚法庭的正剧在某种程度上可以复原莎士比亚批评亟须且缺乏的四种特质，即可修正性、时效性、判断性和公开性。

对这些案件的裁判实践使我能够更好地从事莎士比亚文学批评，但是我在模拟法庭中仍然也遭遇了一些困难。例如，我因为在一些案件中持反对意见而声名狼藉，我无法与我的同案法官就海因里希案件达成一致，海因里希在我看来所犯的是无知罪（crimes against innocence），而并非反人类罪。① 我对同性婚姻案的异议招来公愤。② 我拒绝接受法庭的自由派共识，它将莎士比亚的爱情婚姻剧解读为个体的自我实现和公共身份认同，上述概念在我看来是非常现代化的，我认为莎士比亚笔下的婚姻从来不是满足个人需求的工具，而是个人将其个体及其性取向作为适应婚姻的工具。我还认为莎士比亚笔下的同性爱情因其过于美好而不适用于婚姻，以十四行诗第二十首为证：

造化大手笔，为君绘容颜，
我之情欲所在，君兼情妇情郎；
有芳菲柔嫩之心，无赝品尘垢之染，
更不像时髦女郎变幻异常；
明眸流转不矫情，胜过彼等亮丽，
一旦蒙君顾盼，无不镀上金黄；
君之男相，驾临万种雅态妍姿，
窃得男人回眸，令女人心神摇荡。
造化原本想塑造女相，
可她落笔时情迷意乱，
误添一笔耍我的花样，

① Paul Yachnin，“Judgment”，in *re Attorney General for Canada*；ex parte Heinrich [2003] 1 *C. of Sh.* 1；online：The Shakespeare Moot Project（http：//www.mcgill.ca/shakespearemoot/trials/judges02-03/）.

② 参见 Desmond Manderson & Paul Yachnin，“Love on Trial：Nature，Law，and Same-Sex Love in the Court of Shakespeare”，49 *McGill Law Journal*，2004，p. 475.

那把戏使我无权把君独占。

可造化为君塑身想取悦女郎，

君之情归我，爱之功用由别人珍藏。[①②]

我认为异性恋在众多伴侣中已经退化为生物市场上的一种逐利行为（interest-bearing activity），这是显著而明确的。尤其与第二十首相同，在“劝婚”十四行诗之后的第三首中，诗人建议年轻人通过结婚和生儿育女实现其自然意义上的永生。十四行诗歌颂同性即男性与男性之间的爱情，将之作为唯一一种能够促成真爱的关系（与“爱之功用”相反，也就与异性恋关系的逐利或生育活动相反）。

我不全是出自一种相反立场而得出反对的裁决，更为重要的是，我坚信莎士比亚与现代观点还是存在一定的距离，这种距离使我们有机会根据加拿大“活树”模型制定法律（也就是说，起源于过去的法律可以基于现实问题做出深思熟虑的改变，并且重要的是，这些改变使现今发展起来的法律与作为源头的法律之间形成一种交流互动的关系）。

最为重要的是，文学语言和实践与法律语言和实践之间的异大于同，然而，我的合著者曼德森强烈反对我的观点，他认为文学和法律都是富有诗意和想象力的创造世界的形式。“法律是一种文学”，他在最近的一篇文章中如此评论道：“并且，进一步可以说，文学就其形式、权力、解释性策略以及话语效应而言也是一种法律。”[③] 接下来，我将找出文学语言和实践与法律语言和实践之间的一些差异。不过，我这样做并不是为了捍卫我所在学科领域的疆界，而是相信这些差异可以将对其关联性和合法性至关重要的一些元素归还文学批评实践。通过对哈姆雷特和夏洛克的构想，我认为莎士比亚作品本身

① 所有莎士比亚的引注均来自 G. Blakemore Evans（ed.），*The Riverside Shakespeare*，2nd ed.，Houghton Mifflin，1997.

② 本文中引用莎士比亚十四行诗第二十首的文字，主要参考了［英］莎士比亚：《莎士比亚十四行诗》，载傅正明译注《英美抒情诗新译》，台湾商务印书馆2012年版。并由译者结合本文语境作修改处理。——译者注

③ Desmond Manderson，“In the Tout Court of Shakespeare：Interdisciplinary Pedagogy in Law”，54 *Journal of Legal Education*，2004，p. 283.

所蕴含的法律形象就提供了文学批评重获公共生命的可能。

为了说明这一论点，我将主要探讨“莱尔德诉皇家刑事法庭案”（*Laird v. The Crown*），这是最近发生的一起莎士比亚法庭案件。该案例牵涉到证据问题，也就是探寻真相的问题。在一起谋杀案的审理中，皇家刑事法庭认定这起间接证据案件的关键证据来自被告的犯罪前科和其残暴嫉妒的性格。在向莎士比亚法庭提出上诉时，莱尔德想要推翻定罪，认为不应采纳他的前科和性格作为证据，这是失之偏颇的做法。那么摆在法庭面前的问题是：在莎士比亚经典作品中，什么样的证据才能算合理证据，我们又该如何理解性格、行为和身份的关系。在解决这些问题时，法庭特别注意到《奥赛罗》（*Othello*）中的证据处理情况、《安东尼和克娄巴特拉》（*Antony and Cleopatra*）中的人物性格探索情况以及莎士比亚在《一报还一报》（*Measure for Measure*）中对法律形式的思考。

我发现莱尔德案的审判程序进行得尤为艰难。[①] 该案件具有一定挑战性，因为案件中的法官本身具有难以避免的不确定性，他们不想要回答这一关键问题——究竟加斯顿·莱尔德（Gaston Laird）有没有杀害坦特里斯坦·金（Tristan King）？但是按照要求，他们必须对陪审团判定案件事实的方法进行裁定。由于我还必须考虑正反双方学生对此问题的看法，这使得判决变得更

---

① “莱尔德案”的事实模式和程序记录可以访问，http：// www.mcgill.ca/ shakespea remoot/trials/ facts05-06。2000 年 3 月 16 日早上，Shakespeare Scansion and Suspension 公司的首席执行官特里斯坦·金（Tristan King），一家跨国汽车零部件制造商和五步诗节出品人，经人发现在他自己的办公室里被殴打致死。加斯顿·莱尔德（Gaston Laird），该公司的首席财务官与特里斯坦·金存在难以厘清的业务关系，他接任了这个最高职务，之后，该财务官被逮捕，并被指控谋杀了他所取代的人。皇家刑事法庭审理案件的依据是莱尔德有动机和机会这一事实，他和特里斯坦·金都为公司的员工所拥戴，但特里斯坦·金准备了一份文件，要求在即将到来的年度大会中解雇莱尔德。许多目击者证实了两人之间关系的紧张和破裂。莱尔德的法律顾问打电话给几名证人，证实了特里斯坦·金和他的执行秘书罗莎琳德·科修斯科（Rosalind Koscuisko）间的长期婚外情。被告辩称，罗莎琳德的丈夫也有强烈的谋杀动机，并向陪审团提交了一份详细的关于科修斯科的暴力虐待和嫉妒狂怒的历史以及过去持械抢劫的犯罪记录。被告打电话给一些证人，以证明其与无国界医生的广泛合作，以及他对妻子和三个年幼的孩子的忠诚。皇家刑事法庭要求并且法官允许将莱尔德年轻时在 Shakespeare Scansion and Suspension 公司做一线员工时曾因为殴打上司被判有罪且在监狱里待了 6 个月这个事实作为证据。莱尔德被判犯有谋杀罪。在上诉至莎士比亚法庭时，莱尔德试图推翻这一判决，他认为，有关他犯罪前科的证据是不可采纳的和有偏见的，而且很可能影响了陪审团对事实的认定。

为困难，不是仅仅考虑案情中特别提到的莎士比亚的四部戏剧，而是包括莎士比亚的所有戏剧作品，并且我必须牢记，我正在为一个虚构的现实世界制定法律。在这种情况下，我们往往不了解关键事实，但仍须基于判断力进行裁判和行事。就如莎士比亚研究者和客串法官拉尔斯·恩格勒（Lars Engle）在他的裁决书中指出的那样，这与莎士比亚戏剧里的情况极为不同，在后者中，我们迟早会被告知我们所需要知道的事情（如克劳迪亚斯（Claudius）是否真的杀害了哈姆雷特的父亲）。①

（一）可修正性

上述的情况均有利于理解这份工作的挑战性，但更为确切地说，莎士比亚法庭的审判方式与莎士比亚研究的写作批评方式有根本性的不同。我经历的困难正反映了我以往的批评实践中被忽略的不足之处。在撰写莱尔德案的裁决文书时，我需要承认可修正性是我这份工作不可或缺的一个特征。当然，所有的批评都应该保持接受修正的开放态度，文学研究领域中包括手稿评价、授权申请和书评等在内向来都是如此。然而，没有哪一种批判和修正方式将在产作品（work-in-progress）置于由一种或多种相互博弈的理解组成的逐点论述式对话中。更重要的一个事实则是，由那些相互博弈的理解共同发展而来的论点，不管与原来的观点有多么不同，往往都显得论证翔实和令人信服。与其他一些所持论点足以削弱本人裁决的法官进行对话后开展写作，便是要重新认识到，自己的作品永远属于未完成品，永远愿意接受同案法官的修正，也自然有可能在随后的案件中接受彻底的修改。

在莱尔德案审理中，我的思考提供了一个精彩、却并不罕见的可修正性范例。在庭审中，我站在被告方立场给出裁决，于是推断对品格证据的采纳符合我所了解的莎士比亚法律原则——即证据越多越有利。正如恩格尔（J.Engle）在他的裁决中指出："就莎士比亚对人类行为知识的态度而言，似乎就是多多益善。事实上，相比对个人品格证据（character evidence）的过分

① Lars Engle，"Unpublished Judgment：A Question of Character：Laird vs The Crown"［2005］4 *C. of Sh.* 1；online：The Shakespeare Moot Project http：//www.mcgill.ca/shakespearemoot/trials/judges05-06/#ENGLE［*Engle*］.

依赖，会由于缺少对个人品性知识的重视而急于做出判决而更容易做出错误的决断。”[①] 然而，在距离案件审理结束的几个月后，我发现我不得不推翻我之前的结论，而站在上诉人立场进行推理：案件审理中对出示证据的特别安排——首先是科修斯科（Koscuisko）的供述，与莱尔德对家庭和慈善事业的热爱形成反差，其次是揭露——这几乎是史无前例的——莱尔德曾未被曝光的故意伤害罪，这些均很有可能将陪审员们引向一种简单和熟悉的叙事模式，即一个凶狠残暴和野心勃勃的人假装已经改变，但实际上并没有任何改变。如果就这样给出案件事实的结论，那么该结论必定基于成见，而不是基于与间接证据和品格证据之间展开的真正移情的和批判的互动，这种互动和诘问在我看来是用于确立莎士比亚法庭证据是否可采纳的根本原则。

我注意到，尤其在《奥赛罗》中的议会场景中，律师们除了对大量的信息进行收集和比较，还审查了所有他们猜测可能不利于土耳其人利益和意图的证据。也就是说，他们把信息看作已经建构完整的证据，且已经被有心人设定于某一叙事中。由于他们赋予证据以理性、审慎意识的特质，所以可以说他们与之进行了一种移情的和批判的对话。当我设问莱尔德案的事实认定者们究竟是更像还是不像威尼斯的律师们时，我不得不如此推断，他们与那些更有洞察力的莎士比亚时代同行们不为不同。我由此得出结论：上诉人具有正当理由，“关于犯罪前科的证据是不可采纳和存在偏见的，而且很可能影响陪审团的事实认定”。

认识到可修正性是我法庭工作不可或缺的部分并不令人沮丧。确实，法律的可修正性与裁决文书的有效期分不开，所得裁决在延展的会话中保持对修正的开放性则意味着这些裁决不会轻易遭到淘汰。鉴于莎士比亚批评研究领域多数论著都免不了被淘汰的命运这一事实，它才显得尤为重要。18 至 19 世纪的约翰逊（Johnson）和柯勒律治（Coleridge）以及 20 世纪的莎士比亚研究者巴伯（C. L. Barber）和阿尔万・克南（Alvan Kernan）等人的大量作品已经在瞬息万变的潮流中作废，因而退出了其所在领域。于是，可修正性可被

---

① Lars Engle, “Unpublished Judgment: A Question of Character: Laird vs The Crown” [2005] 4 *C. of Sh.* 1; online: The Shakespeare Moot Project http://www.mcgill.ca/shakespearemoot/trials/judges05-06/#ENGLE [*Engle*] .

作为这样一种原则，它能够将许多人的写作汇集到一起，从而成为一部持久、动态的批判性经典。

（二）时效性

批判性经典——其中的重大贡献具有长久的保存期限——或者更准确地说，它们在与其他法律论证与裁判保持持续对话中拥有了真实生命，因此根本不具有保存期限——这一概念与我对莎士比亚批评时间取向的理解一致。想到此，我意识到我的批评是历史主义的，因为我想掌握一些具有早期现代性特征的物质、知识、社会和艺术文化；我的批判也是现世主义的，因为我想要认识并影响一小群从事莎士比亚研究的同人。当我回首过往时，我能通过一些细节识别莎士比亚所处的时代，但无法断定莎士比亚时代与我所处时代的区别。而倘使我展望未来，我所能预见的不超过从交付出版手稿到评论正式发行中的三年。对我来说，在莎士比亚法庭撰写裁决文书一直是件困难的事，因为这样的裁决得永远对修正持开放态度；然而此刻我觉得尤为困难的是，在撰写裁决文书时，我还必须考虑遥远的和偏近的过往时代（毕竟，莎士比亚是宪法，而我有必要了解判例法），且由于这个裁决要成为法律的一部分，我在撰写裁决文书时必须具备强烈的未来导向。

把文学批评想象成一个发展的、面向未来、对话式的法律体系，并不是要对市场导向下的莎士比亚批评给出一种纯粹战略性的回应，而是要使文学批评能够回应莎士比亚作品本身的法律类似性质，并号召批评家参与莎士比亚审判和公共决策项目。我所关注的那些特点，如可修正性、时效、判断性和公开性，正好全部集中体现在《哈姆雷特》的结尾。在剧中，哈姆雷特的发展轨迹是对话式的交互而不是单方面的行动，正如汉娜·阿伦特所解释的那样，这是因为哈姆雷特明白，脱离对话的行动与行使野兽般的暴力并无二致。[①] 的确，哈姆雷特的主要愿望不是要采取行动，而是要公开他父亲的鬼魂透露与他的秘密，这样他的报复行为才有可能大快人心，并在世人眼里有一定的价值。在死亡的那一刻，他被一种恐惧所侵袭，他的复仇缺乏一种明确的表达——而这是在他死后为他的行动正名所必需的。只有荷瑞修（Horatio）

① Hannah Arendt，*The Human Condition*，2nd ed.，University of Chicago Press，1998，p. 58.

诉说他自己和哈姆雷特的故事，哈姆雷特的行事理由才可能在将来被给予公正的评价：

荷瑞修，我去了，
你还在；请把我和我行事的原因
讲述给不明真相的世人。
……
啊，好荷瑞修，假如真相不大白天下，
我将落得千秋骂名。
假如你还对我还存真心，
我求你隐忍
留驻冷酷的人间而暂舍天堂之福
把我的故事讲述分明。[①②]

莎士比亚戏剧的多重法律类似特征不仅完整地在裹夹杂于哈姆雷特的临终遗言，而且也或多或少地表现为许多主要人物的突出特点，例如凯瑟琳（Katherine）（《驯悍记》（*Taming of the Shrew*）里的人物）、奥赛罗、卡利班（Caliban）、理查德二世（Richard II）和哈尔王子（Prince Hal）等。重要的是，这些剧本世界里法律类似特征的运作与现实世界里戏剧的动态运作具有一致性，戏剧演出史、读者接受史尤其还有批评史可以为此提供证据。

（三）判断性和公开性

但是，当批评摆脱了暗含于行动轨迹和人物角色中对庭审渴望的裁决请求时，它就不再与公共性紧密结合。当然，没有任何理由让所有的批评都参与对莎士比亚的人物及其行为与命运的公开讨论；但如果几乎没有任何一种批

---

① G. Blakemore Evans（ed.），*The Riverside Shakespeare*，2nd ed.，Houghton Mifflin，1997，Hamlet 5.2.238–49.

② 本文中引用《哈姆雷特》的文字，主要参照和采用了［英］莎士比亚：《哈姆雷特》，辜正坤译，外语教学与研究出版社 2015 年版。——译者注

评能够分担公共关切问题时，则表明文学研究有在学界内被孤立的倾向。而当批评确实涉及评判并因此参与到公开演说中时，以哈罗德·布鲁姆（Harold Bloom）以人物角色为中心的作品为例[①]，其被认为是一种跨界的商业性发表行为。我们忽略了一个事实，即每次对戏剧行动和戏剧角色所做的评判不一定都是陈词滥调，可能还确实将完善公共范畴内的文学疆域。例如，请思考夏洛克的问题。

正如我在别处所指出的那样，莎士比亚把夏洛克这个角色当成了一个狗人（dogman）。[②]他被反复称为狗，他的语言、仪态及行为设置都以狗性为依据。

我们还记得他是如何用语言反驳语言的，以及“契约”这个词为何初时听着像禽兽之言而非人类之语：

照约严办；别再啰唆纠缠，
照约严办；别再废话连篇。
我才不是傻瓜，易骗心软，
听了基督徒几句劝，就会
叹气摇头，网开一面。别跟着我，
住嘴，照约严办。[③④]

夏洛克的狗性可怕至极而令人反感，但却并不会使我们惊讶，尤其鉴于犹太人与狗之间长久以来存在的联系，或者鉴于在莎士比亚时代文化概念中，并不是所有具备人类外形的生物都是人的事实。对我们而言，存在必然和明确的统一的人格概念：不分种族、性别、阶级、民族或性取向，所有人的尊严及社会、法律和政治权利都应该得到认可，这些权利自然地产生于这种认可

① Harold Bloom，*Shakespeare*：*The Invention of the Human*，Riverhead，1998.

② 参见笔者的论文 Paul Yachnin，“Dog-Words：Performing Shylock at the Species Threshold”，*Discovering Performance Studies Speaker Series*，University of Calgary，12 February 2007.

③ G. Blakemore Evans（ed.），*The Riverside Shakespeare*，2nd ed.，Houghton Mifflin，1997，on 3.3.12–17.

④ 本文中引用《威尼斯商人》的文字，主要参照和采用了［英］莎士比亚：《威尼斯商人》，辜正坤译，外语教学与研究出版社 2016 年版。——译者注

中。但莎士比亚和他同时代的人们并不会自动且明确地认可女性、犹太人或下层人士属于和上层男性成员完全一样的人。基于此，我认为莎士比亚的人物塑造依据并不来自人类同为被造物的平等理念，而是来自按照能力和权益等级制度划分人类顺序、从而协调不同性别、民族、种族、宗教和社会等级差异的观点。这意味着，莎士比亚的某些角色可能比另外一些角色更为趋近动物。有关夏洛克狗性的观点既体现在剧本中，也较好地体现在对戏剧演出和戏剧的接受的发展中。但这绝不是对夏洛克的最终评价，尤其考虑到威尼斯法律给他提供了一个成为人类的机会。在剧中，诉讼被认为是一种普通人也可采用的公开表达和行动方式，甚至对像夏洛克这样的狗人来说也是如此，他不仅伺机利用合同法来对安东尼奥（Antonio）展开报复，而且能够在法庭上进行申辩。

夏洛克的人物塑造和故事与其始祖——马洛维（Marlowe）笔下的巴拉巴斯（Barabas）——有很大的不同，后者只要马耳他还有小瓶毒药就绝不可能不嫌麻烦地另以起诉方式对待其敌人。[①] 无论夏洛克在出庭时表现的顽固、狗性及暴力威胁有多么严重，值得特别注意的是，他对其敌人安东尼奥采取的是公开报复而非私人报复。实际上，他是在利用法律挑战基督教的排他行为，后者使他成为公众眼中的杂狗，并阻止他成为我们可能所称的公共个体。

哈贝马斯认为，早期现代社会具有“代表的公开性”特点，即公共人格在当时实际上专属于君主和社会精英。[②] 这可能是对英国早期现代社会的极度夸张概括，但莎士比亚本人记载了获得公共人格机会的极其不平等状态，例如，在十四行诗第九首中，莎士比亚将他的目标对象即那个贵族青年（整个世界是他的人生伴侣，如果他死后无嗣，“世界将像个丧偶的妻子为［他］哀哭”）与“所有私人寡妇”进行对比，后者尽管能从孩子们面庞中所显现出的已故丈夫的面容特征中获取安慰，却只是寡丧的无名之卒。此处所用“私人的”，在莎士比亚戏剧中常表示为被剥夺之意，它是汉娜·阿伦特所描述的一种存在——“已被剥夺真正的人类生命所必不可少的东西；将被剥夺来自他人

① 参见 Christopher Marlowe，*The Jew of Malta*，ed. T. W. Craik，Ernest Benn，1966.

② J. Habermas，*The Structural Transformation of the Public Sphere*：*An Inquiry into a Category of Bourgeois Society*，trans. Thomas Burger，MIT Press，1991，p. 5.

所看到和听到的现实……隐私的剥夺在于他人的在场，就此而言，私人个体将不会出现，因此也仿佛并不存在私人个体。”①

夏洛克只能通过迎合戏剧之外的世界才能够现身于“人的世界”。安东尼奥所在的威尼斯城中，没有人会接受一个狗人的角色，也似乎没有人可以提出这个对于莎士比亚戏剧的忠实观众，尤其对于那些被要求信奉国教的人来说显而易见的问题，即根据基督教思想，强迫的宗教皈依通常既不可取，也不值得称颂。夏洛克确实可以通过公开方式重新成为人类的一员，但这意味着他必须努力在戏迷、戏剧表演者、读者和批评家中寻求理解和评判。

最后，我想说，莎士比亚模拟法庭提供了一条重建莎士比亚批评或其主要部分，并使其回归公共领域的途径。换句话说，模拟法庭强调了莎士比亚意义建构的历时性原则，囊括了学者、读者、表演者和改编者依据“活树”模型提出的有关戏剧意义和公共价值的批判性观点和主张，在继巴赫金（Bakhtin）后迈克尔·布里斯托尔（Michael Bristol）所谓的“巨大成功”②范围之内。模拟法庭这出正剧能够提供一种文学批评的实践模式，该模式是集体的、可修正的，面向过去和未来，从而使它与现在产生一种更有意义的关系。或许的确可以说，我们正在莎士比亚法庭这一司法剧院里为文学研究回归阿伦特的活动世界进行预演。

二、德蒙·曼德森：重塑法律特征

我的同事保罗·雅钦认为法律审判的必要性和紧迫性给予文学批评领域以公共领域的记忆、相关性和构成作用，这些在莎士比亚的戏剧世界里得到了明显的体现。作为回应，我认为莎士比亚模拟项目的文学幻想不仅在于促成教学目的。最近在法庭上演的“莱尔德诉皇家刑事法庭案”③引起了我们对作为审判实践的法律与文学联合项目的关注。同时，文学在该问题上的不同

① Hannah Arendt，*The Human Condition*，2nd ed.，University of Chicago Press，1998，p. 58.

② 参见 Michael D. Bristol，*Big Time Shakespeare*，Routledge，1996.

③ “莱尔德案”的事实模式和程序记录可以访问 http：// www.mcgill.ca/ shakespea remoot/trials/ facts05-06。

取向给予法律领域一个重要提醒，审判问题必与法官的品格、经历和主体性相关联。在莎士比亚时代，这个观点确实已被普遍视为进行文学或法律评判的必要组成部分，然而却似乎在许多方面被现代的大多数法律解读所忽视或排挤。美国参议院在索托马约尔法官（Sotomayor）[①]就职确认听证会期间的激烈争论无疑在证实，我们将一直需要这种类似文学给予法律的、以及莎士比亚留给现世的提示。

诚如我的合著者所言，对文学理论家来说，18世纪晚期文学的“私人化”已经掩盖了文学在公共话语中的作用。对法律理论家来说，18世纪后期法律的“公共化”已经掩盖了它与个人责任的联系。这两种观点共同揭示了启蒙运动的学科定义和划分计划——将公共行为领域分配给法律，将私人情感领域分配给文学——不惜牺牲一方的关联性和另一方的人性。劳伦斯（D. H. Lawrence）曾写道：

> 在我看来，哲学和小说（fiction）的分家是世界上最大的遗憾。它们从神话时代开始是一个整体。然后渐行渐远直至分道扬镳……于是故事逐步走向马虎草率，哲学也变得晦涩抽象。两者应该在小说中再度结合。
>
> 你必须在人类中找到一种新的、有助于新事物成长的推动力，但是通过抽象思考发现它是非常困难的。遗憾的是，哲学和宗教，这两者都沿着上述分歧的趋势走得过远。[②]

它同样也适用于法律。莎士比亚法庭引起了我们对这些问题的高度关注。

（一）文学和法律审判模式

有谁居然会认为莱尔德案的关键审判问题——通过对其品性和行为的评价来解读一个人或一段历史——是法律和文学项目中都不可缺少的环节呢？这是小说的一个新观点（莎士比亚毫无疑问就此已有所暗示），理解个人品性

① 2009年8月6日，美国参议院批准索尼娅·索托马约尔担任最高法院法官，她随即成为美国历史上首位拉美裔最高法院法官。——译者注

② D. H. Lawrence，*Selected Literary Criticism*，ed. Andrew Beal，Heinemann，1955，p. 117.

是理解真理和历史的必要条件。事实上，许多早期的小说都曾惊人地宣称过其小说本身就是历史。亨利·菲尔丁（Henry Fielding）的一部著名作品名叫《弃儿汤姆·琼斯的历史》(*History of Tom Jones*，*a Foundling*)。笛福在《鲁滨孙漂流记》中写道："编辑以为这是一段事实记录；其中没有任何小说的痕迹。"[①] 如果你认为这是一场玩笑或者是一个恶作剧，那就错了。这是有关真理和私人历史的见解，正如劳伦斯·斯特恩（Laurence Sterne）写道："属于个人的内心故事。"[②] 因此，这部小说在18世纪和19世纪得到发展，它的真正力量源自对内在生命、心理、动机和人物性格的关注，并将它们作为研究的宝贵和必要元素。如果把历史理解成一系列事实，却不了解促发和形成它们背后的人性，那实际上等于一无所知。

在文学中，正义一方面与我们对内在生命的理解密切相关，另一方面关系到立于法律门前来倾听那些复杂而具体的经验。当沃尔特·惠特曼写诗人"他是裁判"时，其脑海中就有这种模式。"他不像法官那样裁判，而是像阳光倾洒到一个无助者的周围……他看出永恒就在男人和女人身上，他不把男人和女人看得虚幻或卑微。"[③] 在《诗性正义》一书中，努斯鲍姆写道：

> 这个大胆的观点首先提出了极多的细节和特性。当阳光倾洒到一个无助者的周围，它照亮了每一个曲面，每一个阴暗处；没有什么是隐蔽的，没有什么是看不见的。……但是这种亲密的关系也是严厉且相当无情的……这里有某种司法中立性的理想，但不是一种和冷漠的普遍性相连的中立性，而是一种和丰富的历史具体性相连的中立性；不是和准科学的抽象性相连，而是和一种人类世界观相连。所有这些都是对裁判的一种描述。它也是对文学想象的

---

① Henry Fielding, *History of Tom Jones*, 1759; Daniel Defoe, *The Life and Surprizing Adventures of Robinson Crusoe*, 1719.

② 参见 Jill Lepore, "Just the Facts, Ma'am," *New Yorker*, 24 March 2008, online: The New Yorker(http://www.newyorker.com).

③ 惠特曼转引自 Martha Nussbaum, *Poetic Justice*: *The Literary Imagination and Public Life*, Beacon Press, 1997, p. 80.

一种描述。[①]

因此，太阳的形象是一个完整的形象，在它那里没有什么是不相关的，没有什么是隐蔽的。这一永恒的形象认识到，需要与个人生活经验进行密切合作，而不是抽象地应用规则。

努斯鲍姆对文学的范式辩护为法律审判提供了一种它往常缺乏的特殊性（specificity）和具体情境。另外，文学因此不再仅仅是用来理解世界的一种模型。它还提供了有关该世界的具体证据：《土生子》（*Native Son*）中的种族歧视、《莫里斯》（*Maurice*）中的同性恋及《艰难时世》（*Hard Times*）中的贫瘠和残酷等相关体验和影响。[②] 于是，努斯鲍姆极其重视笛福的主张，小说可以提供给我们有关重要内部事实的更佳真相。这一真相告诉我们性情和感觉非常重要，我们对这些事情了解得越多，也就越能得出更好的裁判。因此努斯鲍姆也批评赫伯特·韦斯切勒（Herbert Weschler），后者企图将法律确定为一种中立结构，拒绝接受努斯鲍姆提出的文学可为法律注入想象的同情这一观点。努斯鲍姆引用韦斯切勒宣称，“在我与查尔斯·H. 休斯顿（Charles H. Houston）[③] 一起处理最高法院诉讼案期间……我们知道，在休庭期间，我们要一起吃午饭就必须去联邦火车站。对于这一点他没有比我遭受更多的困难。”但努斯鲍姆继续写道，这个主张中有一种“怪异得仿佛来自火星的中立性”。

韦克斯勒曾经像一个小说家那样想象过午餐的意外吗，他想象过休斯顿知道自己不能和他在市区餐馆吃午餐，这对他来说意味着什么吗？如果考虑一下这个问题，韦克斯勒很快就会明白，剥夺结社自由的意义是极其不同的，

---

① Martha Nussbaum, *Poetic Justice: The Literary Imagination and Public Life*, Beacon Press, 1997, p. 81.

② Martha Nussbaum, *Poetic Justice: The Literary Imagination and Public Life*, Beacon Press, 1997, p. 81; Richard Wright, *Native Son*, Harper & Bros., 1940; E. M. Forster, *Maurice*, Norton, 1971; Charles Dickens, *Hard Times*, 1852.

③ 查尔斯·汉密尔顿·休斯顿（Charles Hamilton Houston），黑人律师，法学院教授。休斯敦制定了在美国结束合法的种族隔离制的方略。他为推翻普莱西诉弗格森案所确立的“隔离但平等”的原则而展开的一系列诉讼，为马歇尔赢得布朗诉教育委员会案的胜利创造了条件。——译者注

这对于韦克斯勒是一种不便（正如他在别的方面所注意到的）和内疚的来源；而对于休斯顿则是一种公开的下等身份……由于他刻意与压迫经历中涉及的情感保持距离，因此他未能完全注意到一种合理原则和普世原则，这种原则真正包含了隔离的不同意义，以及作为屈辱的隔离史。①②

尽管两者共同承诺裁判和真相，但文学的综合性证据研究方法却与普通法的谨慎假设截然不同。在一个加拿大的重要案件“R 诉汉迪案”（R. v. Handy）③中，最高法院确认，不予采纳“类似事实证据”，除非能够极力证明这些证据的证明价值超过偏见效应。④事实上，在此案中，法院承认这两个问题不一定存在负相关关系。换句话说，完全有可能是，即使被告的在先行为或性格与其是否实施了特定罪行有所关联，但法庭仍会断定它属于不正当偏见而予以排除。宾尼（Binnie J.）写道：

排除的政策依据在于，尽管在某些情况下，从相似事实推断而来的习性可能是相关的，然而在某种轻微程度上它仍可能会引起事实判定者的过度关注。很可能发生潜在的偏见、干扰和时间的消耗，这些缺点几乎一定会超过它的证明价值。它通常不该在被告有应答要求的案件中发挥作用。尽管所有相关证据按照大致规定都是可采纳的，但它仍然需要被排除。⑤

在法律中，总体习性、性情或品性已被反复裁定为不可采纳的证据，被视为过往的残迹。在 14 世纪的英国，人们希望陪审团根据个人对涉事者品性

---

① Martha Nussbaum, *Poetic Justice: The Literary Imagination and Public Life*, Beacon Press, 1997, p. 89.

② 本文中引用努斯鲍姆《诗性正义》的文字，主要参照和采用了［美］玛莎·努斯鲍姆：《诗性正义：文学想象与公共生活》，丁晓东译，北京大学出版社 2010 年版。——译者注

③ 申诉人因与詹姆斯·汉迪（James Handy）的自愿性行为转变成性暴力，向法院指控汉迪对其造成身体伤害。汉迪前妻揭发发生在自己身上的七次性暴力史。法院面临的问题是，汉迪对前妻的性暴力史是否可以作为证据。宾尼（Binnie J.）是负责审理此案的大法官。——译者注

④ *R. v. Handy*, 2002 SCC 56,［2002］2 S.C.R. 908,（2002）, 213 D.L.R.（4th）385［*Handy*］.

⑤ *R. v. Handy*, para. 37 per Binnie J. Italics added.

的了解来确定事实，但现在人们说，仅根据被告的品性进行有罪推定是一种"被禁止的推理类型……对总体习性或性情证据的排除已经在该法庭上予以反复确认，且没有任何争议"。[①] 科里（J. Corey）也宣称："因此，习性或性情证据可能与被控罪行有关，但也通常不可采纳，因为其微弱的证明价值将最终被其强烈的偏见效应所抵消。"[②] 主流的证据教科书上有这样的结论："被告在其他场合的品性或不当行为证据……倾向于展现他的糟糕性情，因而不可采纳，除非它对案件中涉及的问题具有极高的证明价值，这种价值以能超过其可能造成的偏见。"[③]

宾尼等人一直致力于解决一个悖论，产生这个悖论的原因是，法律的说服力，即法院描述的证据力，与日常推理中的说服力之间存在根本的矛盾。很明显，对被告的"偏见"恰恰产生自被告的在先行为、性情、品性或其他应受责备的行为，无论这些证据是否与起诉直接相关，事实上许多人倾向于认为被告有罪。但凡一切偏见都让我们相信法律确有排除规则。法院害怕人类的主观判断习惯常常过分注重联系、偶合和品性。法律坚信应该尤其关注一些特定事件，即被告所处的背景、行为和品性之外的事件，它们就像盾牌，保护我们免受人类本性和主观推理倾向的侵扰。

然而，如果我们因此对所有相关证据加以限制，就会彻底背离那些文学理论思想，后者主张包容而非排除，极其重视个人品性和身份背景的证明价值，将之作为充分运用裁判的关键因素。对于那些运用"像阳光倾洒到一个无助者的周围"作为裁判标准的诗人而言，没有什么不可采纳，也没有什么需要排除。只有看得更多而非更少，我们才有可能恰当评判特定事件的意义。文学证据不受限制，并且恰恰触及法院最恼火的品性和经历等因素。这里似乎仅仅只是两种相反的真理观在发生作用。

---

① R. v. Handy，paras. 35–36 per Binnie J.; See also *Morris v. The Queen*，[1983] 2 S.C.R. 190，(1983)，1D.L.R.（4th）385; *R. v. Morin*，[1988] 2 S.C.R. 345，(1988)，44 C.C.C.（3d）193 [Morin]; *R. v. B.*（C.R.），[1990] 1 S.C.R. 717，[1990] 3 W.W.R. 385 [R. v. B.]; *R. v. Arp*，[1998] 3S.C.R. 339，(1998)，166 D.L.R.（4th）296 [Arp].

② *R. v. Arp*，para. 40，Corey J.

③ Rupert Cross & Colin Tapper，*Cross on Evidence*，6 th ed.，Butterworth's，1985，p. 311.

（二）审判与法官的品格

莎士比亚处理证据的方式是复杂的。尤其在《奥赛罗》中，审判是一个中心主题。第一幕的议会场景展示了对有害土耳其人的证据的明智评价（judicious assessment），这受奥赛罗的关怀和责任意识的影响。与其相反，奥赛罗有弱点，容易被伊阿古（Iago）的阴谋蒙骗，这自然警告我们勿对间接证据产生过度依赖和情感依恋，尤其是伊阿古呈给奥赛罗作为物证证明苔丝狄蒙娜（Desdemona）犯罪的那块手帕。奥赛罗在戏剧开头表现出的深思熟虑与他在结尾表现出的鲁莽冲动形成鲜明对比，凸显出这部戏剧的悲剧主题，即正义的流产。很明显，莎士比亚与宾尼一样观察到人们常常面临的一些风险：证据评价过程中的粗心和偏见、让情绪影响裁判的倾向以及急于得出结论的意愿。奥赛罗便是一个典型的糟糕的法官。

莎士比亚法庭与我们自己的法庭的区别在于，我们应该如何应对这些危险。不可否认，对于莎士比亚来说，人物性格是解释行为和事件的关键，这是莎士比亚经典作品的普遍特征，这一点在哈姆雷特身上得到了最为集中的体现。性格被普遍认定为决定我们命运的关键因素。喜剧褒奖人性的优点。悲剧推动毁灭人性的弱点。莎士比亚历史剧中，并非神或国家，而是人物的性格充当莎士比亚的主要解释性工具。莎士比亚利用人物性格创造出一种宿命感、必然性和因果关系。

然而，努力构建用以控制证据可采纳性的规则是一个非常现代性的问题。通过规章制度、结构与制度设计构建裁判，就如旨在克服人类的印象、偏见等主观判断性弱点的证据规则，抛弃了莎士比亚认为已经在英国法律中出现、还没有成为惯例的一种思想意识。在《一报还一报》（*Measure for Measure*）中，莎士比亚融合了三种法律批评，可以概括描述为对不受限制的君权（以公爵为代表）、法律形式主义［以安吉鲁（Angelo）为代表］和自然法［以伊莎贝拉（Isabella）为代表］的批评。三者的共同之处是它们都依赖于某些明确的"认可规则"[①]，无论该规则的来源是国王、文字抑或上帝，通过它便有可能以一种直接和明确的方式让真相大白。对该规则的信仰使得这三个人物角色和

① H. L. A. Hart, *The Concept of Law*, Clarendon Press, 1961.

三种审判方式都显得自大傲慢和不负责任。

如果要理解莎士比亚的裁判路径，我们需要转换视角。莎士比亚不是应用某些公式处理证据的判断问题。在莎士比亚的作品中，人物的品格总是非常重要。但在法律和生活中，最重要的不是被告的品格，而是法官的品格。

这里的裁判应该理解为一种人文艺术，而不是司法科学（forensic science）。强调运用个人美德而非体制性或结构性保护措施来区分好坏裁判，是莎士比亚时代的典型特征，当时的世界正沐浴在文艺复兴人文思潮中，但还没有遭受严格的启蒙思想的冲击。例如，正义女神像在1500年左右才首次戴上眼罩。[①] 尽管这在莎士比亚时代已经是一种常见的比喻，但还没有像现在这样普及。相反，莎士比亚的世界充斥着“基督论”（Christological）的正义范式，[②] 其建立的基础是法官的个人美德，而不是后来那些蒙蔽和束缚法官的结构。

再举一例，杰勒德·大卫（Gerard David）的一幅重要双连画《坎比斯审判》（*The Judgment of Cambyses*）同样可以追溯至1500年前后。[③] 在城市治安法官工作的布鲁日市政厅里，挂着一些恐怖的图画，它们极其详细地描绘了一个腐败法官接受剥皮惩罚的过程，法官的儿子则被迫坐在一张椅子上接受审判，这张椅子的软垫就是用他父亲的肉做成的。这些图画让我们想到的不是法官的惩罚权力，而是法官也得接受惩罚，尽管法官拥有体制赋予的权威，但是也必须对自己的行为和决定承担个人责任。《坎比斯审判》描绘的并不是法官如何进行裁判，而是法官如何接受审判。这样的惩罚在当今法庭是很难想象的，当今法官的伟大程度与他们的权衡、协调和裁判任务的抽象化成正比。于莎士比亚而言，这些任务是对我们品格的主要检验和证明，包括法官、国王、公民以及观众，我们都曾觉得自己是蒙主召唤的人。那些承担无上重任的片刻会锻造和揭晓我们的身份。

从本质上说，莎士比亚认为裁判需要谦逊、自我意识，以及自愿接受裁判中不可避免涉及的自由裁量权。事实上，贯穿悲剧始终的错误似乎就表现

① Sebastien Brandt，*Shyp of Fooles*，1497.

② Robert Jacob，*Images de la Justice*，Leopold d'Or，2000.

③ Gerard David，*The Judgment of Cambyses*，1498.

为，某一个人物角色拒绝以这种审慎的、尤其能自我感知的方式行使裁判。奥赛罗、莱昂特斯（Leontes）〔《冬天的故事》中赫敏（Hermione）的国王丈夫〕和李尔（Lear）：他们都试图用某种形式结构和试验代替自己的判断能力，来证明爱的问题。在各自案件中，当被问及爱的物证时，苔丝狄蒙娜、赫敏和科迪莉亚（Cordelia）都陷入困境。赫敏宣称：

我将说的话
定与被控诉的罪名相反，然而
我能提供的证词又只有自己的申述。即使
辩称自己无罪，恐无用处。
我的真诚早已被视为虚伪，
即使此刻再表忠义，
亦无人会信。[①②]

对某一客观事实比如手帕的搜寻，让这些领导者能够从自我裁判过程中抹去自身痕迹，这就是那个可摧毁其裁判的谬论。之所以这样，是因为他们对困扰他们的偏见和假设等危险视而不见。李尔的傲慢，奥赛罗的嫉妒，以及莱昂特斯的非理性疯狂，败坏了他们的判断能力，同时还使他们对自己的腐败茫然无知。每个人具有相同的悲剧性弱点，即缺乏一种自知之明：他们在裁判时寻求的是一种无法实现的客观性，同时在得出裁决过程中无视自己的主观和情感介入。当他们意识到自己所做之事时，已经为时太晚。奥赛罗的案例是这一情形的极端表现。他是一个完全没有自我意识的人。他没有通过思考便采取行动，了解到的都是表面情况。这虽然使他成为一名模范军人，却使他具有判决所需的成熟心理。他轻易地成为伊阿古的猎物。这种草率的证据处理方式，没有激发主观判断能力和自我反思能力，可能带来灾难性后果。

要想实现正确判断，绝不是证据越少越好；而是要更理智地利用这些证

① *The Winter's Tale*，3.1.20–26.

② 本文中引用《冬天的故事》中的文字，主要参照和采用了［英］莎士比亚：《冬天的故事》，李华英译，外语教学与研究出版社 2016 年版。——译者注

据。伊阿古的妻子伊米莉亚（Emilia）与奥赛罗一样，从实物和心理两处来源进行证据的收集，然而与奥赛罗不同，她得到了正确的答案。[①] 她凭借的程序或证据与奥赛罗一样，只是胜于判断力和智慧。自我反省不仅可以使我们清醒地认识到自身的弱点，而且可以确保我们在裁判时运用人性关怀而非规则，适当平衡偏见和证据。奥赛罗由于缺乏自我意识而最终沦为伊阿古的玩物。而对于莱昂特斯和李尔而言，自我意识是他们经历从溺爱和愚蠢[②]到智慧和救赎的转变的体现。

莎士比亚戏剧中最显著的特点表现为不断探索人性意识和反省精神，以及为维护和发展它们创造了一种新的戏剧形式——独白，即在描述行为之余揭示人物的思想。因此，“莎士比亚法庭”不应把证据限定为可采纳或不可采纳，而应该有一条综合的路径。然而，这要求我们慎重考虑，接受法院任命的法官应该具备什么样的品格。在莎士比亚的世界里，裁判基于个人美德而非制度优势。

（三）转移责任

在裁判的作为中，真正接受考验的是法官的品格，它不能为任何结构性约束所取代——这一观念在《一报还一报》中得到了最全面的表达。长年表现公正无私的公爵不欲继续行使自己那套“严刑峻法”，开始了一段隐姓埋名的生活，命令安吉鲁（Angelo）为他做那些肮脏的活儿。反过来，安吉鲁隐藏了自己在法律条文背后的自由裁量权、虚伪和欲望。他声称法律让他别无选择，同时却强行让伊莎贝拉（Isabella）做出选择。伊莎贝拉则声称荣耀是她的唯一选择，同时还寻求转移审判克劳迪奥（Claudio）的责任，后者因拒绝接受死刑遭到严厉斥骂。[③] 伊莎贝拉对她这位弟弟说：

去死吧！去毁灭！即使我弯弯腰
就可以挽回你的厄运，我也要看你大祸临头。

---

① *Othello*，5.2.

② *King Lear*，4.7.60.

③ *Measure for Measure*，1.3.19–20；2.2.80–82；3.1.

我将祈祷上千次要你死，

绝不说一句话救你活命。[①②]

于是，每一位主要人物均试图摆脱附属于个人的审判责任，运用基督式的暗喻和坎比斯式的威胁寻求一种双重解脱。公爵认为他不需要对任何人负责，安吉鲁将责任转嫁给法律，而伊莎贝拉则倚仗上帝；然而，如果他们同等地将自己的责任施与他人，就会陷入推脱责任的无限循环。不会有人替他们自己所做的判决和解释承担责任，也没人会接受应该对他们负责。这个裁判是你的作为，而不属于我——公爵（长期以来藏身于无限王权之后）对安吉鲁如是说；安吉鲁（运用僵化的法律）对伊莎贝拉如是说，并且伊莎贝拉（受到不为所动的上帝保护）对克劳迪奥仍如是说。如果说公爵最终得以挽救局面，然而显然地，我们与其说因为公爵愿意为自己的行为负责，还不如说因为他喜欢将自己的意志施加给别人。与其说他是正义手段，还不如说他是心血来潮。[③]

因此，判决责任将沿着两个方向转移：一是转移到客观结构，二是转移到其他需要为之承担责任的人，但这两种情形都绝非法官自己承担裁决的职责。这部戏剧的标题对此也有所暗示。“一报还一报”不仅反映了一种递延的处理方式；而且它还讽刺了一种形式主义的审判方法，即认为能够盲目机械地应用以眼还眼、以牙还牙的“同态复仇法”。因此公爵说：

最仁慈的法律也要大声疾呼，

就算他自己也只能提出：

---

① *Measure for Measure*，3.1.145–49.

② 本文中引用《一报还一报》的文字，主要参考和采用了［英］莎士比亚：《一报还一报》，彭发胜译，外语教学与研究出版社 2016 年版。——译者注

③ 这是一种有争议的解读，我知道公爵经常与我在上文提到的“基督论”正义模式联系在一起。这一解读完全剪断了公爵与我在此处所批评的“不负责任的处理方式”（economy of irresponsibility）之间的联系，完全符合我在这篇文章中的总论点。也就是说，有两个原因使我更倾向于对公爵的行为做批判性解读：（a）它与戏剧对法律和权威的普遍讽刺态度保持一致，（b）这一解读方式可以说明公爵为何在戏剧结尾用不可思议和专横的方式向伊莎贝拉提出了求婚。

"安吉鲁给克劳迪奥，以命抵命！"
匆忙对匆忙，轻巧对轻巧，
相似换相似，一报还一报。①

重要的是，公爵并没有成功。"一报还一报"是对疾病的诊断，而没有开出治愈的良方。安吉鲁因为"以命抵命"而逃过一命，这不但不会起到平衡不公正的作用，反而会促成不公正。在该戏的最后，伊莎贝拉慷慨请求宽恕委屈她的那个人，打破了报复和不负责任的恶性循环。当我们有幸见证这种不绝对、不僵化和基于个人责任做出的判决时，戏剧也才算真正作罢。

（四）法律的女性气质和文学气质

在这些戏剧中，女人往往既是男性主义错判的受害者，而同样也是它的救赎。她们那种自知与理解的能力受控于人物性格，而非社会力量或社会结构的表面装饰，这赋予了她们另一种敢于斥责他人、纠正判决的智慧和能力。玛丽安娜（Mariana）（《一报还一报》中的角色），伊莎贝拉、伊米莉亚（Emilia）、宝琳娜（Paulina）（《冬天的故事》中的角色），鲍西娅（Portia）（《威尼斯商人》中的角色）——莎士比亚坚决谴责一切形式主义的审判，并将之与一种伦理的和女性的审判形式进行对比，后者不受规则约束，但具有自知和心智敏锐的特点。事实上，鲍西娅似乎同时代表了这两者，因为夏洛克的审判最具有形式主义和僵化特点。然而前提是夏洛克拒绝了鲍西娅的著名宽恕请求，此处鲍西娅的做法也可被解读为一种对无节制"法律"风险的强烈讽刺。

女性主义法学长期坚持的传统：反对抽象化、支持具体语境，反对规则、支持叙事，反对结构约束、支持个人判断。②我们可以在莎士比亚的作品中找

① *Measure for Measure*，5.1.405–9.

② 参见 Carol Gilligan，*In a Different Voice*，Harvard University Press，1982；Martha Nussbaum，*Poetic Justice*：*The Literary Imagination and Public Life*，Beacon Press，1997；Carol Smart，*Feminism and the Power of Law*，Routledge，1989；Margaret Davies，*Asking the Law Question*：*The Dissolution of Legal Theory*，Law Book Company，2002；Drucilla Cornell，*The Philosophy of the Limit*，Routledge，1992.

到这一传统细小而重要的分流。我博学的同事雅钦在上文引用了莎士比亚法庭的一个判例：他认为，在十四行诗中，同性之爱被描述为一种极为重要而又独特的“规范秩序”，这个“规范秩序”不可能也不应该被纳入婚姻制度。[①] 同样，在所有戏剧中，形式法律和正确判决都被描绘得独一无二和不可逾越。

对此，莎士比亚回应了这一悠久传统，即最好将法律审判理解为一种高尚之人的行为，这些人所希求的正义并非完美但却不受规则束缚。的确，该模式必然追溯至基督降生之前的所罗门，他所呈现的法官原型，通过运用自己的敏锐心智和想象力，找到解决那些棘手的证据问题的办法。[②] 在现代社会中，我们自然不指望我们的法官也有“所罗门的智慧”，甚至想都不用想。最好的情况下，所罗门有可能被批评为一名激进的法官，最差的时候，所罗门也有可能依据诉求被推翻。

那么，文学给予法律的是一个提醒，即行使裁判的不是规则而是法官；法官必须聚集所有可得的、能够影响得出裁决的资源，并且担起最终的责任。当我们寻求法律公正时，别忘了最重要的是那些被我们委以重任的法官们的品格。尤其，我们应该要求他们具备谦逊、智慧、灵活和自我意识等特点。事实上，参议员（现任总统）奥巴马曾投票反对约翰·罗伯茨（John Roberts）就职为美国最高法院首席大法官，依据是约翰的就职将意味着在如何看待审判问题上的争议性转折。他说：

> 百分之五的案件不会直接适用宪法文本。在这些案件中，法律措辞并不完全清楚。法律程序本身并不会引导你做出裁决。在这种情况下，你将决定平权法案（affirmative action）是否是对这个国家的歧视史所做的恰当回应，或者一般隐私权是否包含女性要求控制其生育决定的更具体权利……这些关键因素均由法官的情感内容所决定。[③]

---

① Desmond Manderson，et al.，“Love on Trial,” 49 *McGill Law Journal*，2004，pp. 509–511.

② 当所罗门分辨不出这两个女人中哪个是孩子的亲生母亲时，他建议把孩子切成两半，两个母亲各给一半，从她们的反应中确定哪个女人在撒谎，哪个女人是在说实话。2 *Chronicles* 1：16–28。

③ 奥巴马（时任参议员）在参议院批准罗伯茨首席大法官时的反对性演讲，见 Jeffrey Toobin，“No More Mr Nice Guy,” *New Yorker*（25 May 2009），online：*The New Yorker*（http：//www.newyorker.com）.

奥巴马现已是美国前总统。——译者注

"莱尔德诉皇家刑事法庭案"最终因为定罪证据不足，被第一场"莎士比亚法庭"（the Court of Shakespeare I）的法官推翻——不是因为采纳了不合法证据，而是因为我们的法律体系在过去的两个世纪已经很少关注审判的性质和特征，以至削弱了审判的合法性。在宣判著名的"小布什诉戈尔案"（Bush v. Gore）结果的那天，《纽约时报》的头条新闻写着"法袍（black robes）里面有人"。[①] 现在是时候少些关注法袍和法律条文，而应该更多地想到里面的人，无论是好是坏。

我的同事认为，法律给文学提供了一种弥足珍贵的紧要性：它使文学重新变得重要起来。如果这是事实，那么文学给予法律的则更多。文学恢复了数个世纪以来法律传统中根深蒂固的、但却似乎已经被当今人们遗忘的审判惯例和标准，我们甚至以为这些惯例可以被一台正常运转、制作精良的机器所取代。但是，离开叙事、语境和自我反思——所有这些为文学所关注的内容——进行裁判是一件很糟糕的事情。最重要的是，这两种类型的裁判重新连接，将把对法律重要的东西归还给法律。我的意思是，它与其他思考、感觉和判断形式连接在一起。将法律与故事、艺术、历史、记忆、心理等其他文化资源分离的策略有所欠缺。现在是时候更新策略，再次召唤这些重要的话语及其所维持的情感和文化传统，参与法律实践和对话。这样，"法律"将不再是今天的人们所普遍理解的那样，是一种强加给我们生活的工具结构，我们则好像是法律永不满足的监管欲望（law's regulatory avarice）下的被动客体；相反，法律应该变成我们生活中重要的东西，我们应该是积极地参与法律叙说和解释的主体。

如果文学需要重新获得公共面孔，那么法律就应该要求归还它的私人声音。这是莎士比亚通过多种方式提出的一种可能性，包括他的综合性和女性主义的裁判形式，他对形式法律的批判，以及他不断意识到存在着各个角色相互传达、角色自我传达、观众传达给戏剧的多重裁判。最重要的是，莎士

---

① *Bush v. Gore*, 531 US 98（Supreme Court of the United States 2000）; *New York Times*, Tuesday 12 December 2000; 参见 Francis X. Clines, "Black Robes With Humans Inside Them," *The New York Times*（12 December 2000），online: The *New York Times* http: // www.nytimes.com/2000/12/12/us/contesting-the-vote-inside-the-court-black-robes-with-humans-inside them.html?sec= &spon=& pagewanted=all.

比亚给我们提供了一个打开世界的窗口，在这个世界里，我们了解到法律语言可以大力服务于社会意图，法律的、情感的和审美的判断并不是混乱的，而具有可靠和稳定的联系。法律与法律审判不可分离，共同组成这个世界的一部分。法律和文学都将从这轮新对话中获得一定益处。

青年文苑

论前南刑庭对国际刑法的影响

罗翊乔 *

一、前　言

面对前南斯拉夫地区出现的严重违反国际人道主义和大规模侵犯人权的罪行，1993 年 5 月 25 日联合国安理会通过了第 827 号决议同意设立前南斯拉夫国际刑事法庭（以下简称前南刑庭或法庭）。经过 24 年的行动，10800 个审判日，4650 名证人，以及将 161 名被告人绳之以法之后，[①] 法庭最终于 2017 年 12 月 31 日正式关闭。[②] 毫无疑问，前南刑庭在运行二十多年来对国际法的发展具有一定的积极意义。作为“第一个真正的国际刑事法庭”，[③] 它迎来了一个新的问责时代，并对其后建立的卢旺达国际刑事法

* 罗翊乔，北京师范大学刑事法律科学研究院 2016 级硕士研究生。感谢导师黄风教授对本文的指导并提出修改意见，当然，文责自负。本文获得中国国际法学会 2018 年学术年会“国际法新锐奖”优秀论文三等奖。

① 前南刑庭官网：“ICTY marks official closure with moving Ceremony in The Hague”，载 http://www.icty.org/en/press/icty-marks-official-closure-with-moving-ceremony-in-the-hague，最后访问时间：2017 年 12 月 27 日。

② 2010 年 11 月，联合国安理会通过第 1966 号决议同意建立一个后续机构，即所谓的善后机制，它同时负责前南和卢旺达国际刑事法庭。善后机制不允许再提起新的诉讼，但它将接管法庭的所有剩余义务。

③ T. W. Pittman，“International Justice：The International Criminal Tribunal for the Former Yugoslavia”，*The Judges' Journal*，2016，55（3），pp.6—11. 该学者指出，前南刑庭不同于纽伦堡国际军事法庭和东京国际军事法庭，因为它不是由少数几个国家决定的，而是由联合国安理会代表所有成员国做出决议设立的，同时它也适用国际人道主义法，所以可被称为“第一个真正的国际刑事法庭”。

庭、国际刑事法院以及多个混合型法庭产生了重要的影响。

需要指出的是，本文并不是对前南刑庭的“盖棺论定”或全面评价，而是旨在探讨和梳理法庭对国际刑法的影响，以期推动和促进今后的国际刑事审判工作和国际法治水平。下面，笔者将从国际刑法的一般原则、国际刑事实体法和国际刑事程序法三个方面加以阐释和论述。

二、前南刑庭对国际刑法一般原则的影响

（一）合法性原则

合法性原则，又被称为罪刑法定原则，是国际刑法和绝大多数国内刑法中的一项基本原则。虽然早在 1993 年之前，各项国际和国内法律的文件中就早已确立了合法性原则，但前南刑庭从审判实践层面进一步推动了合法性原则在国际刑法中的确立。在戴拉季奇（Delalić）案中，法庭指出，世界主要的刑事司法制度已经承认并确立“法无明文规定不为罪，法无明文规定不处罚”、禁止事后刑法、禁止溯及既往以及含糊的刑事立法。[①] 在塔迪奇（Tadić）案中，法庭还指出溯及既往的管辖权与合法性原则并不冲突，被告人接受司法管辖之后，法庭即对建立之前的罪行也有权管辖。[②] 此外，法庭还在澄清并明确其所管辖犯罪的构成要件方面发挥了积极作用。例如，曾在纽伦堡国际军事法庭中备受争议的危害人类罪，经过前南刑庭多年的审判后，已经有了较为明确的构成要件和适用范围。[③]

（二）个人刑事责任原则

传统国际法理论长期以来认为，个人不是国际法的主体，所以个人的行为不适用国际法。随着纽伦堡审判、东京审判的结束和国际法的发展，个人刑事责任原则逐渐被确立。前南刑庭延续并进一步巩固了这一原则。《前南斯拉夫国际刑事法庭规约》（以下简称《前南刑庭规约》或《规

---

① *Prosecutor v. Delalić et al.*，ICTY（AC），judgment of 16 November 1998，paras. 170 et seq.

② 李世光等：《国际刑事法院罗马规约评释》上册，北京大学出版社 2006 年版，第 257 页。

③ 王新：《国际刑事实体法原论》，北京大学出版社 2011 年版，第 65 页。

约》）在第7条专门规定了个人刑事责任。在这个条文中值得注意的是，与纽伦堡和东京国际军事法庭仅仅审判战败国一方的国家官员不同，《规约》确立了包括国家元首、政府首脑以及政府负责官员在内的个人刑事责任，并开创了审判和制裁现任国家领导人和官员的先例。例如，米洛舍维奇（Milošević）、米卢蒂诺维奇（Milutinović）等前南斯拉夫联盟和塞尔维亚的国家领导人和其他高级领导人。此外，《规约》第7条第2款还确立了不适用国家豁免制度，因此任何国家元首和政府首脑等官员都不能因为其地位而免除责任，也不得减轻刑罚。这对维护法庭的权威、公正司法和保障被害人的合法权益等方面所产生的积极作用可以说是不言而喻的。也正是因为这个原则，确保了犯下国际罪行的个人应当承担责任和接受惩罚，从而捍卫了国际刑法的“柱石”。

（三）上级责任原则

上级责任，又被称为指挥官责任。前南刑庭进一步发展了这一原则并在《规约》第7条第2款中予以明确。法庭指出，上级责任不是仅局限于军事指挥官，还可以适用于所有非军事性质的上级，只要他们拥有某种监管性权威，如民事上级。[①]法庭审理的塞利比希（Celebici）案是第二次世界大战以来审判的第一个适用上级责任的案件，堪称是国际司法实践中适用上级责任原则的典范。[②]通过该案的审理，法庭的初审分庭对三名被告人的上级责任进行了严谨的论证和细致的梳理。[③]针对被告人的上诉以及检察官的抗诉请求，上诉分庭又对存在的异议进行了进一步的解释。在这一原则的指导下，法庭又相继审判了米洛舍维奇、米卢蒂诺维奇、卡拉季奇（Karadžić）和姆拉迪奇

---

① ［德］格哈德·韦勒、弗洛里安·耶斯伯格：《国际刑法学原理》，王世洲译，商务印书馆2017年版，第356—359页。监管性权威，一种等同于军事组织中的命令权威一样有效的权威。民事上级，如政府成员、地方长官或党派、工会、公司中拥有地位的人。

② 王新：《国际刑事实体法原论》，北京大学出版社2011年版，第98页。

③ 塞利比希是波黑的一个乡镇，波斯尼亚穆斯林人军队和克族军队于1992年在该镇建立了一个集中营，被关押的塞族人惨遭杀害、酷刑、性暴力以及其他残酷、非人道待遇。法庭在本案中审判了四名被告人，分别是戴拉季奇（Delalić）、穆季奇（Mucić）、戴利奇（Delić）及兰卓（Landžo），其中前三个人经审理还应承担上级责任。

（Marinić）等人。[①] 这些审判实践极大地丰富和充实了上级责任原则的理论内容和判例指导作用。

（四）执行命令不免责原则

执行命令不免责原则源于《纽伦堡宪章》。前南刑庭不仅在《规约》第7条第4款中确认了这一原则，而且在审判实践中进一步得以贯彻实施。针对“胁迫”能否构成无罪或减轻处罚的辩护理由问题，在埃尔戴莫维奇（Erdemović）案中，[②] 上诉分庭给出了详尽得当的结论和理由：被胁迫只有在符合严格条件的情况下，才可以成为完全的抗辩事由；如果受胁迫所实施的是诸如本案中极度凶残的行为，则只能作为减轻刑罚的可考虑因素之一。[③] 这个判决对国际法产生了深远的影响，它不仅终结了之前在这个问题上国际和国内司法实践的混乱，而且澄清了在胁迫下杀害无辜平民应当适用的原则，即作为一个国际法庭，必须要坚持最有利于保护平民的原则，而且还要不断地推进国际人道法的发展。[④]

（五）优先管辖原则

不同于纽伦堡国际军事法庭的专属管辖模式和国际刑事法院的补充管辖模式，前南刑庭采取的是优先管辖模式。根据《规约》和《前南斯拉夫国际刑事法庭诉讼程序和证据规则》（以下简称《程序和证据规则》）的规定，前南刑庭处于高于国内法院的主要地位，在诉讼程序的任何阶段都可以要求国内法院服从前南刑庭的管辖。塔迪奇案，是前南刑庭根据优先管辖原则要求一个非前南斯拉夫国家（德国）将案件移交给国际法庭的第一个案例。该案深刻地表明了优先管辖原则的价值和意义：（1）优先管辖并不意味着国际法庭要取代国内法庭；（2）国际法庭行使优先权是对国内管辖的重要补充；（3）

---

① 马呈元：《国际刑法论》（增订版），中国政法大学出版社2013年版，第167页。

② 埃尔戴莫维奇是波黑塞族军队第10破坏支队的战士，1995年7月16日，他被通知将一批17至60岁的没有任何武装的穆斯林平民运到农场，后将大约70人残忍杀害。

③ *Prosecutor v. Drazen Erdemović*，ICTY（AC），judgment of 5 March 1998，paras. 9 et seq.

④ 凌岩：《跨世纪的海牙审判：记联合国前南斯拉夫国际法庭》，法律出版社2002年版，第182页。

当国内司法制度崩溃，或国内诉讼不公正，或国内主管部门不愿意或不能够履行其国际义务时，优先管辖原则保障了国际法庭能够代表国际社会更有效地行使管辖权。①

三、对国际刑事实体法的影响

（一）主观要件

关于主观要件，又可被称为心理要件、心理性因素，前南刑庭有以下两点贡献：第一，法庭审理所管辖的犯罪，坚持与大多数国内刑法一样的指导原则，即国际犯罪一般都要求故意，只有在特殊情况下，过失才会满足要求。关于上级对过失的责任，《规约》第 7 条第 3 款采用的术语是“有理由知道”。在穆季奇、斯特鲁加尔（Strugar）和佩里希奇（Perišić）等案中，法庭还确立了判断上级过失的标准，即上级拥有了那种“使他知悉下级实施了罪行”的信息；② 第二，法庭将“故意”分为四种不同的类别，即一般故意、特别故意、直接故意和间接故意，③ 以区别严重违反国际人道法所需的责任程度。法庭还将这四个要素作了详细的区分：一般故意是对国际犯罪的通常要求，而特别故意说明了一个特别的、额外的心理性因素，如灭绝种族罪和危害人类罪中的强迫怀孕、种族隔离。直接故意是指行为人有目的地或知道地以自己能够实现该犯罪客观要件的确定性而实施罪行，④ 如强奸和对个人尊严的侵犯。间接故意是指能够预见自己的行为可能会产生禁止的后果，但仍然冒这种风险的

---

① 凌岩：《跨世纪的海牙审判：记联合国前南斯拉夫国际法庭》，法律出版社 2002 年版，第 187 和 190 页。

② ［德］格哈德·韦勒、弗洛里安·耶斯伯格：《国际刑法学原理》，王世洲译，商务印书馆 2017 年版，第 283、361—362 页；*Prosecutor v. Mucić*，ICTY（AC），judgment of 20 February 2001；*Prosecutor v. Strugar*，ICTY（AC），judgment of 17 July 2008；*Prosecutor v. Perišić*，ICTY（TC），judgment of 6 September 2011.

③ ［德］格哈德·韦勒、弗洛里安·耶斯伯格：《国际刑法学原理》，王世洲译，商务印书馆 2017 年版，第 283 页。

④ ［德］格哈德·韦勒、弗洛里安·耶斯伯格：《国际刑法学原理》，王世洲译，商务印书馆 2017 年版，第 284 页。

主观状态。[①]关于判断间接故意的标准，法庭在布拉斯季奇（Blaškić）、科尔蒂奇（Kordić）、加利奇（Galić）等案中确定，行为人至少需要知道成功的“实质的（Substantial）可能性”。[②]

（二）个人刑事责任形态

关于共同犯罪，在前南刑庭之前仅有太过于宽泛和粗糙的认识，法庭在这一方面实现了突破，将较为精致的条文规定在《规约》第 7 条第 1 款中，并在“实施”“计划”“命令”“煽动”“帮助”和“教唆”等多种参与模式之间做出了区分。另外，法庭还将参与“共同犯罪行业”（Joint Criminal Enterprise）也作为实施共同犯罪的模式之一。在塔迪奇、格特维纳（Gotovina）和瓦西列维奇（Vasiljević）等案中，[③]法庭将“共同犯罪行业”划分为三种不同的类型，即“基本形式”“系统形式”和“拓展形式”，每一种类型都对不同的罪过创设了不同的要求。[④]“共同犯罪行业”概念对国际刑事实体法的理论发展产生了影响，也被后来的柬埔寨等国内法院以及国际刑事法院所采纳。[⑤]

关于协助犯罪，法庭认为“协助”必须对犯罪的实施产生了重大效果，如在福荣季亚（Furundžija）案中，鼓励行为人或给予其他道德上的帮助，甚至是单纯地出现在犯罪现场，都可以被认定是协助犯罪。另外，法庭还认为“不作为”也可以构成帮助或怂恿犯罪。例如，在布尔达宁（Brđanin）、卢基

---

① M. E. Badar，“Drawing the Boundaries of Mens Rea in the Jurisprudence of the International Criminal Tribunal for the Former Yugoslavia” *International Criminal Law Review*，2006，6（3），pp. 313—348.

② ［德］格哈德·韦勒、弗洛里安·耶斯伯格：《国际刑法学原理》，王世洲译，商务印书馆 2017 年版，第 284—285 页。参见 *Prosecutor v. Blaškić*，ICTY（AC），judgment of 29 July 2004，；*Prosecutor v. Kordić and Čerkez*，ICTY（AC），judgment of 17 December 2004；*Prosecutor v. Galić*，ICTY（AC），judgment of 30 November 2006.

③ *Prosecutor v. Tadić*，ICTY（AC），judgment of 15 July 1999；*Prosecutor v. Gotovina*，ICTY（TC），judgment of 15 April 2011.

④ 关于“基本形式”“系统形式”和“拓展形式”之间的区别，参见 *Prosecutor v. Vasiljević*，ICTY（AC），judgment of 25 February 2004，paras. 97 et seq.

⑤ ［德］格哈德·韦勒、弗洛里安·耶斯伯格：《国际刑法学原理》，王世洲译，商务印书馆 2017 年版，第 311、319、322—323 页。

（Lukić）等案件中，当行为人具有某种权威并出现在犯罪现场或附近时，就可以被认定为默示地批准或鼓励这个犯罪。最后，法庭还补充道，这种协助不局限于实施主要犯罪的时间或地点，而且还包括犯罪实行之前、实行期间甚至实行之后。①

（三）战争罪

首先，将武装冲突法的适用范围延伸至非国际武装冲突中。在1993年之前，国际社会基本一致认为：在非国际武装冲突中违反国际人道主义的行为并不能构成战争罪，因为这类罪行只能在国际武装冲突的背景下进行。②前南刑庭改变了这一现状，并在随后被国际社会普遍接受。在意大利著名国际刑法学家、前南刑庭第一任庭长安东尼·卡塞塞（Antonio Cassese）审理的塔迪奇案件中，法庭重新定义了"武装冲突"的定义和性质，使得严重违反国际人道法的行为也可以适用于非国际武装冲突，并且在习惯国际法中构成犯罪。可以说，这一改变具有开创性的意义，它不仅符合武装冲突法的发展趋势，确保国际人道法在最大范围内的适用，③而且还对卢旺达国际刑事法庭、国际刑事法院的规约制定和审判实践产生了深刻影响。

其次，厘清了可以向国际法庭起诉战争罪的条件。前南刑庭在对塔迪奇案的上诉判决中指出，构成起诉战争罪的条件包括以下几点：第一，该行为必须构成对国际人道法中一项规则的违反；第二，该规则必须是习惯法规则或条约法规则；第三，该违反必须是严重的，即构成侵犯了对一项重要价值的保护，且造成了对被害人的严重后果；第四，该违反必须产生行为人在习惯法或条约法中的个人刑事责任。④

---

① ［德］格哈德·韦勒、弗洛里安·耶斯伯格：《国际刑法学原理》，王世洲译，商务印书馆2017年版，第343—345页。

② M. Shahabuddeen，"The International Criminal Tribunal for the Former Yugoslavia：The Third Wang Tieya Lecture"，*Chinese Journal of International Law*，2012，11（1），pp.13—44.

③ S. Boelaert-Suominen，"Commentary：The Yugoslavia Tribunal and the Common Core of Humanitarian Law Applicable to all Armed Conflicts"，*Leiden Journal of International Law*，2000，13（3），pp.619—653.

④ *Prosecutor v. Tadić*，ICTY（AC），decision of 2 October 1995，para.94.

最后，关于战争罪的形态，前南刑庭的判例法做出了一系列影响和贡献。第一，关于酷刑，法庭在塞利比希案中指出酷刑的行为方式包括作文和不作为，且主观方面必须出于故意，并具有特定的目的，这也正是区分酷刑是构成战争罪抑或危害人类罪的标准；[①] 第二，关于不人道或者残忍待遇，法庭在穆季奇案中指出它其实是一个兜底的罪名，涵盖了其他各种严重的伤害结果，它对身体或精神造成的痛苦等级，要小于酷刑犯罪；[②] 第三，关于破坏和侵占财产，法庭在塞利比希案中指出其行为方式不仅包括传统意义上蕴含暴力因素的抢劫，还包括不具有暴力因素的掠夺；[③] 第四，关于劫持人质，法庭在布拉斯季奇案中指出即使行为人没有杀害人质，劫持人质本身就能构成战争罪；[④] 第五，关于强迫劳动，法庭在纳里蒂里奇（Naletilić）和马蒂诺维奇（Martinović）案中指出强迫囚犯参加掠夺住房和财产，也可以构成强迫劳动的战争罪。但是，被害人的同意一般是排除刑事责任的；[⑤] 第六，关于利用被保护人作为掩护，法庭在布拉斯季奇案中指出犯罪对象不仅仅局限于平民和战俘，而是扩大到一切被保护的人员，且行为人的主观方面具有掩护、支持或阻挠军事行动的目的；[⑥] 第七，关于非法关押，法庭在穆季奇等人的判决中根据《日内瓦公约（四）》的相关条文进行了解释，[⑦] 指出非法关押包括两种情况，一方面，关押受保护人员本身就构成犯罪，另一方面，如果在合法关

---

① 王新：《国际刑事实体法原论》，北京大学出版社 2011 年版，第 194 页；*Prosecutor v. Delalić et al.*，ICTY（AC），judgment of 16 November 1998，paras.441—442.

② ［德］格哈德·韦勒、弗洛里安·耶斯伯格：《国际刑法学原理》，王世洲译，商务印书馆 2017 年版，第 674 页；*Prosecutor v. Mucić*，ICTY（TC），judgment of 16 November 1998，para.542.

③ 王新：《国际刑事实体法原论》，北京大学出版社 2011 年版，第 196 页；*Prosecutor v. Delalić et al.*，ICTY（AC），judgment of 16 November 1998，paras.590—591.

④ 王新：《国际刑事实体法原论》，北京大学出版社 2011 年版，第 198 页；*Prosecutor v. Blaškić*，ICTY（TC），judgment of 3 March 2000，para.701.

⑤ ［德］格哈德·韦勒、弗洛里安·耶斯伯格：《国际刑法学原理》，王世洲译，商务印书馆 2017 年版，第 688 页；*Prosecutor v. Naletilić and Martinović*，ICTY（TC），judgment of 31 March 2003，paras. 258 et seq.

⑥ 王新：《国际刑事实体法原论》，北京大学出版社 2011 年版，第 214 页。参见 *Prosecutor v. Blaškić*，ICTY（TC），judgment of 3 March 2000，para.709.

⑦ 相关条文参见第 5、27、41—43、78 条。

押期间侵犯了受保护人员的程序性权利，也要负相应刑事责任；[①] 第八，关于针对平民人口的恐怖威胁，法庭在加利奇案中指出该犯罪形态包含了威胁要攻击平民人口，同时明确了这种攻击不需要导致身体性损害，单纯从使用暴力或暴力威胁中给被害人造成“严重后果”就足够了。[②]

（四）灭绝种族罪

首先，界定了“受保护团体”的含义、标准和范围。卢旺达国际刑事法庭对阿卡耶苏（Akayesu）案的审判开启了国际社会对灭绝种族行为的定罪和惩治之先河，可以说具有里程碑式的意义。[③] 前南刑庭在此基础上，进一步巩固和发展了灭绝种族罪。在克里斯蒂奇（Krstić）、耶利希奇（Jelisić）等案中，法庭认为判断“受保护团体”的定义和范围不能仅仅根据主观标准或客观标准，而是要坚持具体案件具体分析的方法以及主观、客观相结合的标准。法庭还指出，“团体”是一种社会性的构造，经不起科学定义的检验，所以必须根据各种政治的、社会的、历史的或文化的背景来加以判断。[④]

其次，诠释了判断行为人的主观方面所坚持的标准。由于犯罪目的和动机隐藏于行为人的内心，通常不为外人所知，所以如何准确判断行为人的主观方面，一直是国际刑事司法活动中的难点。前南刑庭在耶利希奇案中指出：如果行为人试图侵害某一特定团体的实质性部分，即该团体的大多数人或具有代表性意义的人物，就可以判定存在灭绝种族罪的特别故意

---

① ［德］格哈德·韦勒、弗洛里安·耶斯伯格：《国际刑法学原理》，王世洲译，商务印书馆2017年版，第697页；*Prosecutor v. Mucić et al.*，ICTY（TC），judgment of 16 November 1998，paras. 320 et seq.

② ［德］格哈德·韦勒、弗洛里安·耶斯伯格：《国际刑法学原理》，王世洲译，商务印书馆2017年版，第740页；*Prosecutor v. Galić*，ICTY（AC），judgment of 30 November 2006，paras. 86 et seq.

③ K D. Askin，“Sexual Violence in Decisions and Indictments of the Yugoslavia and Rwandan Tribunals：Current Status”，*American Journal of International Law*，1999，93（1），pp.97—123.

④ ［德］格哈德·韦勒、弗洛里安·耶斯伯格：《国际刑法学原理》，王世洲译，商务印书馆2017年版，第462—463页；*Prosecutor v. Krstić*，ICTY（TC），judgment of 2 August 2001，paras. 557 et seq.；*Prosecutor v. Jelisić*，ICTY（TC），judgment of 14 December 1999，paras. 557 et seq.

了。[①] 可见，法庭坚持的是“实质性标准”，它可以被理解为是数量性或质量性的。还有一点值得注意的是，灭绝种族罪并不要求在事实上毁灭该团体的实质性部分。[②]

最后，介绍了“特别故意”的推导方法和证据标准。灭绝种族罪有别于其他犯罪的一点就在于它要求包含“特别故意”，即《规约》第 4 条第 2 款规定的“全部或者部分毁灭一个国家、一个民族、一个种族或者一个宗教团体的故意”。关于推导方法，法庭指出有两点：其一，可以从行为人的言行中推导出来；其二，灭绝种族罪不是一种即发性的犯罪，往往是一种有组织有计划的犯罪。因此，法庭在耶利希奇案中指出，从颁布或实行地计划和政策中也可以推导出行为人的特别故意。[③] 关于证明被告人存在“特别故意”的证据标准，法庭在耶利希奇案的判决书中指出，在缺乏被告人公开发表的宣言或书面文件等直接证据的情况下，行为人的特定意图还可以从大量的相关事实和情节中来推断证明，[④] 如被告人的行为、被害人的数量以及被害人在团体中的成员身份等，也就是所谓的“间接证据标准”。

（五）危害人类罪

首先，澄清了危害人类罪的基本概念和前提条件。关于危害人类罪的成立是否以“武装冲突”的存在为前提，前南刑庭对国际刑法的发展主要有以下两点贡献。其一，取消“国际武装冲突”条件的限制。纽伦堡和东京国际军事法庭关于危害人类罪的定义，都将该罪行界定在“战争爆发以前或在战争期间”，即国家之间的战争，也就是国际武装冲突之中。前南刑庭基本延续了这一前提条件，并有了新的进步。《规约》第 5 条规定了危害人类罪适用于所有性质的武装冲突类型，包括国际武装冲突和非国际武装冲突。这样，危害人类罪就不再局限于国际武装冲突；其二，取消了“武装冲突”条件的限

① 王新：《国际刑事实体法原论》，北京大学出版社 2011 年版，第 154 页；*Prosecutor v. Jelisić*，ICTY（TC），judgment of 14 December 1999，paras. 79 et seq.

② ［德］格哈德·韦勒、弗洛里安·耶斯伯格：《国际刑法学原理》，王世洲译，商务印书馆 2017 年版，第 492—493 页。

③ *Prosecutor v. Jelisić*，ICTY（TC），judgment of 5 July 2001，para. 48.

④ 朱文奇：《现代国际刑法》，商务印书馆 2015 年版，第 283 页。

制。[①] 法庭在塔迪奇案中指出，危害人类罪并不必须要与武装冲突的存在相联系，这已经是在习惯国际法中确定了的规则。[②] 同时，法庭还在布拉戈耶维奇（Blagojević）案中指出，对危害人类罪给予“武装冲突”的限制，只是一种“管辖权的要求”，而不是危害人类罪的犯罪要素。[③]

其次，进一步阐述了危害人类罪的构成要件。第一，关于将平民人口作为犯罪对象。法庭在塔迪奇案中指出，危害人类罪指向的是平民人口本身，具有一种集合性的属性，因此也就排除了对个人的单独攻击行为。[④] 此外，法庭还对“平民人口”作了扩大化的解释。在布拉斯季奇案中法庭指出，只要不是军事力量或者武装组织的成员，任何人都可以被当作一个“平民”，这也包括那些放下武器、离开军队的失去战斗力的原作战人员。在确定受害人是否是平民时，应考虑犯罪实施时的特定情形，而不是其原来的身份。[⑤] 第二，关于广泛的或者有系统的攻击。所谓“广泛的”，描述的是一种数量性因素，即大规模地攻击行为。法庭在布拉斯季奇案中指出，只要攻击行为针对的是大量平民，不论攻击范围是大或小，也不论攻击次数是一次还是多次，都可认定其构成犯罪。所谓“有系统的”，描述的是一种组织性或计划性因素，即事先设定好的政策或计划。该政策或计划不需要明确地或精确地加以规定，只要可以从书面材料或公开宣讲中推断出来就足够了。[⑥]

最后，对于危害人类罪的形态，前南刑庭的判例法做出了一系列贡献。第一，关于谋杀，法庭在克沃奇卡（Kvočka）等人的案中指出，只要行为

① 《前南刑庭规约》将危害人类罪限制在“武装冲突”之中，是联合国安理会基于前南斯拉夫实际情况和其他因素的考量。法庭和法官并不是完全同意这一内容，但一时也别无选择。在不久之后，法官在案件的审理过程中，突破了这一条件的限制，并做出了具体的阐释。

② 朱文奇：《现代国际刑法》，商务印书馆 2015 年版，第 257 页；*Prosecutor v. Tadić*，ICTY（AC），judgment of 2 October 1995，paras.141—142.

③ 刘大群：《前南国际刑庭与卢旺达国际刑庭的历史回顾》，载《武大国际法评论》2010年第2期，第 61 页；*Prosecutor v. Blagojević*，ICTY（TC），judgment of 17 January 2005，para.541.

④ 虽然针对个人的攻击行为可能会构成战争罪或者国内刑事犯罪，但是不会被以“危害人类罪”定罪处罚；*Prosecutor v. Tadić*，ICTY（TC），judgment of 7 May 1997，para.644.

⑤ *Prosecutor v. Blaškić*，ICTY（TC），judgment of 3 March 2000，paras.211—214.

⑥ *Prosecutor v. Blaškić*，ICTY（TC），judgment of 3 March 2000，paras.203—207.

人认识到自己的行为可能会造成被害人死亡的实质可能性，就满足了构成犯罪所需的心理要件。[①] 第二，关于灭绝，法庭在克尔斯蒂奇（Krstić）案中取消了在卢旺达国际刑事法庭确立的“歧视性理由”，即不要求攻击行为必须具有基于民族、政治、人种、种族或宗教的歧视性理由。[②] 第三，关于奴役，法庭在库纳拉奇（Kunarac）等人的案中指出了处于奴役状态的实质性标志，即对行动自由的控制、经济性的控制、意志行为和性行为的强迫。[③] 第四，关于驱逐出境或者强行迁移人口，法庭在斯塔蒂奇（Stakić）案中指出，驱逐出境不仅包括国家的边界，还包括事实上的边界，如尚未得到国际社会普遍认可的国（边）界。[④] 第五，关于监禁，法庭在科尔蒂奇等人的案中指出，监禁的性质必须是非法的、任意的。所谓“非法的”，指的是违反相关国际法。所谓“任意的”，指的是违反适当的法律程序。[⑤] 第六，关于酷刑，法庭在福荣季亚案中指出，酷刑行为应当包含有使受害者受辱的内容，这也是国际人权法的基本宗旨和目的。[⑥] 此外，法庭还对“酷刑”作了扩大化的解释，如给被害人造成严重的心理痛苦。[⑦] 第七，关于性暴力，在库纳拉奇等人的案中，法庭指出以往案例中强奸的定义过于狭窄，应该将重点从强迫行为和压制手段等客观行为转移到被害人的反对性意志上。[⑧] 第八，关于迫害，法庭在库普雷斯基奇（Kupreškić）案中指出，迫害是基于歧视性的理由，故意并严重地侵犯习惯法或条约法中规定的基本权利。[⑨]

---

① *Prosecutor v. Kvočka et al.*，ICTY（AC），judgment of 28 February 2005，paras.261.

② 王新：《国际刑事实体法原论》，北京大学出版社 2011 年版，第 169 页。参见 *Prosecutor v. Krstić*，ICTY（TC），judgment of 2 August 2001，para. 492.

③ *Prosecutor v. Kunarac et al.*，ICTY（TC），judgment of 22 February 2001，paras. 515 et seq.

④ *Prosecutor v. Stakić*，ICTY（TC），judgment of 31 July 2003，para.679.

⑤ *Prosecutor v. Kordić and Čerkez*，ICTY（TC），judgment of 26 February 2001，para.302.

⑥ 朱文奇：《现代国际刑法》，商务印书馆 2015 年版，第 243 页。参见 *Prosecutor v. Krstić*，ICTY（TC），judgment of 10 December 1998，para. 162.

⑦ 例如，强迫被害人出现在对其家庭成员实行酷刑或枪毙的现场，或者强迫被害人掩埋其家庭成员或亲友的尸体。参见［德］格哈德·韦勒、弗洛里安·耶斯伯格：《国际刑法学原理》，王世洲译，商务印书馆 2017 年版，第 563 页。

⑧ *Prosecutor v. Kunarac et al.*，ICTY（TC），judgment of 22 February 2001，paras. 128 et seq.

⑨ *Prosecutor v. Kupreškić et al.*，ICTY（TC），judgment of 14 January 2000，para. 621.

此外，法庭还在塔迪奇案中阐述了迫害的类型，即身体性的、经济性的或司法性的。①

四、对国际刑事程序法的影响

（一）国际刑事诉讼基本原则

首先，关于无罪推定原则。作为现代国际刑事诉讼活动中最重要的原则之一，在《规约》第 21 条第 3 款中有着明文规定，它简短而又准确地描述了无罪推定原则的核心内容：任何人在被认定为有罪之前，都应当被假定是无罪的。

其次，关于公正审判原则。正如法庭在福荣季亚案中指出的那样，“由一个独立、公正的法庭来进行审理案件，就是被告人能得到公正审判的最主要原因”。②《规约》第 21 条第 2 款也再次重申了：被告人有权在对他的控告过程中得到公平和公开的审判。因此，前南刑庭建立了一整套程序和证据规则，以确保控辩双方的平等、法庭的独立和法官的公正。例如，法官和检察官的任职资格、任免、回避与监督。此外，迅速审判原则也是保证公正审判的核心要素，法庭采取了有效的措施来进一步缩短案件审理程序的时间。③

最后，关于禁止缺席审判原则。《纽伦堡国际军事法庭宪章》第 12 条中曾明文规定可以进行缺席判决，但它并不符合《公民权利和政治权利国际公约》第 14 条的规定，也严重侵犯了被告人的基本诉讼权利。法庭虽然没有明文规定这一原则，但在审判实践中一直坚持了禁止缺席审判。

（二）审判和诉讼程序

首先，法庭本身的审判工作就已经带来了巨大的影响，它不可逆转地改

---

① *Prosecutor v. Tadić*，ICTY（TC），judgment of 7 May 1997，para.710.

② *Prosecutor v. Furundžija*，ICTY（AC），judgment of 21 July 2000，para.177.

③ 例如，（1）对审前裁判以及审前会议的规定；（2）对提出程序性和初步性动议的时间限制；（3）对提出宣誓书作为证据的规定；（4）增加临时法官的人数。参见王世洲：《现代国际刑法学原理》，中国人民公安大学出版社 2009 年版，第 303 页。

变了国际人道法的格局。如前所述，24 年多的行动，10800 个审判日，4650 名证人，以及将 161 名被告人绳之以法。

其次，关于《程序和证据规则》。与纽伦堡和东京两个国际军事法庭相比，前南刑庭的《程序和证据规则》更为全面和细致。它使得法庭在诉讼过程中有法可依，有章可循，既避免了法庭需要面对各种突如其来的麻烦，又据以保证了审判的公正和流畅。[①]

再次，关于审判程序。第一，关于法律顾问制度。法律顾问与调查组通力合作，互相配合，在前南刑庭每一个案件的调查、起诉和开庭审理的过程中，法律顾问都发挥了不可比拟的作用。第二，关于庭前案卷移送制度。法庭在成立之初并没有在开庭前要向法官移送案卷的规定，在法庭第一任庭长卡塞塞的推动下这一制度得以落地。这项制度有利于让法官在开庭前通过阅读案卷对案情有一定的了解，从而更好地支配和加快庭审进程。[②]第三，关于法庭之友制度。这项制度规定在《程序和证据规则》第 74 条。法庭曾就“是否有权向主权国家送达传票问题”，邀请法学专家以“法庭之友”的身份向法庭提供意见。这项制度通过第三方基于中立的立场而向法庭提供事实上的经验和法律上的见解，有利于为法庭解惑答疑，从而协助法官做出公正的裁决。[③]第四，关于证人的作证义务。《程序和证据规则》第 77 条规定了“对法庭的藐视罪”。如果证人不履行作证义务，那么就有可能被判处不超过 20000 荷兰盾的罚金或不超过 6 个月的监禁。在克里斯蒂奇案中，就是因为其始终坚持拒绝为卡拉季奇出庭作证，而被起诉犯有对法庭的藐视罪。第五，关于作证豁免。由于国际红十字会在维护国际人道主义方面的特殊作用和职责，法庭在斯密奇（Simić）等人的案中给予了其作证豁免的特权，[④]这为国际刑事法院《程序和证据规则》中有关作证豁免的规定发挥了重要的指导性作用。第六，关于上诉。纽伦堡和东京国际军事法庭中没有任何关于上诉的规定，所以也就不允许被告人上诉和申请复核。前南刑庭是第一个设立

---

① 凌岩：《跨世纪的海牙审判：记联合国前南斯拉夫国际法庭》，法律出版社 2002 年版，第 210 页。

② 朱文奇：《国际刑事诉讼法》，商务印书馆 2014 年版，第 348 页。

③ 朱文奇：《国际刑事诉讼法》，商务印书馆 2014 年版，第 411—412 页。

④ *Prosecutor v. Simić et al.*，ICTY（TC），Decision of 27 July 1999，paras.44—79.

上诉庭的国际刑事司法机构，这充分保障了被告人的上诉权，是国际刑事司法制度中的一大进步。此外，法庭还在《规约》第 25 条和《程序和证据规则》第 73 条中规定了“中间上诉”（Interlocutory Appeal）。在塔迪奇案中，被告人就使用了中间上诉权。卢旺达国际刑事法庭和国际刑事法院在随后也采用了这一制度。①

最后，关于定罪和刑罚。在前南刑庭的审判实践中，逐渐形成了一套有关量刑轻重的情节和因素的参考体系。其中关于加重刑罚的情节和因素，主要包括罪行的规模和严重性、被告人的年龄和精神状态、被告人对罪行的介入程度、被告人的地位和权利、受害者的数量及其所受痛苦的程度，等等。其中关于减轻刑罚的情节和因素，主要包括上级命令、紧急避险、受胁迫、自我防卫、自首、如实交代罪行、与检察官的合作、犯罪后表示悔恨、对受害者加以补偿和援助、拘留期间的表现，等等。② 此外，法庭还建立了刑罚执行的监督机制。例如，根据法庭和红十字国际委员会的协议，由红十字国际委员会负责监督监狱和刑罚的执行情况。

（三）证明标准和证据规则

首先，关于证明标准。法庭在《程序和证据规则》第 87 条第 1 款中确立了判决被告人有罪的证明标准必须是“排除合理怀疑”。并且，法庭还在审判中多次强调，所有的定罪证据都应当经过法庭的审查和质证，未经法庭认可和采纳不得作为对被告人的定罪依据。此外，法庭还在塔迪奇案中指出，在审查“合理怀疑”时，法官们需要评估证据的可信度并参考其他案例已经采纳过的标准。③

其次，关于提供证据。第一，关于证据展示。法庭引进了普通法系中的证据展示制度，《程序和证据规则》第 66 条详细规定了检察官向被告人展示证据的流程和内容。该制度有利于被告人快速了解在起诉书中对其指控所有

① 朱文奇：《国际刑事诉讼法》，商务印书馆 2014 年版，第 482—488 页。

② 朱文奇：《国际刑事诉讼法》，商务印书馆 2014 年版，第 455 页。

③ 朱文奇：《国际刑事诉讼法》，商务印书馆 2014 年版，第 422 页。

罪行的全部细节，[①]充分地保障了被告人的知情权等诉讼权利。第二，关于证据披露。《程序和证据规则》第 66 条至第 70 条详细规定了证据披露制度。披露的范围包括支持起诉书的证据材料、计划传唤出庭证人的证词以及其他与起诉相关的证明文件的复印件。该制度有利于避免伏击审判，有助于平衡控辩双方掌握的证据材料和案件的进展程度。[②]

最后，关于证据规则。第一，关于书面证词。根据《程序和证据规则》第 92 条的规定，在确保证人能够到庭以备接受可能的质询的前提下，审判庭可以全部或部分地接受其以书面形式提供的证言。在卡拉季奇案中，就多次适用了该制度。[③]第二，关于性侵害案件的证据。法庭在《程序和证据规则》第 96 条中规定了在性侵害的案件中不需要“旁证”来佐证。并且，出于胁迫、暴力、拘禁或心理压力等原因，被害人的“同意”不得作为被告人的抗辩理由。[④]第三，关于司法认知。针对众所周知的事实，法庭不要求证明，而是司法认知这种事实。并且，法庭在《程序和证据规则》第 94 条（B）款中，还进一步允许对与目前诉讼事项相关的，且来自于其他诉讼的裁定事实和证据材料也能采用司法认知。该制度有效地缩短了前南刑庭漫长的审判程序，极大地提升了办案效率。[⑤]第四，关于补充证据。基于纽伦堡和东京国际军事法庭的教训，前南刑庭的初审分庭拥有命令取得补充证据的权力。该制度是对两大军事法庭的重大改进，同时有助于法庭全面挖掘案件的真相。

（四）保障被告人、嫌疑人的人权和诉讼权利

首先，关于废除死刑。前南刑庭在对被告人的刑罚上完全排除死刑的适用，从法庭的审判实践来看，判处的最高刑罚一般是终身监禁，而更多的是适用有期徒刑。

其次，关于被告人的基本权利。法庭的《规约》和《程序和证据规则》

---

① 朱文奇：《国际刑事诉讼法》，商务印书馆 2014 年版，第 348—355 页。

② 朱文奇：《国际刑事诉讼法》，商务印书馆 2014 年版，第 355—361 页。

③ 朱文奇：《国际刑事诉讼法》，商务印书馆 2014 年版，第 403 页。

④ 朱文奇：《国际刑事诉讼法》，商务印书馆 2014 年版，第 407—408 页。

⑤ 朱文奇：《国际刑事诉讼法》，商务印书馆 2014 年版，第 409—411 页。

中包含了《公民权利和政治权利国际公约》第 14 条第 1 款至第 3 款所列的刑事诉讼当事人应当享有的全部基本权利，其中包括了法律面前人人平等、有权得到公平和公开审判、无罪推定以及在诉讼过程中的最低限度的保障。

再次，关于享有律师帮助权。《规约》第 18 条第 3 款规定了被告人和犯罪嫌疑人有权获得他所选定律师的帮助，如果他没有支付能力，那么将获得法庭指派的免费法律援助。此外，关于律师的辩护，法庭还专门订立了两个规则：《关于指定辩护律师的指令》(*Directive on Assignment of Defence Counsel*) 和《关于拘留等候法庭审判或上诉的人或法庭命令因其他原因拘留的人的规则》(*Rules Governing the Detention of Persons Awaiting Trial or Appeal before the Tribunal or Otherwise detained on the Authority of the Tribunal*)。

复次，关于自行辩护权。《规约》第 21 条第 4 款（d）项规定了被告人有权自行辩护。米洛舍维奇、卡拉季奇和舍舍利（Šešelj）这三个被告人都没有聘请律师，而是选择自己来为自己进行辩护。[①] 虽然自行辩护还有诸多的缺憾和质疑，但不可否认的是，它充分地尊重了被告人的意愿和选择，而且更大地激发了被告人的陈述权和参与庭审权。

最后，关于沉默权。纽伦堡国际军事法庭曾因强迫被告人作有罪陈述而广受批评，前南刑庭保障了每个被告人、嫌疑人都拥有反对强迫自证其罪的权利。在《程序和证据规则》第 42 条中，还规定了关于调查过程中嫌疑犯的权利，按照这一规定，任何受检察官讯问的犯罪嫌疑人都有权保持沉默，如果没有律师在场则不得开展讯问。

（五）国际刑事诉讼司法体系的建立和完善

首先，法庭除了审判职能之外，还鼓励前南斯拉夫当局改革其司法机构，积极地参与培养法官、检察官、律师等司法从业者，向国内法院移交案件材料，并且还努力协助国内立法机构修改并完善本国的法律。[②]

其次，法庭的案例法理学还为其他国际刑事司法机构和其他国内法院所

---

① 朱文奇：《国际刑事诉讼法》，商务印书馆 2014 年版，第 275—278 页。

② 刘大群：《前南国际刑庭与卢旺达国际刑庭的历史回顾》，载《武大国际法评论》2010 年第 2 期，第 62 页。

借鉴和采纳。例如，国际刑事法院在其审理的案件中多次引用了前南刑庭的法理依据。①

最后，法庭建立了独特的国际刑事审判程序，它以英美法系为主，大陆法系为辅，兼具两大法系之所长，可谓是英美法系的对抗制和大陆法系的纠问制的诉讼程序的"完美结合"。②

五、结语

自纽伦堡和东京审判以来的半个世纪，虽然违反国际人道主义的罪行与日激增，但国际社会都是保持"沉默"，始终没有确立个人对这种罪行负责的国际刑事法庭。为了处理20世纪90年代以来在巴尔干地区持续不断发生的骇人听闻的暴行，联合国安理会在1993年一致投票赞成设立前南刑庭，用于制止严重违反国际人道主义的行为，追究罪行的责任人，以便恢复和维持和平。

虽然还存在着种种缺陷和不足，也时常被负面评价所诟病，但前南刑庭的设立确实是一个开创性的时刻，并且对国际刑法产生了一系列的影响。

在国际刑法的一般原则方面，法庭巩固并发展了合法性原则、个人刑事责任原则、上级责任原则、执行命令不免责原则和优先管辖原则；在国际刑事实体法方面，它澄清并界定了很多在过去仍是模糊不定的问题，如客观要件、主观要件、个人刑事责任，以及战争罪、灭绝种族罪和危害人类罪的构成要件和要素；在国际刑事程序法方面，它诠释了国际刑事诉讼的基本原则，完善了诉讼程序各个阶段的规定，确立了合理的证明标准和证据规则，保障了被告人、嫌疑人的人权和各项诉讼权利，促进了国际刑事诉讼司法体系的建立和发展。

此外，法庭还对国际人权法和国际人道法的实施产生了影响。经过10000多天的审判，听取了近5000名证人的证词，90多人因犯罪被判刑，建立了受

① 刘大群：《前南国际刑庭与卢旺达国际刑庭的历史回顾》，载《武大国际法评论》2010年第2期，第62页。

② 刘大群：《前南国际刑庭与卢旺达国际刑庭的历史回顾》，载《武大国际法评论》2010年第2期，第61页。

害者的档案和史实，结束了有罪不罚的现象。

虽然前南刑庭已经正式关闭，但它应被我们始终铭记。国际刑事司法的建立与塑造是一项长期且艰巨的任务，我们必须秉持足够多的耐心和坚定。我相信，随着国际法治水平与世界和平呼声的日益高涨，更多的国际罪行会被起诉和审判，国际刑事司法将进一步得到发展！

随笔散论

对北师大法学院参与国际模拟法庭竞赛情况的回顾与思考

廖诗评 *

我读书期间的校园生活十分单调，既没有太多“红圈”“魔圈”、最高法院和国际组织的实习机会，也没有各类短期对外交流项目和暑期学校，连大学生创业项目和实践性课题都没有。不像现在，连我自己的学生都在美国成立了一个非政府组织（NGO），在这个组织公众号每周固定的推送上，都能看到大量的专业实习信息。所以我读书期间的大部分时间都是在足球场和篮球场（不是图书馆和自习室）打发了。进入 2002 年之后，以 JESSUP 为代表的各类境外机构举办的国际法模拟法庭竞赛和以“贸仲杯”“理律杯”为代表的各类国内机构举办的国际法模拟法庭竞赛开始在国内兴起，出于机缘巧合，我参加了当时能参加的所有比赛，也拿到了所有能拿到的好成绩，懵懂之中，这些国际模拟法庭竞赛就在我的人生经历中留下了痕迹和烙印。

“有一种冷，叫作你妈觉得你冷。”人总是习惯性地把自己对事物的感受“强加”给下一辈。因此，在走上工作岗位后，我也会将自己觉得有益的经历推荐给学生，北师大法学院因此开始逐渐参加各类国际法的模拟法庭比赛。2015 年以前，这种参与是零星的，主要参加国际人道法、国际刑事法院等模拟法庭，因为我个人觉得这类国际法模拟法庭的准备强度并没有那么大。到了 2015 年左右，一系列因素的叠加，让我重新思考了国际模拟法庭比赛对于人才培养的意义和重要性，致使我开始制定一系列的具体措施和方案，带领

---

* 廖诗评，法学博士，北京师范大学法学院副教授。

法学院的学生全面和系统性地参加各类模拟法庭竞赛。（关于北师大法学院参与各类国际模拟法庭竞赛的情况，可参见表 1）

表 1　北师大法学院参与各类国际法模拟法庭情况

赛事名称	主办方	赛事性质	比赛准备周期	过往参赛历史及成绩	备注
JESSUP 国际法模拟法庭比赛	美国法学院学生联合会（ALSA）	全球赛	当年 9 月—次年 4 月	2016 年参赛，2017 年获中国赛区选拔赛一等奖；2018 年获中国区选拔赛二等奖	最有影响力的国际模拟法庭比赛，被誉为国际模拟法庭比赛的“奥林匹克”。采用选拔制，只有各赛区出线队伍才能参加国际赛。中国区比赛由设在中国人民大学的组委会承办。
William C.Vis 国际商事仲裁大赛	联合国国际贸易法委员会（UNCITRAL）	全球赛	当年 9 月—次年 4 月	2016、2017 年参赛	比赛为开放注册赛制，参赛队无须通过赛区选拔赛，直接注册即可参赛，比赛分为维也纳和香港两个赛区。目前无中国区选拔赛。
国际刑事法院模拟法庭英文赛	国际刑事法院（ICC）	全球赛	当年 10 月—次年 3 月	2018 年参赛，获中国区第四名，并进入国际赛四分之一决赛（前二十七）	比赛为选拔制，中国区前四名有资格参加在海牙的国际赛。中国区比赛由中国政法大学承办。
国际刑事法院模拟法庭中文赛	国际刑事法院（ICC）	全球赛	当年 11 月—次年 6 月	2007 年获中国区第三名；2012 年获中国区第三名；2018 年获中国区第二名及全球赛冠军	比赛语言为中文，选拔制，只有中国区前三名有资格参加在海牙举行的国际赛。中国区国内选拔赛由国际法促进中心承办。

续表

赛事名称	主办方	赛事性质	比赛准备周期	过往参赛历史及成绩	备注
国际人道法(IHL)模拟法庭比赛	国际红十字委员会（ICRC）	国际赛	当年9月—次年3月	2008以中国区第三名成绩晋级区域赛并获得区域赛第五名；2011—2014年参赛	比赛为选拔赛制，中国区前三名参加区域赛，区域赛前三名参加国际赛。中国区比赛由国际红十字委员会东亚地区代表处主办。
“贸仲杯”国际商事模拟仲裁庭比赛	中国国际经济贸易仲裁委员会（CIETAC）	国内赛	当年9月—11月	2016参赛，2017年获一等奖	该竞赛并非William C. Vis国际商事仲裁大赛的国内选拔赛，而是与其相独立的国内赛，但使用与Vis相同的赛题。比赛语言为英文。
海洋法模拟法庭竞赛	武汉大学领土权益司法文明协同创新中心、武汉大学边界与海洋研究院	国内赛	当年3月—6月	2017、2018年参赛	比赛并非任何国际赛的国内选拔赛，语言为英文。

第一个因素是我个人的国际模拟法庭竞赛经验不断增加。之前作为参赛选手，我个人已经有了20多场的比赛经历，积累了一定的经验；自2007年以来，我以比赛法官和指导教师的身份参与了JESSUP、VIS、IHL、ELSA WTO、ICC、Manfred Lachs、Frankfurt FDI、Price等诸多国际模拟法庭竞赛的国内赛、区域赛和国际总决赛，这些比赛和之前作为参赛选手的比赛数量相加起来已经超过230场，而这些经历，使得我对于国际模拟法庭竞赛中不同参与者的需求和定位有了全面的认识；从2014年开始，我所参与运营的国际法促进中心（CIIL）获得了国际刑事法院中文模拟法庭竞赛的主办权，我又开始以赛事组织者的身份参与国际模拟法庭，这使得我以更为独特的视角观察和理解作为法学人才培养方式的国际模拟法庭竞赛。上述全面的经历，使得我自认为掌握了参加和准备这类比赛的“独门秘籍”，从而大大提高比赛

准备工作的效率。

第二个因素与用人单位的人才需求有关。用人单位是人才培养的出口，用人单位的评价和“用户体验”则是检验人才培养工作的标尺之一。各行各业的用人单位往往都希望自己所招收的新人“来之能战”，但这种想法显然是不现实的，因此很多用人单位已经转变了自己对于应届毕业生的态度，从“来之能战”变为了“有培养潜力”。如何判断“有培养潜力”呢？光看应聘者抽象的简历，举行一两次面试，可能是不够的，可如果采取进一步的措施，又会增加用人单位的人力成本。有鉴于此，我所参与运营的国际法促进中心从2014年开始组织JESSUP、VIS等各类国际模拟法庭的培训和热身赛，并邀请各大律所的合伙人和公司法务负责人担任培训讲师和热身赛执法法官，这种安排一方面能帮助参赛队更好地准备比赛，另一方面则是让潜在用人单位有机会近距离直观感受在校生的专业水平和培养潜质。实践证明这一安排取得了很好的效果：部分律所和公司加大了对国际模拟法庭比赛以及培训和热身赛的支持力度，不少参加培训、热身赛和正式比赛的在校生也直接获得了在红圈所和其他大型律师事务所的实习机会甚至工作机会，很多红圈所因此把是否参加过高水平国际模拟法庭竞赛以及所取得的成绩作为招收新人的一个非常重要的考量因素。而且，当年全国范围内与我一起参加各类国际模拟法庭竞赛的很多选手，也已经成长为各大律所的合伙人或者知名企业的法务总监，他/她们的参赛经历，也使得他/她们对具有国际模拟法庭参赛经验的应聘者有较高的认同度，这些都为参加国际模拟法庭竞赛的优秀在校生寻求高水平工作平台提供了有利条件。

第三个因素与北师大人才培养条件的改善有关。北师大于2013年成立了瀚德学院，并设立了法学实验班，借助于钟瀚德先生的资金支持，在全国范围内招收本科生。瀚德法学实验班将第二外语设置为必修课程，并设计了大量国际交流项目和课程。经过一段时间的学习之后，不少本科生已经能够比较熟练地运用英语和第二外语进行日常交流和专业写作，这也为更好地参与比赛打下了基础。

按照我原定的计划，我准备在2016年正式招收队员，组建几支参赛队参加各类国际模拟法庭比赛，但这一计划被突如其来的“小意外”打破了。2015年年底，因为偶然的机会，一个在外实习的法律硕士生接触到了

JESSUP 模拟法庭比赛，她认为这个比赛对于学生开阔眼界有着很大的帮助，于是自己在学生范围内组织了一支参赛队参加了2016年年初的中国区选拔赛。由于时间仓促，加上经验缺乏，比赛并没有取得太好的成绩。在当年部分参赛队员的基础上，我补充和选拔了几位之前就有所了解的优秀本科生，开始正式组队参加 2017 年 JESSUP 中国区选拔赛。

按照我的想法，第一次参加 JESSUP 这种全球最有影响力的国际模拟法庭竞赛，是否能取得优异成绩，对于在北师大法学院推广这类比赛，在学生中培育参加国际模拟法庭竞赛的氛围和传统，是至关重要的。因此，除了带队进行训练之外，我充分利用了国际法促进中心的人脉资源，为队伍安排了高强度的热身赛和练习赛；并要求队员们把准备过程中的每一个环节记录下来，形成文字备忘录，并随时进行调整；更为重要的是，在每一个队员撰写完研究报告或备忘录后，我要求其他队员都要对报告的内容进行评论，执笔人则在各位队员评论基础上进行修改完善。这一过程不仅锻炼了队员的研究和写作能力，更初步培养了他们团队合作的习惯，使得他们掌握了开展团队合作的具体方法。经过五个月的训练之后，我对比赛成绩其实是心中有数的，因此在他们拿到中国区选拔赛一等奖之后，我并没有感觉意外，毕竟这是水到渠成的。在取得成绩之后，借助于国际法促进中心的帮助，加上队员的个人努力，有的参赛队员拿到了国际组织的实习机会，有的则进入“魔圈所”实习。在毕业之后，队伍里的本科生无一例外选择了去北美排名前十的法学院深造。有了这段宝贵的经历，相信他们在回国择业时，都会获得起点较高的平台，作为他们开启职业生涯的基础。

不出预料的是，在拿到好成绩后，法学院学生中掀起了一股参加国际模拟法庭竞赛的热潮。一时间，不参加一个国际模拟法庭竞赛，学生似乎觉得都不好意思在法学院混了。于是，海洋法、ICC、贸仲杯等各类比赛中也开始出现北师大法学院参赛队的身影。不过，要想让这种热潮保持下去，还需要从制度规范着手。因此，在比赛结束之后，我要求队员们撰写个人心得体会，并将比赛的各个准备环节中的相关注意事项进行进一步的整理和更新，形成了一整套北师大法学院参与各类国际模拟法庭竞赛的参考流程和备忘录（参见表 2）。同时，我还要求队员们结合市面上的各类资料，结合自己的心得体会，针对比赛时所使用的重要数据库的使用方法制作了若干份备忘录（参见

表 3)。这些都成了北师大学生参与各类国际模拟法庭竞赛的重要参考资料。每年比赛结束后，队员们也都会自发地对这些备忘录进行补充和更新。

表 2　国际模拟法庭竞赛备忘录清单

序号	名称	说明
1	前期阅读资料清单及说明备忘录	备赛的基础性阅读资料
2	招新事宜备忘录	附件包括“招新启事”、“招新启事附件一”和“招新启事附件二”
3	技术问题备忘录	资料库建立、更新指南与相关软件工具的选择
4	Memo 写作经验总结备忘录	诉状汇总阶段所出现问题的总结和反思
5	法律检索方法备忘录	
6	诉状汇总工作备忘录	
7	Oral 环节备赛经验总结备忘录	共附有三个附件，均为 oral 稿样例
8	Oral 训练的日程安排经验备忘录	为团队制订 oral 训练安排计划提供参考
9	热身赛和练习赛注意事项备忘录	
10	比赛阶段注意事项备忘录	比赛阶段除 oralist 庭上表现以外的注意事项
11	整体备赛时间安排参考备忘录	

表 3　国际模拟法庭竞赛重要数据库使用指南分工

序号	数据库	负责人
1	Matrix（ICC ）	陈靓
2	Oxford Reports of International law	陈靓
3	Investment Arbitration Reporter	刘国畅
4	Investment Claims	刘国畅
5	PACE	刘国畅
6	Kluwer Arbitration Online	刘国畅
7	Itlaw	刘国畅
8	Brill Online Books and Journals	郭紫璇

续表

序号	数据库	负责人
9	Kluwer	郭紫璇
10	Max Planck Encyclopedia of Public International Law	郭紫璇
11	Peace library	郭紫璇
12	Oxford Reports	张淼
13	Oxford Journals Collection Oxford Scholarship Online	张淼
14	JSTOR	兰程耕
15	Springer	兰程耕
16	Trade Law Guide	岳汇川
17	United Nations Treaty Series	岳汇川
18	Westlaw International	岳汇川
19	World Trade Law	岳汇川
20	Cambridge University Press & Columbia University Press	程爽
21	Edinburgh University Press	程爽
22	Lexis	程爽
23	Heinonline	程爽
24	Proquest	程爽

授人以鱼不如授人以渔。参加国际模拟法庭竞赛本质上是学生自主探索和合作学习的行为，而不是教师主导下的实践活动。除了力争取得好成绩之外，如何让学生成为比赛的主导者，是更为重要的“教学目标”。进一步看，如何将参加比赛所养成的良好学习态度和方法贯彻于今后的学习生活中，才是这类人才培养手段最为重要的目标，否则所取得的成绩，也只能是昙花一现而已。要想实现这些目标，上述各类制度和规范的完善是必不可少的。也只有在这类制度和规范的保障下，学生的参赛成绩才有基本保障，良好的学习态度和方法才能真正内化为学生基本素质的组成部分。从目前情况看，上述制度的运行情况良好，基本实现了预期效果，这也是对我个人付出的最好回报。

[illegible]	[illegible]	[illegible]
[illegible]	[illegible]	[illegible]
10	Max Planck Encyclopedia of Public International Law	[illegible]
11	[illegible]	[illegible]
[illegible]	Nature Reports	[illegible]
[illegible]	Oxford Journals Online Oxford Scholarship Online	[illegible]
[illegible]	ISNI	[illegible]
[illegible]	[illegible]	[illegible]
16	Trade Law Guide	[illegible]
17	United Nations Daily Jones	[illegible]
18	Westlaw International	[illegible]
19	World Trade Law	[illegible]
20	Cambridge University Press; Cambridge University Press	[illegible]
21	Edinburgh University Press	[illegible]
[illegible]	[illegible]	[illegible]
[illegible]	[illegible]	[illegible]
[illegible]	[illegible]	[illegible]

编辑手记

本卷《京师法学》显得有些姗姗来迟。

从《京师法律评论》到《京师法学》的转型过程，也恰逢北京师范大学法学院自身的转型过程。直到2019年年初，北京师范大学的法学学科整合方案才正式尘埃落定，原有的两院体制正式结束，统一于新的北京师范大学法学院名下。新的刑事法律科学研究院作为挂靠于新法学院之下相对独立的建制性科研机构，迎来了它的五年过渡期。《京师法学》作为新的北京师范大学法学院的一个平台，展示着“法学京师”的特色与风采。

北京师范大学新法学院的学科发展战略包括巩固刑法学、诉讼法学的优势学科地位，加强民商法学、国际法学和经济法学等基础学科建设，以及开展教育法、网络法等特色、前沿与交叉学科研究三大领域。本卷主题“科技发展与未来法治”也正是契合于这一学科发展战略，聚焦于最新的科学技术发展与法治之间的互动关系。近几年相关研究如火如荼，诸如“计算法学”“数据法学”“信息法学”“人工智能法学”等概念层出不穷，几乎开始取代尚未形成共识的“网络法学”或“科技法学”。当然，这些概念同样褒贬不一，各自的拥趸互相争议与质疑，这将成为未来几年法学界的新常态，《京师法学》也不因为本卷的出版而终止对这一领域的观察与思考。

“科技发展与未来法治”这一命题比起前述概念，更为普遍化一些，似乎可以指称任何时代，无论是过去、未来还是当下，都存在“科技发展与未来法治”的命题，任何时代都存在不同程度的科技发展，任何有关“未来”的思考都离不开对过去与当下的认知与理解。只是科技也罢，时间也罢，进入现代世界之后，就面临着“现代性”困境，仿佛“现代”就是同一，就是普适，就是确定。但“现代性”一开始就面临着解构的同步进程，因此，“现代”从来不是我们认知世界的开端，我们需要回溯更早的时代，科技发展并不是现代世界的专属品，当我们的祖先用双手开始使用“工具”时，科技已经开始发展。

“时间”命题是诸文明有别于他者的重要表征，不同的文化孕育着不同的时间观。而全球化之后的地球村，诸文明似乎正在消弭空间差异，共享“时间”，但实际上，依然存在着基于文明初始源代码的差异而形成的认知分歧，这些仍然是当下乃至可预知的未来人类内部冲突的重要因缘，因此我们依然需要重新认知不同文明的发展轨迹、生活方式与秩序模式，这就是“法”——诸文明世界观的核心因素。

在图书期刊的编辑出版受到严格管制的时代，编辑主题论文集，是一种自甘边缘的行为，大量作者仍然会有顾虑，发表于非正式期刊上的论文就等于义务劳动，甚至连工作量都不算。在这种将学术评价的权力拱手让给他人的时代，编辑连续出版物或主题论文集，基本靠的是情怀。当然，最近几年也逐渐形成一些相关的共同体，相互抱团，召开学术年会，有些论文集也被CSSCI、CNKI等数据库收录，虽然这种做法并未被普遍接受，但总算让作者们感受到一丝温暖。

自本卷开始，《京师法学》每卷都会围绕着一个特色、前沿、基础或交叉学科的命题展开，编辑部仍然在转型过程中，期待着更为成熟与完善的机制。本卷的策划与编辑，感谢张红、廖诗评、贺丹、张江莉与袁治杰诸位同事的特别襄助，也感谢刘逸凡同学对编务工作的支持，同时感谢中国法制出版社及其孙璐璐编辑，以其特别专业、敬业的工作热忱给予本卷《京师法学》特别的支持，在当下新闻出版行业所处的新时代中，这种特别的支持十分令人感动与温暖！

一卷又一卷，持续，努力着！

《京师法学》编辑部

2019年7月20日